지방의회의 발전모형

김 순 은

도서출판 조명문화사
CMPress

머리말

좀처럼 끝나지 않을 것 같던 박사학위 논문을 마친 것이 1991년 10월 중순이었다. 1991년 8월 임시 귀국 길에 동의대학교 (고)김임식 이사장의 배려로 동의대학교로의 취업이 정해졌기 때문에 늦어도 1991년 말까지 귀국해야 했다. 귀국을 결심하자 너그러워진 지도교수님의 배려로 서둘러 박사학위를 마칠 수 있었다. 미국에서 직장을 구할지도 모른다는 상황에 당시 지도교수님은 매우 엄격하게 논문을 지도 중이셨다.

1991년 3월 기초지방의회와 6월 광역지방의회의원 선거를 마치자 동의대는 지방의회연구소(후에 지방자치연구소로 개칭)를 개소하여 지방자치시대를 적극적으로 대처하고 있었다. 동의대 지방의회연구소는 주요사업 중의 하나로 지방의원을 대상으로 대규모의 세미나를 매년 개최하여 지방의원의 전문성을 제고하고 지방의원 간 정보교류의 장을 마련하였다.

지방의회연구소는 제2회 세미나를 준비하고 있었고 갓 취업한 필자는 제2회 지방의회연구소 세미나의 발제를 의뢰받는 영광을 얻게 되었다. 주제는 "지방의회 상임위원회의 활성화 방안"에 관한 것이었다. 필자의 박사학위 논문은 미국 연방제 하에서의 정책집행에 관한 것으로 중앙-지방관계 및 정책집행을 중심으로 미국의 지역개발정책(Community Development Block Grant)을 분석하는 것이었다. 논문의 내용 가운데 지방정치에 관한 사항은 포함되어 있었으나 지방의회에 관한 구체적인 연구는 처음이었다. 이를 계기로 다양한 각도에서 지금까지 지방의회에 관한 연구를 수행하는 계기가 되었다. 20여년 이상 기회가 있을 때마다 작성한 논문과 발표물들이 제법 축적되어 지방의회를 연구하는 학자로 인식되었다. 전국시도의회의장협의회가 정책자문위원회를 구성할 때부터 정책자문으로 위촉되어 정책자문위원장으로 호선되는 영광까지 얻게 되었다.

1990년 초기에는 지방의회가 갓 출범하였기 때문에 2가지 분야의 연구를 하게 되었다. 처음으로 지방의원으로 당선된 지방의원들에게 예산심의, 행정사무감사 및 조례제정에 관한 이론적이고 실증적인 연구가 한 부분을 차지하였다. 또 하나의 부문은 지방의회의 지위 및 운영에 관한 당시 지방자치법의 문제점을 분석하고 개선점을 제안하는 것이었다.

명예직으로 시작한 지방의회가 이제는 월정수당과 의정활동비를 포함하여 유급직에 가까운 제도로 발전된 상황과 맥을 같이한다. 이러한 상황 하에서 지방의회의 권한, 법적 지위와 위상, 지방의회의 규모, 지방의회의 전문성, 지방의원의 윤리, 지방의회와 주민참여 등 다양한 주제들을 연구하게 되었다. 단편적으로 이루어졌던 20여년의 연구물을 "지방의회의 발전모형"이라는 틀로 묶어 보는 것이 의의가 있을 것 같다는 판단 하에 본 저서의 작업에 착수한 지 4년여 만에 출판을 하게 되었다.

향후 새로운 시대에 적합한 우리나라의 통치구조를 재편함에 있어서 지방자치와 관련된 사항은 빼놓을 수 없다. 비록 20여 년 밖에 안 되었지만 지방자치의 재개 이후 우리나라의 정치와 행정은 민주성과 효율성 및 형평성의 측면에서 크게 개선되었기 때문이다. 이와 같은 성과에는 지방의회의 역할이 지대하였음은 재론의 여지가 없다. 향후 지방의회의 모형을 새롭게 정립하는 것은 민선자치 20주년을 맞는 해에 매우 의미가 있는 작업이 될 것이다.

본 저서의 출간에는 많은 분들의 도움이 있었다. 본 저서의 기획과 골격은 2011년 게이오대학 특별연구교수로 재임할 때 이루어졌다. 특별연구교수로 추천해 주신 고바야시 게이오대학 교수님, 필자의 연구생활에 도움과 자문을 해주시는 이승종 교수님과 임도빈 교수님, 본 저서의 출판을 지원해 주신 서울대학교 행정대학원 한국행정연구소의 제위님께 감사의 말씀을 올린다. 항상 곁에서 묵묵히 내조하는 안사람에게도 감사의 말을 적으며 머리말을 마치고자 한다.

여러모로 부족한 저서이지만 지방의회에 관심을 갖는 분들에게 지난 20여 간의 지방의회에 관한 이슈를 이해하는데 다소나마 도움이 줄 수 있다면 커다란 보람이 될 것이다. 끝으로 본 저서의 출간에 정성을 보인 최지민, 황선영, 이양지, 권보경, 어유경, 이경은 등의 연구조교의 수고에 진심으로 감사한다. 제군들의 학문적 건승을 기원한다.

2015년 8월 1일
관악산 연구실에서
저자 김순은

차 례

제1장

지방의회의 의의와 역할

Ⅰ. 지방의회의 의의와 연혁

1. 지방의회의 의의

지방의회는 지방의 수준에서 주민들을 대표하는 합의제 의결기관이다. 지방정부의 형태로 기관분리형을 채택하는 경우 선거로 선출하는 지방정부의 장도 주민의 대표성을 가지나 지역의 다양한 이익을 감안할 때 지방의회가 주민들의 진정한 대표기관이라고 할 수 있다.

지리적 규모가 국가에 비하여 적은 지방 내에서도 성별, 직업, 지리, 계층 등 다양한 배경적 변수에 따라 주민들의 이해관계가 상이하다. 따라서 독임의 지방정부의 장보다는 다수로 구성되는 지방의회가 주민의 대표기관이라고 할 수 있다.

지방정부의 형태는 일반적으로 약시장-강의회형, 강시장-약의회형, 의회-관리자형, 위원회형 등으로 대분된다. 어떠한 지방정부의 형태를 채택하더라도 시장은 선거에 의하여 선출하지 않을 수는 있지만 지방정부의 정당성은 선거로 치러지는 지방의회의 구성에 있음을 알 수 있다. 이러한 기본적 원리에 따라 우리나라 지방의회의 설치도 헌법에서 규정하고 있다. 1948년 제헌헌법에서부터 우리나라의 지방정부에는 반드시 지방의회를 두도록 규정하여 왔다. 역으로 해석하면 우리나라의 경우에도 지방정부의 장은 선거가 아닌 방식으로 선출할 수 있어도 지방의회는 반드시 선거에 의하여 구성하여야 한다는 것을 명기하고 있다고 해석할 수 있다.[1)]

우리나라의 경우 국민들로부터 크게 주목받지는 못하고 있지만 지방의회를 설치하고 주민의 대표인 지방의원을 선거로 선출하는 것은 가장 중요한 자유 민주주의의 원리를 구현하는 일이다. 주민자치의 대표적 국가인 미국에서 지방의회는 주민의 전체가 참여하는 주민총회를 대신할 수 있는 중요한 대의기구이다. 이는 처음에 지방정부를 구성하고 점차로 상위의 정부를 설치하는 과정에서 지방자치의 중요성을 체험적으로 체득하였기 때문에 가능하다. 중앙정부의 정책을 실현하기 위하여 구상되었던 단체자치의 국가에서도 지방의회는 집행기구의 장을 견제하고 감시하는 중요한 주민의 대표기관이다. 이런 관점에서 본다면 한국에서 1991년 지방자치의 재개를 앞두고 지방의회와 집행기구의 장 선거 가운데 지방의회의 선거만을 먼저 실시한 것은 지방의회의 중요성을 감안한 결정이었다.[2)]

두 번째 의의는 시대적 상황에 기인한다. 2014년 4월 세월호 사건이 발생한 이후 국가의 개조에 관한 논의가 이루어지고 있으며 이는 중단 없이 진행되어야 한다. 종전에 우리사회에서 소홀히 다루었던 안전, 안심, 환경 등 귀중한 가치를 새롭게 조명하고 "관피아", "법피아" 등에 의하여 왜곡된 사회지배구조의 일탈을 시정해야 한다. 이러한 내용을 포함한 국가 개조는 종전의 국가주의적 틀에 의해서는 제한적일 수밖에 없으며 지방분권적인 관점에서 접근하여야 한다. 지방분권적인 관점에서의 국가개조는 서울시와 세종시로 이원화 되어 국가의 경쟁력을 저하시키고 있는 현재 행정구조의 변화를 모색하는 데에도 유용하다.

2. 지방의회의 연혁

우리나라의 지방의회는 최초로 1948년 제헌헌법에서 규정되고 이에 따라 1949년 7월 지방자치법이 제정되면서 제도로서 확립되었다. 1949년 지방자치법은 도와 서울특별시, 읍·면·동을 지방정부로 규정하고 지방의회와 지방정부의 장을 두되 광역지방정부의 장은 임명제로, 읍·면·동장은 지방의회에서 선출

1) 1960년 헌법에서는 읍·면·장의 선출은 주민들의 직접선거에 의한다고 규정한 바 있다.

2) 물론 당시 지방자치의 실시에 소극적이었던 내무부의 정치적 의도가 반영된 결과라는 해석도 가능하다.

하는 것으로 규정하였다. 우리나라의 역사상 최초로 1952년 수복된 지역에서 선거가 실시되어 지방의회가 구성되었다. 1956년 지방자치법 개정으로 읍·면·동장은 주민의 직접선거로 개정되었다.

우리나라의 지방자치는 1960년 4·19를 계기로 더욱 발전하는 형태를 띠게 되었다. 1960년 헌법에 의하여 지방의회와 읍·면·동장은 선거에 의하여 선출하도록 규정하였다. 아울러 도지사와 서울특별시장도 모두 선거에 의하여 선출되었다.

우리나라의 지방자치는 1961년 5·16에 의하여 침체되는 국면으로 전환되었다. 경제발전을 모토로 내세운 제2공화국은 지방자치보다는 관치에 의한 지방행정이 국가의 효율성을 높일 수 있다는 판단 하에 전면적으로 지방자치를 유보하는 조치를 내려 지방의회는 폐지되었다.

1961년부터 폐지된 지방의회는 1987년 6·29 선언을 계기로 지방자치의 부활이 가시화되면서 1988년 지방자치법이 전면적으로 개정되어 제도적인 준비를 마쳤다. 그러나 선거는 바로 실시되지 못하고 1991년 기초지방의회와 광역지방의회가 구성되어 지방의회가 폐지된 지 30년 만에 부활되었다. 1991년 이후부터 지방의회는 나름대로의 발전을 거듭하고 있다. 이에 대해서는 다음 장에서 논의하였다.

II. 지방의회의 역할

1. 지방의회의 주요 역할: 주민의 대표기관

일찍부터 학자들은 지방자치의 중요성을 강조하여 왔다. 19세기말 미국을 방문하였던 프랑스 정치학자 토크빌은 미국의 주민총회(타운십 미팅)를 관찰하고는 '지방자치는 민주주의의 학교'라고 하였다. 영국의 존 스튜어트 밀과 브라이스 역시 규범적인 관점에서 지방자치는 민주주의를 훈련하는 최고의 장이라고 평가하였다. 이러한 평가는 지방의회가 주어진 역할과 기능을 충실히 수행함은 물론 지역주민들이 지방의회에 높은 관심을 가지고 지방의회의 선거에 적극적인 자세를 가질 때 가능한 것이다.

지방정부는 그 구조에 따라 기관통합형과 기관분리형으로 분류할 수 있는데, 각각에 따라 지방의회의 역할이 상이하다. 기관통합형의 경우 지방의회가 집행 기능까지 담당하고 있기 때문에 역할이 기관분리형의 경우보다 더욱 크다고 할 수 있다. 그런데 영국이나 유럽의 많은 국가에서 채택한 기관통합형의 경우 지방의회의 역할이 곧 지방정부의 역할과 동일시되기 때문에 여기에서는 기관분리형의 지방의회를 중심으로 논의하였다.

우리나라와 미국의 경우 기관분리형이라고 하는데, 일본의 경우에는 2원대표제 또는 권력분립형이라는 용어를 사용하기도 한다. 기관분리형의 지방정부하에서 지방의회는 주민의 대표기관이라는 중요한 역할을 담당한다. 기관분리형의 경우 유권자들이 지방정부의 장과 지방의원을 선거로 선출하지만 주민의 대표기관은 지방의회라고 보아야 할 것이다. 우리나라 헌법에서 지방정부는 반드시 지방의회를 설치하여야 하는 것으로 규정한 것도 그러한 뜻을 반영하는 것으로 볼 수 있다.

일본에서는 지방의회를 주민의 대표기관으로 보는 견해와 지방정부의 장도 주민의 대표기관이라고 보는 해석이 양립하고 있다(竹下, 2010). 지방의회가 주민의 대표기관이라고 보는 견해는 에도시대부터 존재하였던 주닌주(10人衆) 또는 주고닌주(15人衆)가 발전되어 현재의 지방의회가 되었다고 본다(福田, 1989). 따라서 주민의 대표기관인 지방의회는 주민주권에 기초하여 정당성이 인정되는 것이며 헌법과 법률은 단지 이를 보장하는 것뿐이다. 이런 관점에서 볼 때 주민의 대표기관인 지방의회가 집행기관의 기능까지 담당하는 기관통합형인 것이 이론적으로는 보다 타당하다고 할 수 있다. 영국이 비록 2000년에 선출직 지방정부의 장 제도를 새롭게 도입하였음에도 지방의원으로 캐비닛을 구성하여 집행기관을 구성하는 것은 주민대표기관의 특성상 옳은 선택으로 보인다.

주지하다시피 사회는 점차 다양한 이익 간의 대립과 반목으로 이해조정이 어렵다. 영국의 경우 선출직 지방정부의 장은 이러한 첨예한 이익 간의 조정에 강력한 정치적 리더십이 필요해짐에 따른 불가피한 제도적 선택이었다. 때문에 지방정부의 장이 실질적인 행정 권력을 갖고 있고 주민의 관심을 받고 있다 하더라도 주민의 대표기관은 지방의회라는 것은 불변의 사실이다.

2. 지방의회의 부수적 역할

지방의회는 주민의 대표기관으로서의 역할을 수행하기 위하여 부수적으로 지방정부의 최고정책 결정기능과 집행기관의 견제 및 감시기능을 담당한다. 지방정부의 최고 정책기관으로서 지방의회는 조례의 제·개정, 예산의 심의·의결, 정책안 의결의 기능을 수행한다. 또한 집행기관을 감시·견제하는 역할로서 주로 행정사무감사와 조사 및 검사의 기능을 수행한다.

지방정부의 장과 지방의회는 모두 주민의 직접선거에 의하여 선출되지만 지방의회는 다수의 의원들로 구성된 합의체 기관이다. 주민들의 의견과 이익들이 다양하기 때문에 다수의 구성원으로 구성되는 것이 타당하다. 합의체 기관은 구성원들이 지역 주민들의 다양한 의견과 이해를 대변하고 있기 때문에 심의과정은 이를 조정하는 과정이다. 다양한 관점에서 논의와 합의를 통하여 정책을 결정하는 것이 무엇보다도 중요한 역할이며 따라서 지방의회가 지역주민의 복지와 이익을 증진시킬 수 있는 여러 가지 권한이 있어야 함은 당연한 이치이다. 집행기관에 대한 견제와 감시는 지방의회가 집행기관에 대한 행정사무감사와 조사 및 검사권이 적정히 보장되어야 실효성을 갖게 된다. 지방의회가 주민 다수의 의견을 대변하는 한 중앙정부의 정책에 대하여 비판적인 태도를 견지하는 것도 정당하다고 할 수 있다.

일본은 1999년 지방분권의 개시 이후 지방정부의 자율과 자주가 한층 보장됨에 따라 지방의회의 정책결정기능에 질적인 발전이 이루어지고 있다. 지방의회는 정책의안의 제안 및 수정, 의견서 및 의결에 의한 의견표명을 할 수 있으되 여기에는 반드시 지방의회의 의결이 전제되어야 한다. 따라서 다양한 의견조정을 거쳐 지역주민들이 납득할만한 정책결정을 도출하는 것이 무엇보다도 중요한 지방의회의 역할이다. 이를 위하여 2006년 9월 개정된 지방자치법은 지방의회 의장에게 임시회의 소집요구권을 부여하였다. 아울러 위원회의 의안발의권 부여, 지방정부의 장의 선결처분의 명확한 요건부여 등 지방의회의 권한이 강화되었다. 그럼에도 여전히 지방의회의 정상적인 역할과 활성화를 위한 다양한 개혁논의가 진행되고 있다. 지방의회의 개혁논의는 지방의회가 주민의 대표기관으로서의 역할을 적절히 수행하지 못하는 데 있다고 보아야 한다.

지방정부의 대·내외적 여건은 지방의회가 소기의 역할을 충실히 수행하기를 기대하고 있는데 실제는 그와 같은 기대와 적지 않은 괴리가 있다. 여기에는 제도적인 원인과 행태적인 원인들이 혼재하고 있다. 이에 대해서는 다음 장에 논의하였다.

제2장

지방의회의 성과와 개혁

Ⅰ. 지방의회의 성과

1. 지방의회의 성과 요인

1) 제도적 요인

지방의회의 의정활동에 관한 제도적 환경은 지방의회의 활동을 결정하는 중요한 요소이다. 헌법, 지방자치법, 지방재정법 등 지방자치와 관련된 제도의 내용들은 지방의회의 활동에 직접적으로 영향을 미친다. 제도적 규제는 지방의회의 활동을 제약할 수도 활성화할 수도 있다. 1991년 이후 지방의회가 꾸준히 지방의회에 관한 제도의 개선을 요구한 것은 이러한 이론적 배경에 기인하고 있다.

2) 행태적 요인

제도적 요인 외에 중요한 것은 제도를 운영하는 주체이다. 아무리 좋은 제도를 마련하고 있더라도 제도를 적절히 활용하지 못하거나 제도를 오·남용하면 소기의 목적을 달성할 수 없다. 동일한 제도 하에서도 제도운영의 주체가 바뀌면 성과가 달라지는 경우가 많은데 이것은 제도를 운영하는 주체들의 행태적 요인이 상이하기 때문이다.

2. 지방의회의 성과

1) 지역 민주주의의 발전

지방의회의 출범과 발전이 지역 민주주의의 발전에 기여하고 있다는 점이 지방의회가 이룩한 가장 큰 성과이다. 지역에서 선거를 통하여 지방의원이라는 대표를 선출하는 행위, 지방의회가 지방정부의 장이나 집행기구를 견제하고 감시하는 행위 등이 민주주의 발전을 위해 귀중한 기회를 제공하고 있다.

2) 지방행정의 변화

지역 민주주의의 발전이 지방행정의 변화와 발전으로 이어지는 것은 논리적인 귀결이었다. 관치시대의 지방행정은 주민들에게는 높은 벽이었다. 그러나 지방정부의 장이 선거로 선출되고 지방의회가 주민들을 대표하여 지방행정을 견제하고 감시하게 됨에 따라 지방행정의 주민에 대한 대응성과 효과성 및 효율성이 제고되었다는 것이 일반적인 평가이다. 또한 지방의회는 주민의 대표기관으로서 주민들이 제출한 진정과 청원의 처리에 매우 적극적으로 대처하였다는 평을 받는다(문원식, 2010).

3) 주민참여의 성격 변화

지방자치는 주민참여의 증가에도 기여하였다. 일반적으로 지방의회는 주민들을 대표하여 지방의정을 수행한다. 따라서 지방의회가 적절히 작동하면 주민이 직접적으로 참여하는 상황은 크게 축소된다. 그럼에도 지방의회의 출범은 새로운 형태의 주민참여가 발전하는 기회를 제공하였다. 1991년부터 현재까지 지방의회의 활동을 감시하는 의정활동감시단의 활동사례가 대표적인 예이다. 지방의회는 주민들로부터 지리적으로 가까이 있기 때문에 지방의회의 활동을 근거리에서 감시하는 것은 또 다른 형태의 주민참여가 되었다. 한편 지방의회의 미흡한 의정활동은 주민자치회 등 주민의 직접참여를 통하여 보완되고 있다. 2003년 참여정부의 출범 이후 주민의 직접참정제도의 도입도 적극적으로 이루어진 결과이다.

II. 지방의회의 개혁

1. 지방의회 개혁의 필요성

1) 지방의회의 문제점

(1) 지역주민의 지방의회 불신

앞에서 논의한 바와 같이 지방의회는 지역주민의 대표기관이다. 즉 주민과 지방의회의 관계는 주인과 대리인의 관계로서 신뢰가 바탕이 되어야 한다. 그런데 현재 지방의회가 처한 가장 큰 문제점 중의 하나는 주민의 지방의회에 대한 불신과 무관심이다. 이와 같은 현상은 일본과 우리나라에서 모두 나타나고 있다.

일본의 경우 지방의회의 활동에 60% 이상의 주민들이 만족하지 않는 것으로 나타났다. 그 이유로는 ①지방의회의 활동이 주민들에게 알려지지 않는다는 점, ②지방의원의 도덕성에 문제가 있다는 점, ③지방행정에 대한 견제기능을 못한다는 점, ④지방의회 내의 야합으로 공정한 심의가 이루어지지 못한다는 점, ⑤지방의회의 정책능력이 부족하다는 점 등이 지적되었다(江藤, 2008). 즉 주민들은 지방의회의 투명성, 지방의회의 감시·견제능력의 부족, 지방의원의 도덕성 등에 문제가 있는 것으로 보고 있다.

뿐만 아니라 지방의회가 주민의 의사를 충분히 반영하고 있는지에 대해서도 매우 회의적이다. 보도된 바에 따르면 과반수의 주민들이 지방의회가 주민의 의사를 고려하지 않는 것으로 보고 있다. 일본의 경우 지방의회는 주민대표기관으로서의 지위를 상실했다는 비판도 제기되었다(江藤, 2008).

일본 주민들은 지방의회의 비리나 지방의원의 개인적 비리에 대해 매우 민감하다. 어쩌다 지방의원 관련 비리기사라도 보도되면 지방의회 전체가 같은 수준으로 평가되는데 이것도 지방의회에 대한 불신의 결과이다. 지방의회의 해외시찰에 대해서 매우 비판적인 견해를 갖는 것은 물론 지방의원들이 지방의회 내

감투에만 몰두한다고 보고 있다. 실제로 매번 지방의회 의장단 선거 때만 되면 많은 지방의회가 선거 부작용에 시달리고 있다.

이러한 상황은 우리나라도 매우 유사하다. 1991년 지방의회가 출범한 이후 각종 설문조사를 보면 지방의회를 신뢰하는 수준은 매우 낮은 것으로 평가되었다(한양대학교 지방자치연구소, 1992; 동의대학교 지방자치연구소, 1992, 2005; 김순은, 2005a, 2005b; 차재권, 2011). 2013년 국민권익위원회 부패방지국이 실시한 청렴도 측정결과는 지방의회에 대한 주민들의 불신을 적절히 보여주고 있다. 지방의회의 평균적인 종합청렴도는 6.15(10점 기준)로 조사되었다. 정책고객의 평가점수가 7.71로 다소 높은 반면 지역주민들의 평가는 4.69로 가장 낮게 평가되었다. 광역의회와 기초의회에 대한 청렴도는 전자가 6.96인 반면 후자는 5.70으로 조사되었으며 지역주민의 평가는 전자가 4.52인 반면 후자가 4.79로 나타났다. 업무 청렴지수로 보면 예산편성의 항목이 4.31로 가장 낮았으며 청렴 문화지수는 외유성 출장이 3.76으로 가장 낮은 것으로 조사되었다(국민권익위원회, 2013). 지역주민들이 지방의회 및 지방의원들에게 무관심 또는 불신하는 데에는 몇 가지 원인이 있다(김순은 외2, 1996; 김순은, 2005c; 송광태, 2001).

(2) 지방의회의 형식적 심의

지방의회의 주요 활동은 조례의 제정 및 개정, 행정사무감사, 예산의 심의 및 의결에 집중되어 있다. 지방의회의 의정활동 중 조례의 제정 및 개정과 관련된 활동은 지방의회가 최고 정책결정기관으로서 역할을 수행하는 중요한 기능 중의 하나이다.

지난 20년간의 지방의회가 의결한 조례의 제정 및 개정상황을 보면 초기에는 대부분의 조례 제정 및 개정발의가 집행부에 의하여 이루어졌다. 지역주민의 이익과 관점을 고려한 다양한 조례가 필요함에도 불구하고 지방의원들의 발의 실적은 매우 저조하였다(송광태 외1, 2000; 강인호 외3, 2002)[3]. 지방의원발의는 2006년 제5대 이후 증가하였다.

3) 2006년 7월 제주특별자치도의회가 출범한 이후 의원발의에 의한 조례가 급증하였다(김순은, 2011e). 이는 지방분권 특례에 기초한 결과라고 해석되고 있다.

뿐만 아니라 집행부가 발의한 조례에 대해서도 심층적으로 분석하고 검토하는 논의가 이루어지지 못하였다는 것이 일반적 평가이다. 지방의회는 집행부의 고무도장이라는 비판도 그러한 평가의 또 다른 표현이다(김순은, 2005d).

지방의회의 조례의 제정 및 개정안 심의가 형식적으로 이루어진 데에는 크게 두 가지 이유가 있다. 첫째는 지방의원으로서 갖추어야 할 전문성의 부족이다. 물론 명예직 하에서 선출된 아마추어 정치가에서 전문가 수준의 전문성(Specialized Expertise)을 요구하는 논리적으로 타당하지 않다. 그러나 비록 전문가 수준의 전문성을 지방의원에게 기대하는 것은 무리였다고 하더라도 최소한 지역의 최고정책기관으로서의 사명감에 기초한 프로정신은 발휘했어야 했다. 지역주민의 대표기관으로서 지역주민의 관점에서 조례안의 제정 및 개정에 최선을 다하여야 한다는 것은 더 말할 나위가 없다. 이런 관점에서 지난 20여년의 지방의회는 매우 미흡하였다.

두 번째 이유는 지방의원의 역할과 사명감에 관한 인지 부족에서 기인한다. 지방의원은 주민을 위한 대표기관으로서 투철한 사명감을 가져야 함에도 불구하고 이에 대한 인지가 높지 못하다. 이러한 현상은 지방의회의 고유 업무에 대한 불성실한 태도와 각종 의안의 형식적인 심의로 이어진다.

(3) 지방의회의 관료화

1991년 출범한 지방의회는 벌써 일곱 번의 선거를 마쳤다. 그 결과 지방의회에는 초선부터 다선의 지방의원들이 활동하게 되었다. 1991년 출범한 초기 지방의회는 의정경험이 전무한 의원들로 구성되었기 때문에 의회의 운영에 적지 않은 시행착오를 겪었다. 지방의회의 횟수가 거듭될수록 다선의원의 출현으로 초기의 어려움이 크게 개선되었다.

그런데 지방의회의 구성 횟수가 거듭될수록 두드러지게 나타나는 부작용 중 하나가 지방의회의 관료화 현상이다. 다선의원들은 초선의원에 비하여 의정과 관련된 노하우를 보유하고 있을 뿐만 아니라 행정의 전문성 수준 역시 높다고 할 수 있다. 조례의 제정 및 개정, 행정사무감사 및 예산활동에 그러한 노하우와 전문성이 활용되어야 지방의회의 존재의의를 높일 수 있기 때문에 긍정적으로 볼 수 있다. 그런데 지방의원들은 횟수가 거듭될수록 적극적인 의정활동보다는 의회 내의 의장단 및 상위위원장 직에만 관심을 보였다. 의장단 및 상임위원장 선거를 둘러싸고 보여준 지방의원들의 행태가 그러한 주장을 뒷받침하고 있다.

의장단 선거를 둘러싼 파벌간의 갈등, 선거와 관련된 금품수수 등으로 의회의 구성이 지연되거나 형사적인 처벌을 받았던 사례도 적지 않았으며 의장단 선거 때 생긴 갈등으로 인하여 지방의회를 구성하지 못한 사례도 빈번하게 발생하였다(김순은, 2005c). 의장단 선거를 둘러싼 파동은 지방의회 출범 초기부터 발생하여 현재까지 지속되고 있다.

(4) 지방의회의 지방정부의 장에 대한 견제와 감독의 부실

1995년 지방정부의 장이 선거로 전환된 이후 지방정부의 장은 각종 비리와 연루되는 경우가 많았다. 공무원의 채용 및 승진과 관련된 인사비리와 각종 공사의 인·허가 비리가 대표적인 예이다. 더 나아가 각종 비리에 연루되어 사법처리에 이르는 경우도 많았다. 각종 공사의 부패와 과다한 비용책정으로 인한 낭비도 빼 놓을 수 없다.

비리수준에는 이르지 않아도 지방정부의 장의 독선과 독단으로 예산이 낭비되고 있다는 지적은 계속 있어 왔다. 공공시설의 과잉에도 불구하고 새로운 공공사업을 추진하거나 지역의 상황에 어울리지 않은 규모의 공사를 추진하는 지방정부의 장들이 다수 거론되어 왔다(민중의 소리사회, 2010). 또한 어떤 지방정부의 장은 호화관사로 문제가 되기도 하였으며 공무원을 마치 개인 비서로 부리는 경우도 발생하였다.

그러나 이제까지의 지방의회는 지방정부의 장의 비리나 부조리, 지방행정의 독선과 독단을 적절히 견제하지 못하였다. 심지어 지방의원들이 지방정부의 장과 결속하여 비리에 관여하는 경우도 있었다. 지방정부의 장이나 지방행정을 투명하게 견제하지 못하는 것도 지방의회가 시민들로부터 외면을 받는 원인 중의 하나이다.

(5) 관광성 연수

모든 지방의회는 아마추어리즘에서 벗어나 전문성을 제고하기 위한 다양한 노력을 경주하였는데 매년 실시되었던 각종 연수활동이 대표적인 예이다.

각 지방의회는 매년 3-4회에 걸쳐 국내·외의 연수를 실시하였다. 지방의회가 주관하는 연수회, 세미나, 워크숍 등은 물론이고 타 기관의 각종 세미나 및 워크숍 등에 참여하는데 일정한 예산을 사용하였다. 아울러 대부분의 지방의원은 임기 중에 1회 이상의 해외연수를 이수한다.

그런데 이러한 각종 연수활동은 실질적인 성과를 거두었다기보다는 대개 형식적·명목적으로 이루어져왔다. 물론 개인적인 비용을 소요하며 전문성을 제고하려고 노력하였던 지방의원이 없지는 않았지만 그 숫자는 매우 미미하다. 무엇보다도 막대한 예산이 소요되었던 해외연수가 연수의 이름을 빙자한 해외관광이었다는 것은 지방의회의 도덕성에 적지 않은 타격을 주었다. 연수기간 중에 연수는 1일 내지는 2일 정도에 그치고 대부분의 시간은 관광에 사용하였다는 것이다. 따라서 해외연수 후 지방의회에 제출하였던 보고서도 매우 형식적이었음은 물론이다. 앞에서 논의한 국민권익위원회가 실시한 설문조사에서도 지방의회의 관광성 외유가 가장 부정적인 평가를 받았다.

각 지역의 시민단체들은 이러한 지방의회의 예산낭비를 예방하기 위하여 지방의회의 해외연수 계획을 주민들의 심사에 부쳐야 한다는 주장을 했다. 보다 구체적으로 지방의회의 해외연수 심사단을 구성할 것을 요구하였다. 아울러 연수 후 제출하는 보고서의 심사를 요구하기도 하였다. 해외여행 담당자들에 따르면, 순수한 연수를 위한 프로그램을 제시하면 대부분의 지방의회가 외면하는 것이 우리의 현실이다.

지방의원의 해외연수에 대한 주민의 냉랭한 시선은 일본도 유사하다. 2005년도에는 교토시의회가 일요일 뉴욕관광을 한 사실에 대하여 공금반환을 명한 사례가 있다. 2009년에도 센다이 시의회가 이탈리아 해외연수를 갔다 온 것에 대하여 주민들이 공금반환소송을 제기한 사례가 있다.

2) 지방의원의 문제점

(1) 지방의원의 사명감과 열정의 부족

지방의원은 지역주민의 정통성을 지닌 대표인 동시에 지역의 지도자이다. 지역의 지도자가 내린 결정이 지역주민의 지지를 얻기 위해서는 그들의 정책적 결정이 이슈와 관련된 전문적인 판단과 합리적인 정치적 타협을 거쳐야 함은 재론의 여지가 없다. 뿐만 아니라 지방의원은 일반적 생활에 있어서도 지역의 대표와 지도자로서의 도덕성을 지녀야 한다. 다방면에 걸쳐 주민의 모범이 되어야 할 지방의원이 도덕성을 상실할 경우 그들의 결정이 의심을 받아 주민들의 지지를 잃기 쉽다. 그런데 지방의원과 관련된 비리가 1991년 이후 끊임없이 보도되고 있어 지역주민들을 실망시키고 있다. 이러한 현상은 지방의원이 그에 부응하는 사명감이 부족한 데에서 기인하는 것이다.

현대생활에 있어서 업무에 대한 태도는 결과의 성패에 매우 중요하다. 무엇보다도 업무에 대한 열정은 성공의 중요한 열쇠이다. 지방의원들은 선거 때 뜨거운 열정을 바쳐 선거운동에 매진하나 선거만 끝나면 그러한 열정은 지방의원의 의정활동으로 이어지지 못하는 실정이다.

일곱 번의 지방선거와 지방의회 활동을 거치면서 지방의원들은 지방의원의 고유한 활동, 즉 조례의 제·개정, 행정사무감사, 예산심의·의결과 결산, 청원 등에 대한 관심보다 해외연수와 지방의회의 간부직에 대해 큰 관심을 보이고 있다. 특히 의장, 부의장, 상임위원회 위원장 등 지방의회의 직위에 대해서는 비이성적일 만큼 지대한 관심을 가진다. 2년마다 실시되는 의장단 선거는 적지 않은 부정과 부조리로 사회의 지탄이 된 사례가 많다. 선거의 후유증으로 지방의회의 의정활동이 파행을 겪은 사례도 적지 않다.

(2) 지방의원의 독립성 부족

현재 우리나라는 광역 및 기초의원들이 정당의 공천을 받도록 되어 있다. 종전에는 광역지방의원에게만 정당공천을 허용하였으나 2005년 공직선거법의 개정으로 기초지방의원에게도 확대되었다.

정당의 공천이라는 틀 안에서 지역구의 국회의원들이 지방의원의 공천을 결정하기 때문에 지방의원은 국회의원에 종속되기 마련이다. 이 때문에 지방의회 및 지방자치가 중앙 예속성을 띠고 있다. 지방의회의 회의가 있는 날 국회의원이 해당 지역구를 방문하면 지방의회의 운영이 안 될 정도이다. 상향식 공천이 아닌 하향식 공천이 지속되는 한 이러한 문제는 시정되지 않을 것으로 보인다. 일본은 시·정·촌의회의 70%가 무소속의원이기 때문에 이러한 현상은 일어나지 않는다. 영국의 경우 상향식 공천으로 이루어지고 있기 때문에 우리나라와 같은 현상은 발생하지 않는다.

(3) 지방의원의 자질과 품행

지방의회가 주민들로부터 외면당하거나 불신을 받는 것은 지방의원의 자질 및 품행과 직접적으로 관련되어 있다. 물론 모든 지방의원에 해당되는 사항은 아니지만 일부 지방의원의 품행이 지방의회의 전체 이미지에 주는 피해가 심각하다.

그간 지방의원들은 집행부 간부 공무원에 대한 욕설과 폭행, 동료 의원 간의 욕설과 폭행 등으로 지방의원의 명예를 실추시켰다. 뿐만 아니라 상점에서 절도 행위를 저지른 의원도 있어 주민들을 크게 실망시켰다. 보이지 않는 부분에서는 지방의원들이 지역의 토착세력 또는 지역유지로서 각종 부조리와 부패에 관련된 점이 나타나기도 하였다. 이러한 지방의원의 행태가 지방의회와 주민과의 관계를 소원하게 하는데 크게 작용하고 있다.

2. 지방분권과 지방의회의 역할강화

지방의회가 앞에서 논의한 바와 같이 주민의 대표기관으로서 본연의 역할을 충실히 하기 위해서는 제반환경이 갖추어져야 한다(江藤, 2008; 김순은, 2001a). 무엇보다 중요한 것은 중앙정부와 지방정부 간 관계이다. 기관위임사무의 비중이 크고 중앙정부의 통제가 엄격하면 지방정부의 재량과 자율권은 그만큼 축소된다. 바꾸어 말하면 지방분권이라 함은 중앙정부의 정치·행정권한을 지방으로 이양하는 것이기 때문에 지방분권이 이루어지면 지방의회의 역할과 기능이 강화된다.

2003년 참여정부의 출범 후 지방분권 개혁에 대한 기대가 어느 때보다 높았다. 2002년 대통령 선거기간에 제기되기 시작하였던 지방분권 개혁에 대한 기대는 2003년 7월 초 참여정부의 지방분권 추진 로드맵의 발표로 더욱 고조되었다. 문제점이 없지는 않으나 참여정부의 지방분권 추진 로드맵은 지방분권 개혁에 대한 참여정부 추진계획으로 비교적 구체적인 내용을 담고 있었다(김순은, 2003a). 지방분권 추진 로드맵의 법적 기속력 확보를 위해 2003년 7월 말 행정자치부는 지방분권특별법(안)을 공고하였다. 그 외에도 제주특별자치도가 설치되고, 자치교육이 개선되고, 주민투표·주민소환·주민소송 제도 등이 도입되었다. 이명박 정부에 들어서는 지방소비세가 도입되어 지방재정이 강화되었다. 박근혜 정부 들어서는 규제완화라는 제도개선을 통한 지역주도·중앙맞춤지원 방향이 가시화 되고 있다.

향후 지방분권 개혁이 더욱 강화되면 지방정부는 새로운 정치·행정적 환경에 처하게 된다. 무엇보다도 지방분권의 추진이념대로 지방정부의 정치·행정 권한이 강화되고 중앙정부의 지도·감독이 축소될 것이다. 또한 지방정부의 재정력이 강화되어 지역의 현안들을 자주적으로 처리할 재정적 여건을 갖추게 될 가능성도 기대된다.[4] 그 결과 종래에 중앙에서 이루어지던 정책결정이 지역에서 이루어지게 될 것이다. 이는 정책결정과 관련된 갈등과 협상이 지역에서 이루어지게 된다는 것을 의미한다. 때문에 지방정부의 갈등조정과 관련된 역할과 기능이 매우 중요시될 것이다.

지방정부의 기능과 역할이 강화되면 이에 따라 지방의회의 역할과 기능도 강화될 것이다. 지방의회가 주민의 대표기관으로서 지역의 최고 정책결정기관이기 때문이다. 지방의회를 통하여 지역의 다양한 가치와 요구가 조정되어야 한다(김순은, 2003b, 2010a).

3. 지방의회와 지방정부의 장의 비리

지방의회의 개혁을 논의함에 있어서 고려해야 할 문제가 우리나라 지방의원 및 지방정부의 장의 비리이다. 지역을 위하여 성실하게 봉사하겠다고 공약한 당선자들은 각종 선거법 위반 및 각종 비리에 연루되어 유권자들을 실망시켰다. 민선 4기 지방정부의 장 가운데 118명이 기소되었다. 이 중에는 광역지방정부의 장이 5명으로 광역지방정부 중 31%를 차지하였으며, 기초지방정부의 장은 113명이 기소대상이었으며 전체 기초 지방정부 중 49%에 달하였다. 기소된 인사 중에서 15.7%인 36명이 임기를 마치지못하고 물러났다.

민선 5기의 경우 전국 230개 기초 단체장 중에서 41%인 94명이 기소되었으

4) 현실적으로 1991년 지방의회가 구성된 이후 현재까지 지방정부의 재정자립도는 크게 악화되었고, 1995년 지방정부의 평균 재정자립도는 63.5%였으나 2014년도는 44.8%가 되었다.

며 29명이 유죄판결을 받았다(프레시안, 2014). 지방자치단체장의 비리가 발생하는 가장 큰 원인은 선거비용에 따른 뇌물수수인 것으로 보도되었다.

2014년 6월 지방선거의 경우 광역지방자치단체장 중에는 17명 중 11명이 고발을 당해 혐의를 조사 중이며 226명의 기초단체장 가운데 80명이 조사 중이다. 당선인 72명이 선거법 위반 혐의로 입건되어 3명이 기소되었다(동아일보, 2014).

지방정부의 장들이 기소를 당하거나 형사처벌을 받아 직위를 박탈당하면 행정공백으로 인한 피해는 물론 재·보궐선거에 인한 막대한 재정적 손실을 초래한다. 지방정부의 장의 비리를 견제하고 감사하여야 할 기관이 지방의회라는 점에서 지방정부의 장의 비리 건 수는 향후 지방의회의 지위를 고려하는데 매우 중요한 자료이다.

지방정부의 장들이 기소된 사유는 매우 다양한데 민선4기의 경우 광역 지방정부의 장 5명을 포함하여 총 84명이 선거법 위반으로 기소되었으며 민선 6기에는 앞에서 논의하였듯이 기소건수는 3건으로 감소하였다. 이제까지 발생한 지방정부의 장의 비리유형은 아래와 같다.

1) 인사비리

지방정부의 장에게 인사권이 전속되어 있어 인사 관련 비리가 빈번하게 발생하였다. 그런데 지방정부의 장의 부당한 처사에 대해서 이의를 제기하는 공무원은 찾아보기 어렵다. 만약 지방정부의 장의 개인적 행태에 이의를 제기할 경우 이의를 제기한 공무원은 “괘씸죄”에 걸려 임기 내내 귀양살이 같은 생활을 보내야 한다는 것이 공무원들의 반응이다.

이러한 점 때문에 지방정부의 장들은 공무원의 채용, 승진, 보직변경과 관련한 비리에 관련되어 왔다. 제4기의 경우 동대문구청장, 관악구청장, 용인시장, 군포시장, 해남군수, 담양군수, 진도군수 등이 인사비리로 기소되었거나 처벌을 받아 직위를 상실하였다. 민선 5기의 경우 나주, 남원, 광주, 이천, 순창, 임실, 부안의 단체장들이 비리에 연루되었다.

2) 인·허가 관련 비리

지방정부의 장은 지방행정의 최고책임자이기 때문에 각종 인·허가 사항을 결정할 권한을 갖는다. 이러한 상황이다 보니 지방정부의 장들은 인·허가권과 관련된 유혹에서 자유롭지 못하다. 사업의 인·허가를 해주는 대신에 반대급부를 받아 비리를 저지르게 되는 것이다.

민선 4기에서는 이와 관련된 비리가 적지 않은 것으로 나타났다. 제4기 내에 비리관련자의 20%인 24명이 기소를 당하였거나 이로 인하여 직위를 상실한 것으로 나타났다. 서대문구청장, 안성시장, 오산시장, 당진군수, 시흥시장, 영양군수, 임실군수 등이 공사권 인·허가와 관련된 비리와 연루되어 불명예를 얻은 대표적인 경우이다. 민선 5기에서는 아산시장, 동해시장, 경산시장, 함양군수, 가평군수 등이 비리에 연루된 것으로 나타났다.

3) 기타 비리

지방정부의 장들은 인사비리, 인·허가 관련 비리 이외에도 개인적인 사정으로 인하여 배임·횡령이나 공천과 관련된 비리로 기소된 사례가 있었다. 나주시장의 배임사례, 청송군수의 선거법 위반과 회사 공금 유용, 양천구청장의 대리시험을 통한 검정고시 합격사례, 보은군수의 관사 비품의 임의 구매사례, 여주군수의 공천헌금 사례 등이 그것이다. 민선 5기에서는 임실군수의 정치자금법 위반 외에 2010, 2011, 2012년 함양군수의 비리, 2011년 강원도지사 등이 비리에 연루되었다(KBS, 2014). 민선 6기에 들어서도 괴산군수가 구속되는 등 지방정부의 장의 비리는 끊이지 않고 있다.

4. 지방의회와 국회의 차이점

지방의회와 국회의 근본적인 차이점은 지방의원의 신분이 선거에 당선되었다고 법적으로 규정된 임기가 보장되지 않는다는 점이다. 일반적으로 지방의회를 감시하기 위한 지역주민들의 직접참정제도가 규정되어 있다(김순은, 1999a). 많은 나라에 지방정부에의 직접참정제도로 주민소환, 주민발안, 주민투표, 주민소송, 주민감사청구제도가 있고 최근에는 주민참여예산제도 등이 논의되고 있다. 주민소환제도는 임기전의 선출직 공무원을 해직하는 제도이며 지방의원은 주민소환의 대상이기 때문이다.

우리나라의 경우에 참여정부 이후 주민의 직접참정제도가 적극적으로 도입되었다. 주민투표법의 제정, 주민소송 및 주민소환제도의 도입이 이루어졌으며 2011년 지방재정법의 제정으로 모든 지방정부에서 주민참여예산제도가 시행되고 있다.

일본의 경우에도 특정지역에 관련된 법안의 제정은 그 지역의 주민투표를 거치도록 헌법에서 규정하고 있다. 1949년부터 1951년 사이에 15개의 법률이 주민투표를 거쳐 결정된 바 있다.

지방의회가 폐쇄성을 벗어나기 위해서는 주민들의 직접참여를 적극적으로 권장할 필요가 있다. 영국의 패리쉬 의회와 같이 의원과 주민들이 함께 의논하는 지방의회가 국회와 다른 점이다(竹下, 2010).

5. 지방의회와 정책평가의 대두

1980년대 이후 지방정부를 개혁함에 있어서의 이론적 기초는 신공공관리론(New public management)이었다(김순은, 1998a, 2003a). 신공공관리론은 공공부문의 관리에 시장원리를 적용하여야 한다는 주장이다. 민간경영 방식이 도입되어 정책의 효율성·수익성이 강조되고, 성과의 계량화가 추진되었다.

그 결과 계량적 방식에 의한 정책분석, 비용/편익분석 등의 정책평가가 강조되었다. 성과를 평가하여 정책의 계속성 여부를 판단하게 된 것이다. 이 무렵 일본에서는 지방정부의 매니페스토 운동이 부각되었다. 주지하다시피 매니페스토는 공약을 가급적 계량적으로 표시하고 계량적으로 평가하는 것을 강조한다.

신공공관리론과 매니페스토 운동은 지방의회의 활동을 위축시키고 정책의 장으로부터 소외시키는 결과로 이어졌다. 가급적으로 계량적인 방식으로 사무를 처리하다보니 정치적인 특성이 옅어져 지방의회의 정책기능이 약화되는 경향이 일본에서 두드러졌다(江藤, 2008).

6. 지방의회와 주민참여

1) 소극적 주민참여

지방정부의 정통성은 주민의 참정에 의한 민주성에 있었다. 주민의 민주성을 확보하기 위한 철학적 기초는 고대 그리스의 직접민주정이며 영국의 패리쉬 정치 등으로 발전되었다. 미국은 직접민주정에 대한 제퍼슨의 철학을 바탕으로 주민총회 등의 직접 참정방식이 존재하였으나 인구가 증가하고 거대한 공화국(Large Republic)으로 발전하면서 직접 참정방식은 보완적인 수단으로 전환되었다.

따라서 지역주민들이 선거를 통해 대표자를 선출하고 그 대표자가 지역의 정치와 행정을 수행하는 간접민주주의가 일반화되었으며 주민투표, 주민소환, 주민발안 등의 직접민주적인 요소는 간접민주주의를 보완하는 방식으로 발전되었다. 간접민주제 하에서 선거는 정부의 민주주의를 확보하는 유일한 수단으로 여겨졌다(Schumpeter, 1943).

1960년대 지역의 환경문제가 급증하면서 저항성의 주민참여가 활발히 나타났는데 이 시기에는 주로 개발건설의 축소를 요구하거나 혐오시설의 건설을 반대하는 등의 저지형 시민참여, 특정분야의 행정서비스를 진정·요청하는 행정서비스 확충형 참여에 그쳤다(김순은, 1996a).

직접민주제의 대안으로 제시된 대의민주주의는 의회권한의 약화와 행정부처의 권한 강화, 의회운영의 비민주성, 의회의 시민에 대한 대응성의 약화, 행정의 비민주성 등의 문제를 야기했고 이에 따라 참여주의자(Populist)에 의한 대의민주제의 보완이 논의되기 시작하였다. 이 같은 분위기 속에서 구미 선진국 지방정부의 정책과정에 시민참여가 등장하기 시작하였다. 부연하면 서구의 선진각국에서 채택된 시민참여는 사회의 도시화에 따른 정치·행정환경의 변화 속에서 대의민주제에 대한 보완책이었다. 이 때 시민참여의 형태로 대표자에게 편지쓰기, 대표자와의 면담, 청원수리, 공공 청문회의 참석 및 시위참가 등이 있다.

2) 주민참여의 실태

(1) 주민투표의 실태와 평가

주민투표와 관련하여 가장 이슈가 되었던 사안은 2004년 부안의 방사성폐기물 유치장 사례와 2005년 제주특별자치도 설치와 관련하여 자치계층의 수를 축소하는 사례였다. 전자는 주민투표에서 부결되었으며 후자의 사례는 자치계층의 축소가 찬성으로 매듭지어졌다. 방사성폐기물유치장 건설이 부안 주민투표에서 부결되면서 2005년 11월 경주, 군산, 포항 등에서 대체지 확정을 위한 주민투표가 실시되어 경주시에서 방사성폐기물 유치장을 유치하는 대안이 찬성 89.5%로 확정되었다.

민선 4기에 들어 주민투표와 관련된 이슈는 행정구역의 자율통합이었다. 전국 18개 지역에서 46개 지방정부가 자율통합을 신청하였으나 이들 대상가운데 통합된 지역은 6개였다. 자율통합과정에서 여론조사에 의한 통합방침과 주민투표에 의한 통합방침 등이 논란을 거듭하였는데, 중앙정부는 주민투표 방식을 채택하는 대신에 여론조사 방식에 기초하여 자율통합을 추진하였다. 그 결과 창원, 마산, 진해 지역통합이 확정되어 거대 창원시가 탄생하였고 현재는 함안군마저 창원시 편입을 희망하고 있다. 민선 4기에는 실제로 주민투표가 실시된 사례가 거의 없었다.

민선 5기에 들어서는 서울특별시가 무상급식과 관련하여 주민투표의 절차를 진행하였다. 이는 주민투표를 저지하려는 민주당과 강행하려는 한나라당 간에 정쟁으로 발전된 이슈이다. 시민단체는 주민투표의 내용과 서명인명부의 결함을 근거로 주민투표 집행정치 가처분을 청구하였으나 부결되어 예정대로 투표가 진행되었다. 투표율이 33.3%가 되어야 투표함을 개봉할 수 있었으나 최종투표율이 25.7%에 그쳐 주민투표는 폐기되었다.

이 기간에 지방행정체제의 자율통합이 지속되어 두 지역에서 주민투표가 실시되었다. 2012년 6월 청주·청원의 통합을 위한 주민투표, 2013년 6월 전주·완주의 통합을 위한 주민투표가 각각 실시되어 전자는 찬성, 후자는 반대로 결정되었다. 그 외에 이명박 정부 때 세종시의 수정안 확정을 주민투표에 회부하는 것에 대해서도 논란이 많았다.

(2) 주민소환의 실태와 평가

2006년 주민소환제도가 시행된 이후 선출직 지방공무원에 대한 주민소환은 매우 뜨거운 이슈였다. 특히 지역의 정서와 괴리된 정책을 추진한 4명의 지방정부의 장이 주민소환의 대상이 되었다.

2007년 11월 화장장 건립을 추진하던 하남시장과 시의원 3명이 주민소환의 대상이 되었으나 투표율 미달로 무산되었다. 한편 2009년 제주도에서는 해군기지유치와 관련하여 제주도지사를 소환하는 절차가 시작되었다. 제주도민들은 하남시와 마찬가지로 소환발의에는 성공을 하였으나 투표율 저조로 소환에는 성공하지 못하였다. 2011년 보금자리지구의 지정을 수용하였다는 이유로 과천시장이 주민소환의 대상이 되었으며 2012년에는 삼척시장이 원자력 발전소의 건립을 강행하는 데에 대하여 주민들이 주민소환으로 대응하였다. 4사례 모두 주민소환의 투표가 이루어졌으나 투표율 저조로 무산되었다.

주민소환은 선출직 공무원을 견제하는 가장 강력한 주민들의 법적제도임에는 틀림이 없다. 때문에 선출직 공무원의 개인적인 비리, 부당한 처사, 적절치 못한 행동 등도 소환의 대상이 될 수 있을 것이다. 그러나 위의 사례들은 특정 정책과 관련하여 주민소환을 발의할 경우 상기에서와 같이 소환투표가 성공할 가능성이 매우 낮음을 보여 주었다. 또한 주민소환에 소요되는 정치적, 재정적 경비를 감안하면 주민소환제도는 신중히 적용되어야 함을 보여준다. 상기의 사례는 주민소환제도가 적절히 활용될 수 있도록 제도적 보완이 마련되어야 한다는 교훈을 남겼다(안전행정부, 2013a).

(3) 주민소송의 실태와 평가

앞에서 언급하였듯이 주민소송제도는 2005년 도입되었다. 이의 규정에 따라 26건의 주민소송이 제기되었다.[5] 지방정부의 장 및 지방의회의 부당하거나 불법적인 재정행위에 대하여 주민들이 직접에 법원에 소송을 제기할 수 있게 됨에 따라 지방정부 선출직 공무원의 업무추진비, 지방정부의 선심성 및 과시성 재정지출, 공무원의 관광성 외유, 지방의회의 부당한 의정비 인상 등이 주민소송의 대상이 되었다(김영수, 2009).

이 제도의 도입 이후 인천시민들은 인천시 부평구청장과 구의회를 상대로 예

5) 2013년 8월 기준 진행 중인 소송이 11건, 종결된 소송이 15건이다(안전행정부, 2013a).

산 낭비를 이유로 주민소송을 검토하였으며 서울시 관악구민들도 관악구청이 지방자치상을 받기 위하여 부당하게 재정을 낭비하였다고 주민소송을 계획하였다.

2009년 수원 경실련은 수원시가 공무원들에게 333억의 초과근무수당을 불법으로 지급하였다고 수원시장을 상대로 손해배상청구 주민소송을 제기하였다. 그러나 재판부는 청구의 상대방과 청구액이 지정되지 않았다는 이유로 소송을 기각하였다.

반면 2009년 도봉, 금천, 양천구민들이 해당 구의회가 부당하게 의정비를 부당하게 인상하였다고 주민소송을 제기하였다. 서울행정법원은 의정비 인상은 부당하다는 판결을 내려 주민소송의 새로운 지평을 열어주는 판례가 되었다.

지방자치가 실시된 이후 지방정부의 예산 낭비는 누차 지적되어 왔다. 많은 지방정부들이 지방세로 공무원의 인건비조차 충당하지 못함에도 불구하고, 선심성·전시성 및 과시성 사업, 불필요한 관광성 외유 등이 끊임없이 지적되었다. 주민소송제도가 처음 도입될 때에는 주민소송 제도의 활용성에 대하여 많은 논란이 제기되었다. 그러나 26건의 사례를 통하여, 특히 의정비 부당인상에 대한 승소판결을 통하여 주민소송제도가 지방정부의 부당하거나 불법적인 재정의 낭비를 통제할 수 있다는 여론이 형성되었다. 이를 통하여 지역주민들의 지방정부의 재정행위에 더욱 관심을 갖는 계기가 되었다고 할 수 있다.

(4) 주민감사청구

2000년 주민감사청구제도가 도입된 이후 민선 4기에 들어 주민감사청구제도의 활용이 두드러지게 나타났다. 2011년 6월까지 총 226건의 주민감사청구가 접수되었으나 98건(43%)은 요건의 미비 등으로 각하되었다(헤럴드경제, 2011; 김상호, 2013).

우선 2009년 2월 안양시민들은 시외버스터미널 사업계획이 적정·적법하게 추진되었는지 경기도에 주민감사를 청구하였다. 그 결과 경기도는 시외버스터미널 사업계획이 부적절하게 처리되었다는 결론을 내렸다.

대구 경실련은 역세권 개발과 관련하여 해당 업체에 특혜를 주었다는 사례에 대하여 주민감사를 요구하였다. 경실련은 대구시가 대구지하철 2호선의 역세권을 개발하는 과정에서 특정업체에게 특혜를 준 것에 대한 시정을 요구하는 주민감사청구를 행정안전부에 제출하였다.

2014년 2월 서울특별시는 주민들의 감사청구를 받아 성북구의회 의원들이 연수를 명목으로 다녀온 해외연수에 대하여 감사를 실시하였다. 서울시는 성북구의회가 외유성 외국출장을 다녀오면서 쓴 경비 중 약 1400만원을 환수하라고 성북구에 통보하였다. 본 사례는 주민감사청구가 도입된 이후 지방의원들의 부당한 예산집행에 대하여 시정을 명령한 최초의 사례가 되었다(연합뉴스, 2014). 주민감사의 청구사례는 지방정부의 행정행위가 적정, 적법하게 이루어지도록 감시하는 제도로서 정착하게 되었다.

(5) 주민참여예산제도의 실태와 평가

주민참여예산제도는 국회의 법률이 제정되기 이전부터 2003년 광주광역시 북구가 처음으로 도입하였으며 중앙정부는 2006년 지방재정법에서 주민참여예산제도의 도입이 가능하다는 임의규정을 삽입하여 지방정부의 36.5%에 해당하는 90개의 지방정부가 주민참여예산제도를 활용하였으나 그 이후 2011년 지방재정법의 개정으로 강제규정이 됨으로써 모든 지방정부가 주민참여예산제도를 활용하고 있다.

주민참여예산제도는 현재 운영 면에서 문제가 없는 것은 아니나 부당한 예산의 편성, 즉 선심성 예산이나 과시성 예산을 사전에 방지하는데 크게 기여하고 있는 것으로 조사되고 있다. 나아가 참여 민주주의의 발전에도 크게 기여하는 것으로 평가되고 있다(안성민, 2010). 그러나 실질적인 운영보다는 형식적이고 수사적인 수준에 그치는 경우도 적지 않은 조사되고 있다(김순은, 2012).

3) 적극적 주민참여

지방분권과 지역주의의 확산과 더불어 시민사회 및 주민 자치적 요소가 어느 때보다 강화될 전망이다. 정치·행정권한을 행사하는 지방정부를 감시·통제하는 기제로서 시민참여, 다문화 사회를 기반으로 한 주민의 참여, 네티즌의 온라인 정치참여, 시민의 행정 서비스 공동제공 등이 더욱 확대될 것으로 예상된다.

지방정부를 감시·통제하는 기제는 선거, 주민투표, 주민소환, 주민발안 등의 주민 직접참정제도, 그 외 주민감사청구, 주민참여예산제도 등이 더욱 활성화될 것으로 보인다. 이미 주민발안 및 주민투표는 지방의회의 부작용에 대한 대안으로 활성화되는 사례가 점증하고 있다.

다문화사회를 정착하는 차원에서 외국국적 거주자에 대한 지방선거 참여가 자연스럽게 논의되고 있다. 이를 실정법으로 반영한 사례도 늘고 있다.

각종 이슈에 대한 네티즌의 온라인상의 반응은 직접민주주의의 가능성을 더욱 높여주고 있다. 지방정부에 대한 비판과 감시, 실시간(On-time) 대응은 여론조성에 기여하며 이를 무시할 경우 예기치 못한 상황을 초래하기도 한다.

아울러 지역주민의 직접참여는 행정 서비스의 제공주체로서도 나타나고 있다. 개인 차원에서의 봉사와는 달리 주민자치센터, 각종 공공기관을 통한 지역 내의 다양한 봉사활동이 기존의 행정 서비스의 기능을 보완하는 차원으로 발전하고 있다. 지역주민의 참여는 정책의 기획, 형성, 집행, 평가과정 등 정책과정 전반에 걸쳐 이루어짐으로써 더욱 활성화될 것이다.

일본의 경우 중앙정부 차원에서는 소득세의 1%를 납세자가 지정하는 대로 사용하도록 하는 법률이 제정된 반면 지방정부 차원에서도 납부하는 주민세의 1%를 지정하는 비영리단체에 기부하는 제도가 생겼다. 지바현 이치가와시는 2004년 12월 정례회에서 개인시민세의 1%를 지정하는 비영리단체에 기부하도록 하였다(樺嶋, 2005). 이와 같은 제도는 시민단체를 통한 주민참여를 더욱 강화하는 데 긍정적인 효과를 낳는다.

4) 지방의회와 주민의 적극적 참여

주민참여는 점점 시간이 갈수록 새로운 단계에 접어들고 있다. 지방정부의 장이 위원회 위원을 공모하는가 하면 집행기관이 정책을 입안할 때 사전에 주민의 의견을 수렴하는 데까지 발전하고 있다. 주민참여예산제도도 그러한 성격을 띤다(안성민, 2010). 주민들의 적극적 참여를 유도하는 이러한 상황의 변화는 지방의회에 적지 않은 영향을 줄 것으로 예상된다.

주민들의 의견을 수렴하여 작성한 정책안을 지방의회에 송부하는 경우 지방의회는 형식적인 논의만 가능한 것인지, 주민의 의견을 번복할 수 있는지가 논란이 될 수 있다. 그러나 정책의 전 과정에 주민참여가 활성화된다 하더라도 지방의회가 가장 정통성을 가진 지역주민의 대표기관이라는 데에는 의문이 없다. 다만 지방의회가 적극적인 주민참여로 인해 정통성을 잃지 않도록 지방의회의 개방성을 높여야 할 것이다.

Ⅲ. 지방의회 개혁의 대상

1. 자치입법권의 범위

1) 자치입법권의 현황 및 문제

절대 봉건왕정을 붕괴시키고 민주적인 공화정을 수립하는데 사상적 기초를 제공한 정치 사상가들은 민주적인 공화정의 기본원리로서 권력분립을 주장하였다. 그들이 주장한 권력분립은 2개의 관점에서 논의되었다. 수평적인 관점에서의 권력분립은 국가의 권력을 입법, 사법, 행정으로 분리하는 것을 의미하고, 수직적인 관점에서의 권력분립은 입법, 사법, 행정권한을 중앙정부와 지방정부에게 적절히 배분하는 것을 의미한다. 후자가 바로 지방자치의 존재근거이며 권한배분의 형태가 지방자치의 형태와 활성화를 결정하는 매우 중요한 요소이다. 중앙정부와 지방정부 사이에 입법, 사법, 행정권한을 배분하는 형태를 지방자치의 정부 간 관계라 칭한다.

정부 간 관계는 국가마다, 시대에 따라 매우 상이하다. 지방정부에게 상당한 입법, 사법, 행정권한을 부여한 국가를 분권국가라 하며 이것이 구현된 시기를 분권주의 시대라 한다. 한편 중앙정부에 입법, 사법, 행정권한이 집중된 국가를 집권국가라고 하며 그러한 경향이 있는 시대를 집권시대라고 한다.

일찍부터 지방자치에 관심을 보인 미국은 연방제 하에서 주정부와 지방정부에게 상당한 정도의 입법, 사법, 행정권한을 부여하였다. 영국도 19세기 이후 중앙정부와 지방정부 사이에 정치·행정권한과 기능배분에 많은 논의를 거듭하고 있다. 일본의 정부 간 관계는 주로 중앙정부와 지방정부 간 행정사무의 배분, 즉 위임사무의 성격과 종류를 놓고 논의가 계속되어 왔다.

1991년 이후 재개된 우리나라 지방자치의 근본적인 문제점도 정부 간 관계의 관점에서 찾을 수 있다. 다시 말하면 우리나라 지방자치의 정착과 발전을 저해하는 요인을 중앙정부와 지방정부 사이의 입법, 사법, 행정권한의 배분관계에서 찾을 수 있다는 데에 이론이 없다. 우리나라의 지방자치의 경우 입법, 사법, 행정권한이 과도하게 중앙정부에 집중되어 있는 제도적 상황이 지방자치의 정착과 발전을 저해하고 있다.

입법권의 경우 국회가 독점적으로 행사하고 있다. 이러한 까닭에 지방정부가 지방정부의 법인 조례를 제정할 수 있는 범위가 제한적일 수밖에 없다. 우리나라의 법체계가 국회가 제정하는 법률, 대통령과 행정부처가 규정하는 명령, 지방정부의 조례와 규칙으로 형성되어 있는데 지방의회가 제정하는 조례는 상위입법인 법률과 명령의 구체적인 위임이 없이는 제정할 수 없다는 것이 일반적 해석이다.

이러한 실증법적 법해석의 논리에 따라 지방정부의 자율성이 크게 침해되고 있다. 지방정부의 조례제정권은 죄형법정주의와 조세법률주의 및 재산권제한 법률주의에 관한 엄격한 해석으로부터도 크게 제약받고 있다. 죄형법정주의는 국민을 처벌할 때에는 법에 따라 처리해야 한다는 원리이다. 이때의 법을 국회에서 제정하는 법률로 한정하여 지방정부에게는 형사벌을 인정하지 않고 다만 행정벌인 과태료만을 인정하고 있어 지방정부의 입법권이 제약받고 있다.

우리나라 헌법 제59조의 "조세의 종목과 세율은 법률로 정한다."라는 규정에서도 법률은 국회에서 제정하는 것으로 한정하여 지방정부는 독자적으로 지역사정에 부합하는 과세권을 갖고 있지 못하다. 지방정부가 과세권을 갖고 있지 못하지 때문에 지방정부가 독자적으로 재정수입을 결정하는데 한계가 있다.

따라서 지방의회의 예산심의는 지방정부가 사용할 세출예산과 수입을 예정한 세입예산을 심의하는데, 후자의 경우 심의의 실효성이 의문시 되고 있다. 앞에서 논의한 입법권뿐만 아니라 행정권도 중앙정부에 집중되어 있다. 그 결과 지방정부의 행정권이 미약하고 이것이 지방자치의 활성화를 저해하고 있다. 따라서 자주행정권의 확보도 향후 지방자치의 정착과 발전을 위하여 매우 중요한 사안이라고 할 수 있다. 1999년 이후 국민의 정부와 참여정부의 지방분권 개혁이 개시된 이후 지방정부의 자주행정권이 다소 강화되어 왔으나 아직도 갈 길이 멀다.

(1) 조례제정권의 범위

우리나라 지방정부의 자주입법권의 현황은 헌법과 지방자치법의 규정과 이와 관련된 법해석으로부터 도출할 수 있다. 지방정부의 자치입법권은 헌법 제117조 제1항에 "지방자치단체는... 법령의 범위 안에서 자치에 관한 규정을 제정할 수 있다"고 제시되어 있다. 지방자치법 제22조는 "법령의 범위 안에서 그 사무에 관하여 조례를 제정할 수 있다"고 규정하고 주민의 권리제한이나 의무부과에 관한 사항은 개별 법률의 위임이 있어야 한다고 규정하고 있다. 우리나라 자주입법권의 현황은 헌법 제117조와 지방자치법 제22조의 해석과 조례의 법체계상의 위치를 논의함으로써 파악할 수 있다.

"법령의 범위 안에서"라는 지방자치법의 규정은 여러 해석이 가능하지만 "법률과 명령에서 명시적으로 규정한 범위 안에서 지방정부가 조례와 규칙을 제정할 수 있다"는 해석이 우리나라의 다수설이다. 뿐만 아니라 주민의 권리제한이나 의무부과에 대해서는 법률의 구체적 위임이 있어야 한다고 해석하고 있다. 이러한 법해석은 지방정부의 자주입법권을 지나치게 제약하고 있다. 자치사무의 범위가 지나치게 협소한 것도 자치입법권을 제약하고 있다(김순은 외2, 2003).

조례의 법체계를 행정입법인 명령의 하위 규범으로 해석하는 것도 자치입법권을 제약하는 중요한 요인이다. 행정입법이 국회의 엄격한 통제 하에 제정되는 국가가 있는 반면 국회의 통제 없이 자율적으로 이루어지는 국가가 있다. 미국이 전자에 속하고 우리나라는 후자에 속한다. 우리나라의 경우 지방자치법의 대부분 집행적 규정이 명령에 위임되어 지방정부의 자주입법권을 제약하고 있다.

앞에서 언급하였듯이 우리 헌법의 죄형법정주의와 조세법률주의의 원칙도 자주입법권을 제약하는 주요 요인이 되고 있다(김순은, 2002a). 죄형법정주의 원칙에 기초하여 제정된 지방자치법 제27조는 1,000만 원 이하의 과태료라는 행정벌을 부과하는 규정은 가능하나 형사벌 규정은 금지하고 있어 조례의 실효성 확보가 어려운 실정이다(충청남도, 2002).

조세의 세목과 세율은 법률에 정한다는 조세법률주의의 영향으로 지방정부는 자율적으로 새로운 지방세목을 지정하거나 세율을 자율적으로 결정할 수 없다. 비록 탄력세율이라는 부분적인 결정권은 갖고 있으나 지방세 수입을 위한 자주과세권이 전혀 인정되지 않고 있다고 할 수 있다. 그 결과 지방세입 중에서 지방세가 차지하는 비중이 매우 낮은 실정이다(김대영, 1998; 이재은, 2003).

(2) 조례제정권의 내용

상기와 제약 속에서 현재 우리나라의 지방의회는 조례로 다음과 같은 사항을 제정할 수 있다. 지방의회의 조례로 규정할 수 있는 사항은 지방정부의 내부 조직에 관한 사항, 지역주민에게 부담의 근거가 되는 사항, 상위법령에 기초하여 지역의 특성에 관한 사항, 지역주민에게 의무를 부과하거나 권리를 제한하는 사항, 과태료 부과에 관한 사항으로 대별하여 논의할 수 있다.

(가) 지방정부의 내부조직에 관한 사항

지방의회의 내부조직은 물론 집행기관의 조직에 관한 사항을 조례로 정할 수 있다. 이 역시 법령이 정하는 바에 따르는 조례와 지방정부의 자율이 인정된 조례로 대분된다.

행정기구의 설치와 지방공무원의 정원은 인건비 등 대통령령이 정하는 기준에 따라 지방정부의 조례로 정한다(지방자치법 제112조 2항). 집행기관의 직속기관, 사업소, 출장소 등의 설치는 대통령령이 정하는 바에 따라 지방정부의 조례로 정한다.

반면 자치구가 아닌 구와 읍, 면, 동에 그 소관 사무를 분장하기 위하여 필요한 행정기구는 조례로 정할 수 있다. 지방정부의 자치구가 아닌 구, 읍, 면, 동의 명칭과 구역의 변경은 조례로 정할 수 있다. 위원회의 설치는 조례로 정할 수 있다(지방자치법 제56조). 지방의회의 연간 회의 총 일 수와 정례회와 임시회의 회기는 조례로 정할 수 있다(지방자치법 제47조).

(나) 지역주민에게 부담의 근거가 되는 사항

사용료, 수수료 또는 분담금의 징수에 관한 사항은 조례로 정한다(지방자치법 제139조). 과태료 부과 및 징수에 관한 규정도 조례로 정한다.

(다) 상위법령에 기초하여 지역의 특성에 관한 사항

상위 법령에 위한 위임된 사항을 정하는 조례로 대부분의 조례가 여기에 속한다. 왜냐하면 총 사무의 73%가 중앙정부의 사무이기 때문이다.

(라) 지역주민에게 의무를 부과하거나 권리를 제한하는 사항

우리나라에서 지역주민에게 의무를 부과하거나 권리를 제한하는 조례는 반드시 법령의 위임이 있어야 한다(지방자치법 제22조).

2) 자주행정권의 현황 및 문제

우리나라의 자주행정권은 행정기능의 중앙집권적 배분과 중복적 배분에 의한 중앙정부의 지나친 관여, 자치인사 및 조직권의 제약, 자치재정의 협소, 중앙정부의 후견인적 지위에 입각한 중앙정부의 사전·사후 통제의 강화 등으로 크게 위축되어 있다. 이를 상론하면 아래와 같다. 자주행정권도 지방의회의 조례제정권의 범위와 밀접하게 관련되어 있기 때문에 자주행정권의 현황을 논의하였다.

(1) 행정기능의 배분

우리나라의 지방자치는 행정기능의 비합리성으로 인하여 지방정부의 자주행정권이 크게 제약되고 있다(김순은 외2, 2003). 우리나라 기능배분의 특징은 집권적이고, 중복적이고, 행정부에 의해 배분된다는 점이다.

지방자치법은 행정사무 배분에 대해 자치사무는 예시주의, 국가사무는 제한열거주의를 기초로 하여 규정하고 있다는 것이 일반적인 법률해석이다. 그러나 지방자치법 제9조 제2항 "다만 법률에 이와 다른 규정이 있는 경우에는 그러하

지 아니하다"는 단서 규정에 따라 지방자치법에서 예시된 많은 사무가 국가사무로 분류되고 있다.

그 결과 2002년 지방이양추진위원회가 조사한 자료에 따르면 국가 전체의 사무 41,603개 중 국가사무는 30,240개로 72.69%를 차지하고 있다. 반면 지방사무는 11.363개로 27.31%밖에 되지 않는다. 지방사무는 24.16%인 10,052개가 고유사무이며 나머지 3.15%인 1,311개는 국가위임사무로 조사되었다. 참여정부가 출범하여 지방분권을 위해 대대적으로 추진하였음에도 불구하고, 2007년 기준으로 중앙정부와 지방정부간의 사무배분의 비율이 73:27로 오히려 중앙정부의 사무가 증가하였다(금창호, 2009). 반면 2009년도의 조사에 따르면 지방정부의 고유사무의 수는 10,649개로 25%를 차지하였고 국가사무는 75%를 차지하여 다소 증가하였다(강재호, 2011).

기능배분의 형태는 크게 분리형 기능배분과 중첩형 기능배분으로 대분된다. 전자는 영국, 미국, 독일 등 선진국에서 채택된 형태로서 국가, 광역지방정부, 기초지방정부간에 기능배분이 명확하게 구분되어 있다. 후자는 서로 다른 층위의 정부 간 기능배분이 명확하지 않고 중복되어 있거나 애매모호한 경우를 의미한다. 우리나라가 대표적인 사례이며 일본이 1999년 개혁 전에 중첩형의 기능배분을 띠고 있었으나 현재는 중간형에 속한다고 할 수 있다(新藤, 1999).

우리나라는 하나의 단위사무를 광역지방정부와 기초지방정부에 동시에 배분하여 사실상 기능배분이 이루어지지 않은 경우가 많다. 사회복지시설의 설치·운영 업무, 생활보호기금의 적립 및 운용관리 등의 업무가 대표적인 사례이다.

둘째, 단위사무를 분할하여 광역지방정부와 기초지방정부에 배분한 사례도 있다. 그런데 이는 재분할에 기인하여 지방정부간 책임과 권한의 한계가 모호한 경우가 발생하고 있다. 노인복지사업이 대표적인데, 광역지방정부에는 계획의 수립·조정 기능을, 기초자치단체에는 계획의 수립·시행업무를 배분하여 혼란을 가중시켰다.

셋째로 기능배분상의 특징은 행정부에 의한 기능배분이 이루어진다는 점이다. 외국의 경우 광역지방정부, 기초지방정부간의 기능배분이 주로 헌법이나 법률에 의하여 이루어지는 것이 보통이나, 우리는 행정입법에 의하여 이루어지기 때문에 행정부의 자의에 따라 기능배분이 좌우되는 폐단을 안고 있다.

(2) 자치인사 및 조직권

우리나라의 지방자치법은 지방의회 의원과 지방정부의 장을 주민의 직접선거에 의하여 선출하도록 규정하고 있다. 그 외의 지방정부의 인사 및 조직권은 중앙정부의 "지방자치단체의 행정기구와 정원기준에 관한 규정(이하 기구정원규정)"에 의하여 불합리하게 제한되어 있다. 1994년 지방자치법에 기초하여 대통령령으로 지방정부의 행정기구와 인사권을 제약하고 있다(김순은 외2, 2003). 그러나 참여정부에 들어 총액인건비제도를 시행하고 조직운영기준과 승인권한을 대폭 이양하였다. 그러나 중앙정부가 "조직운영지침"을 마련하여 비공식적이지만 실질적으로 관여하고 있다(금창호, 2009). 그 이후 표준인건비제도를 도입하였으나 실질적으로 자치인사 및 조직권이 크게 신장되지는 못했다는 것이 일반적인 평가이다.

3) 자치재정권의 현황 및 문제

지방정부의 자치재정권은 지방재정의 운영, 지방의회 예산심의권, 지방정부의 과세자주권의 측면에서 논의할 수 있다. 지방재정의 확충을 위하여 중앙정부는 2000년 지방교부세율을 13.27%에서 15%로 인상하고, 지방양여금법의 개정, 주행세의 신설 등 다각적인 노력을 경주하였다. 그 후 참여정부에 들어 지방교부세율을 19.24%로 인상하고, 지방양여금을 폐지하면서 분권교부세를 신설하였다.[6] 지역개발세에 원자력 관련 항목을 신설하였고, 예산편성지침을 폐지하였다. 지방채 총액한도제를 도입하였으며 국고보조금을 정비하여 포괄보조금을 확대하였다.

그럼에도 불구하고 지방정부의 재정력은 매우 취약하여 자주적인 재정운영이 어려운 실정이다. 이명박 정부 출범이후 지방소비세가 도입되어 대도시 지역의 재원은 향상될 것으로 기대되고 있으나 인건비조차 충당 못하는 지방정부가 다수 존재하고 있다. 심지어 이명박 정부가 들어서 지방재정이 더욱 악화되었다는 비판이 제기되기도 하였다(이한규, 2009). 박근혜 정부에 들어서는 지방정부의 복지지출에 대한 부담이 가중되어 지방재정은 더욱 압박을 받을 것으로 보인

6) 분권교부세는 2015년 폐지되었다.

다.[7] 2014년 6월 선거이후 새롭게 당선된 시장·군수·구청장들이 중앙정부의 재정적 지원을 강화하지 않으면 복지디폴트를 선언하겠다는 것도 지방정부의 재정상황을 적절히 대변하고 있는 사안이다(김필헌 외4, 2013).

지방정부의 예산심의·의결은 지방의회의 중요한 기능 중의 하나이다. 그러나 예산편성 세입예산에 대한 과세자주권의 부족으로 지방의회 예산심의가 실효성을 보이지 못하고 있다. 조세법률주의의 엄격한 해석으로 지방정부는 새로운 조세의 세목과 세율을 결정할 수 없다. 따라서 세출예산에 부응하는 세입예산의 심의에 한계가 발생하고 있는 것이다.

2. 지방의회와 예산과정의 현황 및 문제점

지방정부의 정책은 예산으로 나타나며 예산집행을 통하여 정책이 집행된다. 따라서 예산과정은 정책과정과 맞물려 매우 중요하다. 그런데 우리나라의 지방의회는 예산과정에서 소외되는 제도와 관행을 거듭하여 왔다. 비록 지방자치법과 지방재정법에서 예산편성권은 집행기관에게 부여하고 지방의회의 예산심의·의결권, 예산결산권 등이 인정되어 있지만 외국의 제도와 비교할 때 매우 제한적인 역할밖에 하지 못한다.

1) 지방의회 예산심의·의결

지방의회는 조례의 제정과 개정, 행정사무감사, 예산심의와 의결을 담당하는 지방정부의 최고 정책결정기관이다. 예산은 일정기간(보통 1회계연도)에 있어서 정부의 사업추진계획과 가용자원배분에 관한 세입, 세출의 예정된 계획안이다. 다소 과장하여 언급하면 지역사회의 문제점과 문제점을 해결하려는 정책의 내용, 규모, 성격 등이 예산에 의하여 결정된다. 어떠한 정책과 사업에 의하여 어느 정도의 재정을 투여하느냐에 따라 지역사회의 모습은 크게 변화한다고 할 수 있다. 그런데 지역사회의 예산에 대한 관심은 그리 크지 않은 편이다.

지방자치가 재개되어 벌써 7번의 선거가 이루어졌음에도 불구하고 지역사회

7) 기초노령연금(현 기초연금), 양육수당, 장애인연금, 영유아 보육수당 등의 정책이 지방정부의 대응자금을 요구함에 따라 지방재정이 어렵게 되었다.

의 변화는 크지 않다는 지역주민들의 평가가 있다. 그럼에도 불구하고 예산의회에 지역주민이 참가하여 예산의회의 전개를 참관하여 보았다는 지역주민의 수도 매우 적은 편이다. 또한 선거공약이 예산편성에 반영되지 못하고 있는데, 이는 예산의 편성과정이 경직되어 있기 때문이다. 예산의 편성이 지역사정에 맞게 유연성을 지니고 있는 것이 무엇보다도 중요시된다.

지방의회 예산심의의 중요성을 감안할 때 현재 지방의회의 예산심의는 기간의 부족, 세입추계의 어려움, 세입예산 통제의 어려움, 지방재정의 현실적인 제약 등으로 인하여 수행하는 데에는 적지 않은 어려움을 안겨주고 있다(조순제, 2012, 김순은, 1992; 전상경; 1993; 송광태, 1999).

이 외에 지방의회의 권한이라는 관점에서 주목해야 할 부분은 지방의회가 예산을 심의할 때 새로운 비용항목을 신설하거나 각 항의 금액을 증가할 수 없다는 점이다. 이는 주민의 대표기관인 지방의회가 예산과정에서의 권한이 매우 제한적임을 보여주는 제도이다(지방자치법 제127조 3항). 지방의회가 주민의 주권에 기초한 주민의 대표기관이라고 볼 때 예산편성권을 지나치게 존중하였거나 중앙집권시대의 집행부 위주의 관행을 답습한 결과이다. 예산편성권이 집행기관에 부여되었기 때문에 예산의 효율성을 추구하는 새로운 제도에 기초한 예산편성과 지방의회와는 무관하게 진행되어 왔다는 점도 커다란 문제점이었다. 전자가 예산의 정치성에 기여한 문제점이라면 후자는 예산의 행정성과 관련된 문제점이다.

2) 지방의회의 결산

우리나라 예산과정에 있어서 가장 소홀히 다루어지고 있는 분야가 지방의회의 예산결산이다. 예산심의 때에는 지방의원은 물론 관련 공무원, 이익단체, 매스컴들이 많은 관심을 가지고 지켜보지만 결산 때에는 어느 누구도 관심을 두지 않는 것이 현실이다.

그럼에도 예산의 결산은 매우 중요한 과정이다. 예산결산은 크게 2가지 관점에서 논의되어야 한다. 첫째, 예산과정의 완결이다. 전년도에 의결한 예산이 적절하게 집행되었는지를 확인하고 1회계연도의 예산과정을 종결하는 의미이다.

즉 예산결산은 지방의회가 집행기관의 예산집행을 최종적으로 확인하고 점검하는 과정으로서, 중요성에 있어서는 예산심의나 의결과 조금도 다름이 없다. 만약 위법이나 불법, 공익에 어긋나는 예산집행이 발견될 때에는 예산결산의 승인이 안 될 수도 있다.

그런데 우리의 현실은 어느 지방정부도 예산결산을 승인하지 않은 사례가 없다. 부당한 예산집행이 없어서라기보다 지역주민이나 지방의회의 관심이 크게 높지 않기 때문이다. 아울러 현행 지방자치법에서도 지방의회가 예산결산을 승인하지 않았을 때의 규정에 대해서는 언급조차 없다. 제도의 미비라고 할 수 있다.

둘째, 프로그램을 평가하는 것이다. 전년도에 지방의회가 승인한 예산이 적절하게 집행되었는가를 확인하고, 혹은 적절하게 사용되었더라도 정책이나 프로그램에 적정한 효과를 창출하였는지를 평가하는 과정이다. 예산결산이 단기간 내에 이루어지기 때문에 이 기간 내에 평가를 한다는 것은 무리이다. 때문에 프로그램의 성과를 평가하여 차년도 예산에 반영하는 사례는 많지 않은 것으로 보인다. 이러한 과정은 예산집행과정부터 유심히 지켜보아야 가능한 작업이라고 생각한다. 이 점에 대해서는 다음 절에서 논의하겠다.

3) 지방의회의 예산집행 보고 및 수정예산

우리나라의 경우 제도적으로 집행기관의 예산집행정보를 취득하기가 쉽지 않다. 행정사무감사와 조사 등 특별한 권한에 기초하지 않고는 예산집행은 마치 집행기관의 전유물처럼 되어 온 관행 탓이다. 예산집행과정이 예산의 의결권자에게 상시 보고되고 지방의원들이 예산정보를 갖고 있어야 한다는 것은 예산의 이론상 당연한 권한이다. 그런데 우리나라에서는 당연한 권리조차 지켜지지 못하고 있다. 지방의회가 구성되지 않았던 1961~1991년 사이에 집행기관의 행정 독점에 익숙해진 탓이다.

따라서 예산집행과정에 문제가 있다고 판단하여 지방의회가 집행부에 수정예산을 제안하는 것은 상상조차 하기 어렵다. 지방의회가 예산집행에 관한 정보가 부족하기 때문이기도 하지만 집행기관의 예산편성권을 침해하는 것으로 보기 때문이다. 향후 개선이 요구되는 부문이다.

3. 지방의회의 회의규칙

1) 회의규칙의 의의

우리나라는 지방의회의 내부운영에 관해 지방자치법에서 규정한 것을 제외한 사항은 의회의 규칙으로 정할 수 있다. 규칙은 조례보다 하위의 규정으로 지방의회의 의결이 반드시 필요하지 않은 규정이다. 그러나 지방의회의 회의운영과 관련하여 매우 중요한 규정임은 재론의 여지가 없다. 왜냐하면 회의규칙이 지방의회의 운영방식을 전반적으로 규율하고 있기 때문이다.

지방의회의 토론이 활발하게 추진되어 지역주민의 관심을 유도하는 의회로 발전하느냐, 아니면 어려운 형식과 언어에 구애를 받아 이해하기 어려운 지방의회로 남느냐는 주로 지방의회 회의규칙에 의하여 좌우된다고 할 수 있다(竹下, 2010). 일본의 경우 지방의회가 주민들로부터 외면을 당하는 데에는 회의규칙의 경직성과 통일성 때문이라는 지적이 설득력을 갖는다. 우리나라의 지방의회도 지방자치법 제71조의 규정에 기초하여 회의의 운영에 관한 사항을 회의규칙을 규정하고 있다.

2) 우리나라 지방의회 회의규칙의 문제점

(1) 회의규칙의 획일적 특성

지방의회가 출범한지 20여년 밖에 되지 않아서인지 우리나라 지방의회의 회의규칙은 개성과 독창성이 없다. 특히 일본 동경도의회의 회의규칙과도 매우 유사하다. 일본의 경우 표준회의규칙이 있었기 때문에 지방의회마다 대동소이하다(竹下, 2010).

우리나라 지방의회 회의규칙은 지방의원의 등록, 의석배정, 개회식, 선서, 청가 및 결석, 의장·부의장 선거와 임기, 회기, 개의, 의사일정, 의안 및 동의, 발언, 표결, 회의록, 위원회, 예산안과 결산심사, 시장 또는 관계공무원의 출석답변, 지방의회의 질서 등에 관하여 지방자치법에서 규정하지 않은 사항을 정하고 있다. 그런데 형식적으로 의전적인 성격을 지나치게 준수하여 의안의 실질적 심의를 어렵게 하는 요인이 되고 있다. 발언도 사전에 통지를 통하여 허락을 받아야 하며 동일한 안건에 대하여 발언횟수와 발언시간 등 일정한 제한을 두는 것이 일반적이다. 지방의원들 간에 열띤 찬·반 토론을 기대할 수가 없는 제도라고 할 수 있다. 1991년 이후 5분 자유발언제도 등을 도입하여 토론의 활성화를 기하고 있으나 기대에는 아직 미흡한 수준이다.

(2) 지방의원 관점의 회의규칙

우리나라 회의규칙의 두 번째 문제점은 회의규칙이 지방의회와 지방의원이 중심이 된다는 점이다. 지역주민들에 대한 배려는 회의를 공개한다는 점뿐이다. 지역주민들이 관련된 이슈에 참관하는 것 외에는 지방의회의 운영에 참여할 수 있는 제도가 보장되어 있지 못하다.

1993년 완주군의회가 회의규칙을 개정하여 일반 주민들이 발언할 수 있는 제도를 반영하였으나 대법원에서 패소한 사례가 있다. 이로 인하여 우리나라에서는 지방의회에서 주민들이 참여하여 발언할 수 있는 제도적 기회가 봉쇄되었다. 이에 대하여 대의민주주의의 지나친 해석이라는 평가가 있었다(홍정선, 1993).

4. 지방의원의 재임횟수

1) 재임횟수 논의의 배경

지방자치법에 따르면 지방정부의 장의 재임기간은 3회로 한정되고 있으며 지방의원에 대해서는 제한이 없다. 동일한 선출직 공무원임에도 불구하고 지방정부의 장은 3회 재임에 한정되고 지방의원에게는 그러한 제한을 두지 않은 것은 지방의원은 다수이고 전원이 유임되는 경우는 없을 것으로 상정하고 있기 때문일 것이다. 아직 우리나라에서는 지방정부의 장에게 제한된 3선 제한 규정도 폐지하여야 한다는 주장이 정치인 사이에 간헐적으로 제기되었으나 지방의원에 대해 규제를 강화하여야 한다는 주장은 드물다.[8)]

선출직 공무원의 재임횟수를 제한하는 것은 깨끗하고 대응성이 강한 정부를 만드는 차원에서 고려하여야 한다. 이미 우리나라의 지방의회에서 확인되었듯

8) 지방정부의 장의 제왕적 권한을 이유로 재임횟수를 2회로 축소하여야 한다는 주장도 있다.

이 지방의회의 관료화는 뚜렷하게 나타나고 있다. 의원들은 재임횟수가 많아지면 쌓인 전문성을 바탕으로 의회의 활성화에 활용하기보다 주로 지방의회의 자리 유지에 신경을 쓰는 현상이 두드러지고 있다. 특히 의장선거를 둘러싼 지방의회의 파행은 어제, 오늘의 일이 아니다. 2010년 6월 선거가 끝나고 구성되는 의장단 선거에서도 종전과 같은 파행이 나타났으며. 이 같은 현상은 2014년 6월 선거 이후에도 재현되었다. 2014년 6월 선거 이후 의장단 선거를 둘러싸고 장기적인 파행을 보인 지방의회는 대전 서구의회, 경기도 이천시의회, 용인시의회, 화성시의회, 시흥시의회 등을 들 수 있다(아시아경제, 2014; 뉴시스, 2014).

뿐만 아니라 재임횟수가 많아지면 지방의원의 초심이 흐려진다. 초선 때에는 의욕과 열정이 있으나 선수가 높아지면 타성에 빠진다는 의원의 고백도 고려해야 한다(김순은, 2005d).

미국에 있어서 선출직 공무원의 재임횟수 제한은 민주주의의 제고 차원에서 추진되었다. 그 역사는 미국 건국 초기로 소급한다. 따라서 선출직 공무원의 교체를 선거에만 맡기기보다 제도적으로 방지하였던 것이 미국 민주주의가 발전하는데 원동력이 되었다고 볼 수 있다. 이런 관점에서 볼 때 우리나라에서도 지방의원에 대한 재임횟수의 제한을 긍정적으로 검토할 단계에 있다.

우리나라의 경우 지방의원의 책임성과 윤리성이 끊임없이 문제가 되면서 지방의회의 불용론으로 발전하고 있음을 언급하였다. 이러한 주제와 밀접하게 관련되어 논의되는 주제가 지방의원의 재임횟수에 관한 논쟁이다. 미국의 로스앤젤레스시에서 지방의원의 재임횟수를 2회로 축소하면서 명분으로 거론한 것이 바로 선출직 공무원의 책임성과 주민의 대응성을 높이자는 것이었다.

우리나라의 경우 1991년부터 지방의회의원에게는 재임횟수에 제한을 두지 않았지만 지방정부 장의 경우 지방자치법에서 3선으로 제한하였다. 후에 3선의 제한규정을 삭제하자는 움직임도 있었지만 호응을 얻지 못하여 지방자치법의 개정 시도는 무산되었다.

오랜 지방자치의 역사를 가진 국가에서는 1980년대에 들어 정부의 대응성을 높이고 관료들의 대주민 책임성을 높이는 차원에서 선출직 공무원들의 재임횟수 제한을 적극적으로 검토하기 시작하였다. 특히 미국은 연방정부, 주정부 및 지방정부 등 모든 계층의 정부에 있어 선출직 공무원의 재임제한에 관하여 시민들이 많은 관심을 갖고 있다(DeSantis and Renner, 1994).

유권자들은 1980년 말부터 정부는 물론 선출직 공직자의 행위에 매우 불만을 갖기 시작하였다. 이에 대응하여 미국의 연방의회는 다선우대제(Seniority System)에 의하여 운영되어 왔으나 최근에 연방의회의 대주민 책임성을 높인다는 의회개혁의 차원에서 재임횟수에 관하여 한창 논의를 진행 중이다. 주정부 차원에서는 이미 캘리포니아 등에서 선출직 공무원의 재임횟수를 규제하기 시작하였다.

2) 미국의 선출직 공무원에 대한 재임횟수의 제한 현황

(1) 지방정부의 장의 재임횟수 제한

미국은 일찍부터 지방정부의 책임성을 제고하는 차원에서 선출직 공무원의 재임횟수를 제한하여 왔다. 1980년 이전 미국의 지방정부 주민은 이 이슈에 커다란 관심을 두지 않았다. 그러나 1980년대 이후 선출직 공무원의 나태와 무사안일에 실망한 지역주민들은 선출직 공무원의 재임횟수에 제한을 가하기 시작하였다.

1980년대 이후 선출직 공무원의 주민 대응성을 제고하기 위한 움직임이 강력하게 나타났으며 이러한 분위기에 따라 지방정부는 때로는 주민발안에 의하여, 때로는 지방의회의 발의에 의하여 선출직 공무원의 재임횟수를 제한하기 시작하였다. 이에 대한 통계는 국제도시/카운티관리협회(International City/County Management Association)에서 정기적으로 조사하여 발표하고 있다. 2006년에 조사된 자료에 의하면 다음과 같다.

2006년-2007년 사이에 국제도시/카운티관리협회는 전국의 도시 8,278개를 중심으로 조사한 자료 중 설문에 응답한 3,864개 도시의 시장 임기, 시의원 임기, 재임횟수의 제한 등을 분석하였다. 이 자료에 따르면 설문에 응답한 3,864개 도시 중 56.9%가 시헌장으로 시정부의 구조를 결정하는 것으로 나타났다. 그 외 26.6%는 주의 법률로 정하는 것으로 조사되었다. 설문에 응답한 도시의 68.8%가 시장제도를 두고 있으며, 13.9%가 지방의회의 의장이 시장을 겸임하며, 17.2%가 시장과 시의회 의장을 두고 있는 것으로 나타났다. 시장의 76.2%

가 주민의 직접선거에 의하여 선출되며 21.5%가 시의회에서 선출된다. 시장의 임기는 13.5%가 1년, 34.5%가 2년, 6%가 3년, 45%가 4년이었다.

시장의 재임횟수 제한에 대해서는 9.1%가 규정을 두고 있었다. 4.7%가 1회, 54%가 2회, 28.3%가 3회, 8.4%가 4회로 한정하였다. 재임횟수 제한은 주로 1990년에 이루어졌으며 재임횟수에 대한 규정 형식은 지방의회의 조례가 9.9%, 시헌장이 70.9%, 주의 법률이 15.6%로 나타났다(International City/County Management Association, 2006).

(2) 지방의원의 재임횟수 제한

미국은 지방의회도 정당공천, 선거비용, 선거구, 지방의원의 수, 임기, 재임횟수의 제한 등의 면에서 매우 다양하다. 지방정부 중 20.4%만이 정당표방을 허용하고 있으며 79.6%가 정당표방을 금지하고 있다. 후보자 등록비용은 평균 $66로 나타났으며 시의원의 평균 정수는 6명이다. 지방의회의 66%가 대선거구제를, 17.3%가 소선거구제를 채택하였으며 16.7%가 대/소선거구제를 병용하는 것으로 나타났다. 평균적으로 2명이 대선거구에서, 5명이 소선거구에서 선출되고 있다. 여성의원은 전체 7명 중 2명이었다.

지방의원의 임기는 대선거구에서 선출된 경우 2년이 20.7%, 3년이 14.8%, 4년이 62.4%, 6년이 1.4%였다. 소선거구에서 선출된 경우 26.8%가 2년, 7.3%가 3년, 65%가 4년, 0.3%가 6년으로 조사되었다. 임기의 시작을 동시에 하는 의회는 15.7%에 불과하였으며 84.3%가 교차임기제를 시행하고 있다.

지방의원의 재임횟수 제한에 대하여 9.1%가 규정을 두고 있으며 90.9%가 재임횟수 제한 규정이 없었다. 주로 1991년 이후 재임횟수의 제한에 관한 규정을 두었다. 제한 규정은 10.2%가 조례에, 71.7%가 시헌장에, 15.8%가 주의 법률에 있다. 재임횟수는 평균 3회였다. 이외에 로스앤젤레스시와 뉴욕시의 사례는 아래와 같다(International City/County Management Association, 2006).

로스앤젤레스시 시민들은 1980년부터 깨끗하고 효율적인 시정부를 만들어야 한다는 데에 많은 관심을 갖기 시작하였다. 이러한 명분하에 세 가지 방향에서 시정부 개혁 작업을 추진하였다. 하나는 지방선거에 있어서의 매스컴의 역할과 관련되었다. 즉 매스컴에서 정치선전물을 처리할 때 공평하고 공정하게 다루어야 한다는 것이다.

다른 하나는 지방선거와 선거자금에 관련된 것이다. 깨끗한 선거를 달성하기 위하여 선거자금 모금을 엄격하게 규제하기 시작하였다. 무엇보다도 선거자금에 관련된 규정의 개정은 다수가 아닌 소수의 유권자에 의하여 좌우되는 선거를 지양하는데 근본적 목적이 있었다. 이를 위하여 상기에서 논의한 선출직에 출마하고자 하는 후보자는 선거관리위원회에 선거자금모금 신청서를 제출하지 않고는 선거자금을 모금할 수 없도록 규정을 개정하였다. 또한 유권자 개인에 대하여 기부상한제를 채택하였다.

매스컴의 엄정한 보도 및 선거자금의 통제와 더불어 깨끗한 정부를 만들려는 노력 중 마지막은 선출직 공무원의 재임횟수를 제한하는 것이었다. 로스앤젤레스의 시민들은 현직에 있는 선출직 공무원들이 홍보나 선거자금의 모금에 있어서 도전자들에 비하여 유리하기 때문에 선출직 공무원들의 교체율이 극히 낮고 이로 인하여 깨끗한 정부의 실현이 어렵다는 것을 절감하게 되었다. 선출직 공무원의 95%이상이 재선되는 현실이 그것을 잘 대변하고 있었다.

이와 같은 현상을 타파하기 위해서는 선출직 공무원의 재임횟수를 제한하는 방법밖에 없다고 판단한 시민단체들은 적극적으로 대처하였다. 시의회에 선출직 공무원의 재임횟수를 제한하는 헌장을 의결하도록 독려하였으나 시의회는 이 문제에 대하여 선출직 공무원의 당락은 유권자에 맡기는 것이 타당하다는 논리를 내세워 소극적으로 대응하였다. 여기에 대하여 시민대표는 주민발안을 제시하였다. 로스앤젤레스의 시민 12,000명이 자발적으로 신청서를 제출하고 총 306,000명이 서명을 하여 시헌장 개정안 4를 제출하였다(Martinez, 1993). 개정안 4의 주요내용은 시장, 시의원, 법률담당관 및 회계감사원의 재임횟수를 1993년 7월 1일 이후 2회에 한정하자는 것이었다.

시의회와 시민대표는 시장, 법률담당관 및 회계감사원의 경우에는 이론이 없었으나 시의원에 관하여 이견을 표출하였다. 그것은 시의원 선거가 동시에 이루어지지 않고 교대로 이루어지기 때문이었다. 로스앤젤레스는 시헌장에 15개의 선거구에서 15명의 시의원을 선출하도록 규정하고 있다. 시의원의 임기는 15명 모두 4년이나 선거는 홀수 또는 짝수 선거구에 따라 2년마다 치러지는 교대임기(Staggering Term)이기 때문에 1995년에 선출하도록 되어 있는 짝수 선거구의 시의원 임기가 논쟁 대상이 되었다.

다시 말해, 시민대표안에 따르면 1993년 현재 시의원직을 보유하고 있는 의원이 1995년에 재선될 경우 다음 선거에는 출마할 수 없다는 것이었다. 시의원들은 이와 같은 개정안 4에 대하여 형평의 원칙에 어긋난다고 반발하였고, 1995년에 선출되는 시의원들은 다음 선거에도 출마할 수 있도록 규정한 개정안 2를 제출하였다. 시민들은 시민대표들이 제출한 개정안 4와 시의원들이 제안한 개정안 2중에서 후자를 채택하였다. 따라서 시장, 시의원, 법률담당관 및 회계감사원 등 선출직 공무원들은 1993년 7월 1일 이후 시작되는 임기부터 3선 이상을 금지하도록 시헌장 7.5조를 개정하여 의결하였다.

뉴욕시의 경우 시장과 시의원, 시민권리감독관, 회계감사관, 구청장 등 선출직 공무원의 임기는 4년이다. 통상 시장, 시민권리감독관, 회계감사관 및 구청장은 11월 초에, 동시 선거로 선출하는 것이 특징이다.

뉴욕시도 선출직 공무원의 재임횟수 제한에 대하여 논란이 많았다. 재임횟수를 제한하여야 한다는 시민단체의 주장과 제한이 불필요하다는 선출직 공무원의 주장이 맞서 시민발의가 시의회에서 부결되는 등의 과정을 거쳤다.

그러나 뉴욕시 헌장의 개정 결과 1994년 1월 이후 시장, 시의원, 시민권리감독관, 회계감사관, 구청장 등 모든 선출직 공무원에 대해 계속해서 동일한 직위에 8년 이상(임기 4년 2회) 재임하는 것을 금지하게 되었다. 가령 4년의 시의원 경력은 여타의 선출직의 근무에 해당한다. 4년 이상의 공백기가 있는 경우는 예외로 한다.

그런데 2008년 시의회는 재선 초과 금지조항을 3선으로 수정하였다. 이때 주민투표를 거치지 않아 시민들이 연방법원에 소를 제기하였으나 기각되어 현재는 3선으로 확정되었다.

5. 지방의원의 보수

1) 지방의원의 지위

(1) 명예직

명예직 지방의회는 고전적 자유주의 사상과 현실적 이유에 근거하고 있다. 고전적 자유주의는 작은 정부를 지향하였다. 정치부패의 근절을 위하여 추진되었던 작은 정부 하에서는 상근직보다는 명예직이 부합되었다. 업무의 양적, 질적 측면에서도 상근직이 요구되지 않았다.

현실적으로 당시 지방의원으로 선출된 대부분의 의원들이 지역의 귀족내지 유지였다. 따라서 지방의원으로서 주민들의 세금으로 보수를 받는 것이 그들의 명예에 배치되는 것으로 판단하였다. 아울러 대부분의 지방의원들은 본업에 전념하지 않아도 되어 지방의회의 직을 수행하는데 시간적으로 여유도 있었다.

명예직 지방의원들은 전문적 지식은 갖추고 있지 않으나 본업을 갖고 있기 때문에 정책결정에 일반 납세자의 관점에서 주민의 정책선호를 반영할 수 있다. 일반적으로 전문가들이 빠뜨리기 쉬운 점을 아마추어의 지방의원이 보완할 수 있다는 장점을 지니고 있었다. 명예직으로 일당과 여비만을 지급하기 때문에 지방정부의 재정적 부담이 없었다는 것도 장점이라고 할 수 있다.

(2) 상근유급직

산업화와 도시화가 고도로 진행됨에 따라 지방정부가 직면한 문제점들이 복잡해지는 양상을 띠게 되었다. 지방정부가 담당할 행정의 수비영역도 20세기 초와는 비교도 되지 않을 만큼 광역화되었다. 개인들이 처리하였던 사회, 경제 등 대인서비스의 많은 부분이 지방정부의 영역에 포함되었다. 그 결과 지방정부의 각종 문제를 해결하는 데 고도의 과학적, 전문적 지식이 요구되기 시작하였다.

때문에 무보수·명예직의 지방의원들이 그러한 문제를 논의하는 데 한계가 나타나기 시작하였다. 이것이 전문직 지방의회가 태동하기 시작한 배경이다. 1960년대 이후 표면화된 행정의 전문화는 전문직 지방의회의 탄생을 정당화하는 계기가 되었다.

2) 지방의원의 보수 현황

(1) 월정수당 이전의 보수현황

1991년 지방의회의 재출범 이후 지방의원의 보수는 가장 논란이 많았다. 명예직을 유지하여야 한다는 주장과 상근의 전문직으로 전환하여야 한다는 주장이 혼재되었다. 이러한 상황 하에서 그 동안 지방의원의 금전적 급부와 관련된 부분이 점진적으로 개선되어 왔다.

이와 관련된 제도는 꾸준히 개선되어 오다가 2005년 6월 유급제의 도입에 이르렀다. 1988년 개정된 지방자치법은 지방의원을 명예직으로 규정하고 일비와 여비를 대통령령의 범위 안에서 조례로 제정하도록 규정하였다. 1994년 지방자치법의 개정으로 명예직은 유지하되 의정활동비가 신설되었다. 광역지방의회의 경우 의정활동 보조비가 추가되었다.

1999년 회기제의 도입으로 의정활동비(광역지방의회의 경우 의정활동보조비 추가), 여비, 회기수당을 대통령령의 범위 내에서 결정하게 되었다. 2003년 지방자치법의 개정으로 명예직은 삭제되고 의정활동비, 여비, 회기수당을 대통령령의 범위 내에서 조례로 결정할 수 있게 되었다. 의정활동보조비가 기초의원에게도 지급되기 시작하였다.

지방의회의 신분과 관련된 제도의 개선은 2005년 6월 유급제의 도입으로 이어졌다. 지방의원의 회기 중의 활동을 지원하기 위하여 지급하는 회기수당을 지방의회의원의 직무활동에 대하여 지급하는 월정수당으로 개선하였다. 지방의원의 월정수당은 대통령령이 정하는 바에 따라 지방정부의 의정비심의위원회에서 결정하는 범위 내에서 조례로 정하게 되었다. 지방의원의 활동에 대한 금전적 보상과 관련된 제도의 변화를 표로 정리하면 <표 2.1>과 같다.

〈표 2.1〉 의정비의 제도 개선 현황

1991	1994	1999	2003	2005	2008	2014
일비, 여비	의정활동비 의정활동 보조비(광역) 여비 회의수당	의정활동비 의정활동 보조비(광역) 여비 회기수당	의정활동비 의정활동 보조비(기초에 확대) 여비 회기수당 (2003년 "명예직" 삭제)	월정수당제 도입	월정수당의 가이드 라인 도입	의정비의 결정절차 간소화함

(2) 월정수당 이후의 보수현황

(가) 2006년 의정비의 수준

2005년 6월 지방의원의 숙원이었던 월정수당제가 도입되었다. 2006년도 월정수당은 지방분권의 관점에서 적절한 규모로 책정되었다고 볼 수 있다(김순은, 2007a). 월정수당제의 도입으로 기초의원의 정수가 3,496명에서 2,922명으로 16% 감축되었다. 월정수당제의 도입과정에서 특징적인 것은 월정수당의 규모를 지방정부가 자율로 결정한다는 점이었다. 의정비심의위원회의 심의를 거친 이후 지방의회가 조례로써 결정하도록 하였다. 그 결과 광역의회는 물론 기초의회 사이에는 지역의 제반 여건에 따라 편차가 발생하여 지방분권의 시대정신에 부합하게 되었다.

서울특별시의회가 6,804만 원으로 최고의 월정수당을 결정하였으며, 최저의 월정수당을 받는 지방의회는 증평군의회로 1,920만 원으로 4,884만 원의 차이가 났다. 광역지방의회 간에도 서울특별시의회가 6,804만 원인 반면 전라남도의회로 3,960만 원으로 결정하였다. 기초지방의회 중에는 서대문구의회가 3,804만 원으로 최고이며 최저는 1,920만 원의 증평군의회이다. 246개 지방의회 가운데 203개가 연 2,000만 원 이상이며, 85개 의회가 3,000만 원 이상으로 결정되었다.

(나) 2006년 월정수당의 과제

지방의회는 대통령령이 규정하는 바에 따라 의정비심의위원회가 결정하는 범위 안에서 조례로 월정수당을 결정한다. 의정비심의위원회는 학계, 법조계, 언론계, 시민단체 등이 추천하는 주민들 가운데 지방정부의 장이 5명, 지방의회가 추천하는 5명 등 10명으로 구성되었다. 월정수당은 지역주민의 소득수준, 지방공무원의 보수인상률, 매년 물가상승률, 의정실적 등을 고려하여 매년 결정되었다.[9)]

2006년도의 월정수당 수준의 다양성은 새로운 과제를 안겨주었다. 다양한 수준의 월정수당과 유급제와의 관계이다. 지방의원에게 지급되는 월정수당과 의정활동비의

9) 현재에는 교육계 · 법조계 · 언론계 · 시민사회단체, 통 · 리의 장 및 지방의회 의장 등으로부터 추천을 받아 지방자치단체의 장이 위촉한다.

유급제에 해당할 경우에는 겸직금지조항을 현재보다 더욱 엄격하게 적용하여야 할 것이나 그렇지 않을 경우에는 겸직금지의 확대가 어렵다. 그런데 총 급여의 수준이 다양하다보니 겸직금지의 확대를 위한 통일적 규정의 제정이 어렵게 되었다.

(다) 2006년 이후의 개정내역과 의정비[10)]

① 지방의회의 자율적 결정

상대적으로 낮은 수준의 월정수당을 정한 지방의회가 2007년에는 대폭적으로 의정비를 인상하였다. 서울특별시를 제외하고는 대부분의 지방의회가 의정비를 인상함으로써 여론의 부정적인 평가를 받게 되었다(김순은 외1, 2008).

서울특별시를 포함한 16개 광역의회 연도별 의정비의 추이는 다음과 같다. 16개 광역의회의 평균금액은 2005년이 3,120만 원, 2006년과 2007년이 4,682만 원, 그리고 2008년은 5,294만 원으로 나타났다. 서울특별시의회가 2007년에는 의정비 인상을 동결하였음에도 전년대비 전국 평균 증가율은 2006년과 2007년의 경우 50.13%, 2008년의 경우에는 13.38%로 유급제의 도입초기인 2005년 대비 2006-7년도의 증가율이 매우 크게 나타나고 있다. 특히, 서울, 부산, 경기, 인천, 대구의 광역의회들은 평균보다 현저히 높은 증가율을 보이고 있다(<그림 2.1> 참조).

〈그림 2.1〉 광역의회의 의정비 추이

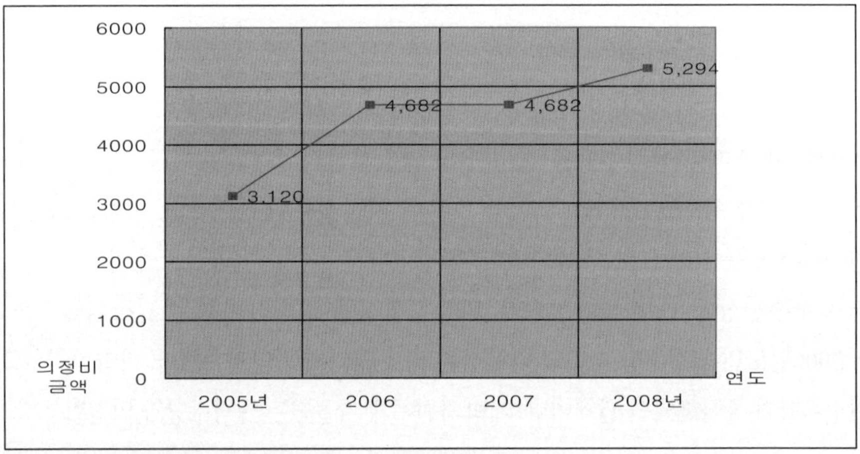

출처: 김순은·조승현(2008). 지방의회의원 의정비 책정에 관한 연구.

10) 자세한 내용은 김순은·조승현 (2008) 논문을 참조.

지방의회의원 월정수당제 도입 2년이 경과한 2008년 시점에서 보면, 유급제의 긍정적 효과보다는 의정비 인상 등과 관련된 각계의 비판이 광범위하게 제기되고 있는 실정이다. 의정비의 결정방법을 조례에 의거 자율적으로 결정함에 따라 매년 증가추세를 보이고 더욱이 상한선의 부재가 비합리적 의정비 인상을 초래하였다.

2008년 광역의회의 의정비 현황을 보면, 다음과 같다(<표 2.2>참조). 16개 광역의회 평균 의정비는 5,294만 원으로 전년대비 13.38%가 증가하였다. 광역의회별로 보면, 경기도가 7,252만 원(전년대비 34% 증가)으로 가장 많고, 광주광역시가 4,291만 원(전년대비 2% 증가)으로 가장 적었다. 서울특별시는 2007년과 같은 수준으로 동결하였다.

광역의회의 경우 2012년 평균 의정비는 5,346만 원으로 2009년 5,302만 원과 비슷한 추이를 보였다(김미현 외1, 2014). 2013년 지역 간 의정비 차이를 보면 서울시의회가 6,250만 원으로 최상의 수준이며 세종시의회를 제외하고 전라북도의회가 4,950만 원으로 최저의 수준이다. 기초의회의 경우 강남구의회가 4,950만 원으로 최상의 수준이며 울릉군이 2,820만 원으로 가장 낮은 수준이었다(안전행정부, 2013b).

〈표 2.2〉 광역의회의 의정비 현황(2008)

시·도명	2008년(만 원)	순위(2008)	재정자립도(2008년)
서울특별시	6,804	2	88.7
부산광역시	6,077	3	60.8
대구광역시	5,400	7	61.9
인천광역시	5,951	4	67.7
광주광역시	4,291	16	50.1
대전광역시	5,508	6	67.4
울산광역시	5,538	5	63.0
경기도	7,252	1	66.5
강원도	4,666	12	24.2
충청북도	4,632	13	27.1
충청남도	4,475	15	30.4
전라북도	4,920	10	18.4

전라남도	4,748	11	10.6
경상북도	4,970	8	21.9
경상남도	4,920	9	30.5
제주도	4,556*	14	26.3
평 균	5,294	-	44.72

자료: 최준호(2006). 지방의원 의정비(봉급) 규모, 「지방자치」, 통권213호 p. 113과 행정자치부 보도자료 (2007. 12. 04)를 통해 재구성함.
출처: 김순은·조승현 (2008). 지방의회의원 의정비 책정에 관한 연구.

의정비의 절대수준 역시 지방의원의 의정활동에 비하여 과다하게 책정되고 있다는 비판이 적지 않으며 특히, 2008년 서울특별시 의회의 의장선거에서 비리가 적발된 이후에는 지방의회 자체뿐만 아니라 의정비에 대한 각계의 비판이 높아지고 있는 실정이었다. 이에 따라 행정안전부는 지방의회의 의정비에 대한 그간의 비판 또는 문제점을 시정하기 위하여 의정비의 산정에 대한 체계적인 방식을 결정하여 공포하는 지방자치법 시행령 개정안을 마련하였다.

행정안전부는 2008년 의정비 과다인상과 지역 간 편차 발생 등의 논란을 해소하고, 의정비 지급기준의 적정성을 유지하기 위하여 월정수당의 기준액을 제시하는 등의 지방자치 시행령의 일부를 개정할 필요성이 있다고 판단하고 중앙정부의 가이드라인을 제시하였다. 아울러 안전행정부는 2014년 지방선거를 앞두고 의정비 관련 논란을 해결하기 위하여 월정수당 등 의정비를 임기 내 1회에 결정하도록 규정하고 이때에도 의정비의 인상이 공무원 봉급인상률 이내에서 이루어지는 경우 간소한 절차를 규정하였다.

② 중앙정부의 가이드라인

행정안전부는 2008년 월정수당이 지나치게 증가하는 것을 방지하기 위하여 아래와 같은 산출 공식을 대통령령에 규정하였다. 주요 고려변수는 재정력지수, 지방의원 1인당 주민의 수, 지방자치단체의 유형별 더미변수가 추가되었다. 이 공식에 따르면 재정력 지수가 높고, 지방의원의 수가 적으며, 광역시·도와 대도시일수록 월정수당의 규모가 커진다.

1. 월정수당 지급 기준액의 산정방식[11)]

가. 계산식

○ 지방의회 의원 1명당 월정수당의 자연로그 값 =

6.252 + 0.298 × (해당 지방자치단체 최근 3년 평균 재정력지수) + 0.122 × (해당 지방자치단체 지방의회 의원 1명당 주민 수의 자연로그 값) + 지방자치단체 유형별 변수(더미변수) 값

- 재정력지수: 당해 회계연도의 전년도의 지방교부세 및 당초예산 기준의 자치구재정조정교부금을 배분하기 위하여 산정한 지수
- 지방의회 의원 1명당 주민 수: 전년도 12월 31일 현재 「주민등록법」에 따라 주민등록표에 등재된 자 중 거주자에 대한 주민등록인구통계를 기준으로 산정한 주민 수
- 더미변수 값: 특별시·광역시·도(0.249) / 50만 이상 시(0.092) / 50만 미만 시(0.031) / 도·농복합시(0.023) / 군 (0) / 자치구(0.105)

나. 기준액(단위: 만원/연액)

- 월정수당 자연로그 수치를 실제 값으로 환산한 금액 = EXP(월정수당 자연로그 값). 다만, 환산된 월정수당 지급 기준액은 천원 단위(소수점 첫째자리)에서 반올림한다.

2. 월정수당 지급 기준액의 범위

- 의정비심의위원회는 해당 지방자치단체의 재정능력 등을 고려하여 제1호의 산정방식에 따라 산정된 월정수당 지급 기준액의 ±20퍼센트를 넘지 아니하는 범위에서 월정수당 지급기준을 결정한다. 다만, 의정비심의위원회가 결정 당시의 해당 지방자치단체의 월정수당 지급기준의 수준 등을 고려하여 월정수당 지급 기준액의 하한 범위 이하로 결정하려는 경우에는 예외로 한다.

3. 월정수당 지급 기준액의 인상 기준

- 월정수당 지급 기준액은 의정비심의위원회가 다음 연도 월정수당 지급기준 금액을 결정한 후, 기존의 지급기준을 적용한 연도부터 새로운 지급기준을 결정한 연도(새로운 지급기준이 적용되기 바로 전년도를 말한다)까지의 지방공무원 보수인상률을 합산하여 결정한다.

상기의 공식에 따라 2009년 의정비의 재조정이 이루어진 이후 의정비의 규모가 현저하게 낮아졌음은 물론이다. 앞에서 언급하였듯이 의정비 조정은 보수적으로 이루어져 그 후 크게 증가하지는 않았다.

의정비심의위원회에서 결정되는 의정비의 절차가 지방의원의 명예에 부합되지 않는다는 지적이 잇따르자 중앙정부는 의정비 결정절차를 개선하였다. 선

11) 지방자치법 시행령 별표 7

거가 마친 이후 구성되는 의정비심의위원회에서 의정비의 규모를 결정하며 이 결정은 지방의회의 다음 선거 시까지 적용하도록 하여 매년 결정하는 번거로움을 해소하였다. 의정비심의위원회의 의정비 결정이 공무원 보수의 인상률 이내에서 이루어질 경우에는 지역주민의 의견을 수렴하는 절차를 생략할 수 있다(지방자치법 시행령 제34조).

3) 지방의원의 정수

우리나라의 지방의회 의원의 정수현황은 지난 20여 년 동안 축소와 증원을 거듭하였다. 1991년 출범당시에는 대의회제의 원칙하에 광역의회는 972명, 기초의회의 의원은 4,303명으로 광역의회는 평균 65명, 기초의회는 평균 17명이었다.

그러나 의정활동비를 도입하면서 광역의회의 정수는 축소되었으나 기초의회는 증원되었다. 1995년 선거를 앞두고 광역의회의 지역구 정원은 875명으로 축소되었으나 비례대표가 10%가 추가되어 광역의원 정원은 963명으로 거의 변화가 없었다. 기초의원은 4,541명으로 증가되었다. 특히 주목할 말한 것은 1995년과 1998년 기초의원 정수는 3,485명으로 1998년과 크게 변화가 없었다.

2006년 제4대 통합지방선거에서는 기초의원 선거에서도 정당명부식 비례대표제가 도입되었다. 광역의원 지역구의 수가 655명으로 증가하였으며 비례대표 78명이 더해져 광역의회 정원은 733명, 기초의원은 지역구가 2,513명, 비례대표 375명이 더해져 총 2,888명으로 축소되었다.

2010년 제5대 통합 지방선거에서는 광역의원 680명, 비례대표 81명이 더해져 761명으로 다소 증가하였으며, 기초의원은 지역구 2,512명과 비례대표 276명이 더해져 총 2,888명으로 변동이 없었다. 2014년도에는 세종특별자치시의 출범과 맞물려 광역의원은 총 789명으로 증가하였으며 기초의원도 10명이 증가하여 총 2,898명이 되었다. 상기의 변화를 표로 요약하면 <표 2.3>와 같다.

아래 <표 2.3>에서 알 수 있듯이 광역의원의 정수는 다소 증감을 거듭하였으나 기초의원의 정수는 2014년 선거를 제외하곤 1995년부터 감소추세를 보임을 알 수 있다. 평균정원을 비교하면 광역의원이 기초의원보다 많음을 알 수 있다.

〈표 2.3〉 지방의원의 정수 변화

	광역의원			기초의원			비고	
	지역구	비례	총정원	지역구	비례	총정원	광역평균	기초평균
1991년	972	0	972	4,303	0	4,303	65명	17명
1995년	875	88	963	4,541	0	4,541	64명	20명
1998년	616	62	678	3,489	0	3,489	42명	15명
2002년	609	73	682	3,485	0	3,485	43명	15명
2006년	655	78	733	2,513	375	2,888	46명	11명
2010년	680	81	761	2,512	376	2,888	48명	11명
2014년	705	84	789	2,519	379	2,898	46명	12명

출처: 중앙선거관리위원회 선거통계

6. 지방의회의 의결사항

1) 지방의회 의결권의 연원

지방의회의 위상과 관련하여 입법권과 밀접하게 관련되어 있는 것은 지방의회의 의결권이다. 지방의회의 의결권은 지방의회가 지역의 최고 정책결정기관으로 보유하는 권한이다.

지방의회의 의결권에 대해서는 지방의회의 입법권과 동일하게 크게 세 가지 관점에서 논의할 수 있다. 첫째가 고유권설이다. 고유권설은 인간의 천부인권설과 맥을 같이 하는 것으로 지방정부의 자치권을 고유의 권한으로 해석하는 이론이다. 이러한 이론에 기초하여 중세 유럽에서는 지방도시의 자치권이 인정되었으며 프랑스혁명의 인권선언에 영향을 미쳐 기초지방정부의 자치권을 보장하는 제도로 발전되었다. 그러나 19세기 말 자연법 사상의 퇴조와 함께 설득력이 약화되었다.

그러나 현대에 있어서도 고유권설은 상당한 설득력을 갖고 있다. 18세기 이후 강조된 국민-국가의 시대에는 국민의 주권이 중앙정부에 위임되었다고 해석하는 것이 상황에 비추어 적절하였다. 그러나 21세기 글로벌 사회에서 있어서는 오히려 국민주권이 주민들로부터 지리적 가장 가까운 거리에 있는 지방정부에 위임되었다고 해석하는 것이 상황적으로 적실성을 갖는다. 지방정부, 지역정부, 특히 도시정부의 중요성이 강조되는 상황을 적절히 뒷받침하고 있기 때문이다.

둘째는 전래권설 또는 국권설이다. 국민주권의 사상이 태생된 이후 봉건사회를 통합하였던 중앙정부에 국민의 주권이 위임된 것으로 보고, 지방정부는 중앙정부로부터 위임받은 권한을 행사하는 것으로 이해한다. 따라서 지방정부의 권한은 천부인권적 권한이라기보다 국민주권을 위임받은 중앙정부로부터 전래된 권한으로 본다. 이렇게 해석할 경우 지방정부의 권한은 중앙정부가 구체적으로 위임한 권한을 벗어나서는 안 된다. 영국의 중앙정부와 지방정부간의 관계를 규정하는 원리도 여기에 근거하고 있었다고 판단된다. 즉 지방정부가 중앙정부가 위임한 권한을 일탈할 경우 적용되는 권한위반 무효의 원칙(ultra vires)도 전래권설과 밀접하게 관련되어 있다. 미국의 주정부와 지방정부간에 적용되는 딜런의 법칙(Dillon's Law)도 같은 취지이다.

마지막으로, 제도적 보장설이다. 제도적 보장설은 지방정부의 권한이 중앙정부의 권한으로부터 전래된다는 점에서 전래권설과 같은 맥을 유지하고 있다. 다만 지방자치와 지방정부의 권한을 헌법에서 규정함으로써 중앙정부가 법률로서 지방자치의 정신을 훼손하거나 자의로 유보 또는 지연시키는 것을 금지하고 있다(정세욱 외2, 2003). 헌법에서 지방정부의 자치권, 중앙정부와 지방정부간의 관계, 지방자치의 본질 등을 규정함으로써 중앙정부가 자의적으로 지방자치의 발전을 저해하는 것을 법률에 의하여 제도적으로 금지하고 있다고 이해한다. 이러한 해석은 독일의 바이마르헌법에서 지방자치를 보호하는 규정을 제도화하는 데에서 유래한다. 현재의 일반적인 통설로 자리 잡고 있다. 일본의 헌법이 지방자치의 본질을 훼손하는 법령의 제정을 금지하고 있는 것도 같은 맥락이다.

이러한 관점에서 볼 때 지방의회의 의결권은 헌법에서 규정하는 지방자치의 권한 하에서 지방자치의 본질을 왜곡 또는 훼손시키지 않는 한 보장된다고 할 수 있다. 그러나 실제로는 법률로 지방의회의 의결권이 크게 변화될 수 있음은 일본의 사례에서 발견할 수 있다.

2) 일본 지방의회 의결권한의 변화

현행 일본 지방자치법 제96조가 지방의회의 의결권한을 규정하고 있다. 제96조는 제1항에서 15호항으로 지방의회의 의결권한을 개괄적으로 예시하고 있다.

1. 조례를 설계 또는 개편하는 것
2. 예산을 결정하는 것
3. 결산을 승인하는 것
4. 법률과 이에 기초한 정령에서 규정하는 것을 제외한 지방세의 부과징수 또는 분담금, 사용료, 가입금 혹인 수수료의 징수에 관한 것
5. 종류 및 금액에 관하여 정령에서 정하는 기준에 따라 조례에서 결정한 계약을 체결하는 것
6. 조례에서 정하는 것을 제외하고, 재산을 교환하거나, 출자의 목적 또는 지불 수단으로서 사용하거나, 적정한 대가가 없이 그것을 양도 또는 대여하는 것
7. 부동산을 신탁하는 것
8. 앞의 2항을 제외하고, 그런 종류 및 금액에 대하여 정령에 따라 결정된 조례에서 정하는 재산의 취득 또는 처분하는 것
9. 부담이 발생하는 기부 또는 증여를 받는 것
10. 법률 또는 이에 기초한 정령 또는 조례에서 특별히 정하는 것을 제외한 권리를 방기하는 것
11. 조례에서 정하는 중요한 공적시설에 대하여 조례에서 정하는 장기 동시에 독점적 이용을 허락하는 것
12. 지방정부를 당사자로 하는 심사청구의 불복신청, 행정청의 처분 또는 재결, 지방정부를 피고로 하는 소송, 화해, 알선, 조정, 중재에 관한 사항
13. 법률상 의무에 속하는 손해배상의 액을 정하는 사항
14. 지방정부 구역 내의 공공적 단체 등의 활동의 종합조정에 관한 사항
15. 타의 법률 또는 이에 기초한 정령에 의하여 의회의 권한에 속하는 사항

아울러 제96조 제2호에서는 "법정수탁사무에 관한 사항을 제외하고 지방의회가 지방정부에 관한 사항에 대하여 지방의회가 조례로서 지방의회의 의결을 받아야 한다는 것을 정할 수 있다"라고 규정하여 지방의회의 의결권한을 광범위하게 인정하고 있다.

일본에서 지방자치가 실시되었던 명치시대부터 현재까지의 역사적 변천을

분석하면, 지방의회의 의결권한은 일본 지방정부의 법적 성격과 밀접하게 관련되어 있었다. 명치 초기에 실시된 시제, 정·촌제 및 부·현제도를 볼 때 시와 정·촌은 지방정부로 인식하였던 반면 부·현은 중앙정부의 하부 행정기관으로 인식하였다고 하는 것이 타당할 것이다. 따라서 시와 정·촌에 있어서는 지방의회의 의결사항을 개괄적·예시적으로 규정하였던 반면 부·현에 있어서는 제한적·열거적으로 규정하였다. 즉 시와 정·촌의회에 대해서는 조례 및 규칙의 제정 및 개폐에 관한 사항, 세출입예산의 결정, 예산 외의 지출초과를 승인하는 사항, 결산보고를 인정하는 사항 등 11개 항목을 개괄적으로 예시하였다. 반면 부·현의회에 대해서는 조례 및 규칙제정권을 인정하지 않았을 뿐만 아니라 세출입예산의 결정, 결산보고서의 승인 등 6개 항목에 한정하여 권한을 규정하였다. 부·현의회의 경우 1929년에 이르러 조례제정권이 인정되었다(加藤, 2007).

지방의회의 의결권한을 제한적·열거적으로 규정하느냐, 개괄적·예시적으로 규정하느냐는 지방의회에 대한 인식과 밀접하게 관련되어 있다. 지방의회를 지방자치의 산실로서 지역의 핵심적 의결기관으로 인식하는 경우는 지방의회의 권한을 폭넓게 인정하여 개괄적·예시적으로 규정하는 것이 일반적이다. 반면 지방정부를 중앙정부의 하위 행정기관 등으로 인식하는 경우 지방의회의 권한을 축소하려고 하며 지방의회의 의결권한도 제한적·열거적으로 규정하는 경향이 매우 강하다.

이러한 인식하에서 일본은 상기에서 규정한 제도를 거듭하여 수정하였다. 메이지 초기에 시와 정·촌의회에 광범위하게 인정되었던 의결권한도 1943년 제2차 세계대전이 본격화되면서 크게 제약을 받게 되었다. 1943년 시와 정·촌의회도 부·현의회와 같이 의결권한이 제한적·열거적으로 개정되었다. 이러한 경향은 전쟁이 끝난 1946년 개정에 있어서도 일반적이었다. 향후 지방정부가 담당할 과제와 업무가 증가될 것임을 예상하면서 지방의회는 중요한 사항에 대해서는 의결권을 행사하고 그 외의 사항에 대해서는 행정기관이 자율적으로 처리하는 것이 업무의 효율증진에 유익하다고 판명하였다. 이러한 배경에는 지방의회의 심의능력에 대한 의문도 내재되어 있었다. 한편 지방의회의 의결사항을 제한적·열거적으로 규정하는 동시에 그 외에 지방의회의 의결이 필요하다고 판단하는 경우에는 조례로서 결정하도록 길을 열어 놓았다. 현재 지방자치법 제96조

제2호의 조항이 추가된 것이었으며 현행 제도는 1986년 개정된 내용이다. 현재도 일본의 지방의회 의결권한은 제한적·열거적이라고 할 수 있다.

앞에서 언급하였듯이 일본 지방의회의 제한적·열거적인 의결권한은 지방자치법 제96조 제2호 규정, 즉 "의결사항지정조례"에 의하여 보완되고 있다. 다만 2011년 현재 47개 부·현의회 중에서 의결사항지정조례를 제정한 부·현의회의 수는 23개에 그치고 있으며, 시의회의 경우 10%에 머물고 있는 것으로 조사되었다. 아울러 의결사항지정조례의 대상은 주로 지방정부의 장기계획, 개별계획의 마스터플랜, 국제교류, 재해협정, 헌장의 제정 및 선포, 명예주민의 결정 등이 대부분이다(加藤, 2007).

3) 우리나라의 지방의회 의결권한의 현황과 문제점

(1) 지방의회의 의결권한 현황

우리나라의 경우 지방의회의 의결사항은 지방자치법 제39조에서 규정하고 있다. 우리나라의 지방자치법은 제39조 제1항에서 11개의 항목을 지정하고 있으며, 제2항에서는 일본과 유사하게 의결사항지정조례에 관한 사항을 규정하고 있다. 우리나라의 의결사항을 열거하면 아래와 같다.

1. 조례의 제정·개정 및 폐지
2. 예산의 심의·확정
3. 결산의 승인
4. 법령에 규정된 것을 제외한 사용료, 수수료, 분담금, 지방세 또는 가입금의 부과와 징수
5. 기금의 설치·운영
6. 대통령령으로 정하는 중요 재산의 취득 및 처분
7. 대통령령으로 정하는 공공시설의 설치 및 처분
8. 법령과 조례에 규정된 것을 제외한 예산 외의 의무부담이나 권리의 포기
9. 청원의 수리와 처리
10. 외국 지방자치단체와의 교류협력에 관한 사항

11. 그 밖에 법령에 따라 그 권한에 속하는 사항

상기의 입법사항을 보면 우리나라도 일본과 같이 개괄적·예시적으로 규정하였다고 보인다. 일본과 다른 점은 청원의 수리와 처리, 국제교류에 관한 사항이 추가되고, 그 외에 일본에서 규정한 손해배상액의 결정, 구역 내의 공공단체 활동의 조정 등에 관한 사항이 포함되지 않았다는 점이다.

우리나라의 지방자치법도 제39조 제2항에서 지방의회가 조례로 의결사건지정조례를 제정할 수 있다. 그런데 일본에서는 부·현의회의 50%, 시의회의 10% 정도가 의결사항지정조례를 제정하고 있는 반면 우리나라의 지방의회는 거의 없는 것으로 조사되었다. 이 점은 지방의회가 아직도 적극적으로 지방의회의 역할을 모색하지 않는 데에서 기인한다고 판단된다.

(2) 지방의회의 의결권한 문제점

(가) 조례의 제정·개정 및 폐지

지방의회의 의결사항 중에서 가장 중요한 분야가 조례의 제정·개정 및 폐지와 관련된 권한이다. 지방자치의 관점에서 본 자주입법권의 한계에 대해서는 앞에서 논의하였다. 우선 그러한 문제점이 본 논의와 밀접하게 관련되어 있다. 21세기 지속가능한 사회를 구축하기 위한 지방정부의 노력은 어느 때보다 긴요하다. 특히 지속가능한 사회를 대비하는 지방의회의 노력은 조례의 제정으로 나타날 것이다.

그런데 지금까지의 실태를 보면 지방의회의 자발적인 노력에 의한 조례의 제정행위는 매우 빈약하다. 법령상의 한계, 예산상의 한계 등의 이유도 존재하지만 우선 지방의회가 조례에 대한 중요성을 깊이 인식하지 못하는 것도 중요한 원인으로 지적할 수 있다.

일본의 사례를 보면 지방의회 기본조례, 자치기본조례, 주민참여기본조례 등을 제정하여 지방의회가 주민의 수요에 대비하는 차원에서 지속가능한 사회를 구축하기 위한 노력을 경주하고 있다(김순은, 2011a). 우리나라의 경우 이러한 기본조례를 제정하여 자치의 발전을 기한 사례는 2012년 이후 나타났다. 2012년 서울특별시의회, 2013년 충청남도의회, 2014년 광주광역시의회가 기본조례를 제정하였고 2015년 7월 기준으로 경기도의회가 기본조례의 도입을 둘러싸고 공청회 등을 개최하고 있다. 서울특별시의회, 충청남도의회, 광주광역시 기본조례가 주로 지방의회의 운영에 관한 사항을 규정하였던 반면 경기도의회의 현 조례안은 지방의회의 위상와 지방의회와 지방의원의 책무 등을 규정하는 기본조례의 성격을 띠고 있다. 기초의회로서는 부천시의회가 2014년 7월 기본조례를 제정하였다.

(나) 예산의 심의 및 확정

① 지방정부 예산의 문제점

지방의회가 수행하는 기능 가운데 가장 중요한 것이 예산의 심의와 확정이다. 비록 우리나라에서는 집행기관에 예산편성권을 부여하고 있지만 집행기관에서 작성한 예산안은 반드시 지방의회의 의결을 거쳐야 예산으로 확정된다. 따라서 지방의회의 예산심의와 의결은 행정사무와 조례제정권과 더불어 지방의회의 3대 권한으로 평가된다.

그런데 우리나라의 예산심의는 많은 문제점을 안고 있다. 제도적인 사안과 현실적인 사안들이 복합적으로 작용하여 문제가 발생한다. 첫째, 우리나라 지방정부의 경우 세출예산 중 경상비의 비중이 높고 위임사무가 많아 지방정부의 자율적인 사업예산이 매우 미미한 실정이다. 2009년 기준으로 총 4,038의 법령에 기초하여 42,316개의 사무를 중앙정부와 지방정부가 집행하는 것으로 조사되었다. 전체 사무의 71.7%인 30,325개의 사무는 중앙정부가 집행하고 나머지 28.3%인 11,991개의 사무는 시·도와 시·군·구가 처리하는 지방사무였다. 11,991개의 지방사무 중에서 시·도의 자치사무가 3,034개, 시·군·구의 자치사무가 3,854개로 자치사무의 수는 총 6,888개로 지방사무 중 57%만이 자치사무인 것으로 나타났다(한국지방행정연구원, 2009). 바꾸어 표현하면 지방정부가 집행하는 사무의 40% 이상이 상위 정부의 지침과 예산에 따라 집행되기 때문에 예산심의에 한계가 있을 수밖에 없다.

또한 지방정부마다 다소 차이는 있지만 대개 20%-30%의 예산이 인건비 등 경상비로 사용되고 있다. 경상비는 지방정부가 고유의 사무를 수행하지 않아도 지방정부가 존재하는 자체로 발생하는 비용을 의미한다. 과도한 경상비의 부담은 사업예산에 영향을 미칠 수밖에 없다. 설사 불필요한 인력이 발생하더라도 공무원의 신분이 보장되어 있어 구조조정이 쉽지 않다는 점이 지방정부의 재정을 압박하는 요인으로 작용하고 있다.

두 번째 문제점은 세입예산에서 찾을 수 있다. 현재 우리나라의 조세수입은 국세가 79.2%, 지방세가 20.8%로 국세중심으로 이루어져 있다. 아울러 2013년도를 기준으로 할 때 지방정부의 세입예산은 지방세 등 자주재원이 49.2%, 중앙정부 등 상위정부로부터의 의존재원이 50.8%를 차지하고 있다. 자주재원 중 지방세가 차지하는 비율은 지방세가 26.2%, 세외수입이 20.4%, 지방채가 2.6%를 차지하였으며, 의존재원 중에는 지방정부의 재량권이 보장된 교부세가 18.3%, 재량권을 발휘할 수 없는 보조금이 32.5로 의존재원의 50%에 가까운 의존재원이 중앙정부의 명확한 지침에 의하여 집행되어야 한다(재정고, 2013).

지방세의 경우도 조례법률주의에 기초하여 지방의회가 자율적으로 세원이나 세율을 결정할 수 없다. 탄력세율이 허용하는 범위 내에서 세율을 조정할 수 있을 뿐이다. 2013년을 기준으로 전국의 51%에 해당하는 125개 지방정부가 지방세로 인건비도 충당하지 못하는 것으로 나타났다, 자체수입으로 인건비를 미해결하는 단체는 15.5%인 38개이다(재정고, 2013).

② 지방의회 예산심의의 한계

상기에서 논의한 바와 같이 대부분의 지방정부는 의존재원에 의하여 지방정부의 사무를 집행하고 있다. 그런데 12월 초까지 확정되어야 하는 중앙정부의 예산이 정치적인 이유로 여·야간의 합의가 되지 않아 기한을 넘기는 경우가 비일비재하다. 즉 지방정부의 관점에서 세입을 추계하기가 어렵다는 점이다. 뿐만 아니라 세입예산은 대부분 국회에서 결정된 사항이기 때문에 지방정부의 사정을 반영한 통제가 이루어지지 못하고 있다. 아울러 지방채의 발행도 현실적인 어려움이 있다. 이를 상세히 논의하면 다음과 같다.[12)]

지방자치법 제127조에 의하면 지방의회에게 주어진 예산안 심의기간은 30일에서 35일 정도이다. 예산안 심의가 후반기 정례회 때에 이루어지는 관계로 지

12) 필자와 공동저서인 예산결산특별위원회 구성·운영규정(조례·규칙) 제정연구 중 필자가 집필한 부분을 요약·정리하였다.

방의회가 사용할 수 있는 기간은 30-35일이나 이를 예산 심의에 온전히 사용하지 못하고 행정사무감사, 결산, 시정 질의, 추경 등에 균분하는 까닭에 예산의 심층적 분석은 매우 어려운 상황이다.

건전한 지방재정운영의 한 요건으로 세출예산은 가급적 정확한 세입추계에 따라 편성되어야 한다는 것이 강조되고 있다. 그러나 현재 우리나라 지방정부가 예산안을 편성할 때 내년도의 세입을 정확하게 예측하는 데에 많은 어려움이 있다. 무엇보다도 대부분의 지방정부가 재정력이 빈약하기 때문에 중앙정부의 재원이 지방정부 세입에 중요한 부분을 차지하고 있다. 매년 지방정부 예산은 중앙정부의 재정적 지원이 많은 부분을 차지하고 있기 때문에 중앙정부의 지원금액이 확정되지 않는 한 정확한 세출예산을 확정할 수 없다. 앞에서 언급하였듯이 자체수입으로 38개의 지방정부가 인건비도 충당하지 못하고 있다.

지방정부 세입에 중요한 부분을 차지하고 있는 중앙정부의 재원으로 국고보조금, 지방교부세, 균특회계지원금이 있다. 국고보조금의 경우는 "중앙관서의 장은 특별한 사유가 없는 한 보조금 예산안을 사업별로 해당 보조사업을 수행하고자 하는 자에게 해당 회계연도의 전년도 10월 15일까지 통지하여야 하며 국회에서 예산이 심의, 확정된 후에는 그 확정된 금액 및 내역을 사업별로 즉시 해당 보조사업을 수행하고자 하는 자에게 통지하여야 한다"(보조금의 예산 및 관리에 관한 법률 제12조). 지방교부세에 관한 '지방교부세법' 및 '지방교부세법 시행령'에 따르면 교부세의 통지와 관련하여 "행정자치부 장관은 매 회계연도 시작 전에 각 자치단체에 교부할 교부세 총액을 해당 지방자치단체에 통지하여야 한다. 다만, 회계연도 중에 교부세 총액이 변경된 경우 또는 그 밖의 특별한 사유로 해당 지방자치단체의 교부세액이 변경된 경우에는 그때마다 이를 해당 지방자치단체에 통지하여야 한다"(지방교부세법시행령 제11조).

상기의 규정에도 불구하고 지방정부가 내년도 예산안을 편성하여 지방의회에 제출할 때까지도 중앙정부의 재정적 지원의 규모를 정확하게 추계하기는 어려운 실정이다. 국회의 예산심의가 정치적인 이유로 지연되는 경우가 많기 때문이다. 따라서 지방의회가 예산안을 심의하는 동안에 중앙정부의 재정적 지원 규모가 확정되어 이에 따른 수정예산이 제출되거나 예산집행이 개시된 후에 추가경정예산을 편성하는 사례가 관행화되어 가고 있다.

뿐만 아니라 지방의회의 예산안 심의과정에서 세입예산에 대한 심의의 폭은 극히 제한되어 있다. 주민세를 제외하고는[13] 조세법률주의 원칙에 의거하여 지방세의 증감을 결정해 주는 세율의 결정은 국회의 권한이므로 지방의회의 권한이 이에 미치지 못한다. 지방세의 주요한 구성체의 하나인 재산세의 과세시가표준액도 중앙정부에 의하여 결정된다. 지방자치법이 정하고 있는 사용료, 수수료 등의 세외수입도 관련 중앙부처와의 협력을 통하는 경우도 있다.

우리나라 지방재정규모의 수준은 중앙정부의 재정규모와 비교하여 매우 영세하다. 지방재정 구조를 일반회계를 중심으로 분석하여 볼 때 대부분의 지방정부 일반회계의 총액 중 필수경비, 교부금, 교육청 지원금, 특별교부세사업, 경상비 등 경상지출이 대부분을 차지하고 있어 예산심의 과정에서 지방의회가 심의할 수 있는 가용자원이 그만큼 적다고 할 수 있다. 그리고 지방의회 예산심의의 이러한 정치적·현실적·제도적 제약 외에도 행정사무감사, 전년도 결산심사의 결과와 내년도 예산심의를 유기적으로 관련지을 수 없다는 점도 한 문제점으로 지적되고 있다.

한편 의회 내부적 한계로는 예산안의 심의를 전문적으로 보좌할 수 있는 인력의 부족을 들 수 있다. 지방의회의 경우 예산·결산특별위원회에 전문위원 1명과 전문위원 보조인력 2-3명, 정책연구실 보조 등 적은 수의 인원이 예산·결산특별위원회의 활동을 보좌하고 있다.

끝으로 예산·결산특별위원회 위원의 잦은 교체로 전문성의 축적이 어렵다. 예산·결산특별위원회를 희망하는 의원의 수가 많아 교대로 위원들을 정하는 경향이 강하다. 예산집행은 상시적으로 진행되고 있으나 예산·결산특별위원회는 예산심의만을 담당하고 있기 때문에 예산집행의 상황을 정확히 모니터링할 수 없다는 것도 문제점이다.

여기에 덧붙여 논의되어야 할 것은 지방의회의 예산심의가 예산안의 삭감만이 가능하다는 데에 있다. 지방의회는 제도적으로 새로운 비목을 신설하거나 증액하는 경우에는 지방정부의 장의 동의를 구해야 한다. 주민의 대표 최고정책결정기관이라고 보기 어려운 제도이다.

---

13) 최근 중앙정부의 재정이 악화되자 중앙정부는 지방정부로 하여금 주민세의 인상을 직·간접적으로 압박하고 있으며 주민세를 인상하는 지방정부가 증가하고 있다.

③ 공공요금의 부과

지방의회는 사용료, 수수료, 분담금, 지방세 또는 가입금의 부과와 징수에 관한 사항을 의결한다. 공공요금에 대해서는 지방의회가 의결한 권한을 가지고 있지 않다. 그러나 대부분의 지방정부가 공공요금을 일반회계에서 보조하고 있다는 점은 지방의회가 공공요금의 부과에 대하여 간접적으로 관여할 권한을 갖는다고 할 수 있다.

낮은 공공요금의 정책은 물론 일반서민의 생활을 위한다는 점에 대해서는 의문의 여지가 없다. 그러나 낮은 공공요금으로 자원의 낭비가 발생한다는 점은 깊이 고려해 볼 가치가 있다. 지나친 냉·난방 가동, 수도의 과도한 사용 등이 대표적인 사례이다.

특히 21세기는 자원경쟁의 시대, 자원보존의 시대가 될 것이다. 지속가능한 국가로의 발전은 자원의 보존과 효율적 활용을 전제로 하고 있다. 그런데 이러한 자원의 보존과 효율적 활용은 지방정부의 협력과 이해로부터 나와야 한다. 공공요금의 정책도 이런 관점에서 재검토할 단계에 있다고 보인다.

4) 의결사항지정조례

우리나라에서는 지방자치법 제39조 제2항에 기초한 의결사항지정조례를 제정한 지방의회는 찾아 볼 수 없다. 지방의회가 지방의회의 의결권을 적극적으로 활용할 기회가 될 수 있음에도 불구하고 이러한 노력의 흔적은 찾아보기 어렵다. 앞에서 살펴봤듯이 일본의 지방의회 중 다수는 이를 활용하고 있다.

7. 지방의회의 회기 및 회의일수

지방의회의 운영과 지방의회의 회기 회의일수는 매우 밀접한 관계를 맺고 있다. 명예직 지방의회의 모형 하에서는 회기와 회의일수가 제한적일 수 있으나 전문 상근직 지방의회 모형 하에서는 회기와 회의일수가 큰 제한 없이 이루어지는 경향이 강하다(김순은, 2011b).

1) 지방의회의 회기

우리나라의 지방의회는 현재 회기제를 채택하고 있다. 회기제는 지방의회가 일정기간 동안만 의회활동을 수행하는 체제를 의미한다. 바꾸어 말하면 의회는 회기 중에만 활동을 하는 것을 의미한다. 1991년부터 회기제를 도입하였고 1999년 회의수당을 회기수당으로 전환하여 위원들의 회의 출석과는 무관하게 수당을 지급하게 되었다. 지금은 월정수당으로 대체되었다. 현재 2번의 정례회와 임시회에 기초하여 회기제를 운영하고 있다.

2) 지방의회의 회의일수

우리나라 지방의회는 1991년 이후 회의일수와 관련하여 수차례에 걸쳐 제도를 개정하였다. 1991년도에는 광역은 100일, 기초의회는 60일로 회의일수를 제한하였으나, 1994년 광역의회는 120일, 기초의회는 80일로 연장하였다. 그 후 월정수당제의 도입으로 2005년 이후 회의일수를 조례로 제정하도록 재량권을 부여하였다(지방자치법 제47조). 이를 정리하면 <표 2.4>과 같다. 광역의회의 경우 120일에서 130일 사이에서 회의일수가 정해지고 있다.

〈표 2.4〉 지방의회의 회의 일수

구분	1991년	1994년	1999년	2005년 이후
회의일수	광역 정기회 35일, 기초 정기회 30일, 임시회 10일 광역 총 회의 일수 100일, 기초 60일	광역 정기회 40일, 기초 정기회 35일, 임시회 15일 광역 총회의 일수 120일, 기초 80일	연 2회의 정례회 연 2회 정례회 광역 40일, 기초 35일, 임시회 15일 광역 총회의 일수 120일, 기초 80일	회의일수 조례로 제정

8. 의장과 의회지도자의 역할과 선거

1) 의장과 의회지도자의 역할

의장과 부의장 및 상임위원장 등 의회지도자는 지방의회의 운영에 지대한 영향을 미친다. 이것은 의장 등 의회지도자가 갖는 제도적 권한뿐만 아니라 지역

정치를 이끌어가는 정치적 지도력 때문이다.

우리나라의 경우 지방의회의 의장은 의원 중에서 무기명 투표로 선출하며 임기가 2년으로 보장되어 있다. 지방의회 의장은 의회를 대표하고, 의사를 정리하며, 회의장 내의 질서를 유지하고 의회의 사무를 감독한다. 부의장은 의장의 사고가 있을 때에는 의장의 직무를 대리한다. 의장과 부의장이 법령을 위반하거나 정당한 사유가 없이 직무를 수행하지 않을 때에는 지방의회가 불신임을 의결할 수 있다(지방자치법 제55조).

위원회는 위원장과 위원을 두며 위원은 본회의에서 선임하는 것으로 되어 있으나, 위원장의 선출에 관한 규정은 지방자치법에서 규정하고 있지 않다. 제도적 미비이거나 지방의회에 자율권을 부여하였다고 볼 수 있다. 현재 많은 지방의회가 본회의에서 선출하는 방식을 채택하고 있다.

상임위원장은 상임위원회를 주재하고, 필요하다고 판단하는 때에는 회기 중에 상임위원회를 소집할 수 있다. 상임위원회를 주재하는 상이 질서를 유지하기 위하여 필요한 때에는 방청인의 퇴장을 명할 수 있다.

2) 의장과 부의장의 선거

앞에서 논의한 바와 같이 지방의회의 리더십은 지방의회의 발전은 물론 지역사회의 발전을 위하여 매우 필요하다. 지방자치법에서는 의장과 부의장은 본회의에서 무기명 투표로 선거하여야 한다는 규정 이외는 규제가 없다. 따라서 그동안 많은 지방의회가 교황선출식 투표를 행해왔다. 즉 후보자의 등록절차를 거치지 않고 의원들이 무기명으로 마음에 두는 의원의 이름을 적어 투표하는 방식을 택했다.

그러나 이에 대한 부작용은 적지 않았다. 마치 많은 의원들이 의장이나 부의장에 선출되기 위하여 지방의원이 된 듯한 마음으로 의장 및 부의장 선거에 임했다. 그 결과 의장 및 부의장 선거를 둘러싼 잡음이 선거 때마다 끊이지 않았다. 금품수수로 검찰의 수사를 받는 경우가 있는가 하면 선거의 후유증으로 지방의회가 정상적으로 개회도 하지 못하는 사례가 지속적으로 발생하고 있다.

9. 지방의회의 상임위원회제도

1) 본회의 중심주의와 상임위원회 중심주의

(1) 상임위원회 중심주의의 특징

지방의회는 다수의 의원으로 구성된 합의제 의사결정기구이다. 의원 전원이 참석하는 본회의를 중심으로 의안이 토의되는 운영방식을 본회의 중심주의라고 하며, 지방의회를 전문분야로 세분화한 위원회를 중심으로 논의가 이루어지는 운영방식을 위원회주의라고 한다. 최근에는 지방의회도 주로 상임위원회 중심으로 이루어지는 경향이 매우 강하다.

점차 현대사회의 문제가 복잡·다양해짐에 따라 의회에서 처리해야 할 업무의 양과 질이 증가·심화되는 경향이 있으며, 이것을 합리적이고 효율적으로 처리하기 위해서는 전의원으로 구성된 본회의 보다는 규모가 작은 위원회가 적합하다. 전문적 지식과 기술이 요구되는 문제에는 더욱 그러하다. 앞에서 논의한 바와 같이 현재와 같은 지방자치의 시대적 상황은 지방의회의 전문성과 과학성을 어느 때보다 더욱 요구하고 있다.

즉 상임위원회제도는 특정 이슈와 과제에 대하여 전문성이 높은 의원들을 중심으로 위원회를 구성하여 위원회에서 심층적이고 체계적으로 분석·논의하기 위하여 마련된 것이다. 지방의회의 운영 면에서, 소수의 인원으로 구성된 상임위원회는 전원의 인원으로 구성된 본회의에 비해 비공식적인 절차와 과정의 형성이 용이하므로(조석준, 1981), 의원 상호간에 의견의 대립이 첨예한 사안에 대해서는 공식적 절차와 과정에 의존하는 본회의보다 효율적으로 처리할 수 있다. 아울러 "의회의 규모가 크면 창의적이고 발전적인 의사진행에 장해가 될 우려"가(서정근, 1987, p.41) 크기 때문에 의사진행의 창의적인 발전을 위해 점차 위원회 중심으로 의회의 활동이 이루어진다. 종합하면, 상임위원회는 전문적 영역을 고려한 의회의 기능적 분업 조직이며 현대 사회에서 경제·사회 제 문제가 다양하고 복잡해짐에 따라 의회 활동이 전문적 지식, 기술과 능력을 갖춘 상임위원회 중심으로 이루어지는 현상은 의회의 효율을 높인다는 측면에서 당연한 결과이다. 의회 활동의 중심 역할을 담당하는 상임위원회의 기능을 상설하면 아래와 같다(Maass, 1983).

첫째, 의회 입법 과정과 관련하여, 의회는 고무도장(Rubber Stamp)만으로의 역할을 탈피하여 행정기관이 발의한 법안(조례)을 심의, 분석하여 대안을 제시하여야 하며 이 기능을 실질적으로 담당할 수 있는 조직이 상임위원회이다. 상임위원회는 청문회 및 소위원회 등을 통한 관련 정보의 수집과 분석 및 현지 조사 등을 바탕으로 본회의에 부의될 관련 법안의 의결에 의원들이 어떻게 표결해야 하는지에 대한 실마리를 제공한다.

둘째, 의회는 행정 기관의 대주민 책임성을 제고하기 위하여 행정 조사 및 감사를 실시하는데, 행정에 대한 실질적 감사와 조사가 상임위원회를 중심으로 이루어진다. 고도의 전문성, 기술성 및 신속성을 띠고 있는 현대 행정업무의 효과적 감사를 위하여 상임위원회의 전문적 기술과 지식의 필요성이 강조되어 왔다.

셋째, 의회는 행정 기관과 함께 의안 발의를 할 수 있는 데 의회의 의안 발의시 상임위원회가 그 실질적 작업을 담당한다. 뿐만 아니라 상임위원회는 소관업무에 속하는 민원 및 청원을 접수·처리한다. 주민들은 소관위원회가 그들이 제시한 민원을 어떻게 처리하는가에 보다 많은 관심을 갖고 있다. 요약하면 상임위원회의 주요기능은 소관 업무에 속하는 의안과 청원에 관련된 의사를 결정하고 행정 기관의 업무에 대해 승인하고 감사하는 것이다.

그런데 상임위원회 중심주의도 적지 않은 문제점을 노정하고 있다. 특히 본회의가 형식적인 논의의 장으로 전락하여 실질적인 논의가 이루어지지 않는다는 점이다. 상임위원회에서 주요한 이슈가 논의되는데 상임위원회 회의실의 특성상 많은 방청객의 참관이 어려워 공개회의의 명분을 퇴색시키는 점도 지적되고 있다. 다행히 우리나라의 경우 상임위원회의 활동도 회의록에 기록되고 있지만 일본의 경우 상임위원회 회의내용은 회의록에 기재되지 않아 밀실정치의 산실이라는 비판도 제기되고 있다(江藤, 2008).

우리나라의 경우 상임위원회의 구성은 주로 집행기관의 조직구조와 일치되어 있다. 지방의회 출범 초기에는 상임위원회의 의안은 주로 담당하는 부서가 제출한 것이 대부분이었으며 점차 의원발의가 증가함에 따라 지방의회의 제안한 사항이 증가하고 있다. 주로 상임위원회가 의안을 심의할 때에는 담당 공무원의 설명을 듣는 것이 대부분이고, 전문가나 의안의 직접적인 영향을 받는 주민들의 의견을 듣는 경우는 매우 드물다. 회의록을 분석해 보면 과연 지방의원이 주민의 대표인가 하는 비판이 제기되기도 한다. 상임위원회에서 활발한 정책토의가 이루어지기 보다는 담당 공무원의 설명을 듣는 사례가 많아(김순은, 1997a; 竹下, 2010), 의안에 대한 찬·반 토론이 활발하게 진행되지 못하다는 것을 문제점으로 지적할 수 있다. 상임위원회의 결정이 대부분 본회의에서 의결된다는 점을 볼 때 상임위원회에서 적극적인 토론이 이루어져야 한다.

우리나라의 경우 위원회는 "위원회는 본회의의 의결이 있거나 의장 또는 위원장이 필요하다고 인정할 때, 재적위원 3분의 1 이상의 요구가 있는 때에 개회한다. 폐회 중에는 지방자치단체의 장도 의장 또는 위원장에게 이유서를 붙여 위원회의 개회를 요구할 수 있다"(지방자치법 제61조). 즉 상임위원회는 개회 중은 물론 폐회 중에도 제도적으로 개회가 가능하다. 그럼에도 제도가 충분히 활용되고 있는 가는 별개의 문제이다.

2) 지방의원의 위원회 배속

각 지방의회가 지방의회를 구성할 때 상임위원회의 수를 얼마로 결정하느냐와 의원의 배치를 배타적으로 하느냐 중복적으로 하느냐는 특정 국가나 지방정부의 관행과 문화에 따라 상이하다. 지방의원의 정수와는 무관하게 다수의 상임위원회를 설치하는 지방의회가 있는 한편 소수의 상임위원회를 설치하고 의원들을 배타적으로 배치하는 의회제도도 있다.

우리나라 지방자치법은 상임위원회를 조례에 따라 설치할 수 있도록 규정하였다. "위원회의 종류는 소관의안과 청원 등을 심사·처리하는 상임위원회와 특정한 안건을 일시적으로 심사·처리하기 위한 특별위원회"를 구별하고 있다. 위원회의 위원은 본회의에서 선출한다(지방자치법 제56조). 지방자치법에서 특별히 규정하고 있지는 않지만 지방의원은 의회운영위원회와 특별위원회를 제외하면 1개의 위원회에 배속하는 의회가 대부분이다.

3) 예산·결산특별위원회

앞에서 논의하였듯이 지방의회는 예산과정에 있어서 예산의 심의·의결 및 결산권을 갖는다. 비록 예산편성권과 제출권은 집행기관에 있지만 지방의회의 예산권은 지방의회의 중요한 권한 중의 하나이다. 우리나라의 경우 앞에서 논의한 바와 같이 지방정부의 장의 동의 없이는 예산을 증액하거나 새로운 비목을 설치할 수 없다는 한계가 있다. 아울러 지방의회의 예산을 집행기관이 제출하고 있는 것도 문제이다. 아무튼 지방의회의 예산심의는 담당 상임위원회와 예산·결산특별위원회의 활동이 무엇보다도 중요하다. 지방의회에서의 예산심의는 다음과 같은 과정을 거친다.

(1) 상임위원회의 예비심사와 역할

"지방자치단체는 법령 및 조례로 정하는 범위에서 합리적인 기준에 따라 그 경비를 산정"하고(지방재정법 제36조 제1항) "모든 자료에 의하여 엄정하게 그 재원을 포착하고 경제 현실에 맞도록 그 수입을 산정하여"(지방재정법 제36조 제2항) 작성한 예산안이 지방재정법 시행령 제45조에서 예시한 각종 첨부 서류와 함께 지방의회에 제출된 후, 상임위원회는 지방정부의 장으로부터 예산안에 대한 제안 설명을 듣는다. 그 후 의장은 예산안을 소관 상임위원회에 회부하고 소관 상임위원회는 예비심사를 하며 그 결과를 의장에게 보고하도록 되어 있다. 소관 상임위원회의 예비심사는 지방의회의 최초의 심의단계로서 예산·결산특별위원회의 기초적 판단자료를 제공하는 데 그 목적이 있다.

집행부서의 제안 설명이 끝난 후 소관 상임위원회에 소속된 전문위원의 예산안 검토보고를 듣는다. 소관부서 장의 제안 설명과 전문위원의 검토보고가 끝나면 예산안에 관한 질의와 토의를 갖는다. 상임위원회의 예비심사는 통상 세입예산에 대한 배려와 검토 없이 세출예산을 중심으로 이루어진다.

(2) 예산·결산특별위원회의 종합심사

소관 상임위원회의 예비심사가 끝난 예산안은 예산·결산특별위원회에 회부되어 종합심사를 받게 된다. 예산·결산특별위원회는 지방의회의 위원회조례에 따라 필요시에 구성되는 비상설 기구이다.

예산·결산특별위원회에 소관 상임위원회의 심의를 거친 수정안이 제출되면 지방정부의 장으로부터 예산안의 제안 설명과 시정방침에 대한 개요를 듣고 이어서 예산·결산특별위원회 전문위원의 종합 검토보고를 듣는다. 전문위원의 종합 검토보고가 끝나면 예산·결산특별위원회의 종합적인 정책질의가 이어지며, 정책질의가 끝나면 예산안의 계수조정을 위한 계수조정소위원회를 구성한다. 계수조정소위원회의 계수조정이 끝난 최종 예산안은 본회의에 회부되어 최종 심의를 받게 되며 본회의 의결로서 신년도 예산으로 확정된다.

예산·결산특별위원회의 종합심사는 소관 상임위원회가 미시적 관점에서 소관부서의 예산안을 심의한 것과는 달리, 자치단체의 전체의 세입, 세출예산을 동시에 분석하는 거시적 차원에서 이루어진다. 따라서 상임위원회가 소관부서의 사업을 지지하는 경향을 보이는 것과는 달리 예산·결산특별위원회는 세입예산의 범위 안에서 부서간의 사업우선순위 조정을 통해 종합적인 예산을 창출하는 목표를 갖고 있다. 다시 말해 예산·결산특별위원회는 주민들이 납부한 세금의 낭비를 감시하고 주민의 세금이 효율적으로 사용되도록 소관부서가 세출예산을 팽창시키려는 시도를 방지하는 후견인 역할을 담당하고 있다.

(3) 본회의 의결

예산·결산특별위원회의 심의가 완료되면 예산안은 본회의에 회부되고, 본회의의 의결로 예산안이 확정된다. 그런데 앞에서 논의한 것처럼 우리나라 지방의회의 예산심의는 많은 문제점을 안고 있다. 본 절의 주제와 관련하여 예산·결산특별위원회는 상시적인 활동을 하지 않고 예산심의와 결산 시에만 활동을 하는 것으로 인식되어 있기 때문에 효율적인 예산심의와 결산심사가 매우 어려운 실정이다.

10. 지방의회의 사무기구

지방의회의 사무기구는 행정적·전문적으로 지방의회의 의정활동을 보좌하는 기구이다. 그런데 1991년 지방의회가 구성된 이후 지방의회의 사무기구는 제도적 미비로 지방의회의 활동을 적절하게 보좌하지 못했다(김순은, 1995a; 송광태, 2003). 여러 비판에 따라 지방의회의 사무기구는 지속적으로 제도를 개편하고 조직을 강화하였다. 사무기구의 인사권 독립에는 이르지 못했지만 인사권의 개선이 계속적으로 이루어졌고 전문적 보좌를 위한 제도와 조직정비도 꾸준히 이루어져 왔다.

종래에도 상임위원회가 설치되어 있는 지방의회는 물론 상임위원회가 없었던 지방의회에도 명칭상의 전문위원이 설치되어 지방의원들의 의정활동을 보좌하였다. 그런데 2006년 4월 지방자치법을 개정하면서 "위원회에는 위원장과 위원의 자치입법활동을 지원하기 위하여 의원 아닌 전문지식을 가진 위원(이하 전문위원)을 두도록 하며, 전문위원의 직급과 정수 등에 관하여 필요한 사항은 대통령령으로 정한다."는 규정을 마련하게 되었다(지방자치법 제59조). 향후 지방의회의 전문성을 제고하는데 크게 기여할 것으로 예상되는 제도이다.

이러한 제도개선이 꾸준히 이어져 왔음에도 불구하고 아직도 사무기구에 대한 제도가 미비하다는 것이 일반적인 지적이다. 다양한 이슈들 가운데 가장 논란이 되었던 것이 사무기구의 인사권 독립과 정책보좌관제 도입이다.

1) 사무기구의 인사권 독립

(1) 사무기구의 인사권 제도 변화

1988년 지방자치법에서 지방의회의 사무기구에 관한 규정이 제시되었다. 당시 지방자치법은 "사무직원은 지방의회의 의장과 협의하여 당해 지방자치단체의 장이 임명한다."라고 규정하였다. 그러나 지방의회가 출범하면서 전국의 지방의회는 이에 대한 문제점을 강하게 제기하였다(동의대학교 지방자치연구소, 1992; 김순은, 1992; 최봉기, 2005).

1994년 지방자치법에서는 지방의회의 비판을 수용하여 지방의회의 협의권을 추천권으로 변경하였다. "사무직원은 지방의회의 의장의 추천에 의하여 당해 지방자치단체의 장이 임명한다."고 개정한 것이다. 여기에 대해서도 개선을 요구하는 소리가 강하게 제기되었으나 진전은 없었다.

참여정부가 출범하면서 지방분권 과제에 지방의회의 활성화가 포함되었다. 지방의회를 활성화하는 차원에서 여러 가지 방안이 제안되었는데, 그 모두가 지방의회 사무기구의 독립을 포함하고 있었다. 이를 부분적으로 수용하여 2006년 지방자치법 개정이 이루어졌다.

2006년 4월 28일 지방자치법도 사무직원은 지방의회의 의장의 추천에 의하여 당해 지방정부의 장이 임명하도록 규정한 점에서 기본적으로는 변함이 없었다. 다만 "지방자치단체의 장은 사무직원 중 별정직·기능직·계약직공무원에 대한 임용권을 지방의회 사무처장·사무국장·사무과장에게 위임하여야 한다."고 개정하여 별정직·지방공무원법 제25조 5에 따른 임기제 공무원, 대통령령으로 정하는 일반직 공무원에 대한 임용권은 지방의회 사무기구의 장에게 위임하게 되었다.

특히 제주특별자치도의 설치에 따라 2006년 제정된 "제주특별자치도 설치 및 국제자유도시 조성을 위한 특별법(이하 제주특별자치도법)"에서는 지방의회 사무기구에 대한 특례가 인정되었다. 즉 제주특별자치도의회는 상임위원회별로 계약직 또는 별정직으로 3인 이내의 정책자문위원을 위촉할 수 있게 되었으며 현재 일반직 공무원을 제외한 제주특별자치도의 의회사무처 소속 공무원의 임용권을 도의회 의장이 행사하고 있다. 이를 표로 정리하면 <표 2.5>와 같다.

〈표 2.5〉 지방의회 사무기구 인사권의 변천

변천사항	1988년	1994년	2006년	비고
사무기구 인사권	의장과의 협의 지방정부의 장이 임명	의장의 추천 지방정부 장이 임명	의장의 추천 지방정부 장이 임명 별정직, 기능직 계약직 사무기구 장에게 위임	제주특별자치 도의회 특례 정책자문위원의장의 인사권 (일반직 제외)

(2) 사무기구 인사권과 관련된 이슈

지방의회와 집행기관은 지향하는 가치와 역할이 상이하다. 지방의회는 지역의 다양한 가치를 대변하기 위하여 민주성을 지향하는 기관인 반면 집행기관은 한정된 자원으로 최대의 성과를 창출하는 효율성이 강조되는 기관이다. 따라서 갈등이 발생할 여지가 있다.

뿐만 아니라 지방의회는 지역의 최고 정책결정기관으로서 정책이 집행기관에 의하여 적절히 집행되고 있는지를 감시하고 견제하는 역할을 수행한다. 따라서 지방의회를 보좌하는 인력은 이런 점에 착안하여 업무를 수행하기 때문에 집행기관이 보좌 인력의 활동에 대해서 불편하게 느끼는 경우도 발생한다.

지방의회가 사무기구의 인사권을 독립적으로 행사하여야 한다는 주장에는 이론적, 실제적인 이유가 혼재되어 있다. 이론적인 측면에서 인사권 독립의 근거는 기관분리형 지방정부 모형의 원리에 있다. 서로 다른 역할을 수행하는 기관이기 때문에 보좌인력도 상이한 역할을 충실히 수행할 수 있도록 분리되어야 하는 것은 당연하기 때문이다.

실제적인 이유는 사무기구의 독립이 이루어지지 못하는 데에서 발생하는 문제점이다. 일반적으로 집행기관에서 근무하다가 지방의회에 전출을 오게 되면 2-3년 근무하는 것이 관행이다. 대부분의 공무원들은 집행기관으로 가능한 한 빨리 돌아가기를 희망하는 것으로 조사되었는데(동의대학교 지방자치연구소, 2005), 일정한 주기로 순환되는 관계상 공무원들이 지방의회의 전문성을 축적할 수가 없다는 것이 문제점이었다(최병대, 2003; 김순은, 2005d). 뿐만 아니라 집행기관으로 되돌아가기를 희망하는 공무원의 사정상 전력을 다하여 지방의회를 보좌하지 못한다. 만에 하나라도 집행기관의 장이나 간부들에게 밉보이기라도 하게 되면 공무원의 복귀는 물론 향후 공무원 생활에 적지 않게 부정적인 영향을 받을 수밖에 없다. 따라서 지방의회 소속 공무원의 근무태도는 매우 불안정하고 갈등에 휩싸인다. 이러한 까닭으로 지방의회의 경우 전문위원으로 일반직보다는 별정직을 선호하는 것으로 나타났다(김순은, 1995b).

반면 인사권의 독립을 반대하는 쪽은 다음과 이유를 내걸고 있다. 첫째, 우수인력의 확보가 어렵다. 지방의회의 사무기구는 작은 조직이기 때문에 인사 순환과 승진이 어려워 우수한 인력의 확보가 쉽지 않을 것이라는 점이다. 또한 그 때문에 인사행정의 효율성이 떨어진다는 점이 주요한 반대 논거이다. 특히 작은 조직의 특성상 인사적체가 발생하면 공무원의 사기 또한 크게 저하되어 사무의 효율성도 떨어진다는 것이 명분상의 이유이다. 물론 그러한 주장이 일리가 없는 것은 아니나 최근의 우리나라 인력상황을 보면 그러한 주장은 설득력이 그리 크지 않다. 대졸자의 취업률이 문제가 되고 있는 현실과 특히 석사학위 이상 고급 인력의 취업이 매우 어렵다는 점은 지방의회가 향후 좋은 직장으로 평가받을 수 있을 것이라고 전망할 수 있게 한다. 왜냐하면 지방의회는 특수한 전문성을 요구하는 조직이기 때문이다.

물론 공무원을 희망하는 지원자들에게는 승진이 중요한 인센티브가 되는 요인임을 부정할 수 없다. 그러나 전문조직의 특성상 집행기관과 비교할 때 중요도가 높지 않다. 전문조직은 전문성에 따라 대우가 결정되기 때문이다.

둘째, 지방의회 공무원의 임용이 정치적으로 이루어질 가능성이 높다는 점이다. 이 점은 충분히 고려할 만한 지적이다. 국회의원의 보좌진이 주로 정치적인 이유로 임용되는 것과 비슷하다. 이 점은 별정직과 일반직을 명확히 구별하고 일반직의 경우 공개경쟁 방식으로 채용을 하면 해결할 수 있다.

(3) 우리나라 사무기구의 현황

사무기구의 직원현황을 분석해 보는 것은 향후 지방의회 사무기구의 개편과 관련하여 유용한 자료가 될 것이다. 1995년 통계와 2006년 통계를 비교·분석하였다.

(가) 1995년 사무기구의 현황

1995년도를 기준으로 광역지방의회는 사무처장, 총무담당관, 의사담당관 및 전문위원으로 구성되었다. 총무담당관 산하에 총무계와 자료계가 의사담당관 산하에 의사계와 의안계를 설치하였다. 전문위원은 별정직과 일반직이 혼재되었다. 평균적으로 58.65명의 직원이 광역의원을 보좌하였고, 당시 광역의원 1인당 평균 1명의 직원이 보좌한 것으로 나타났다. 전국 광역지방의회의 사무처 인적구성 현황을 분석하면 <표 2.6>과 같다.

〈표 2.6〉 사무처 인적구성 현황(명)

(1995년도 기준)

부서명칭	최소인원	최대인원	평균인원
총무계	7	58	17.6
자료계	2	8	4.4
의사계	8	31	15.0
의안계	3	27	7.26
일반직 전문위원	0	7	4.20
별정직 전문위원	0	11	2.46
전문위원 보조원	4	14	7.73

출처: 김순은(1995), 지방의회의 정책결정 보좌기능 개선에 관한 연구

상기의 표를 보면 지방의회 사무처의 직원이 대부분 총무, 의사, 의안 담당 직원이고 전문위원과 전문위원 보좌 인력은 적었음을 알 수 있다. 당시 서울특별시의회는 전문위원 전원을 별정직으로 임명하였으며 광주광역시의회는 전원이 일반직 공무원이었다. 기초지방의회의 사무국의 현황은 아래 <표 2.7>와 같다.

〈표 2.7〉 기초지방의회 사무국 현황(명)

(1995년도 기준)

부서명칭	최소인원	최대인원	평균인원
총무계	0	18	1.37
자료계	0	0	0
의사(의정)계	5	18	10.8
의안계	0	5	0.19
별정직 전문위원	0	2	0.67
일반직 전문위원	0	5	0.64

출처: 위와 동일

기초지방의회는 광역지방의회에 비하여 작은 규모로 운영되고 있었다. 자료를 담당하는 직원은 없었으며, 총무와 의사담당 직원이 대부분을 차지하였다. 당시에는 상임위원회가 없는 기초의회도 상당수 존재하였다. 평균 13명의 직원들이 기초지방의원들을 보좌하였는데, 당시 기초지방의원 1인당 평균 0.74명의 직원들이 보좌한 셈이다.

(나) 2006년 사무기구의 현황

1995년 이후 10년이 지난 시점에서 지방의회의 사무기구 현황은 다소 호전된 것으로 나타났다. 광역지방의회의 경우 사무직원은 평균 76.2명으로 나타났다. 1995년에 비하면 보좌 인력의 규모가 상당히 확대되었음을 알 수 있다. 따라서 광역의원 1인당 보좌 인력도 10년 사이에 1.66명으로 증가하였다. 반면 전문위원의 수는 크게 변화가 없었으며 오히려 다소 감소된 것으로 나타났으나 이는 전수조사와 표본조사의 차이에서 발생할 수 있는 현상일 수도 있음을 감안할 때 큰 차이가 없는 것으로 보인다. 평균적으로 5.8명의 전문위원이 광역지방의원을 보좌하고 있다.

기초지방의회의 경우 1995년도에는 평균 13명의 직원들이 기초지방의원을 보좌하였으나 2006년도에는 14.6명으로 다소 증가하였다. 기초지방의원 1인당 직원 수도 1995년도에는 1명이었으나 2006도에는 1.27명으로 늘었다.

〈표 2.8〉 광역지방의회 및 기초 지방의회 사무기구의 현황

구 분		합 계		광역의회/의원 1인당		기초의회/의원 1인당	
총인원		4,890		1,220/1.66		3,670/1.27	
사무직원	일반	2,257	4,320명 (88%)	616	1,127명 (92%)	1,641	3,193명 (87%)
	별정	183		45		138	
	계약	9		9		0	
	기능	1,871		457		1,414	
	평균		16.2명		70.4명		12.8명
전문위원	일반	477	570명 (12%)	63	93명 (8%)	414	477명 (13%)
	별정등	93		30		63	
	평균		2.14명		5.81명		1.9명

출처: 안영훈·김성호(2007), 지방의회 사무기구 인사권 독립 및 광역의회의원 보좌관제 도입에 관한 연구, p.6 (수정·보완하였음)

2012년을 기준으로 하면 사무기구는 더욱 확대되었다. 광역의회의 경우 의원 1인당 1.96명의 사무직원을 도움을 받고 있으며 기초의원의 경우 의원 1인당 1.39명의 도움을 받는 것으로 나타났다(<표 2.9> 참조). 사무보좌인력이 꾸준히 증가했음을 알 수 있다.

〈표 2.9〉 2012년 광역 및 기초 지방의회 사무기구 현황

	직무	직급	인원	비중	지방의원 정수(2012)	의원 1인당 직원
광역	사무처장	1-3급	17	1,498 (89.5%)	855명 (지역 691, 비례 82, 교육 82)	1.96명
	담당관	4급	47			
	사무직원		1,434			
	전문위원	4급	115	176 (10.5%)		
		5급	61			
	계		1,674			
기초	사무국장	행정4급	108	3,340 (83.6%)	2,876명 (지역 2,501, 비례 375)	1.39명
	사무과장	행정5급	119			
	사무직원		3,113			
	전문위원	5급	434	654 (16.4%)		
		6급	220			
	계		3,994			

출처: 안전행정부(2013c, p.3)에서 재구성. 제6기 후반기 지방의회 현황

(4) 지방의회 사무기구의 인사권 개선 추진상황

전국 시·도의회의장협의회는 물론 광역 및 기초지방의원들은 지방의회 사무기구의 인사권 독립을 국회의원과 관계부처에 꾸준히 요구해 왔다. 학계에서도 기회가 있을 때마다 개선을 요구하는 주장을 거듭하였다(김순은, 1995a; 최병대, 2003; 안영훈 외1, 2007; 양기근, 2008). 2015년도에는 전국 시·도의회의장협의회는 지방의회 사무기구의 인사권 독립을 포함한 지방자치법 개정안을 마련하여 대구, 전주, 대전, 서울을 중심으로 대대적인 세미나를 개최하면서 개정의 필요성을 강조하였다. 이러한 노력들은 주로 국회의원들의 의원입법 추진으로 나타났다. 1961년 지방자치가 폐기되기 이전에는 지방의회 의장이 간사와 서기를 임명할 수 있었으며 공무원이 겸임하였다. 2008년까지 총 6차례의 국회의 지방의회 사무기구의 인사권 독립을 위한 의원발의가 있었으나 제도화에는 이르지 못했다. 이를 정리한 것은 <표 2.10>와 같다.

〈표 2.10〉 역대 국회의 지방의회 인사권 독립 관련 입법추진 연혁

발의일자	발의자	개정법률 명칭	주요 내용	처리결과
1992. 9.26	박상천 의원 등 99인	지방자치법 개정법률안	지방의회 사무직원은 당해 지방의회의 장이 임명하도록 함(안 제83조 제2항)	1993. 5. 12 철회
1993. 2.19	박상천 의원 외 95인	상동	지방의회 사무직원은 지방의회의 의장이 당해 지방자치단체의 장과 협의하여 임명하되, 전문위원과 별정직공무원은 협의를 거치지 않고 임명하도록 함(안 제83조 제2항)	제166회 국회(임시회) 제2차 정치관계법 심의특별위원회 (1994.3. 4) 상정, 원안폐기의결
1996. 11.9	정균환 의원 외 70인	상동	의회의 사무직원은 지방의회의 의장이 임용하되, 당해 지방자치단체의 조례가 정하는 바에 따라 지방의회에 설치된 지방의회직원인사위원회의 심의를 거쳐 임용 (안 제83조 제2항, 제3항 및 제4항)	임기만료 폐기
2003. 6.17	김성순 의원외 18인	상동	지방의회의 사무직원을 지방의회 의장이 임명하도록 함 (안 제83조)	임기만료 폐기

2004. 7.7	권오을 의원 외 13인	상동	지방의회의 사무직원은 지방의회의 의장이 임명함 (안 제83조 제2항)	행정자치위원회 대안에서 누락
2005. 9.15	이시종 의원 외 20인	상동	지방의회의 의장은 소속 직원에 대한 임면권을 가지며 시·도 및 시·군·자치구의회는 공동으로 상호 인사교류를 위한 인사교류협의회를 광역자치단체 단위로 둘 수 있도록 함 (안 제36조의 3)	행정자치위원회 대안에서 누락
2009. 4.15	양승조 의원외 11인	상동	의회 사무직원의 임용권을 의장에게 부여함(안 제91조제2항)	임기만료 폐기
2009. 9.10	이은재 의원외 11인	상동	전문위원에 대한 임용권을 지방의회의 의장에게 부여함(안 제59조).	임기만료 폐기
2009. 9.17	이시종 의원외 10인	상동	지방의회의 의장은 소속 직원에 대한 임명권을 가지며, 시·도의회에는 해당 시·도의회 및 시·군·자치구의회 소속 직원의 인사교류를 위하여 인사교류협의회를 두도록 함(안 제91조)	임기만료 폐기
2009. 9.18	김성조 의원외 17인	상동	지방의회의 위원회에 수석전문위원·일반전문위원과 입법심의관·입법조사관 등 기타 필요한 공무원을 둘 수 있도록 하되, 필요한 경우 위원회 공무원을 의원담당관으로 보할 수 있도록 하고 위원회 공무원을 사무처장·사무국장·사무과장의 추천으로 의장이 임명하도록 하며, 전문위원과 입법심의관·입법조사관 등 위원회공무원의 직급과 정수 등에 관하여 필요한 사항은 당해 지방자치단체의 조례로 정하도록 함(안 제59조) 지방의회에 두는 사무직원의 정수와 직급은 자치단체의 조례로 정하도록 하고, 지방의회 의장은 소속직원에 대한 임면권을 가지며, 지방자치단체의 장과 지방의회 의장은 자치발전과 전문성 확보를 위하여 필요한 경우 소속 공무원을 상호 인사교류 할 수 있도록 하고, 인사적체 해소 등을 위하여 시·도의회와 시·군·자치구의회 공동으로 인사교류 협의회를 광역자치단체 단위로 둘 수 있도록 함(안 제91조)	임기만료 폐기
2009. 10.1	안경률 의원외 15인	상동	지방의회의 의장이 추천한 자를 정당한 사유가 없는 한 지방자치단체의 장이 지방의회의 사무직원으로 임명하도록 하며, 다른 지방자치단체 소속 공무원에 대해서도 지방의회의 사무직원으	임기만료 폐기

			로 임명될 수 있도록 하는 등 지방의회 사무직원 간에 인사교류가 가능하도록 함(안 제91조).	
2009. 12.8	임동규 의원외 10인	상동	지방의회의 위원회에 두는 전문위원의 직급과 정수 등에 관하여 현행 대통령령으로 정하도록 하고 있는 사항을 지방자치단체의 조례로 정하도록 하고, 지방의회에 두는 사무직원의 임명권을 지방의회의 의장에게 부여하여 지방의회 인사의 독립성을 강화함(안 제59조 및 제91조 제2항)	임기만료 폐기
2009. 12.14	이혜훈 의원외 10인	상동	지방의회 의장은 소속직원에 대한 임명권을 가짐(안 제91조)	제299회 국회(임시회) 제3차 행정안전위원회 상정 (2011.4.18), 대안반영폐기 의결. 이후 행정안전위원회 대안에서 누락
2010. 10.15	임동규 의원외 10인	상동	전문위원을 일반직으로 보하지 않고 별정직 또는 계약직공무원으로만 임용하도록 함(안 제59조제3항)	임기만료 폐기
2010. 10.26	이상민 의원외 10인	상동	지방의회의 인사권을 의회 의장이 행사할 수 있도록 하고, 의회사무국 직원의 원활한 인력교류를 위하여 광역시 · 도의회에 지방의회인사교류협의회를 두어 지방자치단체 간 인사교류가 이루어지도록 함(안 제90조의2 신설 및 제91조 제3항 · 제4항 신설)	임기만료 폐기
2010. 11.24	최재성 의원외 10인	상동	지방의회 전문위원의 직급, 정수, 임용권을 지방의회 또는 의장이 갖도록 함(안 제59조)	임기만료 폐기
2011. 8.10	원혜영 의원등 15인	상동	지방의회 위원회에 두는 전문위원을 별정직 지방공무원으로 보하되, 그 임용권한을 지방의회 의장에게 부여함(안 제59조의2 신설)	임기만료 폐기
2012. 9.6	정청래 의원외 10인	상동	지방의회에 두는 사무직원의 임면권을 지방의회의 의장에게 부여함(안 제91조 제1항)	안전행정위원회 심사 중
2012. 10.8	문병호 의원외 12인	상동	지방의회 사무직원에 대하여 지방의회의 의장이 그 임명권을 행사하도록 함(안 제91조)	철회
2012. 11.16	문병호 의원외 12인	상동	지방의회 사무직원의 임명권을 지방의회의 의장이 행사하도록 함(안 제91조)	안전행정위원회 접수

2012. 12.7	이상민 의원외 10인	상동	지방의회의 인사권을 의회 의장이 행사 할 수 있도록 하고, 의회사무국 직원의 원활한 인력교류를 위하여 광역시도의회에 지방의회인사교류협의회를 둠(안 제90조의2, 제91조 제2항 제3항 제4항)	안전행정위원회 접수
2013. 1.21	김영주 의원외 20인	상동	2013년 12월 12일 이후에 일반직 공무원으로 전환되는 현행 기능직공무원, 일부 별정직공무원과 임기제공무원으로 전환되는 계약직공무원에 대한 임용권을 지방의회 사무처장 등에게 위임함(안 제91조 제2항)	원안가결 및 공포
2013. 2.1	정수성 의원외 12인	상동	전문위원에 대한 인사권을 집행부로부터 독립시키고 그 직은 별정직공무원 또는 임기제공무원으로만 임명하도록 함(안 제59조 제3항, 제91조 제3항 신설)	안전행정위원회 접수
2013. 11.20	배기운 의원외 10인	상동	지방의회의 권한에 관한 사무를 직접 보좌하거나 보조하는 직무를 수행하는 지방의회 사무직원에 대한 직렬을 별도로 설치함(안 제91조)	안전행정위원회 접수

출처: 안영훈·김성호(2007), 지방의회 사무기구 인사권 독립 및 광역의회의원 보좌관제 도입에 관한 연구, p.14(수정·보완하였음)

2) 지방의회의 정책보좌관 도입

(1) 지방의회 정책보좌관의 이슈 발전상황

1991년 지방의회가 출범하면서 바로 이슈가 되었던 주제가 지방의회 사무기구의 인사권 독립과 정책보좌관제의 필요성이었다. 광역지방의회를 중심으로 의정활성화 차원에서 정책보좌관제가 논의되기 시작하였다(안영훈 외1, 2007).

우선 서울특별시의회가 1992년 4월 만장일치로 시의원 1인당 5급 상당의 정책보좌관제 설치를 위한 "시의회 사무처 설치조례개정안" 및 "별정직 공무원 인사관리 조례개정"을 의결하여 정책보좌관의 도입을 위한 정책을 추진하였다. 그러나 서울특별시장의 재의요구를 받게 되었다. 이어서 다른 광역지방의회도 정책보좌관제에 대해 관심을 갖게 되어 1996년 전국 시·도의회의장단협의회에서 정책보좌관제의 필요성을 확인하였고 부산광역시의회가 서울특별시의회에 이어 관련 조례를 의결하였으나 역시 시장의 재의요구에 직면하게 되었다.

그러는 사이에 서울특별시 조례에 대한 대법원의 위헌판결로 서울특별시의 조례추진은 난관에 부딪히게 되었고, 부산광역시의회는 대법원의 판결이 내려진 이후 재의결을 포기하는 상황이 되었다. 그럼에도 정책보좌관에 대한 필요성을 절감하였던 서울특별시의회는 2007년 임시 유급직의 사무보조인력으로 인턴제 도입을 의결하였다. 이어 경기도의회도 행정사무감사 지원 인턴 운영비목을 설치하였다. 그러나 양자 모두 행정자치부의 반대에 부딪혀 무산되었다.

한 때 서울특별시의회는 정책보좌관제의 대안으로 의정서포터즈제도를 운영하였으며 현재에는 중단하였다. 서울특별시의회는 2012년 서울시의원 보좌관 조항을 담은 '서울특별시의회 기본조례'를 서울시장에게 이송한 후 서울특별시의 법령 위반 지적에도 시의회가 원안을 확정짓자 서울시가 소송을 제기하였다. 2012년 대법원은 "지방의회 의원에 대해 보좌직원을 둘 수 있는 법적 근거를 찾아볼 수가 없다"며 원고 승소 판결을 내려 서울시특별시의 의정보좌관제를 위한 2번째의 시도도 좌절되었다(국가법령정보센터, 2012). 2012년 경기도의회는 인사권 독립과 정책보좌관제의 도입을 위한 조례를 제정하였으나 대법원의 판결로 무효가 된 바 있다.

(2) 지방의회 정책보좌관제에 대한 찬·반론

앞에서 논의한 바와 같이 우리나라에서 정책보좌관제는 지방의회의 발전 역사와 긴밀한 관계를 갖고 있다. 1991년 지방의회가 재출범하면서 특히 광역의회가 가장 먼저 이슈화한 것이 정책보좌관제도이다. 주지하다시피 정책보좌관제도에 대해서는 현재까지도 찬·반론이 대립하고 있다.

(가) 정책보좌관제의 찬성론

우리나라는 기관분리형의 지방정부 구조를 채택하고 있다. 기관분리형의 지방정부는 입법기관이 정책을 결정하고 정책의 집행은 집행기관이 담당하는 제도이다. 입법기관은 정책이 적절히 집행되고 있는지를 감시하고 집행과정에서의 법률남용이나 오용을 감시하는 역할을 수행하게 된다.

지방의회는 지역주민들이 요구·희망하는 사항을 정책으로 입안하는 과정을 통하여 대의기능을 수행하게 된다. 집행기관에 대한 견제와 감시기능 또한 지방의회의 중요한 역할이다. 그런데 지역주민들의 의견을 수렴하고 이를 정책에 반영하는 과정은 많은 시간과 노력이 소요된다. 서울특별시, 부산광역시 등 대도시는 물론 도 단위의 정책적 이슈는 정치적으로 복잡하고 행정적으로 높은 수준의 전문성을 요구하기 때문이다. 따라서 광역지방의원을 전문적으로 보좌하기 위한 정책보좌관제가 필요하다.

20세기 후반부터 세계는 지식정보사회에 접어들었다. 과학기술의 발전이 어느 시대도 상상할 수 없는 속도로 이루어지고 있고 이에 대한 일상의 변화도 짧은 주기로 변모하고 있다. 아이폰으로 대변되는 통신기술의 발전이 대표적인 예이다. 지역주민의 수요는 빠르게 변하고 지방정부의 입법과 행정은 이에 신속하게 대처하여야 하는 상황에 직면하였다. 이러한 지식정보사회를 위한 지방정부 체제의 구축을 위하여 지방의회의 역할이 증대하고 있고 이를 전문적으로 보좌하기 위해서는 정책보좌관이 필요하다.

종전에 지방의회에서 가결되는 대부분의 의안은 집행기관이 발의한 것이었다(김순은, 2010f). 의원발의의 비중이 작았던 것은 지방의회의 전문성이 낮고 지방의원의 의원발의에 대한 열의가 부족하였기 때문이며 무엇보다 의원발의의 필요성이 낮았기 때문이었다. 지방의원이 굳이 발의를 하지 않더라도 전문성이 축적된 집행기관이 선도적으로 발의할 뿐만 아니라 때로는 중앙정부에서 모델 조례를 제시하였기 때문이었다. 그러나 이러한 상황은 지역주민의 수요가 대체로 유사하다는 상황에서 가능한 것이었다.

앞으로는 지역의 수요가 다양해질 것으로 전망되고 있다. 가치의 다양성이 행정수요도 다변화시키고 있다. 종전에는 통일성과 전체성이 비교적 강하게 요구되는 문화 속에서 지방행정이 지역에 따른 차별성을 보이지 않고 획일적으로 이루어지는 경향이 강했다. 국가의 통일성이 무엇보다도 강조되었던 시대의 유산이라고 할 수 있다. 중앙정부가 지침을 마련하여 전국의 지방정부에 하달하면 지방정부는 거기에 따라 집행하기만 했다. 그런데 국민소득이 향상되고 민주주의가 성숙함에 따라 지역주민 개개인의 특성에 따른 가치의 다양성이 존중되는 시대로 접어들었다. 행정수요도 가능하면 개인의 취향과 기호에 맞추어야 하는 시대에 직면한 것이다. 맞춤형 행정수요라고 할 수 있다.

노동의 탈국경화, 국제결혼의 증가 등으로 우리나라도 다문화 사회로의 진입을 목전에 두고 있다. 선진국에서 국제결혼을 목격하는 것은 어렵지 않으며, 다문화 사회에 대한 다양한 정책과 관행이 수립된 것이 벌써 오래 전의 일이다. 우리도 이제 이런 상황에 대비하여 지방정부가 다양한 정책개발에 나서고 있다(김순은, 2008a).

상기의 상황들은 종전과 비교할 때 의원발의에 의한 정책 개발의 중요성을 뒷받침하는 것이다. 지역구 현장에서 주민들의 직접적인 여론과 민원을 수렴할 수 있는 지방의원의 신분은 지방행정을 담당하는 집행기관보다 유리한 위치에 있다. 그러므로 지방의원들의 정보수집 및 분석, 법제 연구 및 대안 발굴, 주민의사의 효과적인 수렴 등을 위하여 전속 보좌관이 필요하다.

일반적으로 학자, 각 시·도 연구원이 정책보좌관제에 긍정적인 입장을 취하고 있다. 광역의원들이 정책보좌관제에 대하여 적극 찬성하고 있다는 것은 새삼 거론할 필요가 없을 것이다.

(나) 정책보좌관제의 반대론

현재까지 제시된 내용과 강도를 보면 정책보좌관을 반대하는 것에 대한 내용이 더욱 많고 정도가 더욱 강하다고 할 수 있다. 중앙정부의 대체적인 인식, 지역주민의 지방의회에 대한 인식과 기대, 그리고 시민단체 등이 정책보좌관제에 대하여 부정적이다. 부정적인 반대론의 논거를 정리하면 아래와 같다.

앞에서 분석하였듯이 우리나라는 지방의회의 구성 때부터 명예직을 명문화하였다. 2005년 지방자치법 개정으로 명예직이 삭제되고 월정수당제가 도입되어 유급의 상근·전문직의 모형을 따르고 있지만 기본적으로 명예직의 정신에 기초하고 있다고 본다. 따라서 명예직의 전통 하에서 지방의원의 정책보좌관제는 논리적으로 맞지 않다.

현재 지방세수입으로 공무원의 인건비조차 해결 못하는 지방정부는 51%로 125개에 이르고 있다. 2013년 기준으로 지방정부 가운데 38곳은 자체 수입으로 공무원의 인건비조차 충당하지 못했다(재정고, 2013). 이렇게 열악한 지방재정을 고려할 때 정책보좌관제의 도입은 지방재정을 더욱 압박하여 오히려 지역주민의 기대에 반할 수 있다.

정책보좌관제를 반대하는 또 하나의 근거는 지방행정의 운영에서 찾을 수 있다. 지방행정기관은 다양한 형태의 감사 및 조사를 받는다. 지방의회의 감사와 조사 외에도 상급 지방정부·주무부처·안전행정부·감사원의 감사 및 국정감사 등을 받도록 되어 있기 때문에 본연의 업무 외에도 감사준비 등에 많은 인력과 시간을 소모한다. 만약 종래와 같이 지방의원들이 정책보좌관을 통하여 다양한 형태의 자료를 요구할 경우 지방행정의 수행은 불가피하게 차질을 빚을 수밖에 없다는 것이다.

반대 근거를 외국의 사례에서 찾는 경우도 있다. 상근·유급직에 속하는 외국 도시정부들, 예를 들면 런던광역시, 동경도, 뉴욕시, 로스앤젤레스시의회 등을 보면 의원의 수는 각각 25명, 120명, 51명, 15명이다. 그럼에도 개인 정책보좌관을 두는 의회는 뉴욕과 로스앤젤레스 등 미국의 도시이며 런던과 동경도의회는 개인적 정책보좌관을 두고 있지 않다.[14)]

지방의회는 그 동안 지역 민주주의의 발전에 기여하고, 지방행정의 대민 서비스를 제고하였으며, 행정을 주민 눈높이로 맞추는 등 긍정적인 역할을 하였다(김순은, 2011b; 송광태, 2004). 그러나 지방의회에 대해서는 부정적인 시각이 더욱 강하고, 이것이 또한 정책보좌관의 불필요성으로 이어지기도 하였다.

11. 지방의회와 지방정부의 장과의 관계

1995년은 우리나라의 지방자치 역사에 있어서 더없이 의의가 깊은 연도이다. 1988년 임명직의 지방정부 장과 선출직의 지방의회의 형태로 출범한 지방자치 제도가 선출직의 지방정부 장으로 전환된 시점이기 때문이다. 다만 1988년 당시 임명직 지방정부의 장에게 막대한 권한을 부여하였던 체제를 유지한 채 임명직을 선출직으로 전환하여 그 의의가 반감되었다. 즉 강시장-약의회의 지방정부 구조 하에서 지방의회와 지방정부의 장과의 관계는 적지 않은 문제점을 보이고 있다. 현행 지방자치법에서 규정하는 지방의회와 지방정부의 장의 권한을 비교하면 아래와 같다.

14) 51명의 뉴욕시원들에게는 의원보좌관(Council Aides)을 두고 로스앤젤레스시의회는 의원보좌관을 예산의 범위 내에서 수와 연봉을 정함(한국지방행정연구원, 2012).

1) 지방의회의 집행부에 대한 권한

(1) 조례제정권

지방의회가 행사할 수 있는 가장 중요한 권한은 구역 내의 행정사무에 관한 조례를 제정, 개정 및 폐지하는 권한이다. 현행 지방자치법에 따르면 지방자치단체는 법령의 범위 안에서 그 사무에 관한 조례를 제정할 수 있다. 다만 주민의 권리를 제한하거나 의무를 부과하는 사항이나 벌칙을 규정할 때에는 법률의 위임이 있어야 한다(지방자치법 제22조). 지방의회는 조례를 제정할 때 새로운 예산이 소요될 경우에는 지방자치단체의 장의 의견을 들어야 하는 것으로 규정하고 있다(지방자치법 제132조).

(2) 의안발의권

조례의 제정, 개정 및 폐지와 관련하여 지방의회의 의원에게 보장된 권한이 바로 의안발의권이다. 의안발의권의 소재는 조례의 제·개정권과 같이 매우 중요한 이슈이다. 우리나라의 경우 의원발의권자는 지방의원과 지방정부의 장 및 지방의회 상임위원회이다(지방자치법 제66조). 만약 의안의 발의권자가 지방의원 및 위원회에 한정된다면 지방의회의 권한은 상당히 강해질 것이 자명하다.

(3) 행정사무감사 및 조사권

우리나라의 지방의회에 보장된 가장 강력한 권한이 행정사무감사와 조사권이다(지방자치법 제41조). 지방의회는 매년 1회에 한하여 광역지방정부에 대해서는 14일 이내의 범위에서, 기초지방정부에 대해서는 9일 이내에서 행정사무를 감사할 수 있다. 또한 지방정부의 사무 중 의문이 가는 사무에 대해서는 지방의회의 의결로 조사권을 발동할 수 있다(지방자치법 제41조 제1항). 조사권의 발의에는 지방의원 3분의 1이상의 연서가 있어야 한다(지방자치법 제41조 제2항). 지방의회의 행정사무감사는 위임사무에 대해서 실시할 수 있다. 다만 국회나 상위 지방정부가 실시하기로 한 사무는 제외된다(지방자치법 제41조 3항).

(4) 예산의 심의와 의결 및 결산 승인권

예산의 심의와 의결 및 결산권한은 지방의회에게 주어진 3대 권한 중의 하나이다. 지방정부의 장이 예산편성권을 행사하는 반면, 지방의회는 지방정부의 장이 편성한 예산을 심의하고 의결하여야 하며 예산의 집행이 완료된 이후에는 결산을 승인하여야 한다.

광역지방정부의 장은 예산안을 편성하여 회계연도 개시 50일 전까지, 기초지방정부의 장은 회계연도 개시 40일 전까지 지방의회에 제출하여야 한다. 예산안을 제출받은 지방의회는 전자의 예산안은 회계연도 개시 15일 전까지, 후자의 예산안은 회계연도 개시 10일전까지 의결하여야 한다. 예측할 수 없는 상황에 대비한 지출이나 예산초과지출을 대비하기 위하여 예비비를 계상하는데 예비비의 지출은 반드시 지방의회의 승인을 받아야 한다(지방자치법 제127조 및 제129조). 지방정부의 장이 편성한 추가경정예산안도 반드시 지방의회의 의결을 받아야 함은 물론이다(지방자치법 제130조).

지방정부의 장은 예산집행이 완료되면 출납을 폐쇄한 후 80일 이내에 관련 자료를 첨부하여 결산 승인을 받아야 한다. 지방의회는 결산과 관련하여 검사위원을 선임할 수 있으며 지방정부의 장은 검사위원의 의견서를 첨부하여야 한다(지방자치법 제134조).

(5) 지방의회의 의안 의결권

지방의회는 상기에서 논의한 권한 외에도 사용료·수수료·분담금·지방세 또는 가입금의 부과 징수에 관한 사항을 의결한다. 기금의 설치와 운영에 관한 사항, 중요 재산의 취득과 처분, 공공시설의 설치와 처분, 법령과 조례에 규정된 것을 제외한 예산 외의 의무부담이나 권리의 포기에 관한 사항을 의결할 수 있다. 지방재정에 관한 이러한 권한은 세입예산 심의와 밀접하게 관련되어 있다.

이 외에도 청원의 수리와 처리, 외국 지방정부와의 교류에 관한 사항, 법령에 따라 권한에 속하는 사항 등을 의결할 수 있다. 아울러 지방자치단체는 상기의 사항 외에 조례로 지방의회의 의결사항을 따로 규정할 수 있다(지방자치법 제39조).

(6) 서류 제출 요구권

지방의회의 본회의나 위원회는 의결을 거쳐 심의와 관련된 서류의 제출을 지방정부의 장에게 요구할 수 있다(지방자치법 제40조). 같은 맥락에서 지방의회는 행정사무감사와 조사를 수행하는 과정에 필요할 경우 지방정부의 장에게 서류의 제출을 요구할 수 있다(지방자치법 제40조).

(7) 공무원의 지방의회 출석 및 답변

지방의회는 필요하다고 판단하는 경우 지방정부의 장이나 관계 공무원의 출석과 답변을 요구할 수 있다(지방자치법 제42조 제2항). 지방의회나 위원회에 출석하여 답변할 수 있는 공무원의 범위는 조례로 정한다(지방자치법 제42조 제3항). 행정사무감사와 조사를 수행할 때에는 지방정부의 장 또는 관계 공무원을 증인으로 증언하게 하거나 참고인으로 진술하게 할 수 있다(지방자치법 제41조 제4항).

(8) 임시회 및 위원회 소집요구권

지방의회의 운영에는 회의 소집권이 매우 중요하다. 우리나라의 지방의회는 지방정부의 장과 더불어 지방의원 의원도 임시회 및 위원회 소집요구권을 갖는다. 재적의원 3분의 1 이상의 지방의원이 요구하면 의장은 임시회를 소집하여야 한다(지방자치법 제45조). 위원회의 개회도 재적의원 3분이 1 이상의 요구가 있으면 개회중이든 폐회중이든 위원회를 개회할 수 있다(지방자치법 제61조).

(9) 청원 이송과 처리결과 보고 요구권

지방의회는 주민들이 청구하는 청원을 수리하여 심사·처리한다. 지방의회가 채택한 청원으로서 지방정부의 장이 처리하는 것이 타당하다고 판단하는 경우 지방정부의 장에게 이송한다. 지방정부의 장은 지방의회로부터 이송 받은 청원의 처리결과를 지방의회에 지체 없이 보고하여야 한다(지방자치법 제76조).

(10) 선결처분의 사후 승인권

지방정부의 장은 지방의회가 성립되지 않거나, 지방의회의 의결사항 중 주민의 생명과 재산보호를 위하여 긴급하게 필요한 사항에 대하여 지방의회를 소집할 시간적 여유가 없거나 지방의회의 의결이 지체되는 경우에는 선결처분권을 갖는다. 지방정부 장의 선결처분은 반드시 지방의회의 승인을 얻어야 하며 승인을 받지 못하면 그 선결처분은 효력을 상실한다(지방자치법 제109조).

(11) 재의 요구된 의결에 대한 재의결·확정권

지방정부의 장은 지방의회의 의결에 대하여 일정한 요건을 갖추면 재의결을 요구할 수 있다. 지방정부의 장이 재의결을 요구할 수 있는 요건은 아래와 같다.

① 지방의회의 의결이 월권인 경우
② 지방의회의 의결이 법령에 위반되는 경우
③ 지방의회의 의결이 공익을 현저히 해치는 경우

지방정부의 장의 재의결 요구가 있으면 지방의회는 재적의원 과반수의 출석과 출석의원 3분의 2 이상의 찬성으로 재의결을 의결할 수 있으며 이로써 의결사항은 확정된다(지방자치법 제107조).

(12) 지방의회 사무직원의 추천권

우리나라의 지방의회는 소속 사무직원에 대한 인사권을 갖고 있지 않다. 반면 지방의회의 의장은 사무직원의 추천권을 갖고 있다.

2) 지방정부의 장의 지방의회에 대한 권한

(1) 지방정부 장의 의안발의권

지방정부의 형태를 결정함에 있어서 의안발의권을 어떻게 규정하느냐는 매우 중요한 이슈이다. 우리나라의 지방자치법에서는 앞에서 설명하였듯이 지방의원과 위원회 외에도 지방정부의 장에게 의안발의권을 부여하고 있다(지방자치법 제66조).

(2) 지방정부 장의 조례의 공포권 및 재의요구권

조례안이 지방의회에서 의결되면 지방의회 의장은 5일 이내에 지방정부의 장에게 이송하여야 하며 지방정부의 장은 이송 받은 날로부터 20일 이내에 조례를 공포하여야 한다.

만약 지방정부의 장이 의결된 조례안에 대하여 이의가 있는 때에는 이유를 붙여 20일 이내에 재의를 요구할 수 있다. 지방의회는 재의요구에 대하여 재적의원 과반수의 출석과 출석의원 3분의 2이상의 찬성으로 가결할 수 있다. 지방의회가 재의요구를 가결하면 조례는 확정된다. 한편 지방정부의 장이 조례안을 이송 받은 날로부터 20일 이내에 재의요구를 하지 않은 때에도 조례로서 확정된다(지방자치법 제26조).

(3) 예산안 편성 제출권

예산과정은 크게 예산의 편성, 예산의 심의와 의결, 예산의 집행, 예산의 결산으로 대분된다. 우리나라 지방자치법에서는 지방정부의 장에게 예산의 집행권은 물론 예산의 편성권을 부여하고 있다. 지방정부의 장은 매 회계연도마다 예산안을 편성하여 광역지방정부는 회계연도 개시 50일 전까지, 기초지방정부는 회계연도 개시 40일 전까지 지방의회에 제출하여야 한다(지방자치법 제127조).

(4) 예산불성립시의 예산집행권

지방의회의 예산심의와 의결은 광역지방정부에서는 회계연도 개시 15일 전까지, 기초지방정부에서는 회계연도 개시 10일 전까지 마쳐야 한다(지방자치법 제127조). 그러나 부득이한 사정으로 새로운 회계연도가 개시하기 전까지 예산안이 의결되지 못하면 지방정부의 장은 다음의 경우에 한하여 전년도 예산에 준하여 집행할 수 있다(지방자치법 제131조).

① 법령이나 조례에 따라 설치된 기관이나 시설의 유지와 운영

② 법령상 또는 조례상 지출의무의 이행

③ 이미 예산으로 승인된 사업의 계속

(5) 행정사무의 관리 및 집행권

기관분리형의 지방정부 형태 구조 하에서 집행기관의 장, 즉 지방정부의 장은 집행권한을 갖는다. 특히 우리나라 지방정부의 장은 지방정부를 대표하고 그 사무를 총괄할 권한을 갖는다(지방자치법 제101조). 아울러 지방정부에 관한 사무와 법령에 따라 지방정부의 장에게 위임된 사무를 관리하고 집행할 권한이 있다(지방자치법 제103조). 특히 지방정부 장의 권한은 직원에 대한 임명권에 기초한다. 지방정부의 장은 소속 직원을 지휘·감독하고 법령과 조례 및 규칙으로 정하는 바에 따라 그 임명, 교육훈련, 복무, 징계 등에 관한 사항을 처리할 권한을 갖는다.

(6) 임시회 소집요구권

우리나라의 지방자치법에 따르면 지방의회의 임시회 소집은 선거가 완료된 이후 최초로 소집되는 임시회, 지방의회의 요구에 의한 임시회, 지방정부의 장의 요구에 의한 임시회 등 세 가지 경우를 규정하고 있다. 선거가 완료된 이후의 최초 임시회는 지방의회의 사무처장, 사무국장, 사무과장이 임기 개시일 25일 이내에 소집한다(지방자치법 제45조).

지방정부의 장은 필요가 있다고 판단하는 경우 지방의회의 소집을 요구할 수 있으며 지방의회의장은 임시회를 소집하여야 한다(지방자치법 제45조 제2항).

(7) 지방정부 장의 부의안건에 대한 공고권

지방정부의 장이 지방의회에 부의할 안건은 긴급을 요하는 경우를 제외하고는 미리 공고하여야 한다(지방자치법 제46조).

(8) 지방의회 위원회 개회 요구권

지방의회의 위원회는 회기 중에는 위원장 또는 재적위원 3분의 1이상의 요구로 개회한다. 폐회 중에는 본회의 의결이 있거나, 의장이 필요하다고 인정하는 경우, 재적위원 3분의 1이상의 요구나 지방정부 장의 요구에 의하여 개회할 수 있다(지방자치법 제61조).

(9) 지방의회 사무직원 임명권

지방의회에 소속되어 근무하는 사무직원에 대한 임명권은 현재 지방의회 의장이 아닌 지방정부의 장에게 부여되어 있다. 지방정부의 장은 지방의회 의장의 추천을 받아 사무직원을 임명하도록 되어 있다. 다만 지방정부의 장은 사무직원 중 별정직공무원, 「지방공무원법」 제25조의5에 따른 임기제공무원, 대통령령으로 정하는 일반직공무원에 대한 임용권은 사무처장, 사무국장 및 사무과장에게 위임하도록 되어 있다(지방자치법 제91조).

(10) 일반의결에 대한 재의 요구권 및 대법원 제소권

지방정부의 장은 지방의회의 의결에 대하여 거부권이 인정되어 있다. 지방정부의 장은 지방의회의 의결이 월권, 법령 위반, 공익 위배라고 인정되면 의결사항이 이송된 후 20일 이내에 재의결을 요구할 수 있다.

지방정부 장의 재의요구에 대하여 지방의회가 재적의원 과반수의 출석과 출석의원 3분의 2 이상의 찬성으로 재의결을 할 수 있으며 이 경우 재의결은 확정된다. 이 경우에도 재의결된 사항이 법령에 위배된다고 인정되면 지방정부의 장은 대법원에 소를 제기할 권한을 갖는다(지방자치법 제107조).

(11) 예산상 집행 불가능한 의결의 재의 요구

지방정부의 장은 지방의회의 의결이 예산상 집행하기 어려운 경비를 포함하고 있거나 법률에서 규정한 경비를 삭감하는 의결을 한 경우에는 의결사항을 받은 날로부터 20일 이내에 재의결을 요구할 수 있다. 지방자치법은 다음과 같은 사항을 열거하고 있다(지방자치법 제108조).

- 법령에 따라 지방정부에서 의무적으로 부담하여야 할 경비
- 비상재해로 인한 시설의 응급복구를 위하여 필요한 경비

(12) 선결처분권

지방정부의 장은 지방의회의 의결을 받아야 할 사항 중에서 특별한 경우에는 선결처분의 조치를 취하고 사후 승인을 받을 수 있는 권한이 있다. 선결처분을 하는 경우는 다음과 같다.

- 지방의원의 구속 등으로 의결정족수를 채울 수 없어 지방의회가 성립되지 않는 경우
- 주민의 생명과 재산보호를 위하여 필요한 사항으로서 지방의회를 소집할 시간적 여유가 없거나 지방의회의 의결이 지체되는 경우

선결처분을 조치한 경우에는 지체 없이 지방의회에 보고하여 승인을 얻어야 한다. 지방의회의 승인을 얻지 못한 경우의 선결처분은 그 때부터 효력을 상실한다(지방자치법 제109조).

3) 지방의회와 지방정부 장의 권한의 행사와 문제점

(1) 지방의회와 지방정부의 장의 갈등원인

앞에서 분석하였듯이 지방정부 장의 재의요구권(거부권) 및 선결처분권, 지방의회 사무직원의 임명권 등을 고려하면 지방정부 장의 권한이 지방의회에 비해 상대적으로 강하다는 것을 알 수 있다. 이로 인해 지방의회는 권위를 위하여 불가피하게 지방정부의 장과 마찰을 야기하는 경우가 상당히 많다고 지적되어 왔다. 지방의회에 출석·답변할 공무원으로 시·도지사 등 고위공무원을 고집하는 것이 대표적인 경우다.

지방의회 사무국(처)의 직원에 대한 인사권을 지방정부의 장이 행사하고 있는 점도 제도적 측면에서 두 기관의 갈등을 야기하는 원인이다(권영주, 2011). 2010년 6·2 지방선거가 끝난 후 서울특별시에는 한나라당 소속의 시장과 민주당 우위의 지방의회가 탄생하였는데, 양 기관의 갈등은 사무처장의 임명을 두고 발생하였다. 시장이 임명한 사무처장을 의장의 추천이 없었다는 이유로 반려한 것이다. 이와 유사한 사례가 2014년 제주특별자치도의회에서 발생하여 행정소송으로 이어졌다.

광역지방정부에서는 정당의 간여로 자주 갈등이 발생하였다. 특히 야당이 다수당인 지방정부의 경우 더욱 그러하였다. 지방의회의 다수당과 지방정부 장의 소속 정당이 다른 지역에서 양자의 관계가 관심의 초점이다. 서울특별시에서는 2010년 지방선거 이후 무료급식, 서울 광장의 사용용도 등의 사안에 대하여 지방정부의 장과 지방의회 사이에 갈등이 발생하는 사례가 많았다(김찬동, 2011).

(2) 지방의회와 지방정부의 장의 행태적 관계

행태적 관점에서 지방정부의 장과 지방의원 사이에 상호불신과 부정적 시각이 존재한다. 지방정부의 장을 포함한 공무원들이 시의회를 보는 시각은 상당히 부정적이다. 일반적으로 지방의회가 민원행정에 미친 영향, 행정감사의 실효성, 예산심의의 효과성, 정책제안 기능, 집행부 업무 파악정도, 지방의원들의 사심 없는 대변자 기능, 의정활동을 위한 지방의원들의 노력, 의회사무기구의 의정활동 보좌기능, 지방의회로 인한 행정업무 차질정도, 부(副)지방정부의 장 수준의 의정활동비, 지방의원들의 견학 및 인적교류목적의 외유 등은 공무원의 좋은 평가를 받지 못하였다. 공무원들은 무엇보다도 부(副)지방정부 장 수준의 의정활동비, 정책보좌관 및 의원외유에 대하여 상당히 부정적인 시각을 갖고 있는 것으로 나타났다.

한편 지방의회 의원 역시 지방정부의 장 및 공무원들에 대하여 부정적 시각을 갖고 있는 것으로 보인다. 지방의원들은 지방정부의 장 및 집행기관의 지방의회에 대한 비협조적인 태도를 의회활동을 저해하는 중요한 요인 중의 하나로 꼽았다. 뿐만 아니라 집행기관이 의회의 결정을 존중하는 풍토가 조성되지 못하여 사무 감사의 지적사항이나 집행기관의 집행을 촉구하는 결의안에 대해 무시하는 사례가 빈번하였다. 지방자치제의 실시, 즉 지방의회의 출현이 공무원의 의식 및 태도를 근본적으로 변화시키지는 못했다는 것이 지배적인 견해이다.

(3) 지방의회와 지방정부 장 관계의 역사적 고찰

(가) 선출직 지방의회와 지방정부의 장의 관계: 1960년대 이전

지방정부의 장과 지방의회의 관계는 지방정부의 형태, 즉 양 기관의 구성방법과 밀접하게 관련되어 있다. 우리나라의 경우 1960년 이전에 실시되었던 지방자치제도 하에서의 지방정부 구성은 시대별로 상이하였기 때문에 이 문제를 분석하는데 핵심적인 기준이 된다. 1952년에 구성된 지방정부에서 광역지방정부의 장은 임명직이었던 반면 기초지방정부의 장은 의회에서 선출하였다. 1956년에 광역지방정부의 장은 종전처럼 임명제를 유지한 반면 기초지방정부의 장은 주민의 직선에 따라 선출하였으나 후에 중앙정부가 임명하게 되었다. 1960년에 구성한 지방정부에서는 광역 및 기초자치단체 모두 주민직선으로 구성하였다.

1952년 구성된 하위 지방정부는 의회 우위 제도였다. 기초지방정부의 장이 의회에서 선출되었을 뿐만 아니라 의회가 지방정부의 장을 불신임할 수 있었기 때문에 지방의회와 지방정부의 장의 갈등은 곧 지방정부 장의 불신임 결의로 이어졌다. 물론 지방정부의 장에게는 의회해산권이 부여되었으나 이것은 상위정부의 허가가 있어야만 행사할 수 있었다. 이 시기 대구시에서는 3명의 시장이 교체되었다. 전국적으로 지방정부의 장이 의회를 해산한 경우는 18회였는데, 지방정부의 장이 불신임결의를 당한 경우는 66회로 무려 3배에 달하는 것으로 집계되었다.

1956년 지방자치법은 이 같은 상황을 시정하기 위하여 지방정부의 장의 의회해산권과 의회의 지방정부의 장 불신임권을 삭제하고, 기초자치단체의 구성은 주민의 선거에 따르도록 하였다. 또한 지방정부의 장에게 의회소집요구권 및 의안발의권을 인정함에 따라 이전과 비교하여 지방정부의 장이 우위를 점하게 되었다. 이 시기에도 지방의회와 지방정부의 장의 갈등은 계속되었으며 지방의회는 지방정부의 장이 제출한 의안심의를 지연시키거나 부결하며, 또는 예산안 심의를 연기하는 등의 방법으로 지방정부 장과의 힘겨루기를 하였다. 특히 서울시의 경우 서울시장은 중앙정부가 임명하였고 시의회는 민주당이 장악하여 양자의 마찰이 두드러졌다. 후에 지방자치법 개정으로 임명직 지방정부의 장과 민선 지방의회가 세워지면서 갈등은 증폭되었다.

자유당 정권이 물러나고 민주당 정부가 집권함에 따라 기초와 광역지방정부 모두 주민의 직선에 의하여 지방정부를 구성하게 되었다. 이 시기의 특징은 지방정부 장과 지방의회의 다수당의 소속정당이 다른 지방정부가 많았다는 점이다. 뿐만 아니라 무소속의 진출이 눈에 띠게 많았다. 이로 인하여 중앙정부와 지방정부의 마찰이 크게 증가하여 정국이 혼미하게 되었다. 이 여파로 지방정부의 장과 지방의회의 다수당이 상이한 지방정부에서는 지방정부 장과 지방의회와의 마찰이 지속되었다.

상기에서 논의한 바를 요약하면 지방정부의 장과 지방의회와의 관계는 건설적이고 협력적 관계를 유지하였다기보다는 마찰과 대립의 관계를 지속하였다고 볼 수 있다. 이와 같은 현상은 근본적으로 중앙정치가 지방정치를 부당하게 간섭하고 예속한 데에 기인한다.

지방정부의 장과 지방의회 사이의 정치적 마찰은 5·16 정변 이후 지방정부가 해체됨으로써 종식되었다. 지방의회는 해체되었고 지방정부의 장은 중앙정부가 임명하게 되었다. 이때부터 지방은 '지방정부'는 없이 '지방행정'만 존재하는 시대를 맞게 되었다. 1991년 다시 지방의회를 구성할 때까지 이 같은 체제는 지속되었다.

(나) 임명직 지방정부의 장과 지방의회와의 관계: 1991년 이후부터 1995년까지

1991년 지방의회를 재구성함에 따라 지방정부와 지방정치가 새로운 모습을 띠게 되었다. 비록 지방정부의 장은 중앙정부가 임명하였으나 지방의회를 주민의 직접선거에 의하여 구성함으로써 주민들이 지방의회에 거는 기대가 매우 커졌다. 그러나 임명직 지방정부의 장과 민선 지방의회는 많은 이슈에서 의견을 달리하여 갈등관계를 노출하였다. 그 형태를 분석하면 다음과 같다.

무엇보다 지방정부의 장과 지방의회는 예산심의 때마다 크고 작은 마찰을 겪지 않으면 안 되었다. 지역발전이라는 큰 목표에는 동의하면서도 실현방안을 놓

고 지방의회와 지방정부의 장은 집중투자와 분산투자 간의 선택, 투자의 우선순위에 있어 이견을 보였다. 지역발전을 위하여 필수적인 가용자원의 확보방안인 세입 증대에 대해서도 지방정부의 장은 적극적인데 반하여 지방의회는 부정적 입장을 견지하였다.

지방정부의 장과 지방의회 사이에 발생하였던 가장 큰 갈등은 행정정보 공개에 관한 조례제정과 관련한 것이었다. 청주시 지방의회는 주민의 알권리를 보장하여야 한다는 논리 하에 행정정보 공개에 관한 조례제정을 추진하였으나 지방정부의 장은 상위 법률의 부재와 공직자의 비밀 준수 의무를 근거로 조례제정을 강력히 반대하였다. 본 사례는 지방의회의 재의결을 거쳐 대법원의 판결로 해결되었다.

이와 유사한 사례로 증언·감정에 관한 조례제정 과정을 들 수 있다. 지방의회는 사무감사의 실효성을 담보하기 위하여 증언·감정에 관한 조례제정을 추진하였으나 지방정부의 장은 행정정보에 관한 조례와 마찬가지로 상위법의 미비를 이유로 제정을 거부하였다.

이외에도 지방정부의 장과 지방의회의 갈등은 예상치 못한 데서 발생하기도 하였다. 지방의회가 사무 감사 및 결산을 위하여 집행기관에 관련 자료를 요청하는데 집행기관의 입장에서는 자료의 양이 너무 방대하여 지방의회의 요구대로 할 경우 행정마비를 초래할 지도 모른다는 불만이 제기된 것이다. 또한 집행기관은 추가경정예산 제출 시 충분한 심의기간을 두지 않고 급박하게 추경안을 제출하여 지방의회의 심의거부사태를 야기하기도 하였다.

또한 기피시설에 관련된 사업을 논의할 때에 지방정부의 장은 공공이익을 우선시하고 지방의회는 관련주민의 이익을 우선적으로 고려하게 되어 이에 따른 갈등이 다수 발생하였다. 화장장, 쓰레기 매립장, 핵폐기물 처리장 등과 관련된 논의가 대표적이다.

① 지방정부의 장과 지방의회의 갈등사례: 1995년 이후(부산광역시의 사례)

부산시의회에서 논의된 정책은 크게 집행부 발의와 시의회 발의로 나뉘어 볼 수 있다. 지방재정운영 공개정책과 부산관광개발주식회사 설립정책은 전자의 예이며 정책보좌관 설치정책과 위천국가공단 반대 결의문 채택은 후자의 예에 속한다.

지방정부의 장과 지방의회의 관계는 정책의 종류와 발의 주체에 따라 상이하다. 시의회가 발의한 정책에 대하여 지방정부의 장은 적극적 반대와 적극적 협조 등의 태도를 보였다. 부산시장은 정책보좌관 설치정책에 대하여 제도적으로 허용된 재의요구권을 행사하였으며, 만약 시의회가 재의결을 하였더라면 서울특별시와 같이 대법원에 제소하였을 가능성이 높았다. 반면 위천국가공단 반대정책에 대해서는 시의회의 강력한 반대 요구를 적극적으로 수용하는 자세를 보였다. 시민단체 및 시민의 반대 소리를 외면할 수 없었을 것이다.

집행부가 발의한 정책에 대하여 시의회는 일관된 대응을 하였다. 지방재정법의 개정에 따른 재정운영상황에 대하여 집행부가 형식적인 공개를 하고자 하였으나 시의회는 시민단체의 지원 하에 적극적인 공개를 요구하였다. 부산관광개발주식회사의 설립에 있어서는 집행부 및 공기업에 대한 시의회의 일반적 견해가 표출되었다. 대체로 퇴직한 고위 공무원들이 공기업의 대표로 취임되는 관행을 지적한 예가 그러한 인식을 입증하고 있다. 부산시의 간섭을 최소화하여 기업의 자율성을 높이거나 시의회의 감독권을 강화하여야 한다는 주장도 같은 맥락으로 이해할 수 있다.

상기와 같은 분석을 토대로 다음과 같은 함축적 의미를 도출할 수 있을 것이다. 무엇보다도 우리나라 지방정부의 구조적 제도와 운영이 강시장제-약의회제임을 알 수 있다. 원래 강시장-약의회제는 미국의 대도시에서 계층 간, 종족 간, 종교 간의 갈등이 심각해짐에 따라 이들의 갈등을 효과적으로 조정할 수 있는 강력한 리더십이 요구되고, 이를 위한 기제로서 발전된 것이다. 따라서 시장의 강력한 리더십과 이를 효과적으로 뒷받침할 수 있는 제도적 권한은 대도시의 정치와 행정 발전에 기여한 바가 적지 않았다. 중·소도시를 중심으로 도시 개혁운동이 전개되어 시의회-관리자형이 도입되었을 때에도 대도시는 크게 영향을 받지 않았다.

그런데 우리나라의 강시장-약의회제는 미국의 경우와는 상이한 배경을 갖고 있다. 1988년 지방자치법을 개정할 당시 중앙정부는 지방의회는 주민의 선거로 구성하되, 지방정부의 장은 임명직으로 유지하였다. 아울러 지방의회의 권한과 활동 여건을 지극히 제한하여 지방정부 장의 정책 파트너로서 효과적인 의정활동을 할 수 있도록 하는데 소극적이었다. 기관위임사무의 유지를 원하는 중앙정부로서는 강력한 지방정부의 장이 필요하였을 것이다. '명예직 무보수'의 원칙과 지방의회 사무처(국)의 인사권에 관한 조항이 대표적인 예이다. 후에 지방자치법 개정을 거치면서 '무보수' 원칙은 삭제되고, 사무처(국)의 직원에 대한 추천권이 의회에 부여되는 등 발전을 거듭하고 있으나, 기본적인 태도에는 커다란 변화가 없는 것 같다.

지방정부 장의 지방의회에 대한 기본적인 행태와 집행부의 운영은 지방의회의 정책보좌관 설치 요구에 대한 견해와 자세에서 알 수 있다. 정책보좌관제의 필요성에 대해서는 지방의원은 물론 상당수의 시민과 전문가들도 동의하고 있다. 그럼에도 불구하고 지방정부의 장은 상위 법령의 위반, 재정적인 이유 등을 근거로 현재까지도 강력히 반대하고 있다.

결국 지방의회와 지방정부의 장을 중심으로 전개되는 정책과정은 이념 지향적, 정책 지향적이라기보다는 각자 권위와 위상을 정립하려는, 정치 지향적인 과정으로 판단된다. 특히 전문성의 측면에서 열세에 있는 지방의회가 민주적 정당성 논리를 앞세워 갈등을 야기하고 있음을 알 수 있다. 이것은 지방정부의 장을 중심으로 한 집행부가 전문성을 앞세워 지방의회를 다소 경시하는 태도에 대한 반작용의 소산이라고 할 수 있다.

그럼에도 불구하고 여기서의 또 다른 발견은 지방정부의 정책과정이 타협과 협상으로 이루어지고 있다는 점이다. 지방의회의 정책심의 과정에서 집행부의 원안이 수정되는 사례가 점증하는 것은 지방의회가 민주주의의 장으로서 다양한 의견을 수렴하고 있음을 입증하고 있다. 지방재정운영공개 조례안의 제정 및 부산관광개발주식회사의 설립은 지방의회와 지방정부 장의 타협의 산물이라 할 수 있다.

또한 특정 정책이 추진되는 과정에서 추가 시사점을 찾을 수 있다. 지방정부의 장이 집행부 내에서 특정의 정책을 입안할 때 지방의회와 협의하거나 관련 정보를 공유하는 예가 적다. 부산관광개발주식회사 설립정책을 논의하는 과정에서 시의원들이 지적하는 내용을 통해 볼 때 그러한 것을 알 수 있다. 지방정부의 장은 지방의회와 비교할 때 상대적으로 풍부한 정보를 보유하고 있다. 아울러 관련 정책을 추진할 인력자원도 충분한 편이다. 반대로 지방의회는 전문 인력보다는 행정인력으로 구성된 사무처(국), 집행부의 태도에 민감한 행정인력, 정책보좌관제의 부재 등으로 전문적이고 과학적인 분석을 수행할 여건을 지니고 있지 못하다. 이러한 지방의회의 상황이 지방의회가 집행부에 대하여 감정적으로 대처하는 갈등의 한 요인이 되고 있는 것으로 판단된다.

끝으로, 지방정부의 정책과정, 다시 말하면 지방의회와 지방정부의 장의 정치적 관계의 형성에 주민참여가 중요한 역할을 한다. 정책보좌관 설치정책에 대하여 지방정부의 장이 강력하게 반대하자 시의회는 시민단체가 참여하는 정책토론회를 개최하였다. 그리고 시의회는 지방재정운영상황 공개정책 심의 과정에서 시민단체의 의견을 충실히 수렴하는 자세를 보였다. 위천국가공단 반대 정책에서도 시민단체의 역할이 두드러졌다. 비록 실현되지는 않았지만 부산관광개발주식회사 설립정책의 심의 과정에서도 일부 시의원은 시민의 의견을 수렴하기 위하여 정책토론회를 제의하였다.

이러한 분석은 지방의회와 지방정부의 장이 주민의 이익을 대변하는 태도와 자세를 견지할 경우 양자 간 갈등이 발생할 소지가 작아진다는 것을 암시하고 있다. 컴퓨터 통신의 발달로 전자 민주주의로 특징지어지는 직접민주주의의 실현이 논의되고 있다. 이러한 점을 감안할 때 대의제에 기초한 지방의회와 지방정부 장의 관계는 그들이 주민의 목소리에 귀를 기울일 때, 보다 생산적인 관계로 정립될 것이다.

② 지방정부의 장과 지방의회의 갈등사례: 2010년 이후(서울특별시의 사례)

2010년 6·2 지방선거의 결과 지방정부 장의 당적과 지방의회의 다수당의 당적이 상이한 지방정부가 다수 탄생하였다. 이로 인하여 1960년 이전과 같이 수차례 갈등이 발생하고 있다. 정책대립으로 인한 의회의 단상점거, 지방의원간의 물리적 충돌, 지방정부 장의 재의요구와 재의결, 지방정부 장의 본회의 출석거부, 집행기관과 지방의회 간 시정협의 중단, 지방정부 장의 대법원 제소 등으로 입법기관과 집행기관의 갈등은 점차 강해지는 듯하다.

경기도의회는 친환경무상급식조례에 대한 경기도지사의 재의요구에 대하여 재의결로 맞섰으며 경기도지사는 대법원 제소를 검토하였다. 노원구청이 발의한 "생명존중 및 자살예방 조례안"을 부결시킨 노원구의회, 영등포구 친환경무상급식을 둘러싼 영등포구청장과 구의회의 대립, 구청장의 인사실태를 조사하기 위한 인사운용실태조사안에 대하여 동작구청장과 구의회가 대립한 사례 등이 매스컴의 주목을 받았다.

대표적인 갈등사례로서 서울특별시를 들 수 있다. 선거 후 서울특별시는 1960년대와 흡사한 정치적 상황에 직면하게 되었는데, 이미 앞에서 논의하였듯이 당시 임명직 서울시장과 민주당 우위의 서울시의회 간의 갈등이 재현되기 시작한 것이다. 1960년대와의 차이점은 선출직 서울시장의 당적과 지방의회의 다수당이 상이하다는 점이다.

서울시장과 서울시의회의 대립은 2010년 6·2 지방선거의 결과가 발표되면서 어느 정도 예견되었다. 이는 한나라당과 민주당의 공약사항이 상반되었기 때문이다. 친환경무상급식에 관한 이슈가 대표적이다. 민주당이 다수당인 서울특별시의회는 친환경무상급식조례를 제정하였고 서울특별시장은 그 정책이 전형적인 포퓰리즘이라는 주장을 하며 재의를 요구하였다. 서울특별시의회가 급식조례를 재의결하자 시장은 시정협의 중단, 본회의 출석거부, 대법원에의 제소 등으로 대응하였다.

서울특별시장과 서울특별시의회의 대립은 여기서 그치지 않았다. 2011년 새해 예산안을 심의하는 과정에서 서울특별시장이 추진하였던 대규모 프로젝트가 심의 대상이 되었다. 민주당은 "경인고속도로의 상습체증을 해결하기 위한 대안으로 제시되었던 서울제물포터널 프로젝트, 양화대교 서해비단길 사업, 한강 노들섬 내 한강예술섬 건립사업, 서남권 어르신 행복타운 건설 프로젝트, 서남권 동야구장 신축사업(손병호, 2010, 블로그)" 등에 대하여 사업타당성 부족과 부유층 특혜 등의 이유로 부정적인 입장을 보였다. 서울시장은 서울시의회가 이전에 친환경무상급식 조례를 강행한 데에 대한 항의의 표시로 서울시의회의 참석을 거부하였다. 이에 대하여 서울시의회는 서울시장을 직무유기로 검찰에 고발하기도 하였다. 2011년 서울시장의 보궐선거에서 무소속 후보가 당선되었으나 민주당에 입당하여 종전과 같이 서울시장과 시의회가 정당소속의 차이로 인한 갈등은 대폭 감소되었다. 2014년 지방선거의 결과도 민주당 시장과 민주당이 다수를 차지하는 시의회가 되어 상대적으로 갈등의 정도는 적을 것으로 예상되고 있다.

12. 지방의회와 주민과의 관계

1) 대의민주주의의 발달

앞에서 누차 강조하였듯이 지방의회는 주민의 대표기관이다. 각 지방의 지리적 규모가 크지 않았던 과거에는 주민들이 직접 지역의 문제를 해결하는 직접민주주의가 현실적이었다. 현재도 시행되고 있는 미국 뉴잉글랜드 지역의 타운미팅이 대표적인 예이다.

그러나 인구가 증가하고 지역의 지리적 규모가 커진 상황 하에서 모든 주민들이 지역의 정치와 행정에 참여한다는 것은 물리적으로 불가능하며 비효율적이다. 이에 따라 직접 민주주의의 대안으로 제시된 것이 대의민주주의이다. 즉 지역주민들이 자유롭고 공정한 선거를 통하여 대표자를 선출하고 선출직 지방의원이 지역의 정치와 행정을 담당하는 체제가 발달하게 된 것이다. 지방의회가 지역주민의 대표기관이 되는 것이다. 민주주의가 발달한 국가에서 대의민주주의가 일반적 형태임은 재론의 여지가 없다.

영국에서 교구정부를 중심으로 발달한 직접 민주제의 전통은 지역주민에게 두 가지 근본적인 권리를 인정하였다. 지역의 의사결정에 참여할 수 있다는 것과 지역이 필요한 서비스를 스스로 결정할 수 있다는 것이다(Kingdom, 1991). 그러나 거대한 영토의 미국에서는 직접민주주의를 실현한다는 것이 불가능하였고 이에 대안으로 제시된 것이 대의민주주의다. 따라서 대의민주주의는 민주주의가 변화된 모습이라고 할 수 있다(Grossman, 1995).

매디슨과 밀은 대의민주제에 다음과 같은 세 가지 이점이 있다고 주장하였다. 첫째, 직접 민주제가 지리적으로 매우 제한된 영역만을 포함하고 있는데 반하여 대의민주제는 미국과 같이 광범위한 지역을 통치할 수 있다. 둘째, 개인의 지위나 신분이 개인의 성적 또는 성취정도에 따라 결정되는 자유주의 사회에서는 주민에 의하여 선출되는 대표자의 능력이나 자질이 평균수준을 상회하므로 질 높은 정치를 구현할 수 있다. 이점이 훗날 비판의 주요대상이 된다. 셋째, 시민들은 대표를 선출함에 있어 자신의 사상과 이념면에서 유사한 인사를 선출할 수 있고, 따라서 대의민주제는 주권재민 사상을 실현할 수 있는 제도이다(Margolis, 1979).

미국의 대의민주제는 제퍼슨의 직접민주주의 사상과 해밀턴의 공화제 사상의 혼합물이다. 자유 민주주의의 이념을 실현하기 위한 수단으로 채택된 미국의 대의민주주의는 몇 가지 중요한 원리 위에 세워졌다. 무엇보다도 로크, 몽테스키외 같은 자유주의자들이 주장하였듯 권력분립, 견제와 균형, 사법심사, 그리고 중앙정부와 주정부(지방정부)간에 적정한 권한을 배분하는 연방제[15]가 미국 대의민주제의 중요한 원리가 되었다. 권력분립, 견제와 균형이라는 원리에도 불구하고 제퍼슨, 매디슨 같은 미국 헌법의 초안자들은 의회야말로 미국 국민의 진정한 대표기관이라고 간주하였다. 영국에서도 상황이 유사하게 나타났는데, 1833년과 1867년 사이 영국의회는 7번에 걸쳐 내각을 해산시킴으로써 우위를 보였다(Margolis, 1979). 이와 같이 의회가 국민의 대표기관으로 간주된 데에는 의회가 국민의 여론을 수렴하고 그에 입각한 정치를 할 수 있다는 믿음이 바탕이 되었다.

이와 같은 사고와 믿음은 헌법체제에서도 잘 나타나고 있다. 미국 헌법은 의회에 관하여 제1조에서 규정함으로써 외양적으로 의회가 국민의 대표임을 나타내었다. 뿐만 아니라 의회가 행정부나 사법부에 비하여 국민의 제1차적 대표기관으로서 강력한 정치적 권한이 있음을 명백히 하였다. 대통령이나 집행부에 법률안 제출권을 인정하지 않았고, 심지어 긴급을 요하는 전쟁 선포권마저도 의회에 부여하였다(미국 헌법 제1조 제8항).

대의민주제의 성패는 의회를 포함한 대의정치제도와 그 운영에 달려있다. 특히 정치제도의 운영은 국민의 대표인 국회의원, 대통령, 그리고 선출직 공무원에 의하여 이루어지므로 그들의 자질이 무엇보다도 논의의 대상이 된다.

이와 함께 대의민주제 하에서 논의하여야 할 것이 정당이다. 워싱턴, 매디슨 등 많은 정치철학자들이 정당에 대하여 부정적 견해를 보였음에도 불구하고, 대의민주제하에서 그룹, 파당, 또는 정당의 존재는 자연스런 현상으로 인식되었다.[16] 시민 개개인의 합리성을 인정하든, 또는 개개인의 합리성을 부정하고 집단의 합리성만을 믿든 시민은 그들의 권익을 위하여 자연스럽게 파당을 결성하

15) 권력분립이 중앙정부 내에서 정치권력을 수평적으로 배분한 것이라고 한다면 연방제는 정치권력을 중앙정부와 주정부 간에 수직적으로 배분한 것이라고 할 수 있다.

16) 미국의 경우 정당제도에 관한 헌법적 보장 규정이 없다.

며 파당이 성숙하게 발전한 것이 정당이다. 정당은 첫째, 각종 선거에서 후보자를 공천함으로써 시민과 정부를 연결하는 기능을 담당하고, 둘째, 정부를 구성하며, 셋째, 정부의 책임성을 담보하는 것을 존립 근거로 하는 조직이다.

(1) 대의민주주의에 대한 비판과 반성

사회주의자들보다 앞서 대의민주제의 문제점을 지적한 사상가는 루소이다. 루소는 일찍이 시민의 일반의지를 실현할 수 있는 유일한 대안은 직접민주제임을 주장하였다. 시민의 참여는 시민의 책임성을 수반하지만 직접참여의 부재는 시민의 무관심을 낳아 정치의 부패를 가져온다고 보았다. 즉 루소는 의회가 시민의 일반의지를 반영할 수 없음을 명확히 하였다.

실증적 측면에서도 시간이 지남에 따라 대의민주제에 대한 비판이 부각되었다. 시민의 대표기관으로 인식되었던 의회에 대한 실망은 곧 대의민주제에 대한 재고의 여지를 낳았다. 의회에 대한 실망은 크게 세 가지 차원에서 논의되었다. 의회권한의 약화, 의회운영의 비민주성, 의원의 자질 등이 그것이다. 특히 대의민주제하에서 정당의 운영은 이런 요인들과 밀접하게 관련되어 비판받았다.

20세기를 전후하여 나타난 행정의 전문화는 일반적 지식만을 갖고 있는 의원들의 권한을 눈에 띠게 약화시켰다. 19세기와 같이 행정이 단순했던 시기에는 일반 지식만으로도 정책결정을 할 수 있었으나 사회 문제가 복잡, 다단해짐에 따라 전문적 지식을 갖는 행정 관료를 중심으로 집행부의 우위가 진행되었다. 이에 따라 종래 정책결정(정치)은 의회, 정책집행(행정)은 행정부가 담당한다는 이원론적 사고는 변화할 수밖에 없었다. 의원입법보다 행정입법이 자연스러운 현상으로 나타나게 되었다.

특히 의회에 비하여 행정부의 수장인 대통령이 정치적 중심인물로 부상하게 되었으며 매스컴의 초점을 받게 되었다. 앞에서 언급하였듯이 미국의 경우 선전포고권이 의회에 귀속되어 있지만 대통령이 의회의 승인이 없이 선전포고를 하고 사후에 승인을 받는 관행이 점차 이어졌다. 한국전쟁과 베트남 전쟁의 경우가 대표이다.

행정부의 강화로 인한 의회의 약화는 군부나 다국적기업의 권력 증가로 가속화되었다(Margolis, 1979). 제2차 세계대전 이후 국방 분야의 급격한 예산 팽창과 예산운영의 은밀성 및 폐쇄성은 이 부문에 대한 의회통제, 나아가 시민의 통제를 불가능하게 하였다. 국방예산의 방대화는 군부엘리트가 공공정책을 좌지우지하게 됨을 의미하게 되었다. 한편 다국적기업의 출현은 전통적인 자유민주주의와 대의민주제의 기본적 가정에 의문을 제기하였다. 미국에서 성숙된 다원적 민주주의 가정 하에서 기업은 단순히 한 국가의 영역 안에서 이윤을 위하여 활동하는 이익단체였다. 그러나 다국적기업의 출현은 대의민주제 가정 하에 설립된 국가의 기능과 역할을 부정하는 결과를 낳게 되었다. 다국적기업의 거래규모, 자산 보유규모, 경제적 파급 효과 등을 감안할 때 기존의 국가가 다국적 기업을 통제하는 것은 역부족이다. 상대적으로 의회의 권위는 약화될 수밖에 없는 현실이다.

의회가 시민의 대표기관으로 인정되는 정당성은 여론을 수렴하여 시민을 위한 정책결정을 한다는데 있다. 그러나 점차 의회의 운영이 여론을 무시하고 비민주적인 관행을 따른 것도 의회권한의 약화로 이어졌다. 가장 두드러진 예가 다선주의원칙(Seniority System)이다.

끝으로 지적할 수 있는 것은 의원의 자질이다. 의회의 의원은 시민의 대표가 아니라 특정계층의 이익을 대변하는 대표로 전락한지 오래되었다는 것이 미국사회의 일반적 비판이다. 의회 주변에서 로비스트가 자주 목격되면서 이들이 의회를 지배한다는 비판까지 제기되고 있다.

이와 같은 사정은 우리나라에서도 예외는 아니다. 1948년 이후의 의회 정치사를 분석하면 국회의원들이 과연 국민의 진정한 대표로서의 자질을 갖추었는지에 대해 의문의 여지가 많다. 종종 어려운 경제에도 불구하고 해외 호화쇼핑으로 물의를 빚은 당사자, 호화결혼식으로 물의를 빚은 당사자, 의회 내 폭력의 당사자들이 다름 아닌 우리의 국회의원들이었다. 그리고 2014년 발생한 세월호 관련 입법을 둘러싸고 공전하고 있는 국회도 대표적인 사례이다.

지방의회와 지방의원들이 지역주민에게 보여준 행태는 더욱 실망스럽다. 지방의회가 일부의 로비에 좌우되어 지역주민 전체의 이익을 저버리는 결정을 내리거나 지방의원들이 의원직을 이용하여 불법·위법행위를 자행하는 행위는 주민의 대표와는 거리가 먼 것들이다.

대의민주주의는 공정한 선거를 통하여 지방정부를 구성하면 그 자체만으로 지방정부의 정당성을 인정한다. 즉 선거를 통하여 대의민주주의를 실현한다는 형식적인 요건이 중요하다. 그러나 선거로 뽑힌 대표자들이 실질적으로 지역 주민의 이익을 대변하는지에 대해서는 위에서 논의한 바와 같이 적지 않은 의문과 비판이 제기되어 왔고, 이러한 상황에 대한 보완책으로 주민의 직접참정제도와 주민참여가 논의되고 발전되었다(Kim, 2011). 우리나라에도 다양한 형태의 주민참정제도가 도입되었으나 그러한 제도가 제대로 작동하는지에 대해서는 의문의 여지가 많다.

2) 지방의회와 주민의 직접참정제도

참여주의자(Populist)들은 직접민주제의 대안으로 제시된 대의민주주의가 의회권한의 약화와 행정부처의 권한 강화, 의회운영의 비민주성, 의회의 시민에 대한 대응성의 약화, 행정의 비민주성 등의 문제점이 있다고 주장하였다. 그에 따라 보완책이 논의되기 시작하였고 구미 선진국 지방정부의 정책과정에 주민참여가 나타나기 시작하였다. 최근에는 사회연결망(Social Network System: SNS) 등의 발달로 주민이 참여할 수 있는 방식이 다양화되고 용이하게 됨에 따라 주민참여는 새로운 국면을 맞게 되었다.

직접민주제는 국민들이 스스로 정책결정에 참여하는 거버넌스로서, 전통적으로 순수한 민주주의(Pure democracy)라고 명명되어 왔다. 일찍이 고대 그리스에서 시작된 것으로 추정되고 있으며 주로 집행부 제안의 승인, 법률 제정, 관리의 해임, 그리고 재판의 일종으로 활용되어 왔다.

현대 서구 선진 각국에서 채택된 시민참여는 도시화에 따른 정치·행정 환경 속에서 대의민주제에 대한 보완책이었다. 이때 주민참여의 형태는 대표자에게 편지쓰기, 대표자와의 면담, 청원, 공공 청문회 참석 및 시위참가 등이었다.

미국의 경우 1960년대에 최초로 시민참여제도를 도입하였고 이어 영국, 서독 등이 순차적으로 지방정부의 정책과정에 채택하였다. 일본은 다소 늦은 1960년대 말부터 도입하여 1970년에 개화기를 맞이하였다. 기존 행정은 상하관계에 지나치게 의존하는 비민주적 행정 때문에 1960년에 들어 대기·수질오염 등에 따른 공해문제, 쓰레기 문제, 소비자 보호 등에 신속한 대응을 보이지 못하는 문제가 있었다. 따라서 일본에서의 시민참여는 환경문제 및 오염문제를 중심으로 발전하였다(小林, 1988; Kim, 2011).

우리나라에서는 1980년 이후 민주화의 진전과 더불어 집단민원의 형태로 주민참여가 논의되었다. 기피시설에 대한 해당 주민의 집단적 반발은 우리나라 주민참여의 대표적 형태로 발전하였다(김순은, 1997a). 이후 1991년 지방의회의 출범, 그리고 1995년 단체장의 출현 등 새로운 자치 환경이 조성되면서 집단 민원이 배증하였다. 지방정부 역시 지역주민이 단순히 정치·행정의 객체가 아니라 주체라는 인식을 하게 되면서 주민참여에 대해서도 태도를 바꾸게 되었다. 이것은 지역정치와 행정에 있어서 자치시대에 부응하는 새로운 정책과정을 의미한다.

"즉 주민참여는 국민주권주의를 내실화하는 실질적인 제도로서 전개되고 있으며, 이제는 의회제도에 대한 소극적인 보완수단이 아니라 헌법상 보장된 국민주권주의를 실질적으로 뒷받침하는 제도로서 이해하게 되었다. 그러한 의미에서 주민의 직접청구제도를 통하여 확보되는 주민참여제도는 지방자치에 있어서 대의제의 결함을 보완함으로써 주민자치의 실효를 거두기 위한 제도이며, 주민 참정권의 확장이라고 할 수 있다"(박영도, 1997).

앞 절에서 논의한 대의민주제에 대한 실망과 비판을 토대로 민중주의자, 또는 신민중주의자들은 대의제 절차를 포기하고 직접민주제를 확대하는 방안을 강구하여 왔다. 선출직 공무원의 재임횟수 제한, 시민헌장 제정, 주민투표나 국민발안 및 국민소환의 확대 실시, 주민참여예산제, 주민감사청구제, 주요정책의 공청회제도 등이 구체적인 예이다.

이와 같은 직접민주제에 대한 기대와 희망은 과학, 기술의 발전, 특히 통신기술의 발달로 인하여 새로운 장을 맞이하게 되었다. 컴퓨터를 이용한 통신기술의 발달은 전자시청(Electronic City Hall), 즉석 여론조사, 시민배심원제도 등 과거에는 상상할 수 없을 정도로 시민이 직접 정치에 참여할 수 있는 길을 열어 주었다. 또한 시민여론의 수렴을 용이하게 하여 줌으로써 민주적 의사결정의 가능성을 높여주고 있다. 아울러 통신의 혁명은 대통령이 직접 시민에게 정치적 호소를 할 수 있는 길을 열어 주었고 이를 통하여 정치적 곤경을 해결하고 있다 (Kernell, 1986).

주민참여라고 하면 일반적으로 정책집행과정에서의 참여를 의미하였다. 지방의원들은 스스로를 주민의 대표기관으로 인식하므로 주민참여에 대해서는 냉소적이고 월권행위라고 해석하는 경향이 강했다. 지방의회가 주민참여에 대한 태도와 인식을 긍정적인 방향으로 바꾼다면 주민의 신뢰를 확보하는데 긍정적으로 기여할 것으로 전망된다.

본 장에서는 주민 직접참정제도의 주요 도구인 주민투표, 주민발안제도, 주민소환, 주민소송, 주민감사청구, 주민참여예산제도, 청원제도, 시민헌장 등에 관하여 상세히 논의하고자 한다. 구체적인 사례를 중심으로 주민참정제도의 현황과 문제점을 논의하였다.

(1) 주민투표와 의회민주주의

(가) 주민투표의 정의와 기능

주민투표는 주민들이 지역의 특정사안에 대한 결정을 투표로서 내리는 제도이다. 지방정부의 중요한 정책의 결정이나 공무원의 해임 등이 주민투표로써 결정된다. 주민투표에는 강제적 주민투표와 임의적 주민투표가 있다 전자는 특정사안에 대해서는 반드시 주민투표를 실시해야 한다는 제도이며 후자는 결정권자가 임의로 실시여부를 결정할 수 있는 제도이다.

(나) 주민투표의 이슈

주민투표제도는 주민들이 지방정부의 중요사항에 대하여 투표로서 결정하는 제도로 선진각국에서 실시되고 있으며 우리도 1994년 3월 개정 지방자치법에서 채택한 제도이다. 지방자치법은 지방정부의 장은 지방정부의 폐치·분합 또는 주민에게 과도한 부담을 주거나 중대한 영향을 미치는 지방정부의 주요 결정사항 등에 관하여 주민투표에 부칠 수 있다고 규정하고 있다. 주민투표의 대상, 발의자, 발의요건 그리고 투표절차 등은 별도의 법률로 정한다(지방자치법 제14조). 그러나 후속 법률의 미비로 주민투표제도가 활성화되지 못하였다. 이후 두 차례에 걸친 14대 국회의 발의, 15대 국회에서의 한 차례 발의, 2003년 참여정부의 발의를 거쳐 2004년 7월부터 시행되고 있다. 따라서 1994년부터 2003년 주민투표법 제정 이전까지는 주로 주민투표의 대상, 발의자, 발의요건, 그리고 투표절차 등이 논의되었으며(이기우, 1997; 김순은, 1999a) 2003년 주민투표법 제정 이후에는 주민투표의 문제점이 논의되었다(하승수, 2005).

(다) 우리나라 주민투표제도의 문제점

① 2003년 주민투표법 제정 이전

주민투표와 관련해서는 주민투표의 입법형태, 주민투표의 발의, 주민투표의 대상 등이 주요 논의 대상이다. 먼저 주민투표의 입법형태는 별도의 주민투표법을 제정하는 방식과 지방자치법 내에서 관련 부분을 상세히 규정하는 방식 등이 있다. 그러나 "현행 지방자치법의 규정과 같이 주민투표에 관한 법률을 별도로 제정하는 것은 지방자치단체의 자주입법권 강조와도 부합하지 않으며, 또한 획일적인 규정으로 인하여 지역의 실정을 도외시할 수 있다"(박영도, 1997, p.37). 따라서 지방자치법에서 주민투표에 관한 기본적인 사항을 규정하고 구체적인 대상과 절차 등은 조례에 위임하는 것이 자치정신에 부합한다고 할 수 있다.

둘째 이슈는 주민투표의 발의권자이다. 주민투표의 발의권을 규정함에 있어 발의권자의 범위는 주민투표의 성격을 어떻게 파악하느냐에 달려 있다. 주민투표를 대의제의 보완수단으로 이론화하는 경우에는 지방의회에 발의권이 주어지는데 주로 유럽국가에서 흔히 발견된다. 반면 주민자치 또는 참여에 초점을 맞추어 이론화하는 경우에는 발의권자가 지역주민이다. 주로 미국의 지방정부에서 사용되는 예이다.

우리나라는 주민투표법 제정 이전 지방자치법에서 발의권을 지방정부의 장에게 주고 있었다. 그런데 지방정부의 장이 의회를 회피하는 수단으로 사용함으로써 의회의 효용성이 저하될 위험마저 있었다(안성호, 1995). 뿐만 아니라 주민투표 발의권에 대한 당시 입법은 주민투표의 취지를 제대로 파악하지 못했다고 평가받았다(박영도, 1997).

대의민주제에 대한 비판, 주민자치의 중요성을 고려할 때 주민투표의 발의권자는 지방정부의 장, 지방의회, 지역주민 3자 모두에게 부여하는 것이 타당하다. 물론 이러한 경우에도 발의절차에 대해서는 상이하게 규정하여야 할 것이다. 이외에 지방행정제의 통·폐합 등 특정한 사항은 발의권자의 발의여부에 관계없이 주민투표에 회부되는 것으로 규정하여 지역주민이 지역정치와 행정의 주체임을 확인할 필요가 있다. 지방의회의 경우에는 안건을 주민투표에 회부하기 위한 요건을 까다롭게 부과함으로써 지방의회의 본연업무를 회피하는 수단으로 전용되는 것을 방지하여야 한다. 아울러 지방정부의 장은 지방의회가 중요한 결정을 회피하는 경우에 한하여 발의할 수 있게 하고 지역주민이 요구하는 경우에도 일정 수의 서명을 전제요건으로 하여야 할 것이다.

주민투표와 관련하여 셋째 이슈는 주민투표의 대상이다. 여기에도 대상에 관한 이론, 대상을 규정하는 방식 등 다양한 논의가 있다. 주민투표 대상의 요건은 다음과 같다.

첫째, 주민투표에 회부되는 문제는 주민의 의사를 직접적으로 묻는데 적합한 것이어야 한다. 주민의 정치적 판단에 맡기는 것이 가능하고 의회의 의사결정에 맡기는 것보다 적절한 문제이어야 한다.

둘째, 위와 관련하여 주민이 '찬성' 또는 '반대'의사를 표명하는 것이 가능한 것이어야 한다. 조건이 없으면 판단할 수 없는 것이나 다양한 선택이 가능한 사안은 바람직하지 않다.

셋째, 주민투표에 즈음하여 주민이 판단을 내리는 데 적합한 정보가 충분히 제공되어야 한다. 따라서 정보공개나 알권리의 보장이 불가결하다.

넷째, 주민투표가 인권의 침해 내지 제약을 수반하는 정책이나 소수자의 억압을 정당화하는 것이어서는 안 된다. 즉 다수결로 결정하는 것이 허용되지 않는 문제를 다루는 것은 바람직하지 않다(박영도, 1997, p. 40-41).

위에서 제시된 요건을 토대로 주민투표의 대상을 규정하는 입법방식에는 주민투표의 대상을 열거 내지 예시하는 방법과, 주민투표에 회부할 수 없는 사항을 열거 내지 예시하는 방식이 있다. 양자를 혼합하여 규정할 수도 있다.

당시 우리나라 지방자치법에서는 주민투표의 대상을 구체적으로 규정하는 일을 지방정부의 장에게 맡기고 있었으므로 지방정부 장의 자의에 따라 제도의 효용이 훼손될 가능성이 높았다. 따라서 지방자치법에서 이에 대하여 구체적으로 규정할 것이 요구되었다.

② 2003년 주민투표법 제정 이후의 문제점

2003년 주민투표법이 제정되었지만 우리나라의 주민투표제도는 선진국에서 사용되는 진정한 의미의 주민참여제도라기보다는 중앙정부나 지방정부가 어려운 이슈를 포함하는 정책을 추진할 때 수월성을 높이기 위한 제도라는 것이 대부분의 시민단체가 내린 평가이다(하승수, 2005; 고유기, 2005; 이지문, 2005; 안성호, 2001, 2005; 차태정, 2005). 주민투표제도가 간접민주제를 보완하고 주민의 직접참여를 강화하는 제도라기보다는 정책의 추진주체인 정부의 정당성 확보나 사후 추인의 성격이 강하다는 데에 이론이 없다. 이는 처음부터 주민투표제도의 도입에 소극적이었던 정부의 태도가 반영된 결과라고 하겠다. 각종 시민단체연합은 주민참여의 보장을 위하여 보다 획기적인 제도를 건의하였으나 수용되지 못하고 정부의 의도대로 제도화에 이르렀다. 중앙정부나 지방정부의 주민투표에 대한 의견은 주로 주민투표의 대상, 주민투표의 발의요건, 주민투표의 발의권자 및 주민투표의 절차와 경비 등에서 나타났다.

(a) 주민투표의 대상

주민투표의 대상을 규정하는 것은 제도의 존재이유에 직결되는 문제이다. 주민투표제는 대의민주제 하에서 직접 민주주의의 기본취지를 충족시키는 제도이므로 주민들이 직접 결정할 수 있는 대상을 규정하는 것은 중요하다. 이러한 취지에 기초하여 외국의 입법사례를 보면 의무적 주민투표제도와 선택적 주민투표제도를 규정하는 것이 보통이다(김순은, 1999a; 안성호, 2005). 양자를 분류하는 것은 주민투표의 대상을 폭 넓게 인정하고자 하는 것이다. 일본에서 확대되고 있는 지방정부의 주민참가조례가 대표적인 예이다.

우리나라의 주민투표법은 주민투표제도를 선택적 주민투표제도로 규정하였으며 여기에다 주민투표의 대상을 지나치게 제한하고 있다는 문제점을 지적할 수 있다. 주민투표법 제7조 제1항에서는 "주민에게 과도한 부담을 주거나 중대한 영향을 미치는 지방정부(필자 수정)의 주요 결정사항으로서 그 지방정부의 조례로 정하는 사항"을 주민투표에 부칠 수 있다. 그런데 제2항에서 주민투표의 대상을 크게 제한하는 내용을 부기하였다. 아래와 같은 사항은 주민투표에 부의할 수 없다.

- 법령에 위반되거나 재판 중인 사항
- 국가 또는 다른 지방정부의 권한 또는 사무에 관한 사항

- 지방정부의 예산, 회계, 계약 및 재산관리에 관한 사항과 지방세, 사용료, 수수료, 분담금 등 각종 공과금의 부과 또는 감면에 관한 사항
- 행정기구의 설치, 변경에 관한 사항과 공무원의 인사, 정원 등 신분과 보수에 관한 사항
- 다른 법률에 의하여 주민대표가 직접 의사결정주체로서 참여할 수 있는 공공시설의 설치에 관한 사항(지방의회 청구 시 제외)
- 주민투표가 실시된 지 2년이 경과되지 않은 동일한 사항

상기에서 열거한 예외사항 중 문제가 될 수 있는 것은 지방정부의 재정과 관련된 사항, 행정기구와 공무원 운영에 관한 사항 등이다. 지방정부의 행정사항은 예산, 회계, 계약, 각종 재정수입 등 대부분 지방재정과 관련되어 있다. 외국의 지방정부가 재정에 관련하여 주민투표를 허용하고 있는 이유도 여기에 있다. 그러나 우리나라의 경우 이러한 예외조항 규정으로 주민투표의 활성화가 크게 저하될 수밖에 없다.

(b) 주민투표의 청구요건

주민의 직접참여를 활성화하여 간접 민주제를 보완하자는 것이 주민투표제도의 기본적인 취지이다. 이런 관점에서 보면 현행 우리나라의 주민투표제도는 적지 않은 문제점을 안고 있다. 무엇보다도 주민투표의 청구요건이 지나치게 엄격하다. 주민들이 주민투표를 청구하기 위해서는 전체 유권자 총수의 20분의 1 이상 5분의 1이하의 서명을 받아야 하는데 실제로 이러한 요건을 갖추는 것은 대단히 어렵다. 서울특별시에 적용할 경우 대략 38만 명 이상의 서명을 받아야 한다. 미국의 경우 보통 1~5%의 서명을 요건으로 하고 있으며 독일의 Nordrhein-Westfalen 주의 경우 10%를 청구요건으로 하면서도 상한선이 48,000명이다. 이와 비교할 때 우리의 제도가 매우 엄격함을 알 수 있다(하승수, 2005). 주민투표의 청구요건이 너무 엄격하여 주민들이 발의한 주민투표가 한 건도 없을 정도이다. 취지는 주민투표의 남발을 방지하고 지방정부의 장의 책임회피를 방지하자는 것이지만 이는 지나친 우려해석으로 보인다.

(c) 주민투표의 청구·요구 및 발의권자

우리나라의 주민투표법은 주민투표의 청구권자, 요구권자 및 발의권자를 별도로 규정하고 있다. 주민투표의 청구권자는 주민과 지방의회이다. 청구요건을 갖춘 주민, 그리고 재적의원 과반수의 출석과 출석의원 3분의 2 이상의 찬성을 얻은 지방의회는 지방정부의 장에게 주민투표의 실시를 청구할 수 있다(주민투표법 제9조).

중앙부처의 장은 지방정부의 폐치·분합 또는 구역변경, 주요 시설의 설치 등 국가정책에 대하여 주민투표의 실시구역을 정하여 지방정부의 장에게 주민투표의 실시를 요구할 수 있다(주민투표법 제8조). 주민투표가 자치와 참여를 촉진시키는 제도임을 감안할 때 중앙정부의 주민투표 요구권은 외국의 입법례에서는 찾아보기 힘든 이례적인 사례라고 할 수 있다. 일본의 시·정·촌 합병을 위한 주민투표도 주민이 발의한다(김순은, 2011a). 미국도 주민투표는 의회나 주민들이 발의한다. 전자를 의회발의투표(legislative referendum)이라 하고 후자는 주민발의투표(popular referendum)이라 한다.

주민투표법 제정 이후부터 지금까지 몇 차례의 주민투표가 실시되었다. 바로 제주특별자치도 설치에 앞서 기초지방정부의 폐지여부에 관한 2005년 7월의 주민투표, 청주시와 청주군의 통합여부를 묻는 2005년 9월과 2012년 6월의 주민투표, 방사성 폐기물 처리장의 유치여부를 묻는 2005년 11월의 주민투표, 서울특별시의 무상급식 실시를 묻는 2011년 8월의 주민투표이다. 그런데 이들 주민투표의 특징은 중앙정부의 정책에 대하여 또는 중앙정부의 요구에 의하여 실시되었다는 점이다. 다른 나라에서는 주민들이 발의하여 주민투표를 실시하는 것이 일반적이라는 점과 비교할 때 우리나라는 매우 번거로운 절차를 거치고 있다. 특히 중앙정부가 주민투표의 실시를 요구할 수 있다는 규정은 주민투표의 기본취지와는 거리가 있어 보인다.

지방정부의 장은 지방의원의 의견을 거쳐 직권으로 주민투표를 발의하거나, 주민들과 지방의회의 청구, 중앙정부의 요구에 의하여 주민투표를 발의한다. 이렇게 지방정부의 장에게 주민투표 발의권을 부여함으로써 본래 취지의 주민투표보다는 정책의 추진 방식으로서의 주민투표가 상정되는 부작용이 예상된다. 이미 주민투표법이 제정되기 이전에 제주도에서 행정계층 통합에 대하여 실시한 주민투표가 대표적인 사례이다.

(d) 주민투표의 절차와 경비

그 밖에 지적할 수 있는 문제점은 주민투표의 절차 및 비용이다. 주민투표법에서는 법률에서 규정한 경우를 제외하고는 비교적 폭넓게 투표운동을 할 수 있다. 그런데 공직선거가 실시되는 경우에는 선거일 60일 전부터 선거일까지 주민투표와 관련된 서면 요청은 물론 주민투표의 발의와 주민투표 시행이 금지되어 있다(주민투표법 제11조, 제13조 제3항, 제14조). 이러한 제한 규정은 선거의 경비 등을 감안할 때 아주 소극적인 것이다.

주민투표에는 투표운동 경비 및 투표경비가 소요된다. 지방정부나 공기업 및 중앙정부가 주민투표를 추진하는 경우에는 공적인 경비를 사용하면서 투표운동을 할 수 있다. 반면 주민들의 관점에서는 그러한 경비를 마련하는 것이 쉽지 않다. 이런 점도 선거의 공정성을 해치는 요인으로 작용하였음은 제주도의 주민투표에서 확인되었다.

(2) 조례 제정·개폐청구권

(가) 주민발안제도의 정의와 종류

직접민주주의가 구현된 제도 중의 하나로 주민발안제도(initiative)를 들 수 있다. 주민발안제도는 일정요건의 주민들이 직접적으로 조례 또는 헌장 내용의 제·개정을 발의하는 것이다. 주민발안제도는 크게 직접발안제도와 간접발안제도로 나뉜다.

직접발안제도는 주민들의 발의가 이루어지면 자동적으로 주민투표에 부쳐지는 제도이다. 스위스가 대표적으로 직접발안제도를 채택하고 있는 국가이다(안성호, 2005). 간접발안제도는 주민들이 발의한 정책 사안이 의결기관에 우선 부의되고, 지방의회가 주민들이 발의한 사안을 부결하는 경우에 주민투표에 부의하는 제도가 간접발안제도이다. 미국은 지방정부에 따라 직접, 또는 간접발안제도를 채택하고 있다. 우리나라는 주민들이 지방정부의 장에게 조례의 제·개정청구권을 가지며 지방정부의 장의 판단에 따라 발의가 이루어지는 간접발안제도를 채택하고 있다.

주민발안제도와 관련하여 최근에 논의된 사례를 중심으로 제도의 중요성을 분석하면 다음과 같다. 1980년대 들어 여러 민주국가에서는 대의제 민주제에 대한 실망 및 비판이 제기되면서, 정부의 대응성을 높이고 관료들의 대주민 책임성을 높이는 차원에서 선출직 공무원들의 재임횟수 제한을 적극적으로 검토하기 시작하였다. 특히 미국은 연방정부, 주정부 및 지방정부 등 모든 계층의 정부에 있어 선출직 공무원의 재임횟수 제한에 관하여 시민들이 많은 관심을 갖고 있었다(DeSantis and Renner, 1994). 이 연구에 따르면 설문에 응답한 지방정부의 11%가 지방정부 장의 재임횟수를 제한하고 있는 것으로 나타났고, 8.4%가 지방의원의 재임횟수를 제한하고 있었다. 지방정부의 장과 지방의원의 재임횟수 제한 비율은 사안의 중요성에 비하면 상당히 낮았다(김순은, 1995b). 2006년 조사에서도 이와 같은 비율은 크게 변하지 않았다(International City Management Association, 2006). 조사에 응한 지방정부 중 9.1%가 재임횟수에 관한 규정을 두고 있었으며 이 중에서 54%가 재임까지 허용하고 있다.

로스앤젤레스에서는 시민들과 시민단체들이 깨끗한 지방정부를 창출하기 위해서는 선출직 공무원들의 재임횟수를 제한하여야 한다는 믿음을 바탕으로 시의회로 하여금 이를 의결하도록 독려하였다. 그러나 시의회는 너무나 소극적인 자세로 일관하였다. 시의회의 소극적 대응에 반발한 시민들은 30만 명의 서명을 받아 선출직 공무원의 재임횟수를 제한하는 주민발안을 제기하게 되었다. 시의회는 그 안을 부결하였으나 주민투표에 의하여 로스앤젤레스시는 마침내 1993년 7월 1일부터 시장, 시검사(City Attorney), 회계감사원 및 시의원 등 선출직 공무원의 재임횟수를 2회로 한정하게 되었다. 이 사례는 지방정부 차원에서 주민발안제의 중요성과 효용성을 잘 대변해 준다. 이에 반하여 우리나라에서 이러한 직접참정제도는 채택된 적이 없다(최창호, 1992).

(나) 우리나라의 조례 제정·개폐청구권

① 조례 제·개정청구권의 내용

주민발안제도는 미국, 일본 등에서 일찍부터 발전하였다. 미국에서는 지방정부에 따라 주민의 발안이 주민투표에 의하여 결정되는 직접발안제도와 간접발안제도가 채택되고 있다. 반면 간접발안제도를 실시하는 일본에서는 주민의 조례 제·개정이 지방정부의 장에게 청구되며, 지방정부의 장은 청구를 수리한 날로부터 20일 이내에 의견을 부쳐 지방의회에 부의하여야 한다.

우리나라의 경우 일본과 유사하다. 다만 1996년 11월 주민발안의 범위를 조례제정 및 개폐청구에 한정하여 아래와 같이 강화하였다. "청구요건을 일본의 경우보다 다소 강화하여 19세 이상의 주민총수의 20분의 1이상이 서명하여 지방자치단체의 장에게 조례의 제정이나 개폐를 청구할 수 있도록 하고, 단체장은 청구를 수리한 날로부터 60일 이내에 조례안을 지방의회에 부의하여 그 결과를 대표자에게 통지토록 하고 있다. 또한 서명의 진위와 유효성을 확인하기 위하여 일정기간 공개 장소에 비치하여 열람에 공여토록 하고 있으며, 지방세·사용료 등의 부과·징수에 관한 사항이나 공공시설의 설치 반대 등의 사항은 청구대상에서 제외하고 있다"(박영도, 1997, p. 49).

그 후 요건이 다소 완화되었다. 현재는 시·도와 인구 50만 이상의 도시에 있어서는 19세 이상 주민총수의 100분의 1이상 70분의 1이하의 범위 내, 시·군·구에 있어서는 50분의 1이상 20분의 1이내의 범위 내에서 조례로 정하는 바에 따라 지방정부의 장에게 조례의 제·개폐를 청구하도록 하였다. 지방정부의 장은 주민의 청구를 수리한 날로부터 60일 이내에 지방의회에 부의하여야 한다(지방자치법 제15조).

2000년 이후 우리나라에서 청구된 조례 제·개정사례는 2000년 4건, 2001년 12건, 2002년 2건, 2003년 48건, 2004년 30건, 2005년 47건, 2006년 7건, 2007년 10건, 2008년 3건이었다. 특히 2003년부터 2005년 사이에 증가한 조례제정청구는 주로 학교급식지원조례와 관련한 것이었다. 2000년 이후 2008년까지 조례 제·개정청구는 82건이 가결, 22건이 부결, 33건이 폐기, 23건이 각하 및 철회되었으며, 3건은 진행 중인 것으로 조사되었다(행정안전부, 2008a).

② 우리나라 조례 제·개정청구권의 대상

주민의 조례 제·개정청구는 지방자치법 제15조 제2항에 따라 다음과 같은 사항은 제외한다.

- 법령을 위반하는 사항
- 지방세·사용료·수수료·부담금의 부과·징수 또는 감면에 관한 사항

- 행정기구의 설치와 변경 또는 공공시설의 설치를 반대하는 사항

③ 우리나라 조례 제·개정청구권의 문제점

청구요건이 크게 완화되었음에도 불구하고 앞의 통계에서 보는 바와 같이 2006년 이후 조례 제·개정청구는 활성화되지 못하였다. 여전히 청구대상이 지나치게 제한되어 제도의 실효성이 의문시된다. 로스앤젤레스시의 사례에서 파악하였듯이 주민발안제도가 실효성을 갖도록 청구요건을 보다 완화하고, 청구의 범위를 조례의 제정·개정의 외연을 넓혀야 한다. 아울러 주민들은 개선되어야 하거나 새롭게 필요한 분야의 조례에 지속적인 관심을 가져야 할 것이다.

(3) 지방의회와 주민소환

(가) 주민소환의 의의

주민소환은 지역주민이 지방정부의 장, 지방의원 등의 선출직 공무원을 임기 전에 해직하는 제도로서 고대 그리스시대부터 활용된 제도이다. 전통적인 주민소환에 주요 임명직 공무원의 해임 청구나 지방의회의 해산 청구도 추가할 수 있을 것이다. 일반적으로 주민투표나 의회의 의결을 거쳐 확정한다.

(나) 주민소환의 현황

우리나라를 비롯하여 대부분의 선진국 지방정부는 이에 대하여 비교적 상세히 규정하고 있다. 우리나라가 주민소환제도를 도입한 것은 2006년이다. 지방자치법에서 주민소환에 관한 규정을 삽입하고(제20조), 주민소환의 투표청구권자, 청구요건, 절차 및 효력에 대해서는 주민소환에 관한 법률(이하 주민소환법)로 규정하였다.

주민소환법에 따르면 시·도지사에 대한 주민소환은 투표청구권자의 100분의 10이상, 시장·군수·구청장에 대해서는 100분의 15이상, 시·도의원과 시·군·구의원에 대해서는 100분의 20이상의 서명을 받아 관할선거관리위원회에 청구할 수 있다(주민소환법 제7조). 주민소환투표는 투표청구권자의 3분의 1이상의 투표와 유효투표의 과반수로 확정된다(주민소환법 제22조). 다만 임기 개시 후 1년 이내, 임기 종료 전 1년 이내, 주민소환투표가 실시된 지 1년 이내의 경우에는 주민소환을 청구할 수 없다(주민소환법 제8조).

일본의 지방자치법 제80조, 제81조, 제86조에서는 주요 공직자의 해직청구에 관하여 규정하고 있다. 아울러 제76조는 의회해산청구권에 관한 규정이다. 선거권자 3분의 1이상의 연서로 주민이 주민소환을 청구하고(총수가 40만 명을 초과하는 경우 초과분의 6분의 1과 40만의 3분의 1을 합한 수), 일정기간 이후에도 해당 공직자가 사직하지 않는 경우 지방의원이나 지방정부 장의 해임 및 지방의회의 해산은 주민투표로, 그 밖의 공직자에 대해서는 지방의회 3분의 2의 출석과 출석의원 4분의 3이상의 의결로 해임을 결정한다.

실제로 주민소환이 시행되는 경우는 많지 않다. 그럼에도 불구하고 공직자에 대한 심리적 압력이 매우 크기 때문에 주민의 직접참정제도로서 제도화할 만하다(최창호, 1992; 안성호, 1995).

(다) 주민소환의 문제점

주민소환제도는 선출직 공무원의 책임성을 제고할 수 있다는 장점을 지니고 있다. 선출된 공무원이라 할지라도 주어진 책무를 소홀히 하거나 불법을 저지를 경우에는 그 책임을 임기 이전에 물을 수 있다. 유권자의 선택이 잘못된 경우 선출된 공직자를 소환할 수 있는 기회가 주민에게 주어지기 때문에 선거결과를 보완하는 효과도 있다. 그 외에도 주민들의 참여를 통한 공직자 통제라는 점에서 주민참여를 확대하는 시민교육의 측면도 지니고 있다. 따라서 지방의회의원 등 선출직 공무원들은 주민소환제도의 도입에 소극적이었다.

한편 주민소환제도는 남용될 경우 적지 않은 문제점을 낳는다. 정치적으로 이용될 경우 사회적 비용을 증가시킨다. 주민소환이 주민투표에 의하여 결정되기 때문에 비용이 상당히 소요되며 또 하나의 선거와 같은 투표이므로 여기에 잘못될 가능성도 배제할 수 없다.

우리나라의 경우 2006년 주민소환제도가 도입된 이후 선출직 지방공무원에 대한 주민소환은 매우 뜨거운 이슈였다. 현재까지 지역의 정서와 괴리된 정책을 추진한 지방정부 장을 대상으로 수차례 주민소환투표가 시행되었다. 2007년 11월 화장장 건립을 추진하던 하남시장과 시의원 3명이 최초로 주민소환의 대상이 되었다. 시의원 2명을 제외하곤 투표율 미달로 주민소환이 무산되었다. 한편 2009년 제주도에서는 해군기지유치와 관련하여 제주도지사를 소환하는 절차가 시작되었다. 제주도민들은 하남시와 마찬가지로 소환발의까지는 하였으나 투표율 저조로 소환에는 성공하지 못하였다. 경기도 과천시는 2011년 7월 보금자리지구 지정 수용 문제로 시장을 소환하려고 하였다. 강원도 삼척시는 2012년 6월 원자력발전소 건립 강행 문제로 시장을 소환하려고 하였다(안전행정부, 2013c). 최근에는 경상남도지사에 대해 주민소환 논의가 제기되고 있다.

주민소환이 서명인수의 부족, 서명활동의 중단, 대표자증명신청의 취하 등의 이유로 추진 중에 중단된 사례는 상기에서 예시한 사례보다 다수이다. 청구요건을 충족치 못해 주민소환이 각하된 사례도 있다(행정안전부, 2010a). 참고로 일본의 사례를 시대별로 분석하면 아래와 같다.

1970년-1974년 사이에 지방의회해산청구는 시·정·촌 수준에서 총 11건이 발생하였으며, 1999년-2003년 사이에는 시·정·촌 수준에서 10건이 발생하여 6건이 확정되었다. 2003년 4월부터 2007년 3월간 일본의 사례를 보면 59건의 지방의회 해산청구 중 28건이 목적을 이루었다(総務省, 2009a).

지방정부 장의 해직청구는 1970년-1974년 사이에 총 26건이 발생하였다. 1999년~2003년 사이에는 도·도·부·현에서 6명, 시·정·촌에서 19명에 대하여 해직이 청구되었는데 도·도·부·현에서 해직된 사례는 없었으며 시·정·촌에서는 2명이 해직되었다. 2003년~2007년 사이에는 65건이 청구되어 18건이 주민소환투표에 부의되었으며 11명이 해직되었다.

지방의원의 경우 1970년-1974년 사이에 18건이 청구되었으며, 1999년~2003년 사이에는 14명에 대하여 해직이 청구되어 11명이 해직되었다. 2003년~2007년 사이에는 37건 43명의 청구결과 3명이 해직되었다(総務省, 2009a; 김순은, 2011a). 일본 총무성 자료에 따르면 2003년-2007년 사이 주민소환의 청구가 제기되자 주민투표 이전에 특단의 조치를 취한 지방정부도 다수 있었다. 지방의회의 해산청구가 제기되자 7개 지방의회가 자발적으로 해산하였으며, 지방의원 주민소환 청구에 대하여는 24명이 사직하였다. 지방정부 장의 경우에는 주민소환 청구에 대하여 17명이 사직하였다(総務省, 2009a).

주민소환은 선출직 공무원을 견제하는 가장 강력한 주민들의 법적제도임에 틀림이 없다. 선출직 공무원의 개인적인 비리, 부당한 처사, 적절치 못한 행동 등이 소환의 사유가 될 수 있다. 그러나 특정 정책과 관련하여 주민소환을 발의할 경우 상기에서와 같이 소환투표가 성공할 가능성이 극히 낮음을 알 수 있다. 또한 주민소환과 관련하여 소요되는 정치적, 재정적 경비를 감안하면 주민소환제도는 신중히 활용되어야 한다. 결론적으로 민선 4기의 두 사례는 주민소환제도가 적절히 활용될 수 있도록 제도적 보완책이 마련되어야 한다는 교훈을 준다. 뿐만 아니라 주민소환제도가 보다 활성화되어 현재 문제점으로 지적되는 지방정부 장의 독주와 독선을 견제할 수 있어야 할 것이다. 지방의원의 성실한 의정활동을 감시하는 효과적인 제도로 발전되어야 함도 물론이다.

(4) 지방의회와 주민소송

(가) 주민소송의 의의

주민소송은 납부한 세금이 부당하고 불법적으로 사용될 경우 담당 공무원이나 정부를 상대로 납세자가 제기하는 소송을 의미한다. 주민의 권리, 특히 납세자의 권리를 보장하고 주민참여를 활성화하기 위하여 도입된 제도이다.

우리나라에서 주민소송제도는 2005년 도입되었다. 지방자치법은 공금의 지출에 관한 사항, 재산의 취득·관리·처분에 관한 사항, 해당 지방정부를 당사자로 하는 매매·임차·도급 계약이나 그 밖의 계약의 체결·이행에 관한 사항 또는 지방세·사용료·수수료·과태료 등 공금의 부과·징수를 게을리 한 사항에 대하여 주민감사청구 후 요건을 갖출 경우 해당 지방정부의 장을 상대로 한 주민소송제도를 규정하고 있다. 주민소송의 요건은 아래와 같다(지방자치법 제17조).

- 감사청구를 수리한 이후 60일이 지나도 감사를 끝내지 아니한 경우
- 감사결과 또는 조치요구에 불복하는 경우
- 지방정부의 장이 조치요구를 불복하는 경우
- 지방정부의 장의 이행조치에 불복하는 경우

일본에서도 주민들은 감사위원에 주민감사청구를 요구한 이후 감사의 결과에 불복하는 경우나 감사의 결과 부정·위법한 행위가 있음에도 불구하고 적절한 조치가 이루어지지 않는 경우 주민소송을 제기할 수 있다.

(나) 주민소송의 현황

2006년 시행된 주민소송은 2013년 8월까지 26건이 제기되었고 이 중에서 15건이 종결되었다. 지방정부 선출직 공무원의 업무추진비, 지방정부의 선심성 및 과시성 재정지출, 공무원의 관광성 외유, 지방의회의 부당한 의정비 인상 등 지방정부의 장 및 지방의회의 부당하거나 불법적인 재정행위가 주민소송의 대상이 되었다(김영수, 2009).

이 제도의 도입 이후 인천시민들은 인천 부평구청장과 구의회의 예산 낭비를 근거로 주민소송을 검토하였으며, 서울시 관악구민들도 관악구청이 지방자치상을 받기 위하여 부당하게 재정을 낭비하였다고 주민소송을 계획하였다.

2009년 수원 경실련은 수원시가 공무원들에게 333억의 초과근무수당을 불법으로 지급하였다고 수원시장을 상대로 손해배상청구 주민소송을 제기하였다. 그러나 재판부는 청구의 상대방과 청구액이 지정되지 않았다는 이유로 소송을 기각하였다. 한편 2009년 도봉·금천·양천구민들이 해당 구의회가 부당하게 의정비를 부당하게 인상하였다고 주민소송을 제기하였다. 여기에 대해 서울행정법원이 의정비 인상은 부당하다는 판결을 내림으로써 주민소송에 새로운 지평이 열리게 되었다. 이 판결은 지역주민들이 지방정부의 재정행위에 더욱 관심을 갖는 계기가 되었다.

지방자치가 실시된 이후 지방정부의 예산 낭비는 누차 지적되어 왔다. 많은 지방정부들이 지방세만으로는 공무원의 인건비조차 충당하지 못함에도 불구하고 선심성·과시성 사업, 관광성 외유 등으로 끊임없이 지적받았다.

(다) 주민소송의 문제점

주민소송제도가 처음 도입될 때에는 주민소송 제도의 활용성에 대하여 많은 논란이 제기되었다. 지방정부의 재정행위를 견제하고 감시할 수 있는 효과적인 제도임에도 불구하고 승소율이 낮은 것이 문제점으로 지적되었다. 우리나라의 경우 2013년까지 26여 건의 사례 중 15건이 종결되었는데 2건이 1심 각하, 13건이 주민패소, 1건이 소 취하로 이어졌고, 단 1건만이 승소하였다(안전행정부, 2013c). 비록 의정비 부당인상에 대한 승소판결을 통하여 주민소송제도가 지방정부의 부당하거나 불법적인 재정의 낭비를 통제할 수 있다는 인식이 형성되었음에도 불구하고 승소율이 낮아 우려를 낳고 있다.

일본 역시 주민소송의 승소율은 낮다. 2007-2009년 사이에 629건의 주민소송이 제기되었는데, 완결된 주민소송 중 주민이 승소한 사례는 4건, 일부 승소한 사례는 22건에 머물렀다(総務省, 2010a).

(5) 지방의회와 주민감사청구

(가) 주민감사청구의 의의

주민감사청구제도 역시 주민의 직접참정 기제로서 논의할 만한 제도이다. 이 제도는 행정의 투명성을 확보하기 위하여 주민이 지방정부의 행정에 의혹이 있다고 판단되는 경우 이에 대한 감사를 청구하는 제도이다. 주민들은 지방정부와 지방정부 장의 권한에 속하는 사무의 처리가 법령에 위반되거나 현저히 공익을 해친다고 판단하면 시·도에 대해서는 주무부장관에게, 시·군·구에 대해서는 시·도에 감사를 청구할 수 있다.

우리나라는 지방자치법 제16조에서 주민감사청구제도를 규정하고 있는데 일본의 제도와도 유사하다. 지방정부의 19세 이상 주민은 시·도는 500명, 인구 50만 이상의 도시는 300명, 시·군·구는 200명 이내의 범위에서 지방정부의 조례에 따라 주민감사청구를 청구할 수 있다. 청구대상에서 제외되는 사항은 다음과 같다.

- 수사나 재판에 관여하게 되는 사항
- 개인의 사생활을 침해할 우려가 있는 사항
- 다른 기관에서 감사하였거나 감사 중인 사항. 다만 다른 기관에서 감사한 사항이라도 새로운 사항이 발견되거나 중요 사항이 누락된 경우와 주민소송의 대상이 되는 경우는 제외
- 동일한 사항에 대하여 주민소송이 진행 중이거나 그 판결이 확정된 사항

일본의 경우 지방자치법 제75조에서 사무감사청구제도를 규정하고 있고, 제

242조에서 주민감사청구제도를 규정하고 있다. 전자는 유권자의 50분의 1이상이 감사위원에게 지방자치단체의 사무에 대한 감사를 청구할 수 있는 제도이며, 후자는 비록 1명의 주민이라도 지방정부 또는 직원에게 위법·부당함이 있다고 판단하는 경우에 감사를 청구하는 제도이다.

지방자치법에 근거한 주민감사청구 외에 2001년 7월 부패방지법에[17] 신설된 국민감사청구제도가 있다. "공공기관의 사무처리가 법령위반 또는 부패행위로 인하여 공익을 현저히 해하는 경우 대통령령으로 정하는 일정한 수 이상의 국민의 연서로 감사원에 감사를 청구할 수 있다"(부패방지법 제72조). 주민감사청구는 상위 지방정부 또는 중앙부처에 감사를 청구하는 반면 국민감사청구는 감사원에 청구한다는 차이가 있다.

(나) 주민감사청구의 현황

우리나라에서 주민감사청구제도는 1999년 8월 도입되었다. 당시에는 일본과 유사하게 20세 이상 주민 총수의 50분의 1의 범위 안에서 당해지방자치단체의 조례가 정하는 20세 이상의 주민 수 이상의 연서로 시·도에 있어서는 주무부장관에게, 시·군 및 자치구에 있어서는 시·도지사에게 당해지방자치단체와 그 장의 권한에 속하는 사무의 처리가 법령에 위반되거나 공익을 현저히 해한다고 인정되는 경우에 감사를 청구할 수 있었다(1999년 지방자치법, 13조의 4).

1999년 8월 이전에는 지방정부가 조례, 또는 규칙에 의하여 주민감사청구제도를 실시하고 있는 실정이었다. 광역정부로서는 서울과 부산이, 기초지방정부로서는 서울 종로구, 용산구, 동작구 등이 이 제도를 채택하였다. 서울특별시는 규칙으로, 부산광역시는 조례로서 시민감사청구제도를 활용하고 있었다. 이렇듯 자치단체별로 다소 상이하게 시행되고 있는 시민감사청구제도의 실효성을 제고하기 위하여 지방자치법에서 입법형태나 기본적인 내용 등 원칙적인 사항만이라도 입법화하는 것이 바람직하다는 지적이 제기되었다.

특히 지방자치법에서 주민감사청구를 제도화하여야 할 필요성은 부산광역시가 시민감사청구제도를 조례화하는 과정에서 명백하게 나타났다(김순은,

---

17) 2008년 "부패방지 및 국민권익위원회의 설치와 운영에 관한 법률"로 개정되었다.

1997d). 부산광역시는 1996년 대형 건설비리가 발생하자 향후 자치행정의 투명성을 제고한다는 시장의 의지 하에 시민감사청구제도를 위한 조례제정을 추진하였다. 1996년 12월 6일 시민감사청구제가 입법 예고되었고, 이듬해 1월 21일 부산광역시의회 내무위원회의 심의에 회부되었다. 그러나 시장의 의지와는 반대로 시의회와 시공무원의 태도는 너무 소극적이었다. 시공무원들은 자신들의 행정행위에 대한 감사이므로 소극적이었고, 시의원들은 그들의 권한이 침해된다는 인식 때문에 소극적으로 대처하였다. 시의회는 여러 가지 명분을 내세워 제60회 임시회 이후 2차례에 걸쳐 심의를 보류하였다.

시공무원과 시의회가 주민감사청구에 대하여 소극적인 태도를 견지하자 부산광역시 시민단체인 참여자치시민연합은 1996년부터 3번의 의견서 제출, 1번의 청원서 제출 등으로 이 제도의 제도화를 위해 적극적으로 노력하였다. 이러한 노력과 지역 언론의 관심 덕분에 1997년 4월 18일 임시회에서 조례로서 확정되었다. 그 후 3개월간의 유예기간을 거쳐 1997년 8월 16일부터 효력이 발생하였다.

시민감사청구의 제도화를 위해 노력하였던 참여자치시민연합은 제도의 적극적 활용을 유도하기 위하여 1997년 8월 21일 택시운영체계 전반과 관련하여 부산광역시에 대한 감사를 청구하였다. "택시운송수입금 전액관리제의 시행에 따른 행정기관의 제반 조치사항에 대한 감사"와 "택시회사의 분할양도·양수에 따른 부산시의 재량권 남용에 대한 감사와 96년부터 97년까지 부산시에서 양도·양수된 택시에 대한 부산시 신고가격과 실제 거래가격에 대한 관리·감독이 충실히 시행되었는지의 여부에 대한 감사"를 청구하였다. 1997년 8월 택시정책에 대한 시민감사청구서를 제출했지만 참여자치시민연합이 관계법령에 등록해 허가된 공익단체가 아니라는 이유로 청구서가 반려되었다. 또한 지역주민 감사청구 규정도 까다로운 절차로 인해 참여자치시민연합은 시민감사청구제에 대한 조례개정 요구하는 청구서를 제출하였다(연합뉴스, 1997).

부산광역시의 사례에서 나타나는 것처럼 시공무원과 행정부처에 대하여 감사권이 있는 시의회는 권한의 축소 등을 이유로 시민감사청구제도에 소극적이다. 따라서 지방자치법에서 일반적인 원칙을 규정하여 지방정부로 하여금 주민감사청구제도를 적극적으로 도입하도록 할 필요성이 있었다. 이러한 필요성과 지방자치의 책임성 확보 차원에서 1999년 8월 주민감사청구제도가 우리나라에서도 도입되었으며 그 현황은 아래와 같다.

주민감사청구는 2000년부터 활용되었다. 2000년에 5건, 2001년에 12건, 2002년에 20건, 2003년에 9건, 2004년에 7건, 2005년에 13건, 2006년에 28건, 2007년에 22건, 2008년에 19건이 제기된 것으로 조사되었다(행정안전부, 2008a). 2006년도에는 주민소송의 전치요건으로서 주민감사청구가 증가한 것으로 파악된다(행정안전부, 2008b). 주민감사청구의 대상은 주로 지방의원의 해외연수 비용에 대한 부당성 여부, 과다한 의정비 책정 여부, 업무추진비의 부당성 등이었다. 2000년 이후 청구된 주민감사청구 중 청구요건을 충족하지 못하여 52건이 각하되었다.

민선 4기에는 주민감사청구제도의 활용이 두드러지게 나타났다. 우선 2009년 2월 안양시민들은 시외버스터미널 사업계획이 적정·적법하게 추진되었는지에 대해 경기도에 주민감사를 청구하였다. 그 결과 경기도는 시외버스터미널 사업계획이 부적정하게 처리되었다는 결론을 내렸다. 2009년 서울시 도봉구, 금천구, 양천구 주민들이 구의원의 부당한 의정비 인상에 대하여 주민감사를 통하여 인상분을 환수하는 판례를 이끌어 냈다. 2014년에도 성북구의원들이 외유성 외국출장에서 사용한 경비 중 일부는 환수하라는 서울시의 결정도 주민감사청구를 통한 것이었다(연합뉴스, 2014).

또한 2010년에는 대구 경실련이 대구시가 역세권 개발 시 관련 업체에 특혜를 준 것을 이유로 주민감사를 청구하였다. 이제 주민감사청구는 지방정부의 행정행위가 적정·적법하게 이루어지도록 감시하는 제도로서 정착하게 되었다. 2000년 제도가 시행된 이후 2011년 6월 말까지 226건의 주민감사청구가 이우러진 것을 보면 주민감사청구제도는 나름대로 활용되고 있다(김상호, 2013).

일본의 경우 1970년~1974년 사이에 총 11건의 사무감사청구가 제기되었다. 1999년~2003년 사이에는 총 12건이 제기되어 그 중 1건은 요건불충분으로 각하되었다(김순은, 2011a). 2007년~2009년 사이에는 주민의 감사청구가 폭발적으로 증가하였다. 2년간 총 1789건의 주민감사청구가 제기되어 취하된 건수가 37건, 각하된 건수가 733건, 기각된 건수가 923건을 기록하였다. 최종적으로 감사가 이루어진 건수는 105건이었다(総務省, 2010a).

(다) 주민감사청구의 문제점

주민감사청구제도가 처음으로 도입되었던 2000년부터 2005년까지는 엄격한 청구 요건, 한정된 감사기관, 감사결과에 대한 구제수단의 미비 등으로 제대로 활용되지 못하였다(김해룡, 2004; 김영조, 2008). 그 후 감사청구요건이 완화되면서 향후 제도의 활용이 확대되었다.

그럼에도 불구하고 우리나라의 주민감사청구는 주민 1인이 청구하지 못한다는 점, 상위 기관에 감사를 청구하여야 한다는 점, 사무감사청구와 재무감사청구를 동일 조문에서 다루고 있다는 문제점을 계속적으로 안고 있다(김영조, 2008). 이외에도 주민감사청구의 절차가 복잡하고 감사원에 청구하는 국민감사청구제도와의 중복성도 문제점으로 지적되고 있다(김상호, 2013).

(6) 지방의회와 주민참여예산제도

(가) 주민참여예산제도의 의의

예산과정에서 일반적으로 예산편성은 집행기관이, 예산의 심의와 의결 및 결산은 의결기관이 담당한다. 기관통합형의 지방정부에서도 집행부서가 예산을 편성하여 지방의회가 심의하는 절차를 거친다.

주민참여예산은 집행기관이 예산을 편성하는 과정에 주민들이 직접 참여하여 의견을 개진하는 제도이다. 1989년 브라질의 포르투 알레그레(Porto Alegre)시에서 도입되어 성과를 거둔 이후 다수의 국가에 확대되어 사용되고 있다. 우리나라에서는 2002년 6월 지방선거 이후에 주민참여예산제도에 대한 관심이 높아졌다. 노무현 대통령의 참여정부가 집행기관의 예산과정에서 주민의 직접 참여를 적극적으로 권장하였기 때문이다(안성민 외1, 2010; 김판석 외3, 2010). 2006년 지방재정법은 주민참여예산제도를 임의규정으로 개정하여 지방정부의 자율로 위임하였으나 2011년 강제규정으로 전환함으로써 이제는 모든 지방정부가 주민참여예산제도를 활용하여야 한다(지방재정법 제39조).

(나) 주민참여예산제도의 현황

주민참여예산제도는 법률 제정 이전에 이미 2003년 광주광역시 북구가 처음으로 도입하였으며, 중앙정부는 2006년 지방재정법에 주민참여예산제도의 도입이 가능하다는 규정을 삽입하였다. 그 이후 2011년 이전까지 지방정부의 38%에 해당하는 100개의 지방정부가 주민참여예산제도를 활용하였고 현재에는 모든 지방정부에서 주민참여예산제도를 활용하고 있다.

주민참여예산제도는 현재 운영 면에서 문제가 없는 것은 아니나 부당한 예산의 편성, 즉 선심성 예산이나 과시성 예산을 사전에 방지하는데 효과가 있는 것으로 조사되고 있다. 나아가 참여 민주주의의 발전에도 크게 기여하는 것으로 평가되고 있다(안성민 외1, 2010).

(다) 주민참여예산제도의 문제점

현재 가장 문제가 되는 것은 현행 지방재정법에서 주민참여예산제도를 강제규정으로 개정하였음에도 불구하고 실질적인 참여보다는 형식적으로 운영되는 사례가 많다는 점이다. 실질적인 주민참여를 통하여 주민의 다양한 의견과 아이디어 및 숙원사업들이 예산에 반영되는 지방정부가 있는 반면 제도의 강제규정으로 운영은 되나 실질적인 참여보다는 주민의 참여가 형식적인 수준에 머무는 지방정부가 많다는 점이다. 여기에는 주민들의 관심이 부족하거나 주민들의 역량이 부족한 경우도 있으며 주민참여예산제도에 대한 지방정부의 소극적인 태도가 원인이 되고 있다.

(7) 청원제도

(가) 청원제도의 의의

청원제도 역시 주민의 직접참정제도의 하나로서, 헌법에서 보장하는 제도이다. 주민들은 중앙정부나 지방정부에 대하여 문서로서 정책 집행의 시정을 요구하는 청원권을 지닌다.

지방자치법에서도 주민이 직접 지방의회에 제출하는 청원제도를 규정하고 있다. 주민들은 지방의회의원의 소개를 받아 지방의회에 청원을 제출한다. 지방의회 의장은 청원서가 제출되면 소관 상임위원회나 본회의에 회부하여 심사를 진행시킨다. 지방의회 의장은 심사를 거친 후 지방정부의 장이 처리하는 것이 타당하다고 판단하는 경우 지방정부의 장에게 이송한다. 아울러 청원의 처리결과는 청원자에게 고지한다(지방자치법 제75조, 제76조).

지방자치법에서는 청원의 제외 대상으로 재판에 간섭하거나 법령에 위반되는 사항만을 규정하고 있어서 청원 대상은 상당히 광범위하다고 할 수 있다. 지방자치법에서 규정한 이외의 청원에 관한 사항은 청원법의 규정에 따라 처리한다.

(나) 청원의 현황

우리나라의 조례 제·개정청구, 주민소환·주민소송·주민감사청구 등 직접참여제도는 주민의 일정 수 이상의 연서를 요구하여 각 개인으로서는 활용하기가 어렵다. 지방자치법 상의 청원제도는 주민 1인이 지방의원의 소개로 청원을 제출할 수 있다. 지방의회 의원이 주민의 대표이기 때문이다.

그럼에도 불구하고 제도의 활용 정도는 상당히 낮다. 지역마다 다소 편차는 있지만 청원의 접수 건수는 미미한 실정이다. 광주광역시에서는 1991년 시의회가 수립된 이후 10년간 86건, 전라남도의회의 경우 동 기간 중 14건의 청원이 제기되었다.

(다) 청원의 문제점

청원제도는 청원 대상과 절차 및 방식에 있어 비교적 단순하다. 그럼에도 불구하고 활용도가 낮은 것은 청원제도의 홍보부족에 기인하는 바가 크다. 지방의회 의원조차도 청원제도를 제대로 숙지하지 못하는 것으로 나타났다.

(8) 시민헌장제도

1995년 선출직 지방정부 장의 출현으로 시민 개개인의 삶의 질이 강조됨에 따라 행정부서의 근무 자세와 행정서비스의 질이 시민들의 주요 관심사항이 되었다. 행정서비스의 질을 평가하기 위해서는 기준이 요구되는데, 이와 관련하여 시민헌장(Citizen's Charter) 도입이 필요하다. 시민헌장은 행정서비스에 대하여 추상적이고 이념적인 대원칙을 규정한 것일 뿐만 아니라 구체적으로 행정서비스를 평가하기 위한 실무기준이기도 하다. 시민헌장을 제도화하여 행정서비스의 질을 제고하는데 성공한 국가가 영국이다(김순은, 1996b).

1835년 민주적 지방정부를 탄생시킨 영국도 초창기에는 시민을 단순히 행정서비스의 수혜자로만 인식하여 시민의 입장에서 행정서비스를 선택하거나 불만족을 해결할 수 있는 제도가 없었다. 그러나 행정서비스에 대한 불만이 커지자 1970년 지방정부의 재편과 함께 옴부즈맨 제도를 도입하였고 1980년대에는 감사위원회를 설립하여 행정효율성 제고를 위한 제도적 장치를 마련하였다.

상기와 같은 노력의 결과와 1980년 후반 행정서비스의 수혜자인 시민을 고객으로 간주하는 고객주의(Consumerism)의 확산으로 시민헌장이 탄생하였다. 1991년 메이저 수상은 총선거를 앞두고 지방 관련 정책으로 시민헌장을 제시하였다.

메이저 수상이 제시한 시민헌장은 행정서비스 질의 제고, 시민의 선택의 폭 확대, 재정의 효율성과 효과성 극대화, 지방정부 책임의 확보를 목표로 하고 있다. 메이저 수상이 발표한 "시민헌장 백서는 시민헌장 자체는 아니고 향후 각각의 지방정부가 제정하게 될 시민헌장이 지녀야 할 기본적 틀, 이를테면 시민헌장의 방향과 요소를 규정하고 있다. 여기에는 기본적 목적과 목표, 기본취지, 공공서비스의 기본원리, 목표를 달성하기 위한 기구와 수단 및 절차 등"이 포함되어 있다(김순은, 1997a, p.10). 이에 따라 영국 지방정부는 중앙정부의 기본적 틀하에서 각자 시민헌장을 제정하여 운영하고 있다. 한편 요크시는 메이저 수상의 시민헌장에 대한 발표 2년 전에 이미 시민헌장을 작성하여 행정서비스의 질을 평가하였다.

일본의 지방정부도 이와 유사한 제도를 운영하고 있다. 고베시의 경우 「고베시민의 환경을 지키는 조례」, 「고베시민의 생활을 지키는 조례」, 「시민복지조례」, 「자동차 공해방지 조례」 등의 고객헌장이 채택되어 사용되고 있다. 최근에는 자치기본조례, 지방의회 기본조례 등이 제정되고 있다. 우리나라 지방정부도 시민헌장을 제정하고 공표한 적이 있지만 장성군을 포함한 몇 개의 지방정부를 제외하면 선언적 성격에 그친다.

3) 주민참가와 지방의회

(1) 지방의회와 주민참여

(가) 주민의 지방의회 참여의 필요성

지방의회와 주민참여의 관계는 매우 어색한 주제로 보인다. 지방의회는 지역에서 유일한 주민의 대표기관으로서 주민의 관점에서 지역의 정치와 행정을 담당하고 있기 때문에 지방의회에서 주민참여가 이루어져야 한다는 주장은 설득력이 낮아 보인다. 실제로 지방의원들의 시각도 냉소적이다(김순은, 2001c, 2010f). 하지만 지방의원들이 다양한 방면에서 지역주민의 이익과 관점을 적절히 대변하고 주민들로부터 신뢰를 받고 있다면 굳이 지방의회에 주민참여가 요구될 리 만무하다.

현재 몇 가지 차원에서 지방의회에도 주민참여가 요구된다. 첫째, 지방의회가 지역주민의 의견을 청취하는 차원의 참여이다. 지방의회는 행정사무의 감사와 조사 때 관계인을 소환하여 조사할 수 있으나 관계자가 자발적으로 참여할 수 있는 제도는 마련되어 있지 않다. 정책 사안이 논의될 때 일반시민이나 이해당사자들이 상임위원회나 본회의에 참여하여 의견을 제시할 수 있는 제도는 지방의회의 존재감을 제고하는 데 기여할 것이다.

둘째, 정책 사안이 지역에 중대한 영향을 미칠 것으로 예상되는 경우에는 지방의회의 의결과 함께 지역주민의 주민투표를 고려하는 것도 좋은 대안이다. 외국의 경우 지방세율을 올린다든지, 행정구역을 통·폐합한다든지, 지방정부 헌장을 제·개정하는 경우에는 주민의 투표를 거치도록 하고 있다.

셋째, 지방의회나 지방의회의원이 본래의 책무를 해태하는 경우다. 일본에는 지방의회가 책무를 해태하여 지역에 부정적인 영향을 미치는 경우 지방의회의 해산을 청구하는 제도가 있다. 지방의회 의원 개인에 대해서도 주민소환을 통하여 선거결과를 바로잡을 수 있는 기회가 주민에게 주어져야 한다는 것은 지당한 논리이다.

(나) 지방의회에서의 정책자문의 필요성

지방의회는 지방정부의 정치주체이고 집행기관이 제시하는 다양한 행정사무를 심의하고 처리한다. 행정의 전문화 추세에 따라 지방의회가 심의하고 처리하는 행정사무의 전문성도 매우 높아졌다. 그럼에도 아마추어 정치인인 지방의원들에게 전문성을 확보하여야 한다고 하는 것은 무리이다. 국정을 처리하는 국회의원에게도 고도의 전문성을 요구하고 있지 않다.

이러한 상황은 바로 전문가들과의 정기적, 수시적인 만남을 통하여 해결하여야 한다. 지방의회는 적극적으로 지역의 전문가들로부터 전문적 자문을 받을 수 있도록 네트워크를 형성하고 외부의 의견에 개방적인 자세를 취하여야 한다.

(2) 지방의회의 방청과 정보공개

(가) 저조한 주민 방청

스포츠 경기에 관중이 없다면 선수들의 기분이 별로 좋지 않을 것이라는 점은 명약관화하다. 그런데 지방의회는 관중 없이 경기를 하고 싶은 곳인 듯하다. 주민의 참석 없이 관계 공무원과 소수의 이해 당사자들의 참석만으로 회의를 하는 것이 이미 지방의회의 일상적인 모습이다. 여기에는 몇 가지 요인이 작용하고 있는 것으로 보인다. 다음 절에서 논의할 정보공개의 문제점 이외에 지방의회 회의의 특성이 이슈가 된다.

우선 상근 의회를 표방하는 현재 우리나라의 상황 하에서 대부분의 의회가 회의를 오전 10시에 개최하여 오후 5시 이전에 마친다. 이 시간대는 대부분의 주민들이 근로활동에 전념할 시간이기 때문에 근로를 포기하고 지방의회에 참석하는 일은 쉽지 않다.

또 다른 이유는 지방의회의 회의진행 방식이다. 대부분의 의회가 일반 주민들이 이해하기 어려운 용어로 회의를 진행하며, 본회의의 경우 이미 준비된 질문과 답변으로 진행하므로 주민들이 지방의회의 참석을 꺼리게 된다. 어려운 용어에 익숙하지 않은 주민들은 회의 참석의 필요성을 느끼지 못한다. 또한 사전에 준비된 질문에 대한 답변 방식은 주민의 흥미를 끌어내지 못한다. 현장에서 긴장감이 느껴지는 회의여야 주민들의 관심을 유도할 수 있을 것이다. 그 외에 중요한 이유는 다음 절에서 논의하는 지방의회의 사항에 관한 정보공개와 관련되어 있다.

(나) 지방의회와 정보공개 및 홍보

지방의회의 정례회와 임시회는 사전에 공고하도록 되어 있다. 그런데 지방의회의 회의개최에 관한 공고는 지방의회의 홈페이지와 지정된 소수의 장소에서만 이루어지기 때문에 주민들이 생활 속에서 회의 정보를 파악하기가 쉽지 않다. 그렇다고 지방의회가 적극적으로 회의 일시와 안건을 홍보하는 것도 아니다.

지방의회에 관한 정보가 없으면 지방의회에 대하여 관심을 가질 수 없음은 자명하다. 주민들의 참석을 고의로 바라지 않는다면 모를까, 지방의회는 회의에 관한 정보공개와 홍보에 많은 관심을 가져야 할 것이다. 일본의 경우 주민의 거주하는 장소의 게시판에 지방의회의 회의일정과 의제를 게시하고 있음은 참고할 만하다.

13. 지방의회의 선거제도

1991년 지방의회가 구성된 이후 현재까지 관련 제도는 많은 변화를 겪어 왔다. 지방의회의 지위와 권한을 제고함은 물론 지방의회의 선거제도도 개선되었다(김순은, 2011b). 그럼에도 불구하고 아직도 선거제도에는 개선할 과제가 많이 있다. 이 중에는 선거구제도, 정당공천제도, 선거비용과 후원회제도, 여성의 정치참여 활성화제도, 지방의원의 재임횟수 등이 포함된다(황아란, 2005, 2007; 정준표, 2006; 조성대, 2010; 한인택, 2006; 김순은, 2011b).

1) 선거구제도

(1) 선거구제도의 의의

지역주민의 대표를 선출하는 선거제도는 매우 다양하고 복잡하다. 그 중에서도 선거의 결과에 가장 큰 영향을 미치는 것이 선거구제도이다. 선거구제도가 국가와 시대에 따라 각기 다르고 많은 관계자의 관심을 끄는 것은 그 때문이다(황아란, 2007).

많은 국가에서 선거구제도는 구체적으로 정당간의 유·불리, 피선거자의 대표성과 공정성, 선거비용의 적정성, 선거권자와 피선거권자의 관계 등에 의하여 평가되어 왔다. 이러한 기준에 따라 선거구제도는 끊임없이 개선 또는 개악되기도 한다. 우리나라의 경우 고비용 저효율의 정치구조를 개선하는 방안으로 선거구제도가 논의되었다. 소선거구제, 중·대선거구제, 비례대표제가 주로 논의의 대상이었다(김순은, 2010b).

(2) 선거구제도의 현황

(가) 1960년대까지의 지방의원 선거구

우리나라의 경우는 그동안 다양한 선거구 제도를 시험하였다. 기초의회의 경우 1952년 이후 지방자치 선거에서는 중선거구제를 채택한 바 있다. 광역의회의 경우 1952년 지방자치 선거에서는 중선거구제도, 1956년과 1960년 선거에서는 소선거구제를 채택하였다.

(나) 현행 지방의원 선거구

1991년 지방의회가 부활하면서 우리나라에서는 광역, 기초지방의회 모두 소선거구제를 채택하였다. 2005년 정치개혁특별위원회에서 기초지방의원 선거구에 중선거구제를 채택함으로써 현재 광역지방의회는 소선거구제, 기초지방의회는 중선거구제를 실시하고 있다.

(다) 비례대표제[18)]

지방의회에 비례대표제를 도입하는 이슈는 광역의회와 기초의회를 대분하여 논의할 수 있다. 광역의회의 경우 제1차 통합선거를 앞두고 1995년 4월 1일 정원의 10%를 비례대표제로 충원하는 제도가 처음으로 도입되었다. 이때에는 비례대표에 대한 별도의 선거를 거치지 않고 소선거구에서 각 정당이 얻은 표를 토대로 비례대표를 배분하였다.

그 후 비례대표에 대한 시·도 단위 선거가 2000년 2월 16일 도입되었다. 소위 정당명부식 비례대표 투표제도가 도입된 것이다. 2002년 3월 개정에서는 비례대표에 반드시 여성후보가 포함되어야 했으며 2005년 8월 개정에서는 비례대표 여성 50%를 추천하되 여성을 홀수 번호에 배치하도록 하였다.

기초의원의 선거에서는 2005년 정치개혁특별위원회의 제안으로 정당명부식

18) 필자의 지방의회 관련 제도의 20년의 변천과 과제(2011b)에서 발췌하였다.

비례대표제가 도입되었다. 이를 표로 정리하면 <표 2.11>와 같다.

〈표 2.11〉 비례대표제의 변천

선거의 종류	1995년	2000년	2002년	2005년
광역의원 선거	비례대표 도입 정원 10%	정당명부식 투표 정원의 10%	정당명부식 여성후보 의무 정원 10%	정당명부식 여성의원 의무 여성의원 50% 홀수번호 부여
기초의원 선거				정당명부식 여성의원 의무 여성의원 50% 홀수번호 부여

(라) 외국의 사례

특정한 선거구제를 채택하는 것은 그다지 간단한 작업이 아니다. 각 나라의 정치문화에 많이 좌우되는 문제이기 때문이다. 소선거구제도는 일반적으로 양당정치의 구현에 유리하다고 인식된다(김순은, 1998b).

양당정치의 전통이 오래된 영국에서는 소선거구제를 채택하였으나 최근에는 지방정부마다 다양하다(강재호, 2001; 김순은, 2011b). 현재는 각 광역지방정부와 기초지방정부가 선거구제를 결정할 수 있는데 소선거구제와 중선거구제를 병행하는 경우가 많다.

버밍햄시의회가 대표적이다. 2003년까지 카운티정부의 경우 복수의 당선자를 배출하는 중선거구제를 금지하였으나 현재 버로우 정부는 반드시 2-3명의 복수 당선자를 배출하는 중선거구제를 채택하여야 한다. 당선은 단순 다수득표자 순에 따른다. 중선거구제의 경우 단순 비이양식 투표가 아니라 다수 이양식 투표를 채택하고 있다. 중선거구제의 경우 유권자는 당선자의 수, 또는 복수의 투표권을 갖는다. 런던광역시의회는 또 다른 형태이다. 25명의 시의원을 선출하는 런던광역시의회는 14명은 소선거구에서, 11명은 정당명부식 비례대표에 의하여 선출한다. 한편 캠브리지시의회는 42명의 의원으로 구성되며 선거구는 14개이다. 14개의 선거구에서 3명씩 선출되는데 동시선거로 하지 않고 매년 3분의 1씩 선출된다. 따라서 선거구의 정수는 중선거구인데 선출은 소선거구제도와 같다. 상기의 내용을 표로 정리하면 <표 2.12>와 같다.

〈표 2.12〉 선거구제도와 임기

지방의회의 종류	선거구제도	임기	선출 인원
런던광역시의회	소선거구와 비례대표제	4년	전체 선거
버밍햄시의회	소선거구제와 중선거구제	4년	매년 1/3 선거
캠브리지시의회	소선거구제	4년	매년 1/3 선거

출처: UK Parliament.

일본의 경우 중·대선거구제도가 일반적이며 광역지방의회는 단기 비양식 중선거구제를 채택하고 있다. 반면 기초지방의회는 대선거구제가 일반적이며 여기에 소선거구제를 병행하고 있다.

미국의 경우 지역마다 선거구제가 각기 다르다. 20세기 초 도시개혁운동의 결과 대선거구제도가 권장되었으나, 대도시의 경우 예를 들면 뉴욕이나 로스앤젤레스는 소선거구제를 채택하고 있다.

(3) 선거구제도의 문제점

우리나라의 선거구제는 광역의회의 경우 소선거구제, 기초지방의회는 중선거구제가 적용되면서 비례대표제가 병행되고 있다. 설문조사에 따르면 중·대선거구제는 소선거구제에 비하여 선거운동의 심리적인 측면에서 유리하다(동의대학교 지방자치연구소, 2005). 반면 선거구 관리와 선거비용의 측면, 의정활동과 관련해서는 불리한 측면이 많다. 공직선거법으로 엄격하게 규제하고 있음에도 불구하고 지방의원의 유권자 애경사 참여는 우리나라의 현 상황 하에서 선거구 관리에 중요한 활동이라는 측면과 선거구에 2명 이상의 대표가 있을 경우 각자 지역구에 대한 책임의식이 약해질 가능성이 높기 때문이다.

2) 정당공천제도

(1) 정당공천제도의 연혁과 현황

1991년 지방자치가 재개된 이후 지방선거와 정당공천에 관련된 논의가 가장 뜨거운 이슈 중의 하나였다. 지방정부의 장과 지방의회의원의 선거에 정당참여를 허용할 것인가에 대해서는 학계는 물론 정치·행정가들 사이에도 논란이 많았다. 이러한 상황에 비추어 1991년 선거 때에는 지방정부의 장과 광역의회를 구성하는 선거에서는 정당참여를 허용하고 기초의회의 경우에는 정당공천이 금지되었다.

1995년, 1998년, 2002년 선거 때에도 광역 지방선거와 지방정부 장의 선거에는 정당참여가 허용되고 기초의회 선거에는 계속 정당공천이 금지되었다. 그러나 학계나 시민단체에서는 기초 지방정부 장의 선거에서도 정당공천을 배제하자는 주장이 지속적으로 제기되었다. 그럼에도 불구하고 2006년 지방선거를 앞두고 전격적으로 기초의원 선거에서도 정당공천이 허용되어 지방분권이 오히려 퇴색되었다는 지적이 제기된 바 있다.

(2) 정당공천제도의 장·단점

(가) 지방선거와 정당의 역할

지방선거에 있어서 정당의 역할에 대해서는 논란이 많다. 학계 및 정치권에서 논의되는 정당공천의 찬·반론은 각자 상당한 논리가 있다.

정당의 발전근거는 인간의 본성에 관한 이론으로부터 출발한다. 토마스 홉스나 제임스 메디슨의 정치이론은 성악설에 뿌리를 두고 있다. 여기에 따르면 인간은 태생적으로 사악하고, 이기적이며, 동물적이고 자신의 이익을 위해서 투쟁을 한다고 한다. 그러나 인간 개인으로서는 소기의 목적을 달성하기 어렵기 때문에 유사한 생각과 이익을 갖는 사람끼리 집단을 형성하게 된다. 그리고 그 집단의 활동을 통하여 구성원들의 이익을 극대화하려고 노력한다. 이러한 집단을 제임스 메디슨은 파당(Faction)이라고 명명하였다. 이러한 이론적 전개에 따르면 인간의 생활에 있어서 파당의 존재는 불가피하다. 다시 말하면 파당은 유사한 생각과 행동, 즉 유사한 이념을 갖고 공동의 이익을 추구하는 집단이라고 정의할 수 있다. 이러한 파당 중에서 정권의 획득을 목적으로 생성된 결사체가 정당이다.

정당은 정권의 획득을 목적으로 하기 때문에 정부에 인력을 공급하는 기능을 담당하며, 선거에서 후보자를 공천하고, 시민의 여론을 수렴하여 정책을 수립한다. 이러한 기능을 수행하고 있는 정당에 대해 일찍부터 유권자들은 불신의 태도를 보였다. 일찍이 미국의 초대 대통령이었던 워싱턴은 그의 고별연설에서 정당과 관련하여 유권자들의 경각심을 상기시켰다. 워싱턴에 따르면 정당은 한 국가의 정부를 부패와 타락으로 이끌기도 하고, 국민의 단결을 해치며 나아가 사회를 불안정하게 하기도 한다는 것이다. 정당의 연원과 정당에 대한 경각심은 정당의 존·폐론으로 이어진다.

(나) 지방선거와 정당공천의 장·단점

대부분의 지방정부는 도시화로 인해 과거와는 다른 새로운 문제들(쓰레기 수거 및 매립, 상·하수도 문제, 수질 및 대기오염, 지역개발, 공공보건 및 복지, 교통, 도서관 등)을 극복하여야 한다. 지역정치에 있어 정당의 역할을 규명하는 작업은 이러한 문제의 성격을 어떻게 바라볼 것인가와 밀접하게 관련되어 있다.

다시 말하면, 상기에서 예시한 지역문제들을 민주적인 방법으로 해결하는 데 있어 정당이 어떠한 역할을 담당할 수 있느냐에 관하여 두 가지의 규범적 시각이 대립되어 왔다. 여기에 지역정치에의 정당참여에 대한 찬·반론이 논리적 근거를 두고 있다.

찬성론자들의 근거는 다음과 같다(박광주, 1989; 김병훈, 1990). 무엇보다도 정당은 여론을 수렴하는데 유리하도록 조직화되어 있어 주민여론에 입각한 정책을 수립하는데 기여한다. 지역공동체는 이질적 실체로서 여러 이해관계가 얽혀 있으므로 여론 수렴이 쉽지 않다는 것과, 주민여론에 입각한 정책 및 정치가 민주주의 실현의 본질이라는 점을 고려하면 정당의 역할이 필수적이다(박광주, 1989).

둘째 논거는 정당이 주민이나 선거후보자 및 주민대표에게 정치교육의 장을 제공할 수 있다는 점이다. 정당은 이념을 같이하는 사람을 모집하여 중앙정부 및 지방정부의 권력을 획득하기 위하여 당원들을 대상으로 계속적인 정치교육을 전개한다.

셋째, 지방정부는 정치적·행정적·재정적 측면에서 중앙정부와 계속적인 중앙-지방정부 간 관계(intergovernmental relations)를 유지하여야 한다. 그러나 통상 중앙정부와 지방정부 간의 관계는 “불편한 동반자(uneasy partnership)”이다(Williams, 1980). 이것은 두 기관이 추구하는 기본목표의 우선순위와 가용자원의 차이 및 의사전달의 어려움에 기인한다(Kim, 1991). 이와 같은 어려움은 지방정부와 중앙정부가 정당을 매개로 하여 의견을 교환함으로써 줄일 수 있다. 같은 맥락에서 향후 지방정부의 업무는 행정구역을 넘는 광역행정의 차원에서 접근해야 하는 경우가 많은데, 이때에도 해당 지방정부간에 정당을 매개로 하면 조정 작업이 원활하게 이루어 질 수 있다는 주장이다.

넷째, 지방정부의 사무는 하나의 지방정부가 추진하기보다는 복수의 지방정부가 동시에 협의하여 추진하는 것이 효과적이고 건설적인 경우가 많다. 예를 들자면 낙동강 수질보존을 위한 자치단체의 노력은 부산광역시의 노력만으로는 효과를 볼 수 없다. 광역적 사업의 경우 현 정부도 시·도간, 시·군·구간의 협력을 강조하고 있다(김순은 외2, 2009).

이외에도 기피시설 문제의 공동추진 및 처리는 물론 지역개발도 하나의 지방정부가 단독으로 추진하기보다는 복수의 지방정부가 공동으로 처리하면 효과적인 경우가 많다. 특별·광역도시 내에서 구청 간에 공동업무추진이 필요한 경우도 많다. 이러한 업무는 광역행정의 차원에서 처리하면 효과적인데, 그 과정에서 정당이 매개체가 되면 효율성을 높일 수 있다.

다섯째, 현재 우리의 지방정부구조는 기관분리형을 유지하고 있다. 1952년에 구성된 기초지방정부는 기관통합형으로 시장과 군수가 의회에서 선출되기도 하였으나, 그 이후에는 주민이 지방정부의 장과 지방의회의원을 각각 선출하는 기관분리형이 보다 빈번하게 시행되었다.

기관분리형의 지방정부에서는 지방정부의 장과 지방의회가 각각 독립된 권한과 기능을 분점하고 있을 뿐만 아니라 상호간에 권력적인 차원에서 견제의 기능을 수행하고 있다. 앞에서 논의하였듯이 지방의회가 지방정부의 장에 대하여 행사할 수 있는 권한 중의 하나가 집행기관에 대한 통제와 사무 감사 및 조사권한이다. 지방의회가 정당을 통하여 집행기관에 대한 통제, 사무 감사 및 조사를 할 때 보다 효과적일 수 있다는 것도 지역정치에의 정당참여의 장점으로 제시되고 있다.

여섯째 장점은 지방자치선거와 밀접하게 관련되어 있다. 무엇보다도 정당이 지방자치선거에 참여할 경우 지방정부의 선거 후보자 선출과정이 용이할 뿐만 아니라 선거관리에도 이점이 있다. 예를 들면 선거관리위원회가 후보자 등록을 접수하는 경우 정당의 공천이 허용된 경우는 정당의 공천서만 첨부하면 되지만 정당의 공천이 배제되는 선거의 경우 법정 추천인의 명부를 엄밀히 확인하는 과정을 거쳐야 하는 번거로움이 있다.

일곱째, 현대 민주정치는 책임정치의 구현이 핵심인데 정당이라는 조직체야말로 책임정치의 구현에 필수불가결하다. 정당은 지역공동체의 다양한 이해와 갈등을 순기능적으로 조정하여 공동이익을 책임 있게 추진하는데 적합하다는 주장이다. 뿐만 아니라 "지방정치과정에 정당참여를 배제한다면 당리당략에 의한 비생산적이고 무질서한 경쟁을 배제한다는 미명하에 지역공동체내에 엄존하는 갈등적 이해관계를 오히려 편파적으로 표출시킬 위험성이 있다"(박광주, 1989, p. 19).

상기에서 설명한 찬성론의 논거를 요약하면 "정당이 용이하게 주민여론을 수렴하여 정책수립을 할 수 있다는 점, 정당을 통하여 주민이나 주민대표에게 정치교육을 시킬 수 있다는 점, 지역의 의견을 정당을 매개로 중앙에 전달할 수 있다는 점, 정당을 통하여 광역행정사무를 효율적으로 처리할 수 있다는 점, 집행기관에 대한 통제와 감시가 정당을 매개로 효과적으로 처리될 수 있다는 점, 지방의회 선거 시 정당이 참여하면 후보자 선택이 용이하고 선거관리에 이점이 있다는 점, 정당정치의 강화로 인하여 책임정치 및 풀뿌리 민주주의를 실현할 수 있다는 점"(김순은, 1993a, pp. 8-9)과 다양한 이해와 갈등을 조정할 수 있다는 점이다.

반면 규범적 측면에서 지역정치에의 정당참여에 대한 반대론도 강하다. 반대론자들의 논거는 다음과 같다.

첫째, 반대론자들은 지역정치가 과열될 위험성을 들고 있다. 정당이 지역정치, 지역선거에 적극적으로 참여하게 되면 중앙의 정치논리와 정치게임이 지역에 이식됨으로써 지역선거가 지역의 축제로 끝나기보다는 중앙정치의 재판이 될 위험성이 있다는 것이다. 일부에서는 이미 6차례에 걸쳐 실시된 지방선거를 중앙정부의 중간평가로 간주한다. 특히 2010년 6월 선거가 그러한 성격을 강하게 띠었다.

둘째, 정당은 대부분 중앙당을 중심으로 운영되고 있고 지역사무소는 몇몇 정당지도자들의 모임이다(박광주, 1989; Huckshorn, 1980; Gyford and James, 1983; Crotty, 1986). 지역사무소가 중앙당에 의견을 전달하고 영향력을 행사하기란 더없이 어렵다. 반대로 지역사무소는 중앙당의 의견이나 지시를 무시하기 어렵기 때문에 정당을 통한 중앙집권화의 위험이 있다. 이로 인하여 지방자치는 약화된다. 연방제를 채택하고 있는 미국에서는 서로 다른 계층의 정당 간에 비교적 높은 독립성이 유지되고 있으나(Huckshorn, 1980), 단일체제의 영국에서는 중앙당, 특히 노동당의 지구당에 대한 강한 통제로 '지역정치의 중앙정치화 또는 지역정치의 동질화(Nationalization and Homogenization of Local Politics)'가 이루어지고 있다는 비판이 제기되고 있다(Bristow, 1978; Gyford and James, 1983). 우리나라에서도 지역사무소는 중앙당의 영향을 심하게 받고 있는 실정이다.

셋째, 정당의 중요한 기능 중의 하나는 정치엘리트를 충원하는 작업이다. 그러나 극소수의 정당 인사들에 의하여 지역사무소가 운영되거나 정당에 대한 불신이 높은 곳에서는 지역엘리트들이 정당 가입을 꺼리고 있다. 이러한 사정 하에서 정당이 지역선거에 적극적으로 참여할 경우 당적을 두지 않은 전문 인력이 지역정치에 참여할 수 있는 기회가 상대적으로 적어진다.

넷째, 무엇보다도 지방정부에 있어 최대의 관심은 깨끗하고 효율적인 지방정부를 구성하는 문제이다. 이를 위하여 선출직 공무원의 선임횟수를 제한하고(김순은, 1995b,) 지방자치선거에서 정당의 공천 및 표시를 금지하는 것이다. 특히 후자는 정당이 지역정치에 관여할 경우 엽관제로 인한 지방정부의 부패와 비능률을 조장할 수 있다는 것에 논리적 근거를 두고 있다. 20세기 초 진보시기에 지방자치선거에 정당공천 및 표시를 금지하기 시작한 규정은 정당정치가 낳은 기구정치(Machine Politics)의 폐단을 해소하기 위한 개혁론자들의 노력이었다. 기구정치의 가장 큰 폐단은 엽관제로 인한 비능률과 정치적 부패였다(Gilbert, 1962). 이를 개선하기 위해서는 지방자치선거에 정당의 참여를 배제하여야 한다는 것이다.

다섯째, 기관분리형을 채택하고 있는 국가에서 지방정부의 장과 지방의회의 다수당이 상이할 경우 자칫 지방정부의 장과 지방의회의 대립으로 비생산적인 지역정치가 나타날 가능성이 매우 높기 때문이다. 실제로 2010년 6월 선거를 마치고 서울시장과 서울시의회가 보인 갈등이 대표적인 사례이다.

지방자치선거에 있어 정당참여 반대론을 요약하면 "정당이 지역선거에 참여하게 되면 중앙의 정치게임이 그대로 지역에 이식됨으로 지역이슈가 퇴색되고 정치가 과열될 위험이 있다는 점, 지역사무소는 중앙당의 지시를 무시하기 어렵기 때문에 지방자치가 약화되고 정당을 매개로 한 중앙집권의 가능성이 있다는 점, 정당에 적을 두고 있지 않은 유능하고 전문적인 인재의 지역의회 진출이 어렵다는 점"(김순은, 1993a, p. 9)이 논거이다.

학계에서 찬·반론이 대립하고 있는 것처럼 정계에 있어서도 지방자치선거에 있어 정당공천 여부를 놓고 많은 논의가 이루어졌다. 결국 1991년에 광역선거에서는 지방정부의 장과 지방의원 후보자에게 정당공천을 전면적으로 허용하고, 기초선거에서는 지방정부 장의 후보자에게만 정당공천을 허용하고 지방의원후보자에게는 정당공천을 배제하는 절충안이 마련되었다. 그러나 2005년 기초의원 선거에 중선거구제가 도입됨과 동시에 기초의원에게도 정당공천제가 도입되어 거센 반발이 있었다. 2012년 대통령 선거과정에서 기초지방정부의 정당공천 배제가 후보자들의 공약에 포함되었으나 2014년 지방선거에서는 반영되지 못했다.

(3) 정당공천제도의 문제점

(가) 지역선거의 병폐 지역선거의 병폐

지방자치선거와 정당과의 관계는 1991년 지방의회 선거가 실시되면서 핵심적인 논의의 대상이었다. 정당이라는 변수가 유권자의 투표행태는 물론 지역정치와 행정에 상당한 영향을 미치고 있었기 때문이다(박재욱 외1, 2002). 우리나라에서 정당공천이 이루어진 이후 나타난 가장 두드러진 문제점은 지역정치가 반복되고 있다는 점이다. 지방정부의 장과 지방의회의 다수당을 특정 정당이 독점하는 경우가 많아 건전한 지역정치의 발전에 걸림돌이 되고 있다(김순은, 2011b; 송광태 외1, 2010). 동시선거가 실시된 1995년 이후의 현황을 보면 더욱 분명해진다.

1995년 실시된 제1대 통합 지방선거에서부터 2010년 실시된 제5대 통합지방선거에 이르기까지 선거의 지역성은 두드러진 특성이었다. 특히 특정정당이 특정지역에서 강세를 보임으로써 특정지역에서의 공천과정이 선거 과정보다 어렵고 이로 인하여 부작용이 크다는 지적이 끊임없이 지속되었다(송광태 외1, 2010; 김순은, 2011b). 아래 <표 2.13>는 5차례에 걸친 광역의회의 선거결과이다.

〈표 2.13〉 1995년 제1대 지방선거의 정당별 특성

시·도명	정당별			
	합계	민자당	민주당	기타
합계	875	284	353	152
서울	133	10	123	
부산	55	49	6	
대구	37	8	29	
인천	32	13	18	1
광주	23		23	
대전	23			23 (자민련)
경기	123	52	57	14
강원	52	27	6	19
충북	36	12	10	14
충남	55	3	2	50 (자민련 49)
전북	52		49	3
전남	68	1	62	5
경북	84	50	1	31
경남	85	52		33
제주	17	7	2	8

출처: 중앙선거관리위원회 선거통계.

제2기 광역의회의 정당별 특성은 제1기 광역의회와 매우 유사하다(김순은, 1997b). 이 시기 정당별 분포를 보면 전체 광역의회에서 신한국당이 34%, 국민회의가 30%, 자유민주연합이 15%, 민주당이 6%, 무소속이 15%를 차지하였다.[19] 광역의회별로 분석하면 부산광역시의회, 경상남도의회, 경상북도의회가 여당이 우위인 의회로, 광주광역시의회, 전라북도의회, 전라남도의회, 대전광역시의회, 충청남도의회가 야당 우위의 의회로 나타났다.

제2기 지방의회에서 서울특별시의회는 국민회의가 의석의 91%를 차지하였

19) 1995년 선거당시에는 민주자유당, 민주당이었으나 그 후 민주자유당은 신한국당으로, 국민회의가 새롭게 구성됨에 따라 민주당으로 당선된 다수가 국민회의로 당의 소속을 변경하였다.

고, 대전광역시의회는 자유민주연합이 100%를 차지하였다. 자유민주연합은 충청남도의회에서도 89%의 의석을 차지하였다. 전라북도의회도 국민회의가 94%, 광주광역시의회는 국민회의가 100% 독점하였다. 전라남도의회도 국민회의가 91%인 것으로 나타났다. 부산광역시의회는 신한국당이 90%로 1당 지배의 의회였다.

반면 경기도의회는 국민회의 46%, 신한국당 41%, 인천광역시의회는 국민회의 56%, 신한국당 40%, 강원도의회는 신한국당 51%로 1당 지배가 아니었다. 또한 지배정당이 없었던 충청북도의회, 무소속 59%인 대구광역시의회, 무소속 47%, 신한국당 41%인 제주도의회 등도 역시 1당 지배가 아니었다.

선거기간 당시에는 부산광역시의회는 민자당(후에 신한국당)이 89%, 광주광역시의회는 민주당(후에 국민회의)이 100%, 대전광역시의회는 자유민주연합이 100%를 차지하였다. 대구광역시의 경우 무소속이 78%를 차지하였다. 정당간 경쟁률이 높은 의회는 경기도의회로 전체 의석 127명 중 신한국당 61명, 국민회의 34명, 민주당 18명, 무소속이 14명으로 나타났다. 지방의회의 집권당과 단체장을 동일한 정당이 차지한 지역은 경기도, 충청남도, 광주광역시, 대전광역시, 인천광역시, 전라남도, 경상북도, 경상남도, 부산광역시, 전라북도로 나타났다. 대구광역시는 시의회도 무소속이 과반수를 차지하였고 단체장도 무소속이 차지하였다. 강원도와 서울특별시 역시 무소속이 차지하였다.

〈표 2.14〉 제3대 지방의원의 정당별 분포(비례대표 제외)

시·도명	정당별			
	합계	한나라당	국민회의	자민련 및 기타
합계	616	224	271	121 (자민련 82)
서울	94	15	78	1
부산	44	43		1
대구	26	26		
인천	26	4	20	1
광주	14		14	
대전	14			14 (자민련)
울산	14	9		5
경기	88	18	61	9 (자민련)

강원	42	21	12	3
충북	24		3	17 (자민련)
충남	32		1	31 (자민련 30)
전북	34		31	2
전남	50		42	8
경북	54	44		10
경남	46	41		5
제주	14	3	8	3

출처: 중앙선거관리위원회 선거통계.

제3기 지방의회의 특성을 지방의원의 정당별 분포를 중심으로 분석하면 전국적으로 1당 지배현상이 더욱 심화되었다. 서울특별시의회는 국민회의가 91%의 의석을 차지하였고, 부산광역시에서는 한나라당이 98%, 대구광역시의회는 한나라당이 100%, 대전광역시의회는 자유민주연합이 100%를 차지하였다. 자유민주연합은 충청남도의회에서도 93%의 의석을 차지하였다. 전라북도의회도 국민회의가 91%, 광주광역회의회는 국민회의가 100%를 독점하였다. 전라남도의회도 국민회의가 91%인 것으로 나타났다.

경기도의회는 국민회의 69%, 한나라당 20%, 인천광역시의회는 국민회의 76%, 한나라당 15%, 강원도의회는 한나라당 20%, 충청북도의회는 자민련이 70%, 무소속 21%, 제주도의회는 한나라당 21%, 국민회의가 57%로 1당 지배는 아니었다. 2002년 6월 실시된 제3대 통합지방선거의 결과도 유사하다.

〈표 2.15〉 2002년 지방선거의 정당별 분포

시·도명	정당별			
	합계	한나라당	민주당	기타
합계	609	431	121	55
서울	92	82	10	
부산	40	40		
대구	24	24		
인천	26	23	2	1
광주	16		16	
대전	16	8		8 (자민련)

울산	16	13		3
경기	94	84	7	3
강원	39	31	6	2
충북	24	19	1	4
충남	32	7	3	22(자민련 19)
전북	32		27	5
전남	46		44	2
경북	51	47		4
경남	45	44		1
제주	16	9	5	2

출처: 중앙선거관리위원회 선거통계.

위의 <표 2.15>를 분석해보면 제주도의회와 대전광역시의회를 제외하고는 각 의회마다 1당 지배가 강하게 나타나고 있음을 알 수 있다. 서울특별시, 부산광역시, 대구광역시, 인천광역시, 울산광역시, 경기도, 강원도, 충청북도, 경상북도, 경상남도의회는 한나라당이 절대적으로 우세한 것으로 나타났으며, 대전광역시와 충청남도의회는 자민련이, 전라북도와 전라남도 및 광주광역시는 민주당이 강한 지역이었다. 경남북도, 경상남도, 대구광역시, 경상남도, 경상북도, 부산광역시는 여전히 한나라당이, 호남지역은 민주당이, 충남과 대전은 자민련이 강한 것으로 나타나 이전과 전혀 변함이 없었다.

우리나라 지방선거에 있어서 지역주의행태는 2006년, 2010년 지방선거에도 동일하게 나타났다. 아래 <표 2.16>와 <표 2.17>가 이를 잘 보여주고 있다[20].

우리나라의 선거행태의 특징은 지역주의와 여기에 기초한 정당투표이다. 대통령과 국회의원 선거는 물론 지방선거에 있어서도 정당투표는 선거 때마다 반복되는 대표적인 행태이다(정준표, 2006; 황아란; 2007). 지방선거시 유권자가 정당투표를 한다는 점에서는 영국과 유사하며 일본과 전혀 다르다. 영국의 유권자도 정당을 인물보다 중시하는 경향이 강하지만 일본의 유권자는 무소속 후보와 연합후보의 수가 증가함에 따라 정당보다는 인물을 중시하는 경향이 강하게 나타난다.

지역주의에 기초한 우리나라의 정당구조는 지방선거에서도 명확하게 나타

20) 필자의 기초의회 중선거구의 효과분석(2010b)에서 발췌하였다.

났다. 2006년 지방선거는 물론 2010년 광역지방선거의 결과도 종전과 크게 다르지 않았다. 부산, 광주, 대구, 대전을 중심으로 보면 아래와 같다.

2006년 지방선거의 경우 부산광역시에서는 시장과 지역구 광역의원 42명 전원에 한나라당 후보가 당선되었다. 자치구청장·군수 당선자도 15명이 한나라당 후보였으며, 1명만 무소속 후보였다. 중선거구제를 도입한 기초의원 선거에서도 지역성은 뚜렷하게 나타났다. 158명의 지역구 당선자 중에서 한나라당 후보가 137명으로 87%를 차지하였으며 열린 우리당 후보가 19명, 그리고 무소속 후보가 1명 당선되었다.

대구광역시에서도 한나라당 절대 우세의 결과가 나타났다. 시장과 26명의 시의원 전원이 한나라당 후보였다. 구청장 8명 중에서 한나라당 후보가 7명이었으며 무소속 후보가 1명 당선되었다. 구의원 102명 중에서 한나라당 후보가 99명, 열린우리당 후보가 2명, 무소속 후보가 1명 당선되었다.

광주광역시의 경우 시장, 16명의 시의원 전원에 민주당 후보가 당선되었으며 5명의 구청장 당선자도 민주당 후보였다. 중선거구제가 채택된 기초의원 선거의 경우 59명 가운데 민주당 후보가 34명, 열린우리당 후보가 16명, 민주노동당 후보가 8명, 무소속 후보가 1명 당선되었다.

대전광역시의 경우 시장, 16명의 시의원 전원이 한나라당 후보였으며, 5명의 구청장도 한나라당 후보였다. 기초의원의 경우 55명 가운데 한나라당 후보가 30명, 열린우리당 후보가 21명, 국민중심당 후보가 4명 당선되었다. 이를 표로 정리하면 <표 2.16>과 같다.

〈표 2.16〉 2006년 선거 정당별 결과

선거별		열린우리당	한나라당	민주당	기타	무소속	1당 비율(%)
부산	시장		1				100
	시의원		42				100
	구청장		15			1	94
	구의원	19	137			2	87
대구	시장		1				100
	시의원		26				100
	구청장		8				100
	구의원	2	99			1	97

광주	시장			1			100
	시의원			16			100
	구청장			5			100
	구의원	16	0	34	8 (민노)	1	58
대전	시장		1				100
	시의원		16				100
	구청장		5				100
	구의원	21	30				55

출처: 중앙선거관리위원회 선거통계.

2010년도 선거의 경우 광역시장, 광역의원, 구청장 선거에는 커다란 변화가 없었으나 구의원 선거에서는 적지 않은 변화가 나타났다. 광역단체장, 광역의원, 기초단체장의 선거에서도 조금의 변화는 있었으나 지역주의의 색채는 여전히 강하게 나타났다. 다만 기초의원 선거에서는 커다란 변화가 나타났다. <표 2.17>는 그러한 자료를 간결하게 보여주고 있다. 이에 대한 상세한 분석은 다음 장에서 하겠다.

〈표 2.17〉 2010년 정당별 선거결과

선거별		한나라당	민주당	기타	무소속	1당 비율(%)
부산	시장	1				100
	시의원	37			5	88
	구청장	13			3	81
	구의원	93	28	17	20	59
대구	시장	1				100
	시의원	25			1	96
	구청장	6			2	75
	구의원	70	4	13	15	69
광주	시장		1			100
	시의원		18	1 (민노)		95
	구청장		4		1	80
	구의원		44	12	3	75
대전	시장			1 (자선)		100
	시의원	0	4	15		79
	구청장	1	1	3 (자선)		60
	구의원	11	21	23 (자선)		42

출처: 중앙선거관리위원회 선거통계.

2014년 선거에서도 구의원의 구성비가 부산광역시에서 두드러지게 나나타났다. 부산지역에서 새정치민주연합 당적의 구원의 수가 급증하였다. 대구지역에서도 새정치민주연합의 구의원이 증가하였으나 광주에서는 오히려 감소하였다. 이는 아래 <표 2.18>과 같다.

〈표 2.18〉 2014년 정당별 선거결과

선거별		새누리당	새정치민주연합	기타	무소속	1당 비율(%)
부산	시장	1				100
	시의원	42				100
	구청장	15			1	93
	구의원	92	58	1	7	58
대구	시장	1				100
	시의원	27				100
	구청장	8				100
	구의원	77	9	3	13	75
광주	시장		1			100
	시의원		19			100
	구청장		5			100
	구의원	1	47	9	2	80
대전	시장		1			100
	시의원	5	14			73
	구청장	1	4			80
	구의원	26	28			52

출처: 중앙선거관리위원회 선거통계.

(나) 하향식 공천과 정당공천의 부조리

우리나라의 지방선거에서 공천은 적지 않은 문제점이 있는 것으로 나타났다. 각 정당은 매번 민주적이며 공정하게 선거를 치르겠다고 공표하고 있지만 실제 내막은 많은 부조리를 안고 있다는 것이 선거 관계자의 전언이다(김재왕, 2009; Kim, 2010). 우리나라에서 선거 후보자 공천은 각 정당의 유권자에 투표에 의한 상향식 공천은 없고 대부분 중앙당 또는 지역 국회의원에 의한 하향식 공천으로 이루어진다. 국회의원의 영향력에 의하여 이루어지는 공천을 매관·매직형 공천이라고 평가하기도 한다(김재왕, 2009). 비록 지방정부 장의 경우 몇 차례 당내

경선이 시도된 적이 있으나 극히 형식적인 수준이었고 지방의원 후보자에 대해서는 경선 사례를 찾아보기 어렵다.

(4) 지방선거와 정당공천의 외국사례[21)]

(가) 영국의 사례

지역선거와 정치에 있어서 정당의 역할은 국가에 따라 매우 상이하다. 영국에서는 일찍부터 지역정치에 정당의 참여가 허용되었다. 1835년 도시개혁법(Municipal Reform Act)이 제정된 이후 지방정부 차원에서 정당의 활동이 적극적으로 개시되었다(Gyford and James, 1983). 교육, 교회의 지위, 지방정부의 운영 등에 관하여 진보당, 자유당, 보수당 간에 치열한 선거전이 전개되었다. 지방정부의 효율을 저하시켰다는 비판이 있을 정도로 정당의 지역정치참여는 적극적이었다(Bains, 1972). 이러한 전통은 노동당이 전국적인 조직을 바탕으로 노동당의 정책과 정강을 실현하기 시작한 이후 대도시 지역에서 노동당의 압도적인 지지를 받게 되었다.

그런데 지방의회의원들은 막상 당선된 후에는 정당에 충성하기보다는 독립적으로 의원활동을 하였다(Keith-Lucas and Richards, 1978). 이러한 독립적 행동은 1919년을 전기로 변화하기 시작하였다.

1919년 이전 노동당의 지방정부 진출은 미미하였다. 그러나 1919년 지방정부선거에서 노동당 후보들의 진출이 두드러짐에 따라 보수당도 지구당의 활성화에 관심을 갖게 되었다. 이로 인하여 정당의 지역선거 참여도가 증가하기 시작하였고 이는 정당간의 마찰이 점증되는 결과를 낳았다.

그러나 보수당은 지방정부에서의 정당역할 축소를 기본입장으로 견지하고 있었다. 이 입장은 1945년 의회 및 지방선거에서 노동당에게 대패를 당하고서도 계속되었다. 1953년 보수당의 중앙위원회가 발표한 선거강령은 지방자치선거에 있어서 지역문제는 지역사정에 따라 해결하는 것이 바람직하다, 따라서 중앙당의 지시나 통제는 지방자치의 정신에 어긋난다는 점을 분명히 하고 있다(Gyford and James, 1983). 보수당은 지방정부가 정당정치로부터 자유로워지는

21) 필자(2005f)의 “지방정부의 장과 정당공천”에서 발췌하였다.

것이 지역사정에 부합하는 정치를 구현하는 최선의 길임을 강조하였다. 그러나 조직화되어 있는 노동당의 전략에 대응하기 위하여 보수당의 중앙위원회가 지역선거에 관여하게 된 것은 불행한 일이라는 입장을 견지하고 있다.

반면 노동당은 1914년 이후 노동당의 정강정책을 실현하기 위해서는 전국적인 조직이 필요하다는 것을 강조하였다. 노동자의 근무여건 및 사회복지의 증진을 위해서는 지방정부 중심으로 되어 있는 개별적인 정당의 노력으로서는 부족하고 전국적인 정당조직이 핵심이 되어야 한다는 점을 강조하면서 중앙당 차원에서 지역선거에 적극적으로 참여하기 시작하였다. 이 같은 노력은 괄목할 만한 성과를 거두어 지방정부, 특히 대도시 지역에서는 노동당이 압도적인 지지를 받게 되었다. 당의 이념과 이해관계에 따라 지방정부, 특히 지역선거에서의 정당의 역할에 대한 보수당과 노동당의 입장이 상이함을 알 수 있다.

정당간의 극심한 대결은 1986년 런던광역시(Greater London Council)의 해체로 절정에 달했다. 당시 개혁을 추진했던 보수당의 대처수상과 개혁에 반대했던 노동당의 리빙스턴 런던시장의 대립은 런던광역시의 해체라는 극단적인 처방으로 일단락되었다. 이는 이 지역에서 노동당이 압도적으로 지지를 얻었기 때문이라는 정치적인 해석이 있다.

(나) 미국의 사례

미국의 경우 지방정부에의 정당참여는 기구정치로 발전하였다. 그러나 기구정치의 폐단이 본격화되면서 정당의 참여는 비판의 대상이 되었다.

미국은 연방제를 채택하고 있고 지방정부의 설립은 주정부의 고유권한이다. 이러한 상황 하에서 지방정부는 높은 수준의 독자성과 자율성을 보장받고 있다. 이러한 맥락에서 지구당(Local Party)도 중앙당으로부터 독립되어 독자적으로 활동하고 있다(Huckshorn, 1980). 그러므로 연방정부 차원의 정당, 주정부 차원의 정당과 지방정부 차원의 정당들 간에 정당에 관련된 규칙, 선거후보자 결정과정, 정당자금의 배분 및 정책수립과정과 관련하여 갈등과 마찰이 발생한다.

물론 지구당 조직이나 활동 및 기능은 지역마다 각기 다르다(Crotty, 1986a). 그러므로 지구당에 대하여 일반화하는 것은 어렵다. 이것은 지역의 정치·경제·사회적 상황에 따라 정당의 조직 및 활동이 결정되기 때문이다. 그런데 지구당

운영의 다양성에도 불구하고 지구당의 지도자들은 보통 지구당회의(Local Caucus)나 예비선거(Primary Election)에서 결정된다. 가장 이상적으로 운영되는 정당을 보면 정당지도자들은 선거에 나설 후보자를 충원하고 예비 선거를 통하여 후보자를 결정하며 선거에 필요한 선거자금을 모금한다. 때로는 지역여론을 근거로 정책을 개발하기도 한다.

정당이 지역정치에 참여하는 정도도 매우 상이하다. 미국의 지방정부에서 정당의 역할은 정당의 역할이 극대화되어 있는 기구정치(Machine Politics)를 한 극으로 하고 정당의 역할이 배제되는 정당표시제가 금지된 선거(Nonpartisan Election)를 다른 한 극으로 하여 분포되어 있다(Crotty, 1986). 기구정치의 대표적 도시는 뉴욕시의 Boss Tweed, 보스턴시의 James Curley, 시카고시의 Richard Daley이다. 역사적으로 미국에 기구정치가 등장하게 된 배경은 다음과 같다.

역사적으로 미국에 기구정치가 등장하게 된 것은 급격한 사회변화에 대한 보수적 반응의 결과라 할 수 있다. 여기서 보수적이라 함은 급격한 사회변화를 야기했을지도 모를 사회 소요를 최소화하기 위한 대응의 산물이라는 것이다.

급속한 도시화와 이로 인한 도시인구의 증가, 특히 가난한 인구의 급증으로 시정부가 담당해야 할 기능과 역할이 증가되었다. 반면 사업가들은 급격한 도시화에 따른 도시의 하부구조 확장사업에 참여의 기회를 갖고자 희망함과 동시에 시정부의 감독과 통제의 수준이 낮아져야 한다는 새로운 요구를 하게 되었다. 기업가들은 이와 같은 관점에서 시정부와 협조체제를 가지려고 노력하였다.

그러나 시정부의 구조와 능력은 이와 같은 새로운 수요를 충족시키기에는 역부족이었다. 시정부가 기업가나 시민의 급증되는 행정적 수요를 따라가지 못한 이유 중의 하나가 약한 조직력 때문이었다.

시정부의 약한 조직력은 다양하게 분화된 정치권력에 기인한다. 미국의 전통적인 시장-의회형태의 정부에서 시민의 직접선거에 의하여 선출되는 시장과 시의원은 그들의 정치적 기반을 주민에게 두고 있기 때문에 상호 협조적이기보다는 상호 대립적 위치에 처하는 경우가 잦았다. 시정부의 재무담당관, 감사원장 등 주요 직위도 선출직 공무원으로 충원됨으로써 행정부서간 협조체제를 구축하는 데에 어려움이 많았다. 이외에도 시장의 제도적 통제를 받지 않고 거의 독립적으로 운영되는 위원회 및 행정부서가 많은 것도 시정부의 조직력을 약화시키는 요인이었다.

시정부의 약한 조직력을 극복하며 사회로부터 소외받는 주민의 행정수요와 기업가들의 새로운 행정수요를 충족시키기 위한 대안이 정치기구(Political Machine)의 출현이다. 정치기구는 유권자의 표와 그들이 요구하는 물질적 보상을 상호 교환한다는 기본적 논리에 근거하고 있다. 가난한 시민에게는 사회보장적 구원을 제공하고 기업가에게는 시의 사업에 참여시키는 기회를 제공하는 대신 그들로부터 정치적 지지를 얻어내는 것이다.

정치기구의 가장 두드러진 특징은 정당을 기반으로 하고 있다는 것과 정치적 지도력(Political Leadership)이 탁월하고 보스기질이 강한 정치지도자를 중심으로 계층구조를 갖고 있다는 점이다. 아울러 정당이 시정부의 모든 선출직 직위에 대한 예비 선거를 통제하고 있다. 정당에 대한 충성심이 강조되고 있다는 점도 중요한 특징 중의 하나이다. 이와 같은 특징을 가지는 정치기구에 있어서 보스 지위를 갖는 시장의 주요한 기능은 유권자의 표를 지키는 것이다. 이를 위하여 정치적 보스는 정당조직을 통하여 다양하게 분화되어 있는 정치권력을 조직화하고 통제하려고 노력한다(김순은, 1994a).

정실인사와 물질적 대가(monetary rewards)를 특징으로 하는 기구정치의 폐단은 19세기말부터 사회적 문제로 등장하게 되었다. 정실인사가 크게 문제가 되고 있는 것은 미국의 지방정부 내에는 정당의 영향력이 미치는 선출직 공무원의 수가 많기 때문이다.

카운티정부에서는 카운티위원 외에 법집행관(Sheriff), 회계감사원(Auditor), 재무담당관(Treasurer), 카운티 사무장(County Clerk), 재산평가원(Assessor) 등이 선출직 공무원이다. 시정부의 경우 도시마다 큰 차이가 있으나 시장, 시의원, 회계감사원, 시검사, 시경찰관 등이 주민들의 직접선거에 의하여 선출되었다. 선출직 공무원에 대한 공천이 극소수의 정당지도자에 의하여 결정되었기에 정치인과 정당에 대한 국민의 불신이 증가하였다. 또한 정실인사에 의존하는 엽관제는 지방정부의 부패와 비능률을 낳았다. 이는 20세기 초에 태동한 진보시기의 도시개혁론자들의 주요한 공격목표가 되었다.

도시개혁자들은 지방정부의 운영을 기업의 운영 방식으로 전환하는 것에 많은 관심을 갖게 되었다. 즉 “도시개혁론자들은 지방정부에 있어서 정치적 부패를 퇴치하고 지방정부의 효율성을 높이는 최선의 방안은 정당에 기초를 둔 지방정부구조를 개편하는 일이라고 믿고 있었다. 부연하면 지역선거에 있어서 정당표시를 배제함으로써 지방정부의 정당 정치성을 완화시키는 것이 개혁론자의 주된 관심이었다"(김순은, 1993a, p.10).

아울러 지방정부의 정치를 연방 및 주차원의 정당으로부터 독립시키는 것 역시 도시개혁에서의 주 이슈였다. 지방자치선거에 있어서 정당표시 배제는 정당공천을 무의미하게 만들었으며 이 제도를 시행하는 지방정부가 계속해서 증가하였다.

앞에서 언급한 바와 같이 정당표시금지선거는 지방자치선거에서 정당을 배격함으로써 주민이 신뢰하는 지방정부를 구성하는데 근본 목적이 있었다. 행정의 전문성, 주민의 창의와 참여를 통한 지방정치를 구현하기 위한 정당표시금지선거는 중산층의 적극적 호응을 받아 전국적으로 확산되었다. 대도시 중에는 디트로이트시가 1918년 정당표시금지 선거를 채택한 이후 1921년 시카고, 1925년 신시내티, 캔자스시티, 그리고 로스앤젤레스시가 잇달아 선거제도를 개혁하였다(Renner, 1988). 1965년에는 미국 지방정부의 60%가 지방선거에서 정당표시를 금지하였다(Sanders, 1971).

1980년에 들어 이와 같은 경향은 더욱 강화되어 지방정부의 70.2%가 지방자치선거에 정당표시를 금지하였고 1986년에는 비율이 72.6%로 증가하였다. 개혁론자들이 지지하였던 의회-관리자형 구조의 지방정부 중에서는 81.9%가 정당표시금지선거를 실시해오고 있다. 미국 대도시의 정부형태와 선거방식을 표로 정리하면 아래와 같다(강재호, 2005).

〈표 2.18〉 미국 대도시의 정부형태와 정당관여

Rank	City Name	State	Population	Form of Government	Partisan/ Nonpartisan
1	New York	NY	8,008,278	Mayor-Council	Partisan
2	Los Angeles	CA	3,694,820	Mayor-Council	Nonpartisan
3	Chicago	IL	2,896,016	Mayor-Council	Partisan
4	Houston	TX	1,953,631	Mayor-Council	Nonpartisan
5	Philadelphia	PA	1,517,550	Mayor-Council	Partisan

6	Phoenix	AZ	1,321,045	Council-Manager	Nonpartisan
7	San Diego	CA	1,223,400	Council-Manager	Nonpartisan
8	Dallas	TX	1,188,580	Council-Manager	Nonpartisan
9	San Antonio	TX	1,144,646	Council-Manager	Nonpartisan
10	Detroit	MI	951,270	Mayor-Council	Nonpartisan
11	San Jose	CA	894,943	Council-Manager	Nonpartisan
12	Indianapolis	IN	791,926	Mayor-Council	Partisan
13	San Francisco	CA	776,733	Mayor-Council	Partisan
14	Jacksonville	FL	735,617	Mayor-Council	Nonpartisan
15	Columbus	OH	711,470	Mayor-Council	Nonpartisan
16	Austin	TX	656,562	Council-Manager	Nonpartisan
17	Baltimore	MD	651,154	Mayor-Council	Partisan
18	Memphis	TN	650,100	Mayor-Council	Nonpartisan
19	Milwaukee	WI	596,974	Mayor-Council	Nonpartisan
20	Boston	MA	589,141	Mayor-Council	Nonpartisan
21	Washington	DC	572,059	Mayor-Council	Partisan
22	Nashville-Davidson	TN	569,891	Mayor-Council	Nonpartisan
23	El Paso	TX	563,662	Mayor-Council	Nonpartisan
24	Seattle	WA	563,374	Mayor-Council	Nonpartisan
25	Denver	CO	554,636	Mayor-Council	Nonpartisan
26	Charlotte	NC	540,828	Mayor-Council	Partisan
27	Fort Worth	TX	534,694	Council-Manager	Nonpartisan
28	Portland	OR	529,121	Mayor-Council	Nonpartisan
29	Oklahoma City	OK	506,132	Council-Manager	Nonpartisan
30	Tucson	AZ	486,699	Mayor-Council	Partisan

출처: 강재호(2005), pp.134-135

위의 표에서 알 수 있듯이 30대 도시 가운데 기관통합형(Council-manager)의 정부가 9개이며 기관분리형(Mayor-Council)의 정부가 21개이다. 이 중에서 기관통합형의 정부는 모두 정당표방금지 제도를 채택하고 있으며, 기관분리형의 정부 중에서는 50% 이상인 11개가 지방선거에 있어서 정당표방을 금지하고 있다.

정당표시금지선거제도가 지역정치에 미친 영향을 분석하면 다음과 같다. 지역선거에 정당표시를 금지함에 따라 정당의 역할이 전반적으로 축소되면서 새로운 정치현상이 나타나게 되었다. 정당표시금지선거가 중산층 이상의 계층을 대표하는 성격을 띠게 된 것이다. 기구정치가 중·하층의 유권자에 기초를 두었던 것에 반하여 중산층 이상의 계층을 대표함에 따라 지역선거의 보수적 성향이 강해졌다(정영태 외1, 1993). 따라서 공화당 관련 인사, 비교적 연령이 높은 인사가 당선되는 비율이 높아졌다.

지역선거에서 정당의 참여를 금지함에 따라 선거과정상 어려움도 나타났다. 선거 후보자를 물색하는 것이 어려워졌다(Crotty, 1986a). 또한 후보자 홍보에는 물론 선거자금 모금에도 한계가 있는 것으로 주장되고 있다(Sanders, 1971). 전체적으로 지역정치의 활기가 떨어졌다는 지적도 있다. 이 같은 부정적 측면에도 불구하고 기구정치의 폐단을 경험하였던 유권자들은 지역정치에 있어서 정당의 역할을 제한하는 정당배제 선거제도를 선호하고 있다.

(다) 일본의 사례

일본의 정당이 지방선거에서 보여준 역할은 미미하다. 광역지방선거와 기초지방선거에서 다소 차이가 있으나 대체로 정당은 커다란 역할을 수행하지 못하는 것으로 분석되고 있다. 일본의 주요 정당인 민주당과 자민당의 경우 선거운동은 주로 정치가나 정치후원회를 중심으로 이루어지기 때문에 공천과정에서 중앙당의 영향력은 미미한 편이다. 반면 정치가의 개인후원회는 강한 영향력을 행사하므로 후보가 공천에서 탈락하는 경우 무소속으로 출마하는 경우가 많다. 정당의 공천은 후보자의 공모제에 기초하여 각 선거 수준에 따라 정당지부에서 결정된다.

지방의원 선거에서 무소속 후보자의 약진은 처음부터 두드러졌다. 정·촌의회의 정당화가 1970년에 나타나기 시작하였으나 무소속 후보자의 당선율은 2007년까지 90%를 유지하였다. 시의원 선거에서는 1987년 무소속 비율이 56%로 감소하였다가 1995년 선거부터 증가하여 2007년 선거에서는 무소속 후보가 64%를 차지하였다.

지정도시의원과 현의원 선거에는 기초지방선거보다는 정당의 참여가 비교적 강하다. 하지만 역시 무소속 후보가 강세를 보인다. 정령도시의 경우 1991년에 무소속 후보자가 5%를 차지한 반면, 2007년 선거에서는 17%가 무소속의원이었다. 반면 현의원 선거에서 무소속 후보는 1991년에 85%를 차지하였으나 2007년 선거에서는 78%로 감소하였다.

일본의 사례를 살펴보면 영국과는 상반된 특징을 보임을 알 수 있다. 일본에서 무소속 후보가 증가하고 있는 것은 정당의 이합집산과 깊은 관련을 맺고 있다. 이로 인하여 한 후보자가 복수의 정당으로부터 공인을 받는 경우도 있다.

영국, 미국의 사례와 일본의 사례를 종합하여 분석한 결과 지방정부 및 지역선거에 있어서 정당의 역할은 결국 각 국가의 정치·사회적 상황에 좌우된다는 것을 알 수 있다.

14. 선거비용과 후원회제도

1) 선거비용

(1) 고비용 정치와 선거구조

우리나라는 광복 후 자유민주주의 기본질서를 수립하고 수차례 지방의원·국회의원·대통령선거를 실시하였다. 1991년 지방자치가 실시된 이후에는 지방선거도 실시하게 되었다. 정치발전과 민주화의 진전에 따라 선거와 정당이 많은 면에서 발전하였다는 것이 일반적 평가이다. 그럼에도 불구하고 여전히 구태에서 탈피하지 못하고 있는 것이 방대한 선거자금과 이와 관련된 불공정시비이다(정기섭, 1997; Kim, 2010).

지방선거, 국회의원 선거 및 대통령 선거에 소요되는 경비는 상상을 초월한다. 국회의원 선거의 경우 '30당 20낙'이라는 돌림 말은 국회의원 선거에 소요되는 선거자금의 규모를 시사한다. 대통령 선거의 경우 확인할 방법은 없지만 천문학적 숫자가 소요될 것이라 짐작할 수 있다. 따라서 각종 선거가 끝나면 선거관리위원회에 제출되는 선거관련 회계장부를 그대로 믿는 시민은 별로 없다. 지방선거 과정에서도 합법·불법으로 막대한 선거자금이 소요되는 것으로 나타났다(김순은, 1998b; Kim, 2010).

이러한 실태는 우리나라 고비용 선거구조와 밀접한 관계를 갖고 있다. "선거자금과 관련한 불법선거운동 양태는 시대의 변천과 국민의 생활수준 향상에 따라 변화되어 왔다. 초창기인 50-60년대에는 고무신, 막걸리를 공공연하에 제공하여 불법적인 선거운동을 하였고, 경제개발이 한창 실시되던 70-80년 중반까지는 각종 비누세트를 비롯한 생활용품이 불법선거운동에 주로 이용되었으며, 80년대 중반 이후 현재까지는 현금 봉투를 암암리에 제공하는 등 이 모든 것이 딱

부러지게 구분되어 이루어졌다고 볼 수는 없으나 그 시기마다 주로 사용되어 온 불법선거와 관련한 금품살포의 요인이었다고 할 수 있다(정기섭, 1997, p.134).”

적법한 선거운동도 마찬가지다. 예를 들면 선거벽보, 개인 홍보물 등에 소요되는 경비 외에도 간접적인 비용이 상당히 소요되는 것으로 알려지고 있다. 특히 대통령 선거의 경우 엄청난 관중을 동원하는 국민집회, 비공식적 사조직의 유지와 관리, 대규모의 여론조사 등으로 천문학적 경비가 사용된다는 보도가 있다. 특히 대통령 선거 시 수백만의 시민이 운집한 대중 집회의 경우 수백억 원이 소요된다고 볼 때 대통령 선거에 소요되는 경비를 가늠해 볼 수 있다. 우리나라 각종 선거, 특히 대통령 선거에 소비되는 경비를 줄이는 것은 민주주의의 발전을 위하여 매우 긴요한 사안이 아닐 수 없다.

(2) 고비용 정당 활동 구조

정당정치는 상당한 비용을 수반한다. 우선 선거와 직·간접적으로 맥락을 유지하고 있는 정당 활동 구조를 보면, 선거법 및 정당법에서 허용되는 각종 정당 활동, 후보자 및 정당연설 비용, 의정활동보고회, 당원단합대회, 정당의 정기 개편대회 등에 막대한 자금이 소요되고 있다.

우리나라 정당구조와 운영 역시 고비용 정치를 초래하고 있다. 우리나라 정당구조를 보면 중앙당과 시·도의 지구당이 있으며, 그 외에도 각 정당은 선거구마다 지역사무소를 설치하여 업무의 통합과 유기적 관리를 시도하고 있다. 지역사무소의 경우 현역의원은 물론 상당수 비현역의원도 상시조직으로서 유급의 사무직원들이 상주하는 지역사무소를 운영하는 것이 보통이다.

이외에도 “각 정당에서 선출하는 대통령 후보 경선대회의 비용과 그 예비단계로 실시되는 각 지구당의 정기대회에 선출하는 대의원 선출비용, 선거개시 1년 전부터 실시하는 중앙당 당원연수비용, 지구당의 당직자 및 당원연수 및 회의비용까지 합하면 천문학적인 비용이 소요된다는 것”(정기섭, 1997, pp.134-135)은 명확하다.

이와 같은 막대한 비용은 당원들의 당비보다는 국회의원의 특별당비, 선거후보자의 특별 당비, 아울러 중앙당이나 당 총재의 재정적 노력으로 충당된다.

이러한 현실은 당 총재나 대표의 권한이 지나치게 막강해지는 결과를 낳았고, 이를 토대로 지역 사무소 위원장들이 하향식으로 결정되고 있다. 이와 같은 정당구조는 자유민주주의적 기본질서에 부응하지 못하는 결과를 초래하며, 이러한 현상은 어제 오늘의 일이 아니다.

지역 사무소의 관점에서 보면 지방의원과 국회의원은 수직적 관계에 있다. 현재 기초의원까지 공천이 허용된 정치적 상황 하에서 지방의원은 지역주민의 대표라는 자부심보다는 국회의원과의 개인적 관계에 더욱 관심을 갖는 행태를 보이고 있다. 이러한 관점에서 지방선거의 공천을 둘러싼 잡음이 끊이지 않는 것도 고비용을 초래하는 구조가 되고 있다(Kim, 2010).

2) 후원회제도

(1) 정치자금 후원회의 의의

정치자금법 제3조 제1항은 "정치자금이라 함은 당비, 후원금, 기탁금, 보조금과 정당의 당헌·당규 등에서 정한 부대수입 그 밖에 정치활동을 위하여 정당(중앙당 창당준비위원회를 포함한다), 공직선거에 의하여 당선된 자, 공직선거의 후보자 또는 후보자가 되고자 하는 자, 후원회·정당의 간부 또는 유급사무직원 그 밖에 정치활동을 하는 자에게 제공되는 금전이나 유가증권 그 밖의 물건과 그 자의 정치활동에 소요되는 비용을 말한다"라고 정의하고 있다. 정치자금법 제3조 제7호에 따르면 후원회는 정치자금법의 규정에 의하여 "정치자금의 기부를 목적으로 설립·운영되는 단체로서 관할 선거관리위원회에 등록된 단체"를 말한다.

"가치의 권위적 배분(Authoritative Allocation of Values)"으로 정의되는 정치활동에는 많은 자금이 소요된다. 정책 자료의 수집과 분석, 조직의 유지 및 관리, 선거와 관련하여 상당한 비용이 소요된다. 뿐만 아니라 많은 국가에서 정경유착으로 인한 부정행위, 부패, 부조리 등과 관련한 정치자금 문제가 지적되어 왔다. 우리나라도 예외는 아니다. 정경유착은 정치자금과 밀접하게 관련되어 있다고 할 수 있다.

정치가 상당한 정치자금을 필요로 한다고 전제할 때 정치의 선진화를 이루기 위해서는 정치자금의 투명성과 적정성이 기본적인 요건이 된다. 즉 음성적 정치자금을 양성화함으로써 정치의 민주성을 확보할 수 있다. 정치자금 후원회는 정치자금의 투명성과 적정성을 확보하기 위한 제도적 장치이다. 정치자금 후원회는 정경유착에 기초하여 소수의 인사에 의존하던 모금 관행에서 탈피하여 다수의 소액 납부를 통한 모금을 가능하게 한다. 특히 소액·다수의 참여는 정치에 대한 국민들의 관심을 불러일으키고, 국민의 정치참여를 제고함으로써 정치의 책임성과 민주성을 제고할 수도 있다(김순은 외8, 2010).

(2) 우리나라 정치자금 후원회의 현황

(가) 제도적 현황

우리나라의 정치자금 후원회 제도는 정치자금법 제6조에서 규정하고 있다. 정치자금법 제6조에 따르면 국회의원, 대통령선거의 후보자 및 예비후보자, 정당의 대통령선거후보자 선출을 위한 당내경선후보자, 지역 선거구 국회의원 선거의 후보자 및 예비후보자(단 후원회를 둔 국회의원의 제외), 중앙당의 대표자 선출을 위한 당내 경선후보자, 특별시장, 광역시장, 도지사 선거의 후보자, 시장·군수·구청장 후보자는 하나의 정치자금 후원회를 지정하여 설치할 수 있다. 이를 표로 정리하면 <표 2.19>과 같다.

〈표 2.19〉 정치자금 후원회 지정권자

구 분	대 상 자	비 고
국회의원 및 국회의원선거	국회의원(국회의원선거 당선인포함)	
	지역선거구 국회의원선거의 후보자 및 예비후보자	
대통령선거	대통령선거의 후보자 및 예비후보자	
	정당 대통령선거후보자 선출을 위한 당내경선후보자	
중앙당 대표자	중앙당 대표자 선출을 위한 당내경선후보자	
광역단체장 선거	특별시장·광역시장·도지사선거의 후보자	
기초단체장 선거	시장·군수·구청장선거 후보자	2010. 1월 허용
광역의원 및 광역의원선거	광역의원(광역의원선거 후보자포함)	해당 없음
기초의원 및 기초의원선거	기초의원(기초의원선거 후보자포함)	해당 없음

(나) 정치자금 후원회와 관련된 헌법재판소의 판례

앞의 표에서 보는 바와 같이 지방정부의 선출직 공무원 가운데 광역의원 및 기초의원의 정치자금 후원회는 인정되지 않았기 때문에 이와 관련된 헌법소원 및 정치자금 입법 청원이 몇 차례 이어졌다.

1997년 2월 12일 경제정의실천시민연합은 투명하고 깨끗한 정치를 위하여 음성적인 정치자금 수수를 금지하는 정치자금법 제정 청원을 제출하였다. 경제정의실천시민연합의 청구취지는 소액 다수의 기부에 의한 투명한 정치자금을 통해 정치의 선진화를 구현하는 것으로서 중요한 내용은 정치자금 후원회의 지정권자를 확대하는 것이었다. 또한 기초의원을 제외한 지방정치인에게도 정치자금 후원회의 지정권을 부여하는 내용이 핵심 사항이었다. 아울러 정치자금 후원회의 회원이 아닌 자에도 정치자금 기부를 허용하도록 하는 것이었다. 그러나 이 청원은 효과를 거두지 못하였다.

한편 시·도의원을 정치자금 후원회 지정권자에서 제외한 정치자금법 제6조의 규정이 위헌이라는 청구가 제기되었다. 지방의원은 국회의원과 동일하게 주민의 대의기관으로서의 역할과 기능을 수행하고 있음에도 불구하고 제6조에서 정치자금 후원회 지정권자의 범위에서 제외한 것은 헌법이 명시하고 있는 평등의 원칙에 위배된다는 것이 청구의 이유였다. 이에 대하여 헌법재판소는 1999년 10월 국회의원과 지방의원의 차이를 전업과 명예직에서 구하였다. 국회의원은 정치를 전업으로 하는 반면 지방의원은 무보수·명예직에 기초한다는 것이다. 따라서 정치자금법에서 지방의원의 개인후원회를 허용하지 않는 것은 헌법이 명시하는 평등의 원칙에 위배되지 않는다고 판시하였다.

2001년 10월 25일 당시 최기선 인천시장은 지방정부 장의 후원회 모금을 허용하지 않은 정치자금법이 위헌이라는 위헌청구의 소를 제기하였다. 이에 대하여 헌법재판소는 지방정부 장의 활동에 수반되는 예산이 대부분 국가나 지방정부의 예산으로부터 지원된다는 것을 근거로 합헌결정을 내렸다. 그 후 2010년 1월 지방정부의 장 선거의 후보자는 후원회를 지정할 수 있게 되었다.

(다) 지방의원의 후원회 제도의 필요성

지방의원에게 정치자금 후원회를 금지하고 있는 것은 몇 가지 이유에 근거한다. 우선 정치자금법은 지방의원의 월정수당제가 도입되기 이전 무보수·명예직 시대의 규정으로서, 당시에는 지방의원들이 본업을 갖고 있었으므로 정치자금 후원회의 설립이 정당성이 없었다.

지방의원도 지역정치를 담당하는 정치인으로서 정치자금을 필요함으로 감안하여 후원회의 설립을 허락하여야 한다. 일본의 경우 지방의원에게도 후원회의 설치를 허용하는 것도 같은 취지이다. 앞에서 논의한 바와 같이 헌법재판소의 심판도 무보수 명예직 시대 상황을 고려한 것이라는 것은 자명하다. 하지만 국회의원 선거구보다 광역의원 선거구가 지리적으로 더 큰 경우도 있다. 이런 점 등을 고려한다면 지방의원에게도 정치자금 후원회를 허용하여야 할 것이다

그런데 국회의원들이 반대하는 것은 국회의원들이 지방의원들을 잠재적 정치 경쟁자로 인식하고 있기 때문에 선거자금 후원회를 지방의원에게 허용할 경우 국회의원의 입지가 약해질 것을 우려하고 있는 듯하다. 지역에 상주하는 지방의원의 경우 지역적 연고가 매우 강하기 때문에 중앙에서 낙하산식으로 공천을 받은 국회의원에게 지방의원은 정치적 경쟁자가 될 수밖에 없다. 이러한 상황을 고려할 때 지방의원에게 정치자금 후원회를 허용할 경우 국회의원의 선거자금이 잠식을 당할 가능성이 매우 크다는 점도 후원회의 설치가 불허된 배경이라고 할 수 있다.

15. 여성의 정치참여[22]

2015년은 지방의회가 출범한 지 24년이 되는 해이다. 우리나라의 지방자치는 민주화 운동의 산물로서 많은 문제점에도 불구하고 점진적으로 발전하고 있다. 지방자치의 발전은 각계에서 요구한 제도적 개선과 지역 정치인의 노력, 그리고 지역주민의 관심에 기인한다고 할 수 있다(김순은, 2011b).

지방자치의 발전을 위하여 갖가지 과제와 이슈들이 논의되어 왔는데 그 중에서도 여성의 정치참여는 1991년 이후 꾸준히 제기된 주제이다. 사회발전과 더불어 여성의 사회적 지위가 지속적으로 향상되고 있음에도 불구하고 여성의 정치참여는 선진국에 비하여 아직도 미흡하다는 것이 일반적 평가이다. 여성의 정

22) 부산여성개발원 주최 발표자료 중 수정·보완하였다.

치참여 활성화를 위하여 제도들이 꾸준히 개선되고 있고 2012년에는 여성 대통령이 탄생하였지만 아직도 중앙과 지방을 통틀어 여성의 정치참여는 미흡한 수준이다.

1) 우리나라 여성의 사회참여 실태

국제연합이나 세계경제포럼 등 국제기구는 여성의 사회참여를 국제적으로 비교하고 이를 제고하기 위하여 여러 종류의 지표를 개발하여 공표하고 있다. UN개발계획은 매년 지표를 활용하여 여성의 정치·사회적 지위를 공표하고 있다. 종전에는 여성권한척도(Gender Empowerment Measure: GEM)와 남녀평등지수(Gender-related Development Index: GDI)를 활용하였다[23]. 2010년부터는 성불평등지수(Gender Inequality Index: GII)를 활용한다. <표 2.20>에서 보는 바와 같이 우리나라 여성의 권한은 꾸준히 발전하여 왔음에도 불구하고 2009년에 비교대상 109개국 중에서 61위에 그쳤다. 그 이유는 여성의원의 비율, 행정관리직의 비율이 특히 낮고, 여성의 소득비율이 남성의 50% 내외에 머물고 있기 때문이다.

<표 2.20> 여성권한척도 변화 추이(2005-2009)

년도	순위/대상	점수	여성 의원(%):1/3	여성 행정 관리직(%):1/6	여성 전문 기술직(%):1/6	남녀 소득비:1/3
2005	59/80	0.479	13.0	6	39	0.48
2006	53/75	0.502	13.4	7	38	0.46
2007	64/93	0.510	13.4	8	39	0.40
2008	68/108	0.540	13.7	8	40	0.52
2009	61/109	0.554	14	9	40	0.52

출처: UNDP, Human Development Report(2005-2009)

남녀평등지수는 UN개발계획이 국가별로 교육수준, 국민소득, 평균수명 등에 있어서의 남녀평등의 정도를 측정하여 발표하는 지수로서 구성요소는 성별, 기

23) 전자는 정치·경제 분야에서 여성의 참여정도를 나타내는 것으로 매년 인간개발보고서(Human Development Report)에서 공개하고 있다. 주로 국회의원, 행정관료, 전문기술직 종사자 중 여성 비율, 남녀 소득 비율 등을 중심으로 측정을 한다.

대수명, 성인문맹률, 초·중·고등학교 취학률, 예상소득이다. <표 2.21>에서 보는 바와 같이 2004년 이후 우리나라의 남녀평등지수는 꾸준히 개선되고 있다.

〈표 2.21〉 남녀평등지수 (단위 : 세, %, US$)

		2004	2005	2006	2007	2008	2009
순위		29	27	25	26	25	25
점수		0.882	0.896	0.905	0.910	0.917	0.926
평균수명(세)	여	79.2	80.6	80.9	81.5	81.8	82.4
	남	71.7	73.3	73.7	74.3	74.6	75.8
문자해독률(%)	여	96.6	-	-	-	-	-
	남	99.2	-	-	-	-	-
취학률(%)	여	85.0	87.0	88.0	89.0	85.7	90.6
	남	98.0	100.0	101.0	102.0	100.0	105.8
추정소득(US$)	여	10,747	11,698	12,912	12,531	15,781	16,931
	남	23,226	24,167	28,036	31,476	30,143	32,668

출처: UNDP, Human Development Report

우리나라의 남녀평등지수는 2001년 이후 매년 발전하면서 국제간 비교에서도 20위권을 유지하였다. <표 2.22>은 2009년 UNDP가 발표한 국가별 남녀평등지수를 나타낸 것인데 우리나라가 25위를 차지하였다. 남녀평등지수에 따를 경우 우리나라의 남녀 소득차이는 2배에 가깝다. 남녀평등지수의 경우 여성의 평균수명, 문자해독률, 취학률 등이 외국에 비해 높기 때문이다. 특히 여성의 평균수명은 우리나라의 경우 남성보다 높은 점도 작용한다.

〈표 2.22〉 2009년 남녀평등지수 (단위 : 세, %, US$)

국가	순위	점수	평균수명(세)		취학률(%)		추정소득(US$)	
			여	남	여	남	여	남
한국	25	0.926	82.4	75.8	90.6	105.8	16,931	32,668
노르웨이	2	0.961	82.7	78.2	102.7	94.7	46,576	60,394
호주	1	0.966	83.7	79.1	115.7	112.8	28,759	41,153
스웨덴	5	0.956	83.0	78.6	99.0	89.8	29,476	44,071
미국	19	0.942	81.3	76.7	96.9	88.1	34,996	56,536
네덜란드	7	0.954	81.9	77.6	97.1	97.9	31,048	46,509

일본	14	0.945	86.2	79.0	85.4	87.7	21,143	46,706
영국	17	0.943	81.5	77.1	92.8	85.9	28,421	42,133
프랑스	6	0.956	84.5	77.4	97.4	93.5	25,677	42,091
독일	20	0.939	82.3	77.0	87.5	88.6	25,691	43,515

출처: UNDP, Human Development Report

그러나 위의 여성권한척도와 남녀평등지수가 선진국·엘리트 중심으로 지표가 구성되었다는 비판이 제기되자 UNDP가 새롭게 개발한 지표가 성불평등지수(Gender Inequality Index: GII)이다. 성불평등지수(GII)는 생식 건강(Reproductive health), 여성 권한(Empowerment), 노동 참여(Labour market)라는 3개 부문에서 아래와 같은 지표를 사용한다. 총 5개 지표를 통해 성불평등을 측정하며 지표의 값이 0이면 완전평등, 1이면 완전불평등이다.

- 생식건강 : 모성사망률, 청소년 출산율
- 여성권한 : 여성의원 비율, 중등 이상 교육 받은 인구
- 노동참여 : 경제활동참가율

2010년 UNDP가 발표한 자료에서 우리나라 성불평등지수(GII)를 지표별로 살펴보면 모성사망비[24]가 14%, 청소년 출산율[25]이 5.5%, 여성의원 비율이 13.7%, 25세 이상 인구 중 중등 이상 교육 받은 여성의 인구는 79.4%(남성 91.7%), 여성의 경제활동참가율은 54.5%(남성 75.6%)이다. 우리나라의 성불평등지수는 0.310으로 전체 조사대상국 138개국 중에서 20위를 차지하였다. 2011년 들어 전체 순위는 146개국 중 11위로 다소 개선되었으나 여전히 모성사망비는 18.0%로 높은 수준이었다. 2012년에는 전체 순위가 16계단 하락한 27위였는데 이는 청소년출산율이 전년대비 3.5%p 상승한 5.8%였기 때문으로 풀이된다. 가장 최근 조사인 2013년의 경우 청소년 출산률 감소로 인해 152개국 중 17위로, 2012년 대비 성불평등지수 수준이 10단계 상승하였으나 여성의원비율 변화 및 모성사망비는 제자리 걸음으로 나타났다.

24) 여성의 임신, 분만 및 관련 합병증으로 인하여 출생 10만 명당 사망하는 여성의 수
25) 15-19세 여성인구 1000명 당 출산 수

<표 2.23> 성불평등지수(GII) 현황

		2010	2011	2012	2013
	순위	20	11	27	17
	대상	138	146	148	152
	점수	0.310	0.111	0.153	0.101
생식 건강	모성사망비	14.0	18.0	16.0	16.0
	청소년출산율	5.5	2.3	5.8	2.2
여성 권한	여성의원비율	13.7	14.7	15.7	15.7
	중등이상 교육받은 여성인구(%)	79.4	79.4	79.4	77.0
	중등이상 교육받은 남성인구(%)	91.7	91.7	91.7	89.1
노동 참여	경제활동 참가율 여성(%)	54.5	50.1	49.2	49.9
	경제활동 참가율 남성(%)	75.6	72.0	71.4	72.0

출처: UNDP, Human Development Report

여성의 사회적 지위를 나타내는 지표로서 성격차지수가 있다. 2013년 10월 세계경제포럼(WEF)이 발표한 우리나라의 성격차지수(Global Gender Gap Index: GGI)는 136개국 중 111위였다. 이는 지난해 보다 3계단 하락한 순위이다. GGI는 WEF가 2006년부터 여성의 경제참여와 기회, 교육성취도, 정치권력, 보건과 생존, 여성의 정치참여 등의 4개 분야에 모두 14개 지표를 조사해 발표하는 것이다. 예시하면 아래와 같다.

- 여성의 경제참여와 기회(Economic participation and opportunity)는 보수의 수준, 참여의 수준, 숙련 취업의 기회
- 교육성취도(Educational attainment)는 기초 및 고등교육의 수준
- 보건 및 생존(Health and survival)은 예상수명 및 성비율
- 여성의 정치권한(Political empowerment)은 여성의 정치참여

2012년과 비교해보았을 때 분야별로 살펴보면, 경제참여 및 기회 부문 118위('12년 116위), 교육적 성취 부문 100위('12년 99위)로 소폭 하락한 반면, 건강

과 생존 부문은 75위('12년 78위)로 소폭 상승하였고 정치적 권한 부문은 86위로 지난해와 동일하게 나타났다. 지표별로는 기대수명과 문자해독률은 성비가 1 이상으로 완전히 평등한 상태로 1위이나, 유사업종 남녀임금격차(0.52점, 120위), 출생성비(0.93점, 119위), 대학취학률(0.72점, 108위), 소득(0.44점, 108위), 관리직 비율(0.11점, 105위) 등에서 100위 밖으로 밀려난 것으로 나타났다.

다음 절에서는 우리나라 지방자치와 여성의 정치참여 필요성을 논의하였다.

(1) 지방자치와 여성참여의 필요성

(가) 지방자치와 여성의 정치참여

1991년 지방자치가 부활되면서 지방의회의 여성참여를 확대하기 위한 논의가 제기되었으나 가시적인 성과는 보이지 못했다. 지방의회에 여성의 참여를 높이기 위한 최초의 제도적 장치는 2002년 3월에 개정된 비례대표제 도입이다. 여성의 참여 증대로 지방의회의 대표성을 제고하여야 한다는 여성단체 등 각계의 노력으로 비례대표를 도입하면서 여성후보의 추천을 의무화하였다.

그 후 2005년 8월 개정에서는 비례대표 50%를 여성으로 추천하되 여성후보에게 홀수번호를 부여하도록 함으로써 제도적인 혁신을 이루게 되었다. 이와 같은 여성후보에 대한 제도개선과 기초의원의 중선거구제도의 도입으로 여성의원이 획기적으로 증가하게 되었다. 이는 다음 절에서 논의하겠다.

(나) 지방의회 여성참여에 대한 현황

여성의원에 대한 특별 규정은 2002년 도입되었다. <표 2.24>에서 보는 바와 같이 1995년, 1998년 선거에서는 여성의원의 비율이 2%를 하회하다가 1998년 광역의원 선거에서 2.3%를 기록하였다.

그러나 제3대 통합선거에서부터는 광역의회에서 여성의원의 진출이 두드러지고 있음을 알 수 있다. 그것은 비례대표 중 여성의원을 의무적으로 추천하여야 한다는 규정이 추가되었기 때문이다. 2002년 선거에서 광역의원 중 9.2%가 여성이었고 기초의원은 2.2%가 여성의원이었다.

비례대표제와 비례대표 여성의원 50% 할당 및 홀수 번호가 부여된 2006년 선거에서는 광역과 기초의회 모두 여성의원의 비율이 향상되었다. 광역의회는 12.1%, 기초의회는 15.1%가 여성의원이었다.

2014년 실시된 제5대 통합지방선거에서는 더욱 발전되었다. 전체 지방의원 당선자의 22.9%가 여성의원이었으며 광역의원 중 14.3%, 기초의원 중 25.2%가 여성의원이었다.

<표 2.24> 여성의원의 비율

			1995년	1998년	2002년	2006년	2010년	2014년
광역의회	소선거구	남	862	602	595	623	625	647
		여	12	14	14	32	55	58
		소계	874	616	609	655	680	705
	비례대표	남	88	62	24	21	23	29
		여			49	57	58	55
		소계	962	678	73	78	81	84
	합계			616	682	733	761	789
기초의회	지역선거구	남	4,469	3,433	3,408	2,403	2,238	2,150
		여	72	56	77	110	274	369
		소계	4,541	3,489	3,485	2,513	2,512	2,519
	비례대표	남				48	24	16
		여				327	352	363
		소계				375	376	379
	합계		4,541	3,489	3,485	2,888	2,888	2,898
여성의원 비율 (%)		광역의회	1.4 (지역구)	2.3 (지역구)	9.2	12.1	14.8	14.3
		기초의회	1.6 (지역구)	1.6 (지역구)	2.2	15.1	21.7	25.2
		전체	1.55 (지역구)	1.7 (지역구)	3.4	14.5	20.1	22.9

출처: 중앙선거관리위원회 선거통계.

(다) 기초의회 중선거구제와 여성의 정치참여

상기 <표 2.24>를 보면 2006년 지방선거부터 여성의원의 비율이 급격히 높아졌음을 알 수 있다. 1995년 선거에서 72명, 1998년 선거에서 56명, 2002년 선거에서 77명이 여성의원이었다.

그러나 2006년 지방선거에서는 110명, 2010년 선거에서는 여성의원 274명이 당선되었다. 2006년부터 지방의원의 총수가 크게 삭감되었을 감안하면 여성의원의 비율은 매우 높아졌다. 이러한 결과는 2006년부터 실시된 기초의회 중선거구제의 영향인 것으로 보인다.

(라) 2014년 지방선거의 여성참여 현황

2014년 6월 4일 실시된 제6대 통합지방선거의 후보자 현황을 중심으로 여성의 참여를 논의하면 아래와 같다. 전국 시·도지사 후보자로 총 557명이 입후보하였으나 여성 후보자는 1명으로 1.7%에 그쳤다. 여성 당선자는 한 명도 없었다. 시·군·구의 장을 선출하는 선거의 후보자는 총 694명이었으며 이 중에서 여성 후보자는 11명으로 1.5%에 그쳤다. 당선자는 9명으로 3.9%에 머물렀다.

시·도의회의 선거에서는 지역구와 비례대표를 통합하여 1,947명이 입후보하였으며 이 중에서 여성 후보자는 339명으로 18.4%였다. 여성 당선자는 113명으로 14.3%에 머물렀다. 시·군·구의회의 선거에서는 지역구와 비례대표를 통합하여 6,119명이 출마하였으며 이 중에서 여성 후보자는 1,425명으로 23.2%, 당선자는 748명으로 25.2%였다. 이를 표로 정리하면 <표 2.25>와 같다.

〈표 2.25〉 2014년 지방선거의 여성비율

선거의 종류	총후보자의 수	여성 후보자		여성 당선자	
		후보자 수	비율	당선자 수	비율
시·도지사	57	1	1.7%	0	0
시·군·구의 장	694	11	1.5%	9	3.9%
시·도의회의원	1,947	359	18.4%	113	14.3%
시·군·구의회의원	6,119	1,425	23.2%	748	25.2%

출처: 중앙선거관리위원회 선거통계.

(마) 여성참여의 국제적 비교현황

2008년 기준으로 여성의원의 비율은 지역에 따라 다소 차이가 있다. 북유럽 국가는 41.4%, 미국인 21.8%, 북유럽을 제외한 유럽국가가 19.1%, 아시아가 17.4%, 사하라 이남의 아프리카 국가가 17.2%, 태평양 국가가 13.4%, 아랍국가가 9.6%로 나타났다.

(2) 여성의 정치참여 필요성

(가) 국가의 경쟁력 확보

지식의 시대가 가속화될 21세기는 인재의 시기이다. 각 분야의 창조적 지식을 어떻게 활용하느냐가 국가의 경쟁력과 직결될 것이다. 남녀의 인구 구성 비율이 유사하다고 할 때 남성중심의 사회구조를 양성평등의 구조로 전환하는 것이 양성의 인재를 적절히 활용하는 체제의 전제가 될 것이다.

점차 개선되고 있다고는 하지만 아직도 우리나라에서는 고급 여성인력이 사회에서 활용되지 못하는 사례가 빈번하다. 여성인력의 우수성은 교육기관의 통계를 통하여 나타나고 있고 여성의 사회참여에 대한 욕구도 점증하고 있다. 그럼에도 불구하고 남성의 평균 소득은 여성의 2배 이상이다. 이러한 상황 하에서 여성 인재의 전문성과 창조적 지식을 국가의 경쟁력으로 연결하기란 무리일 것이다. 이를 개선하는 방안의 하나로 여성의 정치참여를 강화할 필요가 있다.

(나) 양성평등 관점의 정책

이제까지 정치와 행정은 주로 남성중심으로 이루어져 왔다고 해도 과언이 아니다. 특히 우리나라의 경우 유교문화의 전통으로 남성우월주의가 비교적 강했다. 현재는 가정에서 양성평등의 인식이 확대되고 있으나 앞의 장에서 분석하였듯이 정치와 행정의 분야에서 그 차이는 여전하다.

정치와 행정 분야에서 인구구성의 절반을 차지하는 여성의 소외는 작지 않은 문제를 낳았는데 무엇보다도 성별 간 갈등과 마찰의 근원이 되었다. 또한 여성과 관련한 문제를 해결하는 데에 있어 남성의 관점과 인식으로 정책을 결정하는 것은 이치에 맞지 않는다.

(다) 정치의 새로운 패러다임 모색

각종 여론조사를 보면 가장 신뢰가 떨어지는 직업군이 정치인이다. 특히 남성 중심의 정치인들은 각종 비리와 부패에 밀접하게 관련되어 있는 것으로 사회에서 인식되고 있다. 각종 이권에 개입하고, 각종 청탁의 대상이 되기 때문이다. 어떤 정치인의 고백에 따르면 정치인은 교도소 담장을 걷는 직업이라고 한다.

정치가 합리적 대화와 일반적 상식의 범위 안에서 이루어지기 위해서는 정치 패러다임이 변화하여야 한다. 이러한 과정에 여성의 참여가 커다란 역할을 할 것으로 기대된다. 상대적으로 여성은 사회의 부패와 비리와는 거리가 멀었기에 정치에 참여함으로써 낡은 정치 패러다임을 깨고 새로운 정치의 틀을 만들 수 있을 것이다. 여성의 정치 참여 정도가 높은 국가일수록 부패지수가 낮다는 세계은행(IBRD)의 연구 결과는 이러한 주장을 뒷받침하고 있다.

(라) 생활정치와 여성의 참여

지방자치는 주로 보건, 복지, 환경, 교육, 안전 등 일상생활과 매우 밀접하게 관련되어 있다. 이러한 생활 이슈에는 남성보다도 여성의 경험이 더욱 소중하다. 일상에서의 경험을 정책에 반영하고 감시하는 기능은 여성의 참여로 더욱 활성화시킬 수 있다. 지역 공동체가 안고 있는 문제도 여성의 참여를 통한 풀뿌리 민주주의로 해결 할 수 있다.

아울러 급증하고 있는 고령인구, 가정폭력과 청소년 문제 등이 사회적 이슈가 되고 있다. 향후 사회복지, 노인복지, 여성복지, 다문화가정 등 사회의 소외계층에 대한 정책들이 요구되는데 특히 우리나라의 여성들이 이러한 이슈에 남다른 전문성을 보이고 있다.

제3장

지방의회의 평가[26)]

Ⅰ. 평가의 대상과 기준

1. 평가의 대상

지방의회의 평가대상은 크게 운영적인 측면, 산출적인 측면, 성과적인 측면으로 대분하여 평가할 수 있다. 본 장에서는 이를 논의하였다.

1) 운영의 평가

운영적인 측면은 지방의회의 고유기능을 수행하기 위한 인적·물적인 제도와 시설 등을 의미한다. 기본적으로 지방의회의 의정비와 전문위원 등 운영관련 제도와 행태가 여기에 속한다. 지방의회의 운영은 의장단의 구성과 매우 밀접한 관계를 맺는다. 지방의회의 리더십이 의정 성과에 중요한 영향을 미치고 있기 때문이다. 따라서 의장단의 구성에 대한 평가를 추가하였다.

지방의회의 평가와 관련하여 가장 빈번하게 제기된 이슈가 지방의회의 전문성이다. 전문성은 크게 기능의 전문성(expertise)과 행태의 전문성(professionalism)을 대분하여 논의할 수 있다. 전자는 보건, 복지, 환경 등 특정 분야의 전문적 지식을 갖고 있는 상태를 의미하여 후자는 업무에 임하는 자세를 의미하는 것으로 흔

26) 필자의 "민선자치 20주년의 평가: 지방의정을 중심으로"(전국4단체 협의회 주최 세미나 논문)를 수정요약한 것이다.

히 '프로정신'으로 표현된다. 지방의원에게는 전자를 요구하기 보다는 후자를 요구하는 것이 타당하다. 지방의원은 아마추어 정치인으로서 국회의원에게도 요구하지 않는 요건을 지방의원에게 요구하는 것은 무리이다(김순은, 2011b).

지방의원들이 기능의 전문성을 지닌다면 금상첨화가 됨은 물론이다. 지방의원들의 기능적 전문성을 높이기 위하여 지방의회는 정기적으로 국내·외 연수를 실시하고 있다. 따라서 이에 대한 실태와 성과가 평가의 대상이 된다. 특히 국외연수는 그 동안 논란이 대상이 되어 왔다(이상호 외1, 2012).

2) 산출(output)의 평가

지방의회는 조례 제·개정, 행정사무감사 및 예산심의 및 의결 등 주요 정책을 결정한다. 이 중에서도 조례의 제·개정, 행정사무감사 및 예산기능을 제3대 기능에 속하기 때문에(류춘호, 2010; 송광태, 2012) 이를 중심으로 지방의회의 산출을 평가하였다. 여기에 주민의 대표기능을 추가하였다.

3) 성과(outcome)의 평가

지방의회가 상기의 주요 기능을 수행하는 것은 궁극적으로 지방자치가 지향하는 이념을 달성하기 위해서이다. 이를 지방의회의 성과라고 할 수 있다. 여기에는 지역 민주주의의 발전, 지방행정 견제 및 투명성, 주민참여, 지역발전, 지역복지의 증진 등이 포함된다.

2. 평가의 기준

행정의 이념이 민주성, 효율성, 형평성이어야 한다는 데에는 이론의 여지가 없을 것이다. 지방의정도 동일한 기준에 의하여 평가하는 것이 타당할 것이다. 평가의 대상과 기준을 표로 정리하면 <표 3.1>과 같다.

<표 3.1> 평가의 대상과 기준

평가의 대상		평가의 기준		
		민주성	효율성	형평성
운영	인적·물적 기반			
	운영제도의 개선			
	의장단의 선거 및 행태			
	전문성			
	의정연수			
산출	조례제·개정			
	행정사무감사·조사			
	예산심의 및 의결			
	주민의 대표기능			
성과	지역 민주주의의 제고			
	지방행정 견제 및 투명성			
	주민참여			
	지역발전			
	지역 사회복지 증진			

II. 지방의정의 평가

1. 운영의 평가

1) 인적·물적 기반

1991년 지방의회가 출범할 당시의 지방의회의 활동을 보좌할 인적·물적 기반은 매우 열악하였다. 지방의원의 경험과 자원이 전무한 상태에서 출발되었었기에 명예직의 틀 하에서 지방의원이 효과적으로 지원을 받지 못한 것은 당연했다(김생수, 1994; 김순은, 1992). 상황이 이렇다보니 지방의원을 전문적·행정적으로 보좌할 지방의회 사무기구의 인사권을 지방정부의 장에게 부여하게 되었는데, 이 부분은 현재까지도 가장 논란이 되고 있다(김순은 외2, 2014). 지방의회 사무기구의 인사와 조직권이 지방정부의 장에게 귀속된 것은 커다란 문제점으로 지적되어 왔다(최봉기 외2, 2008).

그러나 시간이 거듭될수록 지방의회의 인적·물적 기반은 강화되었다. 광역지방의회의 경우는 대부분 인력의 증원이 이루어졌다. 부산광역시의회의 경우 1991년 30명이었던 인력이 2009년 7월 기준으로 105명으로 증원되었고 특히 정책연구실이란 전문보좌기구를 설치하여 정책적 보좌를 강화하였다. 광역의원들의 정책적 보좌기구는 서울특별시의회를 포함한 대부분의 광역의회가 설치하였다(김순은, 2013a). 뿐만 아니라 2009년에는 시의원 1인당 하나의 의원사무실을 마련하여 의정활동을 강화하였다(류춘호, 2010). 지방의회 상임위원회의 전문위원 보강, 지원조직의 강화는 지방의회의 발전에 크게 기여하는 것으로 평가된다(김상구 외1, 2013). 현재의 상황은 불충분하기 때문에 더욱 보완되어야 한다는 주장도 존재한다(안영훈, 2013).

그럼에도 불구하고 앞에서 논의한 지방의회 사무기구의 인사권이 지방정부의 장의 권한으로 규정되었는데, 이는 잘못 끼워진 첫 단추마냥 권력분립의 원칙 하에서 견제와 균형을 이루어야 할 지방의회가 제 구실을 하지 못하는 빌미를 제공하였다. 규범부조화 상태의 이러한 현실이 우선적으로 개선되지 못한 것은 항상 비판의 대상이 되어왔다. 광역의회는 기초의회와는 달리 처리하는 기능의 양과 질이 매우 고도화되어 있다. 이를 토대로 지속적으로 광역의회는 정책보좌관의 필요성을 강조하고 있으나 제도의 도입에는 이르지 못했다(김순은 외2, 2014).

2) 운영제도의 개선

지방의회는 자율적으로 지방의정을 발전시키기 위한 조례를 제정하여 왔다. 우선 지방의회 운영규칙의 제·개정을 통하여 열린 의회와 책임의회 및 정책의회를 구현하고자 노력하였다. 종전의 전통적 운영방식을 지양하고 5분 발언제도, 시민발언제도, 정책자문 교수단 등을 도입하였다. 지방의회의 인터넷 등의 생중계를 강화하여 열린 의회를 지향하였다.

지방의회 회의일수가 2005년 이후 지방의회의 조례로 규정할 수 있게 되었고, 지방의회의 사정에 따라 다양하게 규정되었다. 종전 회의일수가 부족하여 충분한 논의를 하지 못한다는 문제점을 개선하였다. 2005년 월정수당제도가 도입되어 지방의회는 자율적으로 의정비 결정을 할 수 있었다.

의정비에 대해서 논란이 분분하다. 명예직에서 월정수당의 도입은 커다란 발전인데 의정비에 적합한 의정 성과가 부족하다는 평가(신기현, 2012)와 의정비의 규모가 집행부의 국장과 부시장에 비하여 부족하여 지방의원의 사기를 떨어뜨린다는 비판도 제기되었다(박영강, 2010).

그런데 증가된 회의일수는 낭비적으로 운영된다는 비판도 제기되었다. 촌각을 다투어야 할 의정에서 첫날은 개회식만 하고 하루 회기를 마감하는 관행이 아직도 남아 있다(김순은, 2002b). 의정비의 과다한 책정이 문제되어 중앙정부의 가이드라인이 도입되었다. 지방정부의 재정력, 지역의 특성 등을 고려한 공식에 의하여 산출된 금액을 중심으로 의정비심의위원회의 결정, 주민의 의견수렴 등을 거치도록 하였다. 이러한 절차와 방식이 지방의원에게만 적용되어 부당하다는 지적이 계속되었다(김순은, 2010f). 이러한 비판이 수렴되어 2014년 6월 의정비 심의절차와 방식이 개선되어 지방선거가 끝나면 대통령령으로 규정한 범위 내에서 조례로 결정한다. 의정비심의회는 매년 의정비를 심의·결정하는 것이 아니라 임기 초에 4년 임기동안 적용될 의정비를 일시에 결정한다. 의정비심의회는 의정비의 투명성과 공정성을 기하기 위하여 공청회나 여론조사 등을 통하여 주민의결을 수렴하여야 한다. 다만 지방공무원의 보수 인상률에 이내의 인상을 결정할 때에는 주민의견을 수렴하는 절차는 생략할 수 있게 되었다.

지방의회의 실질적인 토의가 상임위원회를 통하여 이루어지는데 물리적인 공간과 관행상 상임위원회의 회의가 시민들에게 공개되지 못하는 것도 문제점으로 지적되어 왔다(조순제, 2012; 신기현, 2012).

3) 의장단의 구성 및 의전

국회와 지방의회는 대통령이나 지사·시장 등 단임제 기관과는 달리 구성원의 협의와 의결에 의하여 운영되는 합의제기관이다. 국회나 지방의회는 협의의 효과성을 높이기 위하여 기능별로 상임위원회를 구성하여 운영하고 있다(김성호 외1, 1996). 초기에는 상임위원회를 광역의회에만 허용하였으나 현재는 기초의회도 허용하여 모든 지방의회가 상임위원회를 구성하고 있다(김순은,

2014a).

지방의회의 운영과 성과는 합의제 기관이라는 특성을 고려할 때 의회의 리더십에 의하여 크게 좌우된다. 지방의회의 리더십은 의장, 부의장, 상임 및 특별위원장으로 구성되기 때문에 결국 이들의 리더십이 지방의회의 성패를 결정하는 데 매우 중요하다(신기현, 2012). 지방의회 의장을 비롯한 의장단의 책임이 막중하다고 할 수 있다. 따라서 지방의회 의장에게는 승용차, 수행비서, 판공비 등이 제공되며 상임 및 특별위원장에게도 소정의 판공비 등이 제공된다.

지방의회에서 차지하는 의장단의 중요성과 상징성에도 불구하고 그간 많은 지방의회는 의장단 선거를 둘러싸고 갈등과 반목을 낳아 지방의회의 운영에 적지 않은 차질을 빚었다. 의장단 선거로 인한 갈등으로 의회의 구성이 몇 달씩 이루어지지 못한 경우, 금품선거로 정당성을 잃는 선거도 있었다. 아마도 의장단에게 제공되는 권한과 특전 및 상징성 때문에 의장단 선거 때만 되면 많은 지방의회가 선거로 인한 부작용을 낳고 있다(김순은, 2005b).

4) 전문성과 지방의원들의 행태 및 주민의 신뢰

지방의회에 대한 이제까지의 비판 가운데 가장 빈번하게 지적된 것이 지방의원의 전문성 부족이다(김순은, 2009c; 류춘호, 2010; 송광태 2012; 최봉기, 2011; 최호택 외1, 2012). 지방의회에 진출한 지방의원들의 직업을 보면 의사, 약사, 변호사, 변리사, 기술자 등 기능적 전문성을 지닌 의원은 비율이 낮다. 기능적 전문성을 지닌 인사들은 지방정부의 장에는 관심을 두어도 지방의회에는 관심을 두고 있지 않기 때문이다. 이런 이유로 지방의회의 전문성 부족이 문제점으로 지적되었다(김영하, 2011; 권영주, 2011). 전문성이 높은 의회일수록 의정활동이 높은 것으로 나타났다(김영하, 2011).

지방의원들에게 기능적 전문성을 요구하는 것은 지나친 요구일 수 있다. 국회의원에게도 요구하지 않는 전문성을 생활정치를 담당하는 지방정치인에게 요구하는 것이 지나친 기대이기 때문이다. 그러나 지방의원으로서의 기본적인 책무와 도덕성 및 업무태도를 유지하는 프로정신은 당연히 가지고 있어야 한다. 그런데 지방의회의 회의록 등을 분석해 보면 지방의원들의 프로정신은 크게 부족하다. 정책 분석 자료에 대한 충분한 이해가 없이 회의에 참석하는 의원의 수도 상당하며, 대부분의 정책들이 다수의 이해관계자간의 갈등에 따른 조정과 타협이 필요한데, 이를 위한 지방의원들의 적극적인 태도는 보이지 않고 있다. 지방의원으로서 지역에 봉사하겠다는 자세보다 신분상승의 동기로 가든 찬 경우도 보인다. 현재 공천제도가 갖는 문제점으로써 지방의원들의 최대 관심은 국회의원의 보좌이다(김순은, 2014a).

주민의 직접참여는 지방의회의 활동을 보완하는 장치임에도 불구하고 주민자치의 활성화를 위한 제도에 대한 오해로 주민자치의 활성화를 저해하는 제도를 만든 지방의회도 있다. 지역 언론에 보도된 지방의회에 관한 소식은 대부분 개인적인 차원에서 지방의원들의 무책임성과 부조리 등이었고, 이것이 주민들의 지방의회에 대한 신뢰를 떨어뜨리는데 결정적인 요인이 되었다(김순은, 2014a). 여기에 지방의원과 지방행정의 유착 및 상호 봐주기가 나타나기 시작하였다. 집행부의 지방의원들의 원하는 지역구 예산 등을 챙겨주고 지방의원은 집행부를 봐주는 식의 주고받기가 관행처럼 이루어지고 있다.

지방의원들이 점차 의전을 지나치게 존중하는 관료적인 태도도 문제점으로 지적할 수 있다. 각종 행사장에서 보면 지방의원의 이름을 호명하는 등의 의전적인 절차에 많은 시간이 소요됨을 목격하게 된다. 행사의 실체적인 내용보다 의원들의 의전이 중시되는 듯하여 비판의 대상이 되기도 한다. 지방의원들이 예우를 지나치게 요구함으로써 스스로의 권위를 떨어뜨리고 있다.

5) 의정연수

앞에서 논의한 지방의회의 전문성을 높이기 위한 제도가 의원연수제도이다. 지방의회를 보다 잘 이해하고, 지방의회의 운영 및 기능을 전문적으로 보완하기 위하여 모든 지방의회는 매년 국내·외 연수를 실시하고 있다. 그런데 이러한 의정연수들이 많은 문제점을 보였다(최봉기, 2011; 신기현, 2012).

대부분의 국내·외 연구가 관광 및 외유성으로 이루어져 왔다. 2박 3일의 연수기간을 설정하면 첫날 3-4시간 정도만 연수에 할애하고 나머지 시간은 관광에 사용하는 국내연수, 6-7일 소요되는 해외연수도 유사한 형태로 진행되어 시민단체들로부터 비판이 되었다. 해외연수가 부실하게 진행되어 여행경비를 반납한 사례도 발생하였다. 해외연수의 부실을 시정하기 위하여 해외연수 이후 보고서를 의무적으로 제출하도록 조례로 제정하는 추세이다.

2. 산출의 평가

1) 조례의 제·개정

지방의회가 수행하는 가장 중요한 기능이 지역의 자치법인 조례를 제정하고 개정하는 것이다. 지방의회가 지역복리와 지역발전을 위하여 지역에 적절한 조례를 제·개정하는 작업은 지역의 제도를 합리적으로 정비한다는 측면에서 중요성이 매우 크다. 이를 양적·질적 관점에서 평가하면 아래와 같다.

현행 지방자치법에 따르면 조례의 발의권자는 지방의원과 지방의회의 상임위원회 및 지방정부의 장이다. 지방의회가 구성된 초기부터 대부분의 조례 제·개정은 지방정부의 장이 상위 법령의 제·개정에 따라 순차적으로 해야 하는 집행조례의 성격이 강했다.

양적의 관점의 평가를 보면 지방의회는 선거가 거듭될수록 조례의 처리건수 증가하였고 특히 지방의원의 발의가 두드러지게 나타났다. 한국지방자치학회가 매년 실시하는 우수조례 평가를 보면 지방의원이 발의한 조례가 매년 증가하는 추세이다. 또한 집행부가 발의한 조례에 대해서도 꾸준히 수정·의결이 이루어지는 것으로 평가되었다(류춘호, 2010; 김상구 외1, 2013). 광역의회는 물론 기초의회에서도 공통적으로 나타난 현상이었다. 대구광역시의회와 경기도의회가 전자의 대표적인 예이며 성남시의회가 후자의 대표적인 예이다(이정훈 외1, 2010; 문원식, 2010; 이상호 외1, 2012).

질적인 관점에서 볼 때 지방의회는 지방자치의 발전을 위하여 유의미한 조례를 제정하였다. 무엇보다도 1992년 청주시의회가 제정한 행정정보 공개에 관한 조례를 들 수 있다. 지방행정의 벽이 높았던 점을 고려할 때 지방의회가 구성된 지 2년 만에 청주가 행정정보공개 조례를 제정하였다는 것은 매우 의의가 컸다. 지방정부의 장의 재의요구를 거쳐 대법원의 최종 판결로 확정된 청주시 행정정보공개 조례는 2가지 측면에서 지방자치의 발전에 기여하였다.

첫째, 기초지방정부의 수준에서 행정정보 공개의 중요성이 제기되었다는 점이다. 당시 행정정보는 소수인만 접근할 수 있는 특권에 가까운 것이었다. 일반 주민들도 적절한 절차에 따라 행정정보를 구득할 수 있다는 것을 알림으로써 중앙정부보다 한 발 앞서 행정정보공개를 선행적으로 구상하였다는 것은 지방자치의 발전에 매우 의미 있는 사례가 되었다.

둘째, 1992년 청주시의회가 행정정보공개 조례를 제정할 때에는 행정정보공개에 관한 상위 법률이 부재하였다. "상위 법령의 범위 안"에서 조례를 제정할 수 있다는 규정에도 불구하고 지역주민에게 별도의 부담을 주지 않고 지방자치의 발전에 기여할 수 있는 조례는 언제든지 제정할 수 있다는 선례가 되었다. 지방정부의 장의 재의요구, 대법원의 판결을 거쳐 지방의회가 제정한 조례로 확정되었다.

비록 지방의원들이 발의한 조례는 아니지만 지방의회가 의결한 주민참여예산제도에 관한 조례도 긍정적으로 평가할 수 있다. 2003년 광주광역시 북구 의회는 구청장이 발의한 주민참여예산제도를 도입하는 조례를 제정하여 울산광역시 북구, 대전광역시 대덕구 등으로 확대되었다(안성민 외1, 2010). 비록 지방정부의 장의 발의에 의한 조례이지만 현재도 대부분의 지방의회가 주민참여예산제도가 지방의회의 예산의결권을 제약한다는 오해가 있음에도 불구하고 대부분 그 효용성을 높게 인식하고 있다는 점에서 긍정적으로 평가할 수 있다. 지방정부의 이니시어티브에 밀려 현재는 2011년 지방재정법에서 모든 지방정부가 주민참여예산제도를 도입하도록 강제하고 있다.

지방의회가 제정한 지방의회 기본조례라든지 주민참여기본조례도 긍정적으로 평가되어야 한다. 2011년 제정된 서울특별시 주민참여 기본조례는 시정에의 주민참여를 제고하기 위하여 주민자치연구회를 구성하도록 되어 있다. 주민자치연구회는 연구와 자문을 통하여 서울특별시의 주민참여에 기여하고 있다. 서울특별시의회 이외에도 광주광역시, 서울특별시 성북구, 고양시, 청주시, 안산시, 시흥시, 하남시의회 등이 주민참가조례를 제정하였다.

2012년 서울특별시의회가 제정한 서울특별시 기본조례는 일본의 지방자치기본조례나 지방의회 기본조례와 같이 지방의회와 지방의원의 책무를 강조하고 있다는 점에서 긍정적이다.

이 외에도 부천시의회가 의결한 '부천시 담배자판기 설치금지 조례'도 우수한 조례의 제정이라고 할 수 있다. 주민의 요구를 수용하여 논란을 거쳐 도입된 조례로서 현재 서울특별시 강남구, 부산광역시, 인천광역시 동구, 인천광역시 남동구, 안양시, 원주시, 천안시의회 등에서 유사한 조례를 도입하였다.

그럼에도 불구하고 지방의회의 입법능력에 대해서는 회의적인 시각도 동시에 존재한다. 2006년 월정수당제도가 도입되었을 당시 지나치게 의정비를 인상하는 조례의 제정으로 중앙정부가 가이드라인을 정한 사례가 있었다(김순은, 2010f). 2013년 주민자치회가 전국에 실시될 당시에는 주민자치회의 관련조례를 제정하던 중 주민자치회를 주민의 대표기관으로 인정하지 않아 조례에서 주민의 대표기관이라는 용어를 삭제한 기초의회도 있었다. 이런 이유로 2012년 설문조사에 따르면 지방의회의 입법능력은 만족할 만한 수준이 아닌 것으로 나타났다(최호택 외1, 2012). 조례의 작성 시 요구되는 법적인 문구작성과 등과 관련하여 전문성이 크게 부족하였다(김상구 외1, 2013).

2) 행정사무감사와 조사

기관분리형의 지방정부 구조 하에서 집행부에 대한 지방의회의 행정사무감사 및 조사는 이론적인 관점에서 매우 강력한 견제수단이다. 그런데 미국, 일본, 영국 등의 경우 지방의회가 직접적으로 행정사무감사를 하는 경우는 적다. 행정사무감사가 고도의 기능적 전문성을 지니고 있어 아마추어 지방정치인이 담당하는 것이 적절하지 않다고 판단하기 때문이다. 미국의 경우 지방정부에 따라 차이가 있지만 대도시의 경우 회계감사원이 선출직 공무원으로 집행기관으로 독립적 지위를 갖고 있다. 일본도 감사위원회 제도를 채택하고 있으며 영국도 한 때 감사위원회를 설치하여 운영하였다. 우리나라는 직접 지방의회가 행정사무감사를 담당하고 있다.

개별 광역지방의회의 연구에서는 대체적으로 행정사무감사의 성과에 대하여 부정적·긍정적인 평가가 혼재하고 있다. 행정사무감사를 통한 집행부의 견제가 적절하냐는 질문에 대하여 부정적인 평가를 내린 충청남도의회가 있는 반면(최호택 외1, 2012), 부산광역시의회, 대구광역시의회, 경기도의회, 성남시의회의 경우 해가 거듭될수록 행정사무감사의 건수가 꾸준히 증가하여 행정사무감사가 집행부를 견제하는 효과적인 수단으로 인식되고 있는 경우도 있다(류춘호, 2010; 문원식, 2010; 이상호 외1, 2012). 전체적으로 행정사무감사 시 집행부에 요구하는 자료의 무분별한 요구는 집행부의 고유기능 수행에 적지 않은 차질을 빚고 있다.

3) 예산 심의와 의결

지방의회의 주요 기능 중의 하나가 회계연도 개시 이전에 내년도 예산안을 심의하고 의결하는 것이다. 1회계 연도의 정책과 이와 연계된 예산을 확정하는 작업은 사업의 우선순위, 다양한 이해관계의 조정이라는 고도의 정치적 과정이다. 뿐만 아니라 행정이 나날이 고도화 전문화 되는 점을 고려할 때 예산심의 과정은 높은 수준의 전문성을 요구하는 절차이다. 예산심의와 의결을 지방의회의 가장 주요한 기능으로 보는 견해도 있다.

지방의회는 출범 초기 집행부의 고무도장이라는 비판이 있었던 것도 사실이다(김순은, 1992). 지방행정의 내용을 숙지할 수 없었던 아마추어 정치인으로서는 피할 수 없는 비판이었다. 그러나 24년의 경험을 통하여 지방의회의 전문성, 특히 예산의 심의와 의결에 대한 전문성이 크게 축적되었다는 것이 일반적인 평가이다. 집행부가 제출한 예산안에 대한 삭감과 수정 비율이 크게 신장되었으며, 최근에는 주민참여를 통하여 작성한 주민참여예산안에 대해서도 예산의 전체적인 관점에서 내실 있는 심의를 하는 것으로 보고되고 있다(류춘호, 2010; 이정훈 외1, 2010; 문원식, 2010; 이상호 외1, 2012). 매년 예산심의를 앞두고 각 지방의회가 실시하는 연수 등이 크게 효과를 보이는 것으로 보인다.

4) 주민의 대표기능

지방의원들은 지역에서 거주하는 주민의 대표로서 매우 중요한 기능을 행사하고 있다. 지방의원들은 지역에서 주민들과 더불어 항시 상주하기 때문에 주민들이 지방행정에 대한 민원이 발생하면 지방의원을 찾는다. 지방의원들과 면담을 해보면 지방의원들이 상시적으로 주민들의 민원을 듣고 이를 해결하려는 데에 매우 적극적이라는 사실을 알 수 있다. 아직도 지방의원들은 지역의 경·조사에 빠짐없이 참석하며 이를 통하여 주민의 의견과 민원을 수렴하고 있다. 장기적으로 주민들의 민원을 청취하고 해결하는 것이 고유의 기능 중의 하나이기 때문이다.

지방의회에 따라 다소 편차가 있는 것은 사실이지만(최호택 외1, 2012) 대부분의 지방의원들은 주민들이 제기하는 청원과 진정에 대하여 매우 적극적인 태도를 보이는 것으로 보고되고 있다(류춘호, 2010; 이정훈 외1, 2010; 문원식, 2010; 이상호 외1, 2012). 지방정부와 주민과의 갈등이 지방의원들의 노력으로 해결되는 경우도 증가하였다. 광역의회와 기초의회는 비례대표제의 도입으로 야당의 진출이 가능하게 되어 주민의 대표성이 크게 제고되는 결과를 낳았다. 특히 여성의원의 수가 증가하여 성별 주민의 대표성이 크게 개선되었다.

지방의원들은 주민을 대표하여 지방행정에 관한 다양한 질의를 던진다. 그런데 실질적인 내용으로 접근하지 못하고 건의형이나 요망형의 질문이 많다는 것이 문제점으로 지적되었다. 아울러 각종 질의가 이루어진 이후에도 사후감시도 매우 소홀한 것으로 나타났다(김상구 외1, 2013).

3. 성과의 평가

1) 지역 민주주의의 제고

지방의회가 구성된 이후 가장 괄목한 만한 성과는 지역 민주주의의 제고이다. 지역의 대표를 선거를 통하여 선출하는 것 자체가 민주주의의 발전에 기여한다. 민주주의의 정도를 선거의 유무로 측정함을 감안할 때 선거의 중요성을 가늠할 수 있다. 종종 공천의 부패와 금품선거 등 선거의 부조리가 발견되는 경우도 있지만 전반적으로 우리나라의 선거는 선진국 수준에 있다고 해도 과언이 아니다.

지방의회의 출범은 지역의 수준에서 정치가 가능하게 됨을 의미하기 때문에 정치의 복원은 민주주의의 발전으로 이어졌다. 지방의회의 주요 활동인 조례의 제·개정, 예산심의 등을 통하여 민감한 이슈들이 해결되는 것은 민주주의의 발전을 의미한다. 이로 인해 권위적인 지방행정의 턱을 낮추게 되었다. 최근 공무원들을 대상으로 한 면접에 따르면 주민들의 민원에 공무원들이 매우 민감하게 반응하고 있음을 알 수 있다. 행정정보공개조례 등 조례의 제정도 민주주의의 제고에 기여한 대표적인 지방의회의 활동이다(최봉기, 2011).

지역의 대표를 선출하는 선거를 통한 학습이 중앙정부의 정권교체에 작용하여 우리나라의 민주화에도 적지 않은 기여를 하였다. 지방정부의 장을 포함하여 지방의원이 선거에 선출되지 않았었다면 아마도 여·야간의 정권교체는 매우 어려웠을 지도 모른다(김순은, 2014a).

지방의회가 지역 민주주의의 발전에 기여하지 못했다는 비판도 있다. 지방의회의 기본기능이 지역 민주주의와 관련된 것으로 보고 이에 대한 비판적인 의견을 제시하였으며(이상호 외1, 2012) 지방의회와 주민자치의 단절도 민주주의의 문제점으로 파악하였다(김찬동, 2011).

2) 지방행정 견제 및 투명성 제고

우리나라의 행정은 지방행정을 포함하여 밀실행정, 탁상행정, 독선행정이라는 비판을 받았다. 지방의회가 존재하지 않았기 때문에 지방정부의 예산은 주로 관료들의 관점에서 작성되고 운영되었다. 관료들은 그들이 지닌 전문성과 행정정보의 독점을 이용하여 그들의 관점에서 지방행정을 운영하였다.

지방행정의 종전 관행은 지방의회의 출범으로 크게 개선되어 왔다. 우선 예산의 편성은 집행부가 담당하지만 예산심의는 지방의회가 담당하는 기능의 배분으로 예산의 투명성을 크게 제고하였다. 지방정부의 장의 정보비, 시책추진비, 기관판공비, 관·관접대비 등 관료들의 숨겨진 예산들이 투명하게 들어나고 삭감되는 등의 효과를 낳았다.

행정사무감사 및 조사 등도 지방행정을 견제하고 투명성을 높이는데 기여하였다. 더 이상 그들의 비리들이 감추어지거나 관료들에 불리한 정보를 유지하기가 매우 어려워졌다.

3) 주민참여

주민참여의 성과에 대해서는 찬·반 양론이 존재한다. 20년의 지방의회 활동을 통하여 주민의 권리가 신장되고 주민참여는 주민의견수렴을 통하여 이루어졌다는 평가(최봉기, 2011)와 우리나라 지방자치의 아이러니는 주민의 참여와 관심이 낮은 가운데 지방자치가 이루어지고 있다는 평가가 양립하고 있다(김순은, 2014a).

선거를 통하여 지역대표가 선출됨에도 불구하고 해당 주민들은 지방의원의 이름조차 알지 못하는 경우가 대부분이다. 지방의원들이 어떻게 의정활동을 하는지에 대해서도 무관심하다. 우리나라 지방자치는 주민의 참여와 관심 속에 이루어지는 자치가 아니고 그들만의 자치가 되었다.

지방의원들도 주민들의 직접적인 참여에 대해서 매우 부정적이고 소극적인 태도를 보였다. 주민자치회의 시범실시, 주민참여예산제도의 운영 등에 있어서 지방의원들은 주민들의 직접적인 참여가 지방의회의 기능을 축소시키는 것으로 오해하여 매우 부정적으로 대응하였다.

4) 지역발전

지방정부의 자주재원이 열악한 상황 하에서도 지방의원들은 해당 지역구의 지역발전에 매우 민감하게 반응하였다. 도로포장이나 가로수 심기 등을 통한 지역발전이 눈에 띠는 것이다(최봉기, 2011). 해당 지역구의 오랜 숙원사업을 실현하는 것이 선거에 있어서도 절대적으로 유리하기 때문이다. 다만 지역발전에 대한 의지와 관심이 지나쳐 지역이기주의로 이어진 점은 부정적이다.

5) 지역 사회복지의 증진

해가 거듭될수록 사회적 분위기에 맞추어 지역주민의 복지증진은 지방의원들의 주요 관심사가 되었다. 사회복지와 관련된 지방정부의 적합한 수비범위에 관련된 논란에도 불구하고 지방의원들은 사회복지의 확대에 매우 적극적이었다.

지방의원들의 사회복지에 대한 적극성은 의원발의 조례에서 확인할 수 있다. 광주광역시 장애인 종합복지관 설치운영조례, 태양에너지도시조례, 건축물 허가 등에 있어서 장애인 등의 편의시설 설치사항 검사에 관한 조례, 성남시 시세조례 중 개정조례(재산세 환급의 건), 원주시 보행권 확보 및 보행환경 개선에 관한 조례, 제천시 보행권 확보에 관한 조례, 다문화가족 지원조례, 다자녀 지원에 관한 조례 등이 대표적인 예이다.

Ⅲ. 지방의회의 종합평가

1. 민주성의 기준

민선자치 20주년의 지방의회 평가에 대한 종합적인 결과는 <표 3.2>과 같다. 민주성의 관점에서 운영제도의 개선, 조례의 제·개정, 예산심의 및 의결, 지역민주주의의 제고, 지방행정 견제 및 투명성 제고에 대해서는 긍정적인 평가를 할 수 있다. 반면 인적·물적 기반, 의장단 선거 및 행태, 주민의 대표기능과 주민참여에 대해서는 부정적인 평가를 받아야 할 것이다.

열린 의회를 위하여 끊임없는 의정모니터제의 적극적 활용, 조례에 의한 회의일수의 결정, 정책자문단의 활용, 인터넷 생중계 등은 민주성의 관점에서 긍정적인 평가가 가능하다. 지역주민의 복리증진을 위한 다양한 형태의 의원발의 증가, 확립된 예산심의의 효과성 등도 긍정적이다. 운영제도를 개선한 점, 의원발의의 증가, 예산의 삭감 등은 지역 민주주의와 지방행정의 견제에 긍정적인 효과를 창출하였다.

〈표 3.2〉 지방의회의 종합평가

평가의 대상		평가의 기준		
		민주성	효율성	형평성
운영	인적·물적 기반	△	o	
	운영제도의 개선	o	△	
	의장단 선거 및 행태	△	△	
	전문성		△	
	의정연수		△	
산출	조례제·개정	o		
	행정사무감사·조사		△	
	예산심의 및 의결	o		o

	주민의 대표기능	△		△
성과	지역 민주주의의 제고	o		△
	지방행정 견제 및 투명성	o	o	
	주민참여	△		△
	지역발전		△	
	지역 사회복지 증진		△	o

지방의회의 인적·물적 기반은 꾸준히 발전했음에도 불구하고 한계를 보이고 있다. 인적·물적 기반이 크게 발전했음에도 불구하고 활용적인 측면에서는 부정적이다. 비록 외부적인 상황에 기인하는 것이지만 사무기구 인사권의 독립이 이루어지지 않아 지방의회 관점의 운영이 어렵다는 점은 지방의회의 민주성을 높이는데 부정적인 영향을 미쳤다. 지방정부의 장에 의하여 전보된 공무원들의 적극적인 의정보좌를 받을 수 없기 때문이다.

의장단 선거를 둘러싼 잡음과 지나친 의전행태는 지방의회의 이미지를 실추시키는 주요 원인 중의 하나이다. 금품선거의 파동, 의장단에 대한 지나친 집착, 편 가르기 등의 선거로 지방의회의 구성과 운영에 파행을 낳았다. 일반 의장단에 포함되면 각종 행사는 물론 일상의 의정생활에 있어서 지나친 의전으로 지방의회의 실체가 왜곡되는 경우가 잦다.

뿐만 아니라 지방의회의 주민의 직접참여에 대한 오해도 문제점으로 지적할 수 있다. 주민의 직접참여에 의한 주민참여는 간접민주주의를 보완하는 중요한 지방자치의 기제이다. 때로는 지방의원들의 지나친 부담을 덜어주고 때로는 지방의원의 역할을 보완하는 직접참정은 지방자치의 중요한 토대이다. 그런데 지방의원들은 주민참여에 매우 부정적인 인식을 갖고 있다. 지방의원의 역할을 잠식한다는 오해도 있다. 주민자치회의 조례제정 과정에서 나타난 예가 대표적이다. 지방의회의 주민참여에 대한 부정적인 인식 등은 부정적인 평가가 타당하다.

2. 효율성의 기준

효율성의 기준에서 인적·물적 기반, 지방행정 견제 및 투명성 부분은 긍정적인 평가가 가능하다. 비록 지방의회의 사무기구 인사권이 독립되어 있지 않지만 그 동안 강화된 인적·물적 기반은 지방의회의 효율성을 제고하는데 긍정적인 효과를 낳았다. 완전하지는 않지만 지방행정을 효과적으로 견제하고 지방행정의 투명성을 제고하는 데에도 기여하였다.

운영제도의 개선, 의장단의 선거 및 행태, 전문성, 의정연수, 행정사무 감사 및 조사, 지역발전, 지역사회복지 증진 등에 대해서는 부정적이다. 2007년 이후 2014년 이전에 보여준 지나친 의정비 인상행태, 회의일수를 알차게 활용하지 않는 회의운영, 의장단 선거와 의전 등에서 보인 모습은 지방의회의 효율성을 저하시켰다.

회의 과정에서 나타난 지방의회의원들의 도덕적 해이와 직업의식의 부족, 관광성 국내·외 연수 등도 부정적으로 평가할 수 있다. 행정사무감사 때에 집행부에 요구하는 감사 자료의 양도 지나친 경우가 많았다.

지방의원의 중요한 역할 중의 하나는 지역수준에서 발생하는 갈등을 조정하고 해결하는 것이다. 정치는 바로 갈등을 조정하고 수습하는 것이기 때문이다. 그런데 해당 지역구를 갖는 지방의원들이 지역발전을 위한다는 명분하에 오히려 지역 간 갈등을 조장하는 사례가 빈번하고, 발생한 지역갈등을 해결하는데 적극적이지 않은 점은 우리나라 지방자치의 한계라 할 수 있다.

경제성장과 가용할 자원의 유무를 검토하지 않은 보편적 복지의 확대도 지방재정을 악화시키는 요인으로 작용하고 있다.

3. 형평성의 기준

형평성의 관점에서 보면 예산심의 및 의결, 지역사회복지 증진은 긍정적인 평가가 가능하다. 예산심의가 정착하면서 소수자의 배려, 사회복지의 확대 등은 형평성의 관점에서 긍정적이다. 복지예산의 증대는 긍정적이었다.

반면 주민의 대표와 참여, 지역 민주주의의 제고에는 부정적으로 평가할 수 있다. 비례대표제도의 확대로 여성의원의 수가 초기보다는 크게 증가하였지만 외국과 비교할 때 여성의원의 비율은 낮은 편이다. 주민의 대표기능이 아직도 미흡하다고 할 수 있다. 여성 및 소수자에 대한 배려부족은 아직도 우리나라 민주주의의 한계라고 할 수 있다.

주민참여에 대한 지방의원들의 부정적인 태도도 형평성의 관점에서 부정적인 평가를 내릴 수 있다. 사회 각층의 다양한 주민들이 직접적으로 지방행정에 참여하는 직접참정제도는 형평성의 관점에서도 권장되어야 한다. 21세기가 시민덕성의 시대임을 감안하면 더욱 그렇다.

제4장

지방의회의 향후 발전방안

Ⅰ. 지방의회의 제도적 개선사항

1. 조례제정권의 범위 확대

1) 중앙정부와 지방정부의 역할 재정립

중앙정부와 지방정부의 역할을 명확하게 재정립한 후 각각의 역할에 부합하는 정치·행정권한을 부여해야 한다. 첫째, 중앙정부는 우선 국제화시대에 부응하여 국가의 존립에 관한 역할을 담당해야 한다. 이와 관련된 업무로 국방, 외교, 통일, 국제경제, 사법, 통화 및 금융 등이 있다. 그러나 세계화의 진전과 더불어 외교, 국제경제, 사법 등을 중앙정부의 고유한 영역으로 간주하기가 점점 어려워지고 있다. 왜냐하면 유럽통합 후 지방정부의 대표들이 국제기구에 참여하는 사례가 증가하고 있기 때문이다. 지방정부의 국제교류가 점증하고 지방정부가 국제경제의 흐름 속에서 차지하는 중요성이 높아지고 있다. 사법 영역도 마찬가지다. 가령, 미국에서는 지방정부의 대표성을 높이기 위하여 지방법원 판사와 지방정부의 검사를 지방선거로 선출하는 제도가 오래 전부터 시행되고 있다.

둘째, 국민들의 행동과 생활이나 지방자치와 관련된 제도 중에서 전국적으로 통일된 기준이 필요한 부분도 중앙정부의 역할에 속한다. 흔히 국민생활 최저기준(national minimum)이라는 기준이 필요한 영역으로서 공정거래, 소비자 보호, 근로기준 등이 포함된다.

셋째, 규모의 경제상 전국 단위에서 추진해야 하거나 전국적인 관점이 필요한 업무도 중앙정부의 역할이라고 할 수 있다. 여기에 속한 사무에서 공적연금, 의료보험, 우주개발, 핵발전소 건설, 고속철도와 같은 국가의 기간산업 등이 있다.

위의 사례를 제외한 업무는 포괄적으로 지방정부에 위임할 수 있다. 이 경우 국회는 국방, 외교, 통일, 국제경제, 금융 및 통화, 공정거래, 소비자 보호, 근로기준, 공적연금 등의 입법 활동을 담당하고 그 외의 업무는 지방의회가 자율적으로 입법을 추진할 수 있어야 한다.

2) 법률에서 규정하지 않은 분야에 대한 지방의회의 입법 활동 강화

현행 지방자치법의 규정에 따르면 조례는 "상위의 법령의 범위 안"에서만 제정할 수 있는 것으로 해석되어 조례제정권의 범위가 지나치게 축소되어 있다. 이는 정치적 분권이 제약되는 원인의 하나이다.

정치적 분권을 강화하는 차원에서 "상위의 법령에 위배되지 않는 한"으로 개정하는 노력을 하여야 한다. 그리고 법률이 개정되기 전까지는 현행 지방자치법 제22조에 대한 적극적인 해석을 요구하여야 한다. 1992년 청주시의회가 "행정정보 공개에 관한 조례"를 제정하자 청주시장은 이에 재의요구를 하였다. 청주시의회의 재의결을 거친 이후 대법원에 제소되자 대법원은 이를 적법한 조례로 판결하였다. 이는 지방자치법 상 조례제정권을 "상위 법령에 위반되지 않는 한"으로 해석하는 좋은 사례가 되었다.

상위 법령에 위배되지 않는 범위 내에서 지방정부, 특히 지방의회가 자발적으로 추진할 만한 것으로 주민참여예산제도조례[27]가 있으며, 주민 옴부즈맨제도를 검토할 수 있다. 주민 옴부즈맨제도는 지방행정의 투명성을 높일 수 있는 제도이다. 이미 우리나라의 몇몇 지방정부에서 시도한 것으로, 많은 지방정부들이 적극적으로 추진할 필요가 있다. 주민 옴부즈맨제도는 명분상으로도 중앙정부가 반대할 수 없는 분야이다. 이밖에 일본의 경우 다수의 지방정부가 주민투

27) 2005년 지방재정법에서 주민참여예산제도를 도입하기 이전에 이미 광주광역시 북구의회가 도입하였다. 2011년 지방재정법의 개정으로 현재는 모든 지방정부가 주민참여예산제도를 활용하고 있다.

표에 관한 조례를 제정하였다.

3) 초과·강화조례의 검토

지방의회의 조례제정권을 강화하는 방안 중의 하나로 초과·강화조례의 제정권을 검토할 수 있다. 초과·강화조례란 중앙정부의 법령에서 규정하고 있는 것보다 더욱 강화되거나 보충된 조례를 의미한다. 예를 들면 환경보호와 관련된 법령과 대비하여 이를 시행하기 위한 조례가 법령의 규정보다 더욱 엄격하게 규정하는 경우이다. 일본에서도 수질 및 대기 보호를 위하여 지방정부가 중앙정부의 규제보다 더 엄격한 조례를 제정하여 실시하고 있다. 우리나라에서도 적극적으로 발전시켜야 할 부분이다.

4) 과세자주권, 형벌부과권, 자치사법권 및 경찰권의 확대

조례제정권의 확대를 위하여 근본적으로 조세법률주의와 죄형법정주의의 새로운 해석이 필요한 시점이다. 조세법률주의와 죄형법정주의는 조세 부과와 형벌 부과는 반드시 국민의 합의에 기초한 법률에 의한다는 원리이다. 여기서 법률은 국회에서 제정한 법률만을 의미한다는 것이 우리나라의 해석이다. 그런데 지방의회도 지역주민의 대표이라는 점을 고려하면 지방의회가 제정하는 조례도 실질적인 법률로 보아야 할 것이다. 즉 지방의회의 조례도 조세법률주의와 죄형법정주의의 기초가 되는 법률에 포함되는 것으로 해석하여야 할 것이다.

향후 지방의회의 조례제정권이 확대될 경우 조례의 집행력을 담보하기 위하여 지방의회의 형벌부과권은 반드시 필요하다. 양자는 동전의 앞·뒷면과 같기 때문이다. 죄형법정주의를 확대해석하여, 조례에 근거를 두고서도 형사처벌이 가능하도록 해야 한다. 또한 형벌부과권과 관련하여 조례를 지역의 관점에서 해석하고 판결하는 자치사법권도 요구된다. 자치사법권은 지방정부의 사법부의 경우 선거에 의하여 판사와 검사를 선출하는 제도를 의미한다. 대부분의 주에서 선거를 통해 사법부를 구성하는 미국의 제도에서 많은 시사점을 얻을 수 있다.

형벌부과권, 자치사법권과 관련하여 자치경찰권은 지방자치의 고유영역이다. 그럼에도 불구하고 우리나라에는 자치경찰이[28] 존재하지 않아 지역사정에 부합하는 경찰서비스를 제공할 수 없다. 최소한 방범, 교통 등의 민생치안만이라도 지방정부에 속하는 자치경찰이 실시하여야 한다.

지방의회의 과세자주권은 향후 지방의회의 갈등조정능력, 지방정부의 재정력과 관련하여 중요한 이슈이다. 자율적인 조세부과권은 사업소세의 변형이 아닌 지방소득세의 실질적 도입 등 지방세원의 확대, 탄력세율 조정, 법정외세의 도입 등을 통하여 행사할 수 있다. 이를 지방의회가 행사할 수 없다면 정치적 분권이 되었다고 할 수 없다. 영국 지방분권의 경우 스코틀랜드의회에 과세부과권을 부여한 것도 같은 맥락이다. 과세자주권과 관련하여 지방정부가 향후 주목해야 할 이슈는 조세 저항이다. 새로운 세목을 개발하거나 세율을 인상하는 경우 주민들의 반대가 예상된다. 이때 주민들을 설득하고 이해를 구하는 작업은 지방정부의 몫이다.

5) 법률에서 대통령령이나 부령에 위임하던 부분의 조례위임

현행 우리나라의 법체계를 분석하면 헌법은 구체적인 입법을 법률에 위임하고 있고 법률은 집행의 많은 부분을 대통령령이나 부령에 위임하고 있다. 우리나라의 경우 현재 대통령령이나 부령에서 지방정부의 정치·행정권한을 대부분 제한하고 있다. 이와 같은 제한을 해소하고 지방정부의 정치적 분권을 강화하는 방안으로서, 대통령령이나 부령에 위임하고 있는 부분을 지방의회의 조례에 위임하는 개혁을 추진하여야 한다.

지방자치법에서 규정하고 있는 법령의 위임부분은 다음과 같다. 대부분의 조항은 해당 내용에 대해 규정한 뒤, 규정하지 않은 세부 사항을 대통령령 또는 장관의 승인 등에 위임하는 형식을 띠고 있다.

- 지방자치단체의 관할구역 경계변경 및 한자 명칭의 변경은 대통령령(제4조 1항)
- 행정구, 읍면동의 폐치, 분합은 장관의 승인(제4조의 2, 1항)
- 시·읍의 설치기준에 관한 세부사항은 대통령령(제7조 4항)

28) 제주특별자치도에는 제한적인 영역 내에서 자치경찰이 도입되었다.

- 주민투표의 대상, 발의자, 발의요건, 투표절차 등은 법률(제14조)
- 주민의 감사청구 절차는 대통령령(제16조 8항)
- 조례와 규칙의 공포에 관한 사항은 대통령령(제26조 9항)
- 의정활동비의 지급기준은 대통령령이 정하는 기준 내(제33조 2항)
- 상해, 사망 등의 보상금 지급기준은 대통령령이 정하는 기준 내(제34조 2항)
- 행정사무감사 및 조사의 절차는 대통령령(제41조 7항)
- 정례회의 운영은 대통령령이 정하는 내(제44조 2항)
- 특별시, 광역시, 특별자치시, 도 및 특별자치도 부단체장의 정수는 대통령령(제110조 1항)
- 부단체장의 직급은 대통령령(제110조 2항 및 4항)
- 부단체장의 사무분장은 대통령령(제110조 6항)
- 부단체장의 권한대행은 대통령령(제111조 4항)
- 행정기구의 설치는 대통령령의 기준에 따른 조례(제112조 2항)
- 지방공무원의 정원은 대통령령(제112조 2항)
- 직속기관의 설치는 대통령령(제113조)
- 사업소의 설치는 대통령령이 정하는 바에 따라 조례(제114조)
- 합의제행정기관의 설치는 법령(대통령령) 또는 조례(제116조)

영·미 국가 및 일본 지방정부는 위 조항들에 규정된 부분 중 상당수에 대해 자율권을 확보하고 있는 경우가 많다. 일본 지방정부의 경우 종전에는 우리와 같이 중앙정부의 통제를 받았다. 그러나 지금은 자율권이 확대되어 지방의회의 상임위원회 설치 및 배속, 부지사·부시장 등 보조기관의 설치와 정수, 지방사무소의 설치, 집행기관 내 조직의 설치와 폐지, 직원의 정수, 직원의 급여 등은 지방정부의 조례로 정할 수 있다.

영국의 지방정부는 정부로서의 역할을 수행하여, 스스로의 존재를 정당화할 수 있는 권한과 자율성을 가지고 있다. 그러한 권한 중의 하나가 자치조직권이다. 지방정부는 지방정부법과 개별법에서 규정하고 있는 법정위원회를 제외하고는 지방의회의 조직 및 행정조직을 자율적으로 결정할 수 있는 권한을 가지고 있다. 전국적으로 통일이 필요한 조직은 법으로 의무화하고 있고 그 외의 부분에 대해서는 지방의회가 자율적으로 지방의회의 상임위원회, 소위원회, 행정기구의 조직을 결정한다. 법령으로 규정된 상임위원회로는 교육위원회, 경찰위원회, 사회복지위원회가 있다.

6) 지방자치법의 성격 변경

지방자치법은 우리나라 지방자치의 헌법적 역할과 규제적 역할을 담당하고 있다. 현행의 제도적 해석에 의하면 지방정부는 지방자치법에 위반하는 어떠한 조치도 취할 수 없다. 결국 지방자치가 전국적으로 통일적 기준에 의하여 운영되므로 지역의 자율성과 특수성이 반영될 소지가 적다.

향후 지방자치의 활성화를 위하여, 지방자치법을 규제적 법률로 해석하기보다는 표준법적으로 해석하여야 한다. 지방자치법을 지방자치에 관한 하나의 모델을 규정하는 것으로 해석하고 이에 준하여 지방정부가 각자의 상황에 따라 자율적으로 정부형태, 과세율 등을 결정할 수 있다고 해석하는 것이 타당할 것이다.

2. 지방의회의 예산권 강화

1) 지방의회의 예산심의권 강화

(1) 예산심의의 행정성에 기초한 지방의회의 권한 강화

지방의회의 예산심의는 행정성과 정치성을 띠고 있다. 전자는 예산심의 과정에 요구되는 행정의 전문성을 지칭하며 후자는 타협과 협상을 수반하는 정치적 과정을 의미한다.

예산심의의 행정성이라는 관점에서 예산과정은 합리적 의사결정과정이라고 할 수 있다. 일찍이 미국은 예산편성의 합리성을 확보하기 위하여 새로운 예산제도들을 도입하였다. 후버 대통령 시대에는 성과예산이 시도되었다. 성과예산은 사업계획에 기초하여 사업실시계획별 예산을 편성하는 것으로서 예산설명서는 의회의 예산심의와 주민에 대한 설명에 사용되었다. 목적별 예산이 이와 유사하지만 인건비 등에 있어서 차이가 있다.

케네디 대통령 시대에는 민간부문에서 사용되는 계획예산제도(PPBS)가 사용되었다. 예산편성의 합리성이 강조되어 예산심의 시 합리적 대안을 찾아내는 것이 무엇보다도 중요하였다. 사업목적을 명확히 하고 목적달성의 대안을 열거한 후 각 대안에 대한 비용과 효과를 분석하여 가장 합리적이고 효율적인 방안을 채택하는 것이 계획예산제도의 특징이다. 존슨 대통령에 의하여 실행된 이후 닉슨 행정부에 들어서는 폐기되었다. 계획예산제도의 경우 사업목적을 위한 대안에 대한 비용과 효과분석이 용이하지 않은 점을 감안할 때 지방정부나 지방의회에서 논의될 가능성은 매우 적다.

카터 행정부에 들어서는 영기준예산(ZBB)이 소개되었다. 기존 점증예산에 익숙해진 관행을 타파하고 예산의 시작을 영기준에서 시작하여야 한다는 것이 영기준예산의 특징이다. 점증주의 예산은 전년도 예산이 예산편성과 예산심의에 있어 매우 중요한 출발점이지만, 영기준예산은 과거의 예산을 무시하고 새로운 관점에서 합리적으로 편성 및 심의하자는 제도이다. 과거의 관행에 연연하지 않는 영기준예산의 경우 지방정부나 지방의회는 지방재정의 악화 등을 감안할 때 적극적으로 고려할 만하다.

우리나라는 '국민의 정부' 이후 신공공관리 개혁의 차원에서 지방혁신을 위해 성과별 예산을 강조한 바 있다. 현재는 사업별 예산으로 대체되어 활용되고 있다. 우리나라 지방정부 예산제도의 변천은 지방의회가 자율적으로 하기 보다는 주로 중앙정부의 정책 이니셔티브에 의하여 실시되어 왔다는 것이 특징이다. 이제는 예산편성의 자율권이 지방정부의 집행기관에 있다는 점을 고려하여 새로운 예산관련 제도를 조례로서 제정할 필요가 있다. 지방재정법의 개정 이전 광주광역시 북구가 조례로서 주민참여예산제도를 도입한 것이 대표적인 사례이다. 주민참여예산제도는 브라질에서 실시된 이후 많은 도시에서 활용되고 있다. 이미 우리나라에서도 2011년 지방재정법이 강제규정으로 제정하기 이전에 90개의 지방정부가 주민참여제도를 활용하였으며 일본도 이제 이치가와시를 시작으로 지방정부마다 도입을 추진하고 있다(김순은, 2010e). 아울러 예산편성의 단계에 따라 지방의회에 수시로 보고하는 제도를 검토할 만하다.

(2) 예산심의의 정치성에 기초한 지방의회의 권한 강화

지방의회의 예산심의에는 상기에서 논의한 행정적 합리성 측면 외에 정치적 합리성이 고려되어야 한다. 앞장에서 논의한 바와 같이 지방의회의 예산심의는 제로섬 게임(zero-sum game)의 특징이 있다. 우선 한정된 예산을 놓고 지역의원 간의 갈등이 발생한다. 선거구에서 선출된 의원들이 해당 지역구에 배당될 예산 확보를 위하여 다양한 방안을 강구한다. 의장단 선거에서의 지지 약속과 차기 예산배당을 협상하기도 한다. 다른 지역구 의원과 다양한 형태의 협상을 하기도 한다. 또한 목적별 예산항목을 둘러싸고 의원들 간의 이념대립도 발생한다. 지역개발에 중점을 두는 의원들이 있는 반면 지역의 사회복지에 비중을 두는 의원이 있다.

예산 수혜자간에도 갈등의 소지가 높다. 아동복지, 노인복지, 여성 복지 등 각 복지정책의 수혜자간의 갈등이 대표적이다. 세대 간 갈등도 중요하다. 고령층을 위한 예산 확보, 청소년을 위한 예산 확보 사이에 시각 차이가 존재한다. 성별 간 갈등도 아주 중요한 이슈가 되고 있다. 여성의 지위 향상을 위한 노력이 가시화되면서 이를 위한 여성 정책의 예산확보 노력이 이어지고 있다.

이러한 갈등들은 팽창예산의 시대에는 큰 무리 없이 해결될 수 있다. 파이의 절대적인 크기가 증가하기 때문에 비교적 쉽게 해결될 가능성이 높다. 그러나 균형예산의 시대, 예산 축소의 시대, 예산의 절감시대에는 상기에서 예시한 요인 간 갈등의 소지가 커진다. 최근 저성장의 고조 하에서 지방정부의 예산이 축소될 가능성도 배제할 수 없다. 이러한 상황 하에서는 정치적 합리성을 확보하는 작업이 필수이다. 따라서 정치적 합리성을 어떻게 확보할 수 있는지가 정치권의 중요한 과제가 되었다. 특히 지방정부 차원에서의 정치적 합리성은 지방자치의 존립 근거가 될 수 있다. 주지하다시피 지방정부의 정치는 지방의회를 중심으로 전개되고 있다. 특히 예산심의 과정에서의 지방정치는 지방의회의 얼굴이라고 할 수 있다. 그러므로 정치적 합리성을 확보하는 것은 지방의회의 민주주의를 확립·발전시키는 것이다.

따라서 지방의회의 민주주의에 기초한 예산항목의 신설이나 증액은 제도적으로 이루어져야 한다. 런던광역시의회의 런던광역시 예산에 관한 권한을 참고

할 만하다. 예산과 관련하여 집행기관은 예산안의 각 단계별로 시의회에 보고서를 제출하여야 하며 시의회는 의원 3분의 2 이상의 의결로 예산안을 자유롭게 수정할 수 있다. 일본의 지방자치법에서도 예산의 의결에 특별한 제한을 두고 있지 않다. 따라서 증액수정이 지방정부의 장이 지니는 예산편성권을 침해하는 것이냐에 대해서는 논란이 있지만 지방의회가 예산안을 자유롭게 수정하는 권한을 있는 것으로 해석하는 경향이 강하다(江藤, 2008). 심지어 일본의 지방의회는 예산안을 부결시킬 수도 있다. 이에 대한 사항은 시의회가 지방정부의 장의 동의 없이는 새로운 비용항목의 설치 또는 증액을 금지하고 있는 우리나라의 경우와는 다르다. 다만 일본도 지방정부 장이 지방의회의 예산 의결에 이의가 있을 때에는 재의결을 요구할 수 있다.

우리나라도 예산심의권을 광범위하게 인정하여 예산항목의 증액, 감액, 또는 일부 거부 등이 가능하도록 지방의회가 명실 공히 지방정부의 최고 정책기관이라는 지위를 확보해 주어야 지방정부의 장을 효율적으로 견제할 수 있을 것이다.

2) 지방의회에의 예산집행보고 및 결산

(1) 지방의회에의 예산집행보고

우리나라에서는 지방정부의 예산과정이 매우 중요함에도 불구하고 예산과정에서 지방의회의 역할이 크지 않다. 예산심의·의결과 결산을 통하여 지방정부의 재정행위를 감시하고 통제하고 있을 뿐 예산집행에는 거의 관여하고 있지 않아 지방정부의 재정상황에 기초한 정책질의와 감시가 쉽지 않다. 그것은 우리나라의 예산·결산특별위원회가 예산심의와 의결 및 결산만을 담당하는 특별위원회이기 때문인 것으로 추론된다. 특별위원회는 상임위원회와는 달리 특별사무가 있을 때 활동하는 위원회이기 때문에 상시적인 활동이 제약을 받는다.

반면에 런던광역시의회의 예산·성과위원회의 활동은 예산안의 심의에 그치는 것이 아니라 예산의 성과에 대하여도 관심을 갖고 수시로 예산 성과에 대하여 분석 및 관찰활동을 수행한다. 그 결과는 당연히 시의회에 보고된다(한국지방정책연구소, 2009). 로스앤젤레스시의회 예산과 결산 및 감사와 관련된 상임위원회도 특별위원회 형태로 운영되는 것이 아니라 상임위원회로서 최소한 매월 1회 이상의 회의를 개최한다. 실질적으로는 매주 1회의 회의를 통하여 각 위원회는 예산과정에 대하여 수시로 감시하고 의견을 제시한다.

시장이 예산을 편성하는 단계에 따라 집행기관의 예산안에 대한 추계와 정보 및 회계감사관의 채무상황 등이 수시로 시의회에 전달된다. 따라서 그 때마다 시의회도 집행기관도 동시에 예산안을 검토할 수 있는 시간적 여유가 있다. 이런 점은 우리나라와 같이 1주일 이내에 예산안 심의를 마쳐야 하는 관행과 제도에 비추어 볼 때 우리나라의 예산·결산특별위원회도 상임위원회로 전환할 필요가 있다고 하겠다.

결산과 감사 관련 위원회도 상임위원회로서 활동하는 예도 있다. 로스앤젤레스시의회의 경우 감사·정부효율위원회가 상임위원회로 설치되어 연중 각종 감사 및 집행기관의 효율성 제고를 위하여 활동하고 있다. 집행기관의 조직 내에 포함되지만 정치적으로 독립된 지위를 갖는 회계감사관은 업무와 관련된 사항을 수시로 시의회에 보고함으로써 시의회가 실질적으로 연중 감사활동을 실시하는 효과를 내고 있다. 이런 점을 감안할 때 집행기관에 대한 견제는 이러한 효과적인 체제를 유지할 때 가능할 것이며 이를 위한 대안으로 감사위원회를 상임위원회로 설치하고 집행기관 내에 있는 감사관을 지방의회로 이전하는 것도 검토할 가치가 있다.

(2) 예산의 결산

일본도 우리나라와 같이 예산집행의 감시는 결산을 통하여 실시되고 있다. 그러나 만약 예산집행의 결산을 승인하지 않더라도 법적 효과가 발생하지는 않는다. 현재 일본에서는 지방정부의 사무 및 사업에 대하여 정책평가가 실시되고 있으며 그 결과를 예산편성과 연계시키려는 시도가 진행되고 있다.

우리도 이런 점에 착안하여 예산결산이 예산 심의와 의결만큼 중요한 예산과정이라는 것을 알릴 필요가 있다. 만약 부당한 예산집행, 정책의 무단변경 등이 발견될 때에는 책임소재를 분명히 하고, 지방정부의 장이 지방의회에 설명을 함은 물론 재발방지에 관한 의무를 부과하는 제도와 관행을 정착시킬 필요가 있다. 이러한 규정은 반드시 법령일 필요는 없고 조례로서도 가능할 것이다.

3. 지방의회 회의규칙의 개선방안

1991년 이후 현재까지 지방의회에 대한 주민의 무관심과 냉소가 지방의회와 지방자치의 발전을 저해한다는 지적이 계속적으로 이어졌다(송광태, 1999; 강인호 외3, 2002; 김순은, 2002a, 2005d, 2009b). 따라서 지방의회는 지역주민들의 참여와 관심을 이끌어낼 수 있는 의회 제도를 갖추어야 한다. 이를 정리하면 아래와 같다.

1) 회의규칙 개선위원회의 상설화

지방의회의 회의규칙은 시대 상황에 따라 변화되어야 한다. 지역의 정치·행정적 특성과도 조화를 이루어야 한다. 이런 관점에서 매년 말 정례회가 종료되면 1년간의 회의상황을 점검하고 개선할 사항이 없는지를 분석·평가하는 회의규칙 개선위원회를 상설화할 필요가 있다.

일본의 미에현은 지방의회제도개선추진회의가 설치되어 지방의회의 운영방안을 매년 제시하고 있다. 로스앤젤레스시의회도 규칙 및 선거위원회를 설치하여 제도의 개선을 상시 점검하고 있다. 샌프란시코시의회는 규정위원회를 설치하여 제도의 개선을 점검하고 있다. 시카고시의회는 규정 및 윤리위원회를 상설화하였으며 런던광역시의회도 사무경영 및 관리위원회가 제도의 상설화를 검토하고 있다.

2) 즉석 토론식 회의운영 제도

우리나라에서 지방의회가 열띤 토론으로 법정 시간을 초월하여 심야회의까지 했던 사례는 거의 없다. 사전에 짠 틀에 따라 지방의회의 회의가 진행되다보니 예정된 시간보다 일찍 끝나는 것이 상례화 되어 있다. 따라서 학생들이 학습목적으로 본회의를 참관하면 지방의회를 토론의 장으로 인식하기가 어려운 실정이다. 이를 개선할 수 있는 방안이 즉석 토론식 회의운영이다. 영국은 국회 본회의도 즉석 토론으로 진행된다. 사전에 시나리오가 없기 때문에 준비가 미흡한 의원은 발언할 수가 없으며 특히 장관이나 그림자 내각의 장관은 실력이 없으면 바로 탄로난다.

즉석 토론식 회의를 운영하기 위해서는 발언횟수를 제한하는 규정과 발언시간을 20분 등으로 하는 규정이 개선되어야 한다. 런던시의회는 5분 내 발언(Greater London Authority, 2010), 로스앤젤레스시의회는 기존발언은 6분, 토론발언 및 보충발언은 3분내 발언으로 제한하고 있다(Los Angeles City Council, 2009). 그러나 토론시간에 제한을 두지 않는 의회도 있다. 도쿄도의회는 발언시간에 제한을 두고 있지 않다(東京都議会, 2010).

3) 회의 연장에 관한 규정 필요

상기와 같이 지방의회의 회의가 열띤 토론의 장이 되면 정해진 회의시간을 초과하는 경우도 빈번하게 발생할 것이다. 의안의 성격이 첨예하게 대립하면 할수록 격론이 예상되기 때문이다. 그렇다고 밤을 새워 토론만을 할 수는 없다.

이럴 경우를 대비하여 정기시간을 일정시간 초과할 시에는 회의를 다음으로 연기하는 제도도 필요할 것이다. 런던광역시의회의 경우 법정시간을 2시간 30분까지 초과하여 논의할 수 있다는 규정이 있다.

4) 의원 발의의 요건 완화

국회나 지방의회는 입법기관인데 국회의원이나 지방의원이 발의한 건수보다 그간 집행부가 발의하는 경우가 훨씬 많았다. 그것은 집행기관이 실무를 담당하므로 전문성에서 우위를 갖고 있기 때문이다. 그런데 미국의 경우 연방행정부, 즉 대통령은 입법안 발의권을 갖고 있지 않다. 모든 법률안이 의회로부터 나온다고 볼 때 전문성은 중요하지만 의원발의를 저해하는 기본적 요인은 아니다.

우리나라는 지방의원을 입법기관으로 정의하면서 발의요건을 매우 까다롭게 규정하였다. 지방자치법에 따르면 임시회의 개최도 지방의회 정원의 3분의 1 이상이 요구하여야 하며, 지방의원 발의는 재적의원 5분의 1이나 지방의원 10명 이상이 연서하여야 한다.

반면 일본 지방의회의 경우 임시회는 의원의 4분의 1이 요구하여야 하며 지방의원 발의는 12분의 1이 요건이다. 런던광역시의회는 정원의 5분의 1이 요구하여야 하며 지방의원 발의는 1인 개인도 할 수 있다(런던광역시의회 회의규칙 제3.3조). 다른 나라의 사례를 참고하여 우리도 제도를 완화하여야 할 것이다.

5) 주민참여의 회의운영 방식 도입

우리나라에서 지방의회의 회의에 주민이 참여하는 것은 대의민주주의 기본 원리에 반한다는 대법원의 판례가 있었음은 앞에서 논의하였다. 그러나 주민 참여 등 직접참정제도는 대의민주주의를 보완하는 제도이며 그러한 차원에서 활용하는 것이 보다 타당하다.

런던광역시의회는 두 가지 차원에서 주민들의 참여를 제도화하고 있다. 하나가 런던토론회(State of London Debate)이다. 1회계연도에 한 번 시장은 일반시민과 직접 토론하는 장을 마련하여야 한다. 시장은 시의회의 자문을 받아 형식과 절차를 결정하여야 한다. 또 하나는 시장과 시의회가 동시에 1회계연도에 두 번 일반시민들의 질문을 받고 답변하는 회의(People's Question Time)이다(런던시의회규칙 제7.2조). 역시 시장은 시의회의 자문을 받아 절차와 형식을 결정하여야 한다.

4. 지방의원의 재임횟수

1) 미국의 일반적 사례

지방자치의 역사가 오래된 나라에서는 1980년대에 들어 정부의 대응성을 높이고 관료들의 대주민 책임성을 높인다는 차원에서 선출직 공무원들의 재임횟수 제한을 적극적으로 검토하기 시작하였다. 특히 미국은 연방정부, 주정부 및 지방정부 등 모든 계층의 정부에 있어 선출직 공무원의 재임제한에 시민들이 많은 관심을 갖고 있다(DeSantis and Renner, 1994).

예를 들면 펜실베니아주 필라델피아시는 시장의 3선 연임을 금하고 있다. 다만 연속적이지 않으면 제한이 없다. 텍사스주 휴스턴은 2년 임기 시장의 3선을 금하고 있으며, 샌안토니오는 2년 임기 시장의 4선을 금지하고 있다. 로스앤젤레스시의회는 2선 이상을 금지하고 있으며 오하이오주 신시내티시의회는 2년 임기 의원의 4선 이상을 금지하고 있다. 뉴욕시는 3선까지 허용하고 있는데 본래 2선으로 제한하였다가 2008년 선출직 공무원의 제안으로 3선으로 연장되는 우여곡절을 겪었다.

2) 로스앤젤레스시의회의 사례

로스앤젤레스시 시민들은 1980년부터 깨끗하고 효율적인 시정부를 만드는 것에 많은 관심을 갖기 시작하였다. 이러한 명분하에 세 가지 방향에서 시정부 개혁 작업을 추진하였다. 첫째는 지방선거에 있어서의 매스컴의 역할과 관련되었다. 즉 매스컴에서 정치선전물을 처리할 때 공평하고 공정하게 다루어야 한다는 것이다.

두 번째 접근방법은 지방선거와 선거자금에 관련된 것이다. 깨끗한 선거를 실시하기 위하여 선거자금 모금을 엄격하게 규제하기 시작하였다. 무엇보다도 선거자금에 관련된 규정의 개정은 다수의 유권자가 아닌 소수에 의하여 좌우되는 선거를 지양하는데 근본적 목적이 있었다. 이를 위하여 상기에서 논의한 선출직에 출마하고자 하는 후보자는 선거관리위원회에 선거자금모금 신청서를 제출하지 않고는 선거자금을 모금할 수 없도록 하였다. 또한 유권자 개인이 기부할 수 있는 금액의 상한을 규정한 기부상한제를 채택하였다. 1985년에는 공직선거 후보자에 대한 기부제한을 명시하는 조례를 제정하였다. 15개의 선거구별로 실시되는 시의원선거에서는 1인당 700달러 이상을 기부할 수 없다. 그 외에 시장, 법률담당관 및 회계감사원 선거는 시 전체가 하나의 선거구라는 특성을 고려하여 유권자 1인당 기부금 상한이 1,300달러이다. 시의 대응자금을 포함한 선거비용 총액과 관련하여 시의원 후보는 예비선거에서 480,000달러, 본 선거에서 400,000달러 이상을 지출할 수 없다. 이와 같은 제한규정은 기부방법에 의해서도 엄격히 제한받고 있다. 현금으로 기부하는 경우에는 25달러 이상을 기부할 수 없도록 규정하였으며 익명으로 하는 경우에도 200달러 이상은 금지하고 있다.

매스컴의 엄정한 보도 및 선거자금의 통제와 더불어 깨끗한 정부를 만들려는 노력 중의 마지막이 선출직 공무원의 재임횟수를 제한하는 방법이었다. 로스앤젤레스시의 시민들은 현직에 있는 선출직 공무원들이 홍보에서나 선거자금의 모금에 있어서 도전자들에 비하여 유리하기 때문에 선출직 공무원들의 교체율이 매우 낮고 이로 인하여 깨끗한 정부의 실현이 어렵다는 것을 절감하였다. 95% 이상의 선출직 공무원들이 재선되는 현실이 그것을 잘 대변하고 있었다. 이와 같은 현상을 타파하기 위해서는 선출직 공무원의 재임횟수를 제한하는 방법밖에 없다고 판단한 시민단체들이 이에 대하여 적극적으로 대처하여 시의회가 선출직 공무원의 재임횟수를 제한하는 헌장을 의결하도록 독려하였다. 그러나 시의회는 이 문제에 대하여 선출직 공무원의 당락은 유권자에 맡기는 것이 타당하다는 논리를 내세우며 소극적으로 대응하였다.

시의회의 소극적 대응에 대하여 시민대표는 시민들의 지지에 힘입어 주민발안을 제시하였다. 로스앤젤레스의 시민 12,000명이 자발적으로 신청서를 제출하는 등 총 306,000명의 서명을 받아 시헌장 개정안 4를 제출하였다(Martinez, 1993). 주민들이 제출한 개정안 4의 주요 내용은 시장, 시의원, 법률담당관 및 회계감사원의 재임횟수를 1993년 7월 1일 이후 2회에 한정하자는 것이었다.

시장, 법률담당관 및 회계감사원의 경우는 시의회와 시민대표 사이에 이론이 없었으나 시의원의 재임 제한에 관하여 이견을 표출하였다. 그것은 시의원 선거가 동시에 이루어지지 않고 교대선거에 의하여 이루어지기 때문이었다.

로스앤젤레스는 15개의 선거구에서 15명의 시의원을 선출하도록 시헌장에 규정하고 있다. 시의원의 임기는 15명 모두 4년이나 선거는 홀수 또는 짝수 선거구에 따라 2년마다 치루는 교대임기(Staggering Term)이기 때문에 1995년에 선출하도록 되어 있는 짝수 선거구의 시의원 임기에 대하여 이견이 발생하게 되었다. 다시 말하면 1993년 현재 시의원직을 보유하고 있는 의원이 1995년에 재당선될 경우 시민 대표의 안에 따르면 1995년 선거가 재선이 되므로 다음 선거에는 출마할 수 없다는 것이었다. 이와 같은 주민발안에 대하여 시의원들은 시민대표들이 제출한 개정안 4는 형평의 원칙에 어긋나는 안으로 1995년에 선출되는 시의원들은 다음 선거에도 출마할 수 있도록 규정한 개정안 2를 제출하였다. 시민대표들이 제출한 개정안 4와 시의원들이 제안한 개정안 2중에서 시민들은 시의회 안을 채택하였다. 따라서 시장, 시의원, 법률담당관 및 회계감사원 등 선출직 공무원들은 1993년 7월 1일 이후 시작되는 임기부터 재선 이상을 금지하도록 시헌장 7.5조를 개정하여 의결하였다(김순은, 1997c).

3) 우리나라의 대안

우리나라도 지방의회의 관료화 등을 감안할 때 지방의원의 재임횟수를 제한하는 것이 타당할 것으로 판단된다. 재임횟수는 지방정부의 장과 균형을 맞추는 차원에서 3선 이상을 금지하는 것을 긍정적으로 검토할 필요가 있다.

5. 지방의원의 보수

1) 지방의원의 지위

우리나라 지방의원의 지위는 유급, 상근 및 전문직으로 보장할 필요가 있다. 물론 지방정부의 제반 상황에 따라 다소 차이는 있지만 광역은 물론 기초지방정부의 인구 및 재정규모를 볼 때 전문의회로 정착시키는 것이 향후 지방의회의 발전을 위하여 바람직할 것으로 보인다.

이러한 대전제 하에서 지방정부가 자율적으로 지위를 변경하거나 선택하는 자율권을 부여하는 것도 좋은 방안이 될 수 있다. 현재와 같은 월정수당을 포함하는 의정비에서 명예직으로 자율적으로 전환하는 제도를 보장하는 것도 타당할 것이다. 즉 지방의회의 조례로 보수수준의 월정수당을 폐지하고 종전의 회기수당제 등으로 전환할 수 있는 재량권을 부여하는 것이 바람직할 것이다. 현재 일본에서는 지방정부의 재정상황이 악화됨에 따라 기존의 보수제에서 수당제로 전환하는 지방의회가 나타나고 있다. 대표적인 예로 2008년 3월 31일 시코쿠후쿠시마현 야마츠리정의회가 월 보수를 폐지하고 1일 회의수당 3만 엔을 책정한 사례가 있다.

2) 지방의원의 보수

(1) 지방의원의 보수 결정시 고려사항

(가) 일반적 고려사항

다양한 기준이 있을 수 있으나 통상 지역 인구, 해당 지방정부의 예산규모, 지방정부의 장의 보수, 지방의원의 정수 등이 고려되어야 한다. 이 중 인구규모가 무엇보다도 지방정부의 형태 및 구조를 결정하는데 중요한 요소이다. 지방정부의 예산규모는 지방의원의 업무량과 질을 결정하는데 있어 중요하다.

로스앤젤레스가 속해있는 캘리포니아주는 시장과 시의원의 급여수준을 인구 기준에 따라 규정하고 있다. 이러한 규정 이상으로 결정할 때에는 주민투표를 거쳐야 하나 5% 이내의 증액에 대해서는 지방의회의 결정으로 가능하다. 일본의 경우에도 인구 규모에 따라 지방의원의 보수가 상이한 등급으로 결정되고 있다.

우리나라는 광역과 기초지방정부만을 구분하여 인사 및 조직을 관리하고 있고, 공무원 보수체계도 통일적으로 관리하고 있기 때문에 자치단체의 고유한 특성이 무시되는 경향이 있다. 예를 들면 지방정부의 인구 수, 재정규모 등이 해당 공무원의 보수를 결정하는 요인으로 작용하지 못하였으나 월정수당의 기준을 제시하는 대통령령이 마련되면서 어느 정도 반영되었다.

자치시대가 본격화되면 특히 선출직 공무원은 당해 자치단체의 특성에 따라 보수 및 의정활동비를 받는 것이 타당하다. 미국의 지방정부는 스스로 지방정부의 제 여건을 고려하여 시의회가 결정한다. 중앙에서 통제를 하는 국가에서도 특성에 따라 자치단체를 세분화하고 분류에 따라 일정한 기준을 제시하고 있는 사례가 있다.

지방정부 장의 보수규모는 지방의원의 보수를 결정하는데 간접적인 자료가 된다. 왜냐하면 지역정치인의 업무와 정치적 지위를 가늠하는 간접적인 잣대가 되기 때문이다. 지방의원의 수가 적은 소의회·전문직, 지방의원의 수가 많은 대의회·명예직의 관례에 따라 지방의원의 정수도 지방의원의 급여를 결정하는데 고려되어야 한다. 2005년 6월 기초지방의원은 의원의 정수를 16% 감축하였으며 향후 광역지방의원의 의원수도 제7대에 663명으로 감소되었다.[29] 현재 규모대로 보수성 급여를 지급할 경우 많은 문제점이 예상되기 때문이다. 지방정부에

29) 1대: 총(5170) : 광역(866), 기초(4304), 2대: 총(5413) : 광역(872), 기초(4541), 3대: 총(4180) : 광역(690), 기초(3490), 4대: 총(4167) : 광역(682), 기초(3485), 5대: 총(3626) : 광역(738), 기초(2888), 6대: 총(3649) : 광역(761), 기초(2888), 7대: 총(3561) : 광역(663), 기초(2898)으로 조정.

게 지나친 재정적 부담을 부과하여 그렇지 않아도 열악한 지방정부의 재정 상태를 더욱 악화시킬 가능성을 지적하지 않을 수 없다.

전문직 수준으로 보수를 지급할 경우 의원들이 의회체류 시간이 증가하게 됨에 따라 의원 개인에게 사무실을 제공하는 문제와 보조직원의 제공문제가 발생하게 될 것이나 현재 상태로서는 본청사에 의원 개인사무실을 제공할 물리적 공간을 가진 지방의회가 많지 않다. 이를 주장할 경우 지방정부의 재정압박으로 이어질 것이다. 이외에, 의원들이 상근 전문직의회의 수준에 맞추어 지방행정에 관심을 가질 경우 집행부서는 행정업무를 수행하는데 많은 어려움이 예상된다. 의원들은 지방행정에 관한 정보를 필요로 하고 이 같은 정보를 집행부서에 상시로 요구하는 경우, 집행부서는 의원들의 요구 때문에 대민행정에 많은 차질이 발생할 가능성이 있기 때문이다(Sancton and Woolner, 1990). 지방의원의 정보요구는 일상 업무에 지장이 없는 선에서 이루어져야 할 것이다.

(나) 입법목적의 고려

초기 명예직 제도 하에서는 대부분의 지방의회가 재력가에 의하여 지배되는 경향이 강했다. 본업을 유지하고 않고는 의원활동을 유지할 수 없기 때문이다. 이를 시정하기 위해서는 우리나라 지방의회의 의정비는 유능하고 젊은 인사가 생활비 걱정을 버리고 의정활동을 수행할 수 있는 수준이어야 할 것이다. 2005년 8월 월정수당제를 명시한 지방자치법 조항의 입법목적은 지방의회의 보수화를 방지하고 상근직, 전문의회로 전환하는 것이었다.

(다) 기준인건비제도의 고려

총액인건비제도는 총 예산의 범위 내에서 인건비가 차지하는 비율을 제한하는 제도로서 종전의 표준정원제를 대신하여 지방정부의 조직권 및 인사권을 증대하고자 제안되어 왔다. 평가에 대해서는 찬·반론이 있지만 2014년 3월부터 기준인건비제도로 변경되었다. 향후에는 지방의원의 월정수당도 기준인건비제도 틀 하에서 이루어져야 한다. 만약 지방의원의 월정수당이 지나치게 높게 책정되면 집행부 공무원의 인건비가 삭감되거나 인원을 축소하여야 하는 상황이 초래될 수 있기 때문이다.

(2) 월정수당 기준액 산정방식의 문제점

중앙정부는 월정수당이 지나치게 증가하자 2008년에 대통령령으로 월정수당 기준액을 산정하는 방식을 도입하였다. 중앙정부의 산정방식은 주로 지방정부의 재정력, 인구 수 및 지방정부의 특성이라는 변수를 이용하는 것이었다. 이에 대해 지방정부 3년간의 재정력, 의원 1인당 주민의 수 및 지방정부의 유형을 구분한 것은 타당하다고 보인다.

다만 공식을 단순화하여 발생하는 문제점도 다소 있다. 즉 재정력지수가 높고 지방의원의 수가 적으며 광역시·도 및 대도시인 경우 월정수당의 규모가 커진다. 월정수당이 기초생활비에도 미치지 못하는 기초의회도 있다.

(3) 향후 대안

(가) 전제조건

① 지방의원의 전문성 및 책임성 제고 노력

월정수당제 실시와 더불어 지방의회가 역점을 두고 추진하여야 할 가장 중요한 과제는 지역주민과의 거리를 좁히고 지역주민들로부터 신뢰를 확보하는 것이다. 의원이 당선횟수가 거듭될수록 관료화되어 회의장에서의 발언을 삼가고 어른행세만 한다면 지역주민들의 신뢰를 받을 수 없다. 경험을 통하여 얻은 행정전문성과 노하우를 지역을 위하여 적극적으로 활용할 수 있도록 초선 때의 마음가짐을 가져야 할 것이다. 현재 도입된 지방의원의 월정수당제에서 구체적인 규모에 대하여 계속적으로 논란이 제기되는 것은 지방의원에 대한 신뢰가 없기 때문이다. 지방의원이 지역의 대표자, 대변자, 정책결정권자, 옴부즈맨으로서의 역할을 충실히 수행하여 주민들로부터 신뢰를 획득하면 월정수당의 규모에 관한 논의는 쉽게 해결될 수 있을 것이다.

월정수당제가 도입된 만큼 지방의원들도 전문성의 제고에 남다른 노력을 보여야 한다. 본업을 영위하지 않아도 될 정도의 경제적 반대급부를 받는 의회에서 본업을 핑계로 의정활동을 소홀히 하는 것은 주민들로부터 비판의 빌미를 제공하는 것임을 잊어서는 안 된다. 지방의원들은 자신의 이익을 추구하기보다 지역의 이익을 추구하는, 민의의 대변자가 되어야 한다는 투철한 사명감을 되새겨

보아야 할 것이다. 이런 점에서 지방의회 지도부의 역할과 책임이 어느 때보다 중요하다.

② 지방의회 지도부의 책임성 제고

지방의회의 운영에 있어 의장, 부의장 및 상임위원장 등의 지도부는 지대한 영향을 미쳐왔다(김순은, 1997b). 의장은 주어진 제도적 권한과 리더십을 통하여 지방의회의 운영에 중요한 역할을 담당한다. 지방의회에서의 실질적 정책 토의가 상임위원회에서 이루어지기 때문에 상임위원장의 역할도 아주 중요하다. 아울러 지방의회의 지도부는 지방의회 내에서의 의견이 대립될 때 이들의 의견을 조정하고 합의를 도출하는 데에도 많은 영향을 미친다.

그런데 최근까지의 지방의회를 보면 의원들이 의장 및 의회 지도부에 참여하려는 목적이 지방의회의 건전한 발전과 지역에 대한 봉사에 있기보다는 개인의 명예나 영달에 있었던 것은 아닌가하는 의구심을 떨칠 수 없다. 초대의회부터 현재까지 의장단을 구성할 때마다 의장선거를 둘러싼 잡음이 끊이질 않았다. 심지어 지방의원들의 불참으로 의회의 구성조차 몇 달씩 못하는 사례도 있었다. 이런 점들이 개선되지 않고는 주민들의 신뢰를 기대할 수 없다. 그야말로 의장 및 의회 지도부는 지역사회에 대한 투철한 봉사정신으로 무장하지 않으면 안 된다. 주지하다시피 지방의회는 다수의 의원으로 구성되는 합의체 기구이다. 이들은 경력, 직업, 연령, 성별, 계층, 지역 면에서 매우 다양하므로 정책에 대하여 갖는 관점 또한 다양하다. 이들의 다양한 의견을 조정하고 합의를 도출하는데 의회 지도부의 역할이 중요한데, 의회 지도부가 도덕적이고 책임감이 투철하지 않다면 효과적인 회의의 운영이 쉽지 않다.

③ 지방의정 평가제도의 도입

지방의회의 권한 강화와 함께 책임성을 확보할 수 있는 방안이 의정평가제도이다. 이를 위하여 지방의회에도 성과감사제도와 같은 의정평가제도가 도입되어야 한다. 의정평가제도는 집행부서에 대한 성과감사와 더불어 의정평가결과를 지역 주민에게 공개하는 공시제도와 함께 도입되어야 한다. 지방의정 평가제도는 향후 월정수당의 수준을 결정하는데 객관적인 자료를 보여 줄 수 있다는 점에서도 긍정적으로 검토되어야 한다.

④ 윤리위원회의 설치와 실질적 가동

현재 지방의회는 지방자치법 제57조에 따라 윤리위원회를 구성할 수 있다. 그러나 아직도 윤리위원회를 설치하지 않은 의회가 많다. 설사 설치되어 있어도 제대로 작동되지 않아 품위 있고 공정한 지방의회를 발전시키는데 효과가 없는 것으로 나타났다. 제 식구 감싸기로 지방의원들의 비행을 감싸주는 경향이 강하며 윤리위원회를 통해 지방의원의 언동이 견제되고 개선되고 있다는 보고조차 찾아 볼 수가 없다. 이제는 자정하는 지방의회가 되어야 한다. 주민의 신뢰를 회복하고 전문위원회로 발전하기 위해서는 윤리위원회의 활성화가 어느 때보다 절실하다.

(나) 향후 개선방안

① 개선방향

당분간은 대통령령의 규정에 따라 월정수당의 기준액이 결정되면 상하 20% 범위 내에서 지방의회가 의정비심의위원회의 심의안을 결정하게 될 것이다. 재정력지수, 주민의 수, 지방정부의 형태에 의존하는 공식은 다소 아쉬운 점이 있다는 점은 앞에서 논의하였다. 지방의원들의 의정활동을 객관화하여 경험적으로 계량화할 수 있는 변수를 추가해야 한다. 이러한 점은 의정비 기준액을 중심으로 상하 20% 내외의 수준을 결정할 때도 참고하여야 할 것이다. 여기에는 회기기간, 비회기기간의 직무, 조례안의 제·개정, 청원 및 진정, 대집행부 질의, 건의 및 발의안, 행정사무감사 및 조사, 지역 활동, 특별활동(봉사활동 등)등을 계량화하여 산입할 수 있을 것이다.

② 개선수준

지방의회의 금전적 급부인 의정비의 적정한 수준을 결정하는 과제는 간단하지 않다. 앞에서 논의하였듯이 국가마다 전통이 상이하고 동일한 국가 내에서도 지방정부의 상황이 다르기 때문이다. 하지만 공통점이 있다면 지방의회가 지역사정에 맞게 자율적으로 결정하고 있다는 점이다. 영국. 일본, 미국의 사례를 예시하면 아래와 같다.

(e) 영국의 사례

영국의 경우 도시마다 큰 편차를 보이고 있다. 2000년 재설립된 런던광역시와 일반 도시간의 차이가 클 뿐만 아니라 광역의회와 기초의회도 차이가 매우 크다. 한편 아직도 대부분의 의회는 명예직 모델 하에 있는 것으로 판단된다(김순은, 2010g).[30)]

2000년 수립된 런던광역시의회는 25명의 소의회이다. 1973년, 1977년, 1981년 선거를 통해 92명으로 8명을 축소하였다. 2000년 선거에서는 92명을 25명으로 감원하여 소의회-상근·전문의회로 전환하고 이에 상응하는 보수를 지급하고 있다. 2015년 시의원의 경우 £53,973의 보수를 받고 있다. 따라서 의원의 금전적 급부도 보수 수준에 달한다.

정원이 120명인 버밍햄시의회는 런던광역시의회와 달리 수당 제도를 채택하고 있는데, 수당의 종류는 다양하다. 기본수당(Basic Allowance)을 기초로 시의회의 간부에게 책임수당을 지급하고 있는데, 책임수당을 받을 지위로는 시장, 캐비넷 멤버, 각 상임위원회의 의장, 야당의 대표와 부대표, 대변인 등이 규정되어 있다. 그 외에 정치단체의 비서수당, 여비와 식비수당 등이 규정되어 있다. 2015년 기준으로 버밍햄시의회의 기본수당은 £16,267, 시장수당은 £50,352, 부시장 £37,764, 캐비넷 멤버 £28,197 등이다. 야당 대표는 £12,689, 부대표는 £6,545, 대변인은 £2,618 등이다. 교통수당은 거리에 따라 지급하며 식비는 아침 £4.48, 점심 £6.17, 커피 £2.43, 저녁 £7.64 등으로 책정된다.

한편 캠브리지시의회는 42명의 의원으로 구성되어 기본수당, 책임수당, 여비, 식비 등의 수당을 받는다. 2015년 기준으로 기본수당은 £2,782, 책임수당은 직책에 따라 상이하다. 시장은 £10,433, 시집행이사 £8,346, 그리고 상임위원장 수당이 있으나 상임위원장 수당도 위원회에 따라 상이하다. 감시위원회의 위원장은 £1,113, 기획위원회 위원장 £2,226, 표준위원회 위원장 £556 등이다. 상기의 내용을 표로 정리하면 <표 4.1>과 같다.

---

30) 자료는 필자가 자치의정에 게재한 내용을 중심으로 수정한 것이다.

〈표 4.1〉 지방의원의 보수와 수당(2015년 기준)

지방정부의 종류	의원 정수	지방의원의 보수	지방의원의 수당		
			기본수당	책임수당	식비와 일비
런던광역시의회	25명	₤53,973			
버밍햄시의회	120명		₤16,267	시장, 부시장 캐비넷 멤버 야당 대표, 부대표, 대변인 등	식비와 여비
캠브리지시의회	42명		₤2,782	시장, 집행이사, 상임위원장 등	식비와 여비

출처: UK Parliament.

<표 4.2>를 보면 런던광역시 내에서 광역의회인 런던광역시의회와 기초의회인 웨스트민스터의회를 비교하면 런던광역시의회의 보수수준이 높다는 것을 알 수 있다.

〈표 4.2〉 광역의원과 기초의원의 보수 비교(2015년 기준)

지방의회의 분류		지방의원의 보수	지방의원의 수당		
			기본수당	책임수당	실비, 일비
런던광역시	시의원	₤53,973		유	
	웨스트민스터 구의원		₤9,000	정당의 리더 캐비넷 멤버 야당대표 등	유

출처: UK Parliament.

그러나 웨스트민스터구의원의 기본수당이 캠브리지현의원의 기본수당인 ₤2,782보다 많음은 물론 직책수당도 높다.

(f) 일본의 사례

일본은 대의회제도 하에서 지방의원의 보수가 비교적 높은 나라이다. 최근 지방의회마다 보수를 하향조정하는 추세이지만 그래도 여전히 높은 편이라고 할 수 있다. 도쿄도, 니가타현, 나고야시의 예를 들면 아래와 같다.

<표 4.3>을 보면 도쿄도의원의 경우 보수가 월 1,000만원이 넘으며, 폭은 작지만 2007년 이래 감소하고 있다는 것을 알 수 있다.

〈표 4.3〉 도쿄도의 보수수준

	2007년	2010년	2015년	의원 수	인구 수
의장	129만 2000엔	128만 6000엔	126만 8000엔	127명	1,200만 명
부의장	116만 5000엔	116만 엔	114만 5000엔		
위원장	107만 6000엔	107만 1000엔	105만 7000엔		
부위원장	105만 7000엔	105만 2000엔	103만 8000엔		
의원	103만 7000엔	103만 3000엔	102만 엔		

출처: 渡部記安(2010), 中央議會·地方議會議員年金制度.

니가타현의 경우도 유사하다. 니가타현의 인구는 약 230만 명이며 현의회는 53명의 의원들로 구성되어 있는데 1997년 기점으로 지방의원의 보수가 점차 감소하고 있는 추세이다. 이를 표로 정리하면 <표 4.4>와 같다. 2010년에는 월 800만원 수준이다.

〈표 4.4〉 니가타현의원의 보수수준

	1997년	2010년	의원 수	인구 규모
의장	104만 엔	96만 엔	53명	230만 명
부의장	91만 엔	84만 엔		
의원	83만 엔	77만 엔		

출처: 위와 동일.

현재 나고야시의원의 보수 및 인구, 의원정수는 <표 4.5>와 같다. 의원의 총수는 75명이며 인구의 규모는 225만 명이다. 의장은 월 122만 5000엔, 부의장은 107만 8000엔, 의원은 99만 엔을 받고 있으며 여기에 실비수당, 정무조사비 등을 모두 포함할 경우 연 1,713만 엔 수준이다. 이 같은 수준은 규모가 비슷한 시카고시의원 850만 엔, 휴스톤시의원 442만 엔, 필라델피아 시의원 800만 엔과 비교할 때 상당히 많음을 알 수 있다.

〈표 4.5〉 나고야시의원의 보수수준

	2010년	2015년	의원 수	인구규모	국제비교
의장	122만 5000엔	50만 엔	75명	230만 명	시카고: 연 850만 엔
부의장	107만 8000엔	50만 엔			휴스턴: 442만 엔
의원	99만 엔	50만 엔			필라델피아: 800만 엔

출처: 위와 동일.

현재 20개의 지정도시 중의 하나인 나고야시는 지방의회의 모델과 관련하여 매우 중요한 실험을 거쳐 시의원의 보수를 대폭 삭감하였다. 나고야 시장을 중심으로 시의원의 감축과 의원의 보수삭감을 위한 개혁을 추진하였으나 보수수준은 삭감하였으나 시의원의 정수는 삭감하지 못했다. 일본과 미국의 보수 수준을 비교하면 일본이 미국보다 2.7배 높은 것으로 조사되었다(渡部, 2010).

(g) 미국의 사례

미국도 지역마다 편차가 크다. 대도시들은 소수제를 채택하는 경향이 강하며 보수는 높은 수준을 유지하고 있다. 반면 중소도시들은 명예직제 하에서 운영되고 있다. 뉴욕, 로스앤젤레스, 샌디에이고, 시카고, 보스턴, 시애틀, 샌프란시스코시의회를 중심으로 분석하면 아래 <표 4.6>과 같다.

〈표 4.6〉 미국 주요 시의회의 보수수준

시의회명	2015년 보수수준(연봉)	지방의원의 수	비고
뉴욕시	$112,000	51	간부 기타 수당 수령
로스앤젤레스	$178,789	15	지역판사와 동일
샌디에이고	$75,386 (2012년)	8	
시카고	$117,333	50	
보스턴	$87,500	9	
시애틀	$119,976	9	
샌프란시스코	$98,469	11	

출처: 각 시의회 사이트 참고·재작성.

뉴욕시의회와 시카고시의회를 제외하면 시의원의 수는 10명 내외이다. 그럼에도 시의원의 보수는 전문·상근직에 상당한다고 할 수 있다. 그 외에 중소도시의회의 경우에는 명예직을 유지하는 곳도 다수다. 예를 들면 캘리포니아주 산타아나(Santa Ana) 시의회는 월 $125를 받고 있으며 베이커필드시의원은 1956년 이후 월 $100을 받고 있다. 산타아나시의회와 베이커필드시의회 모두 7명의 시의원으로 구성되어 있다.

참고로 캘리포니아주 내의 시의원 보수현황을 분석하면 <표 4.7>과 같다. 캘리포니아의 경우 5명에서 15명까지의 소의회제도를 채택하고 있다. 그럼에도

불구하고 시의원의 보수는 2011년 기준으로 지역에 따라 상이하다는 점이 주요 특징이다.31)

〈표 4.7〉 캘리포니아주 시의원 보수현황(월급)

시의회명칭	2011년 보수수준($)	시의원 수(명)	비고
로스앤젤레스	14,304	15	지역판사와 동일
샌디에이고	6,282	9	시장포함, 위원회의 권고
산호세	7,500	10	
샌프란시스코	7,989	11	
롱비치	2,423	9	
프레스노	5,416	7	
오클랜드	5,854	9	5% 자동증가. 1명 대선거구, 시장
새크라멘토	4,843	9	시장포함
산타 아나	125	7	
아나하임	1,500	5	시장포함 5명
스토크톤	1,994	7	시장포함
베이커필드	100	7	
리버사이드	3,284	7	
출라 비스타	3,933	5	시장포함, 모두 대선거구
프레멘트	1,407	5	시장포함
모데스토	800	7	시장포함
그렌데일	2,833	5	시장포함, 대선거구

출처: The informer(law weekly)(2011).

(h) 국가 간 주요 지방의회의 보수 비교

상기에서 분석한 국가 중에서 주요 도시를 중심으로 비교하면 다음과 같다.

〈표 4.8〉 국제 주요 시의원의 보수와 비교사항(연봉)

비교도시	의원의 보수	의원의 정수	시장의 보수	인구	비고
도쿄도	￥12,360,000	130명 (법정정원)	￥1,640,000	1229만 명	2010년 5월
런던시	￡53,439	25명	￡145,350	742만 명	2009년 기준
뉴욕시	$90,000	51명	$195,000	720만 명	2006년 기준
로스앤젤레스	$171,000	15명	시의원보다 30% 많음	360만 명	2009년 연봉
서울	$53,000	114명	$88,780	1,000만 명	2010년 연봉

31) 주정부가 시의원의 보수에 대하여 가이드라인을 제시하고 있다.

<표 4.8>에서 보는 바와 같이 도쿄도와 서울시를 제외한 대도시의회는 소수의회제 하에서 전문·상근의회의 모델을 따르고 있는 것으로 분석되었다. 이에 비하면 서울시와 도쿄도는 대의회제도 하에서 전문·상근직에 비견되는 보수를 지급하고 있다.

(i) 개선 방향

위의 사례를 종합하면 몇 가지 중요한 시사점을 발견할 수 있다. 우선, 지방정부마다 보수 수준이 다양하다는 점이다. 단일국가 체제를 유지하는 영국과 일본은 물론 연방제 하의 미국도 각 주 내에 있는 지방정부마다 지역의 특성, 인구수, 도시와 농촌 등에 따라 지방의회의 보수를 상이하게 결정한다.

둘째, 전문·상근직에 준하는 보수수준이 있는가 하면 명예직을 유지하는 의회도 동시에 존재하는 점이다. 지방자치의 기본 이념인 다양성이 폭넓게 인정되고 있는 것이다. 우리나라는 보수 결정을 지방정부에 위임하였다가 무책임한 인상에 대한 조치로 중앙정부의 규제가 가해졌다. 지방의회의 책임성이 커지고 있는 만큼 지방의회의 자율권을 인정하는 방향으로 가야 할 것이다.

물론 현재 뉴욕이나 로스앤젤레스의 경우 시의원의 보수가 지나치다는 비판이 끊임없이 제기되고 있다. 이런 점을 감안하여 지방의회의 보수를 감시하는 체제를 검토해야 한다.

③ 지방의회의 연금제도

지방의회의 금전적 반대급부와 관련하여 이슈가 될 수 있는 부분은 지방의회의 연금제도이다. 의회의 연금제도는 역사적으로 두 가지 목적을 가지고 있다. 첫째는 민주주의의 발전이다. 의회가 금권정치로부터 탈피하여 진정한 민주주의의 산실이 될 수 있도록 제도적으로 뒷받침하는 것이 무엇보다도 중요하였다. 둘째는 세대교체이다. 의원의 선수가 높아지면 의회조직의 노쇠화가 발생하기 때문에 연금이라는 제도로 세대교체의 불안감을 없애주는 것이다(渡部, 2010).

국회의 경우 중앙정부의 차원에서 연금제도를 도입하여 국회의원의 신분을 보장하여 주는 것이 세계적 추세이다. 그런데 지방의회에 대해서는 논란이 적지 않다. 이런 점을 감안하여 본 절에서는 각 국의 제도를 간략하게 논의하였다.

(a) 일본의 연금제도

지방의회의 차원에서 지방의원의 연금제도를 체계적으로 갖춘 국가는 일본이다. 그러나 최근에 지방정부의 재정 상황이 악화되자 지방의회의 연금제도를 폐지하여야 한다는 주장이 거세게 제기되어 논란을 거쳐 현재에는 폐지되었다.

현재 기금 고갈로 이슈가 되고 있는 일본의 지방의원 연금제도는 1961년 구 지방의회의원호조연금법에 기초하여 임의적으로 가입할 수 있는 제도로 출발하였다. 그러나 1962년 지방공무원공제조합법(현 지방공무원 등 공제조합법)의 제정으로 강제가입제도로 전환되어 현재에 이르고 있다.

당시 일본은 복지국가의 수립을 위하여 다양한 연금제도를 도입하였다. 이러한 상황 속에서 지방의원에 대한 연금제도는 의원 간의 상조정신에 기초하여 의원 및 유족의 생활안정에 큰 역할을 하였다. 이후 지방정부와 지방정부를 둘러싼 상황의 변화로 인해 지방의원의 연금제도에 대하여 재검토하는 단계에 진입하였다. 우선 지방의회 공제회는 도·도·부·현의회의원공제회, 시의회의원공제회, 정·촌의회의원공제회 등이 각개로 설치되어 운영되어 왔다. 그런데 행정개혁의 차원에서 진행되었던 조례정수의 삭감, 시·정·촌 합병에 의한 의원 수 감축, 고령화에 따른 연금수급 기간의 연장, 기금운영의 실패 등으로 연금재정은 어려운 상황에 봉착하게 되었다.

2002년 연금제도의 개혁은 그러한 상황에 대한 대처였다. 2002년 연금법 개정으로 연금부담금은 인상하고 연금 수준을 연금제도의 창설 이래 최초로 삭감하는 개혁을 단행하였다. 그러나 2002년의 개혁은 당시 활발하게 논의되었던 시·정·촌의 합병을 고려하지 않은 개혁이었기 때문에 근본적인 문제를 해결하지는 못했다. 따라서 시·정·촌의 합병이 급속히 진행되면서 지방의회의원에 대한 연금제도가 재차 논의의 대상이 되었다.

2006년 지방의원 연금제도의 개선은 시·정·촌 합병에 대처한 것이었다. 본인 및 지방정부의 부담이 증가하였고, 기존 수급자를 포함하여 모든 연금대상자의 연금수준을 삭감하였다. 아울러 시의회의원공제와 정·촌의회의원공제회가 통합되어 일원화되었다. 그런데, 시·정·촌의 합병이 예상보다 급속히 진행되었고, 행정개혁에 따른 의원정수가 삭감되는 등의 상황이 전개됨에 따라 재차 지방의원의 연금제도에 새로운 대안을 모색하여야 한다는 소리가 커졌다.

지방의원에 지급되는 연금은 몇 가지 중요한 특징을 지니고 있다. 우선 가입이 강제적이다. 모든 지방의원은 연금제도에 가입하여야 한다. 아울러 급부방식은 법으로 규정되어 있으며 연금납부액의 일부는 지방정부가 부담하고 있다. 연금수입은 과세의 대상이지만 동시에 공적연금 공제의 대상이 된다는 점에서 사적 계약에 의한 개인연금과는 다르다.

연금계산의 방식은 일반 공무원과 상이하다. 우선 지방의원 연금은 지방의원의 재직기간만을 계산하며 다른 직업에 종사했던 기간은 계산하지 않는다. 따라서 피고용자의 여타 연금과 중복 가능하다는 점에서 공적연금제도(국민연금, 후생연금, 지방공무원공제연금)와 차별화되었다. 소위 법률에 기초한 상부상조에 의한 공적 연금제도로 이해할 수 있다.

지방의원은 당선되는 순간부터 지방의원 연금제도에 강제로 가입하게 되었으며 회원의 퇴직, 사망, 공무상병 등의 사유가 발생할 때 연금을 수령하게 되었다. 연금의 종류는 퇴직연금, 퇴직일시금, 공무상 상해연금, 유족연금 및 유족일시금 등이 있었다.

상기의 지방의원 연금제도는 시·정·촌 합병에 따른 영향으로 2011년 시·정·촌의회의원 공제회의 재정상황이 악화되었다. 아울러 도·도·부·현의회의원공제회는 2014년을 기점으로 재정이 악화될 것으로 예상되는 가운데 2011년 6월 1일을 기점으로 연금제도는 폐지되었다. 폐지되었음에도 불구하고 기존의 수혜자는 그대로 수급을 받게 되었다.

(b) 기타 국가의 연금제도

지방의회 수준에서 연금제도를 구축하는 국가는 흔치 않다. 우선 독일의 경우 주정부 수준에서는 연금제도가 시행되고 있다. 같은 맥락에서 도시주인 베를린시, 함부르크시, 브레멘시도 연금제도를 채택하고 있다. 이들을 제외하면 기초지방의회 수준의 연금제도는 전무하다. 도시주의 연금도 높은 수준은 아니며 최소한 9년 이상 근무해야 하고 연령에 따라 차이가 있다. 최대 수령액이 300만원 수준이다.

프랑스의 경우 공적기관의 근무자를 위한 연금으로서 지방의원의 연금이 보장되고 있다. 프랑스의 연금제도가 지방의원에게 복수의 제도를 적용하는 것은 지방의원의 직업적 상황이 다양하기 때문이다. 지방의원의 겸업유무, 전업의 경우 임시적이냐 영구적이냐에 따라 연금제도가 상이하다. 구체적으로 특징을 살펴보면 첫째, 지방의원은 당선 전, 지방의원 재직 중, 지방의원직 종료 후에도 지방의원이 되기 전에 가입하였던 연금을 유지할 수 있다. 둘째, 프랑스는 1971년 평생공무원을 제외한 공적기관의 근무자를 위한 단기간의 연금제도를 채택하고 있다. 지방의원은 겸업, 전업에 관계없이 여기에 속하면 강제적으로 가입되어 수당에 따라 연금액을 납부하여야 한다. 셋째, 지방의원에 당선되어 전업으로 지방의원직을 유지하면서 기존의 연금을 탈퇴하는 경우가 있다. 이 때 지방의원을 마치고 본래의 연금에 복귀할 수도 있으며 재직 이후에 영구 탈퇴하는 경우도 있다. 이 제도가 1992년 채택된 개인연금제도이다. 지방의원은 선택적으로 연금제도에 가입할 수 있으며 지방정부는 거부할 수 없다(渡部, 2010).

영국의 경우는 지방의원의 연금제도와 관련하여 명예직의 정신을 존중하느냐 시대의 변화에 부응하느냐에 관하여 정부와 지방정부연합 간에 뜨거운 논쟁이 있었다. 본래 임시직의 경우, 세금우대로 개인연금상품에 가입하는 것을 전제로 지방의원에게 공적 연금제도를 적용하지 않았으나 잉글랜드와 웨일즈는 2008년 4월부터, 스코틀랜드에는 2009년 4월부터 지방정부에 연금제도를 적용하고 있다.

미국에서는 뉴욕시와 같은 거대한 도시정부의 경우 독자적인 연금제도를 갖고 있지만 대부분의 중소도시의 지방정부는 주정부의 연금제도와 연계하여 운영하고 있다. 지방의원의 경우 하루 6시간 이상, 연간 260일 이상 근무를 해야 공무원 연금제도에 의한 공무원 연금이 적용되고 있어 기준이 아주 엄격하다는 것을 알 수 있다. 지방의원의 연금은 의원활동으로 인한 손실을 보상한다는 의미를 갖고 있으며 임의가입이 원칙이다.

3) 지방의원의 정수

지방의원의 보수를 결정하는 과제와 지방의원의 정수를 결정하는 과제는 밀접하게 관련되어 있다. 앞에서 분석한 자료 중에서 국가별로 의원의 정수에 관한 것만을 정리하면 <표 4.9>과 같다.

<표 4.9> 국가별 지방의원의 정수비교 (2011년 기준)

국가		지방의원의 정수	지위	인구 수
영국	런던	25명	광역의회	800만 명
	버밍햄	120명	기초의회	100만 명
	캠브리지	42명	기초의회	9.5만 명
일본	도쿄도	127명	광역의회	1,300만 명
	니가타	53명	광역의회	230만 명
	나고야	75명	기초의회	230만 명
미국	뉴욕	51명	기초의회	720만 명
	시카고	30명	기초의회	350만 명
	로스앤젤레스	15명	기초의회	360만 명
한국	서울	114명	광역의회	1,000만 명
	부산	47명	광역의회	350만 명
	수원	34명	기초의회	105만 명

표에서 보는 바와 같이 의원 정수는 우리나라와 일본의 경우가 많은 편에 속한다. 영국 런던의 경우 국회의원의 수가 77명인데 반하여 시의원이 25명뿐이라는 것은 상당히 시사적이다. 향후 우리나라의 지방의원 정수도 다소 축소하는 쪽으로 조정하는 것이 좋을 것이다.

6. 지방의회 의결권한의 개선

1) 자치기본조례 및 지방의회기본조례의 제정

(1) 자치기본조례

지방의회는 지속가능한 지역사회 구축을 위한 적극적인 조례제정의 활동을 위하여 자치기본조례나 지방의회기본조례의 제정을 검토할 수 있다. 일본의 경우 자치기본조례는 주민자치의 원리에 기초하여 지속가능한 지역사회의 구축을 목표로 추진되었던 조례이다. 즉 중앙정부의 헌법에 비견할 수 있는 지방정부의 헌법적 성격의 조례이다. 지방정부에 따라 자치기본조례, 행정기본조례, 지역만들기 조례 등 다양한 명칭이 있다.

21세기에 지속가능한 지역사회를 지역 행정기관이 홀로 만들어 간다는 것은 불가능한 일이다. 이미 로컬 거버넌스라는 개념의 출현이 그러한 실태를 반증하고 있다(김순은, 2009b, 2011a). 지속가능한 사회의 건설은 지역사회의 모든 주체들이 합심하여 공동의 작업을 수행할 때 가능하다는 것이 이미 많은 국가에서 확인되고 있다(加藤, 2007; Shiba, 2008; Department of Communities and Local Government, 2011).

영국에서는 2011년 지역주의법(Localism Act)을 제정하여 지방정부, 지방의회의 역할을 더욱 강화하였다. 중앙권한의 대폭적인 지방이양으로 지방분권체제를 강화하고, 지속가능한 지역사회의 발전을 위하여 지역주민 및 지역사회의 역할과 권한을 강화하고, 지역발전을 위한 획기적인 인센티브제도를 도입하는 것을 목적으로 한다.

일본은 지역 스스로 지속가능한 지역사회를 위한 자구 노력을 강구하여 왔다. 그 방안 중 하나가 자치기본조례를 제정하는 것이었다. 이는 지방주권 사상을 바탕으로 하여 지역발전을 위한 정책 당사자의 역할과 기능을 명확히 규정하고, 정책결정에 이르는 과정에 대한 규정을 마련함으로써 지역의 모든 주체들이 자발적으로 지역발전에 참여하는 제도적 틀을 마련하는데 목적이 있었다(竹下, 2010). 무엇보다도 자치기본조례의 제정이 지방정부 및 지방의회의 자발적인 의결을 통하여 이루어졌다는 점은 본 주제와 관련하여 시사하는 바가 아주 크다고 할 수 있다. 1997년 오사카부 미노오시(箕面市)가 채택한 이후 많은 지방의회가 자치기본조례를 제정하였다.

자치기본조례는 지방정부마다 구체적인 내용이 다르지만 그 기본 사항을 간략히 요약하면 다음과 같다(Wikipedia, 2011a, p.1).

1. 지역 만들기(시정운영)의 방향성, 비전 및 장래상
2. 시민의 권리(생활권, 시정에의 참여권, 정보공개청구권)
3. 시(시장, 의회, 직원)의 의무와 책무
4. 시민의 책무, 사업자의 책무
5. 주민참여의 절차와 구조
6. 주민투표의 구조
7. 주민협동의 구조, NPO의 지원 등
8. 분야별 시책의 방향성
9. 기타의 시책 및 조례와의 관계(최고 규범성)
10. 개정 및 개선의 절차 등

(2) 지방의회기본조례

자치기본조례가 지방정부 내의 정책주체들에 관한 기본 사항을 규정하는 조례인 반면 지방의회기본조례는 지방의회의 활동을 규정하는 제도적 틀이다. 지방의회는 주민의 최고 대표기관에 부응하는 역량과 역할을 보여주어야 하지만 그간 일본의 경우 지방의회의 활동에 대한 비판이 적지 않았다(加藤, 2007; 自治體問題研究所, 2007; 江藤, 2008; 日經グローカル部, 2009; 竹下, 2010). 이러한 비판에 능동적으로 대처하기 위하여 지방의회가 선택한 방안이 의회기본조례의 제정이다. 2006년 홋카이도 쿠리야마초에서 기본조례를 채택한 이후 부·현 의회에서는 홋카이도, 이와데, 미야기, 후쿠시마, 가나카와, 나가노, 미에, 오사카부, 오이다현 등 9개 의회가 채택하였다. 정령지정도시 중에는 가나카와현 가와사키시가 채택하였으며, 기초의회 중에선 쿠리야마초를 비롯하여 56개 시·정·촌 의회에서 채택하였다. 2011년 3월 8일을 기준으로 전국에 168개의 지방의회가 지방의회 기본조례를 채택하였다(自治体議会改革フォーラム, 2011).

지방의회기본조례의 필요성에 대해서는 논란이 있다. 즉 지방의회의 운영에 관한 사항을 굳이 조례로 제정할 필요가 있는가, 의회운영 규칙의 수준에서 다루면 되지 않는가 하는 지적이 있다(竹下, 2010). 그럼에도 불구하고 의회기본조례는 몇 가지 측면에서 의의가 있다.

첫째, 지방자치법에서 규정하고 있지 않은 지방의회의 기본이념을 명시하고 있다는 점이다. 물론 조례 등의 규정에서 규정하지 않아도 지방의회는 주민의 대표기관으로서 정책을 결정하는 최고 기구의 역할을 수행한다. 그러나 그 기능을 제대로 수행하지 않았다는 반성을 하게 되었고, 결과적으로 지방의회기본조례를 제정하게 된 것이다. 우리나라의 지방의회도 각각 회의운영 기본조례나 회의규칙 등을 제정하고 있다. 그런데 일본과 달리, 주로 의회운영과 관련하여 회의일수나 회기 등을 규정할 뿐 기본적으로 지방의회의 활동이념을 명시하고 있지는 않다.

둘째, 일본에서 논의되는 의회기본조례는 집행부와의 관계, 주민과의 관계 등 실질적으로 지방의회의 기본적인 틀을 규정하고 있고, 이를 토대로 지방의회가 주민과 가까이 있으며 집행기관과의 견제와 균형 속에서 지역주민의 의사를 충분히 반영하는 기관으로 발전한다는 것을 드러내고 있다. 지방의원의 정치윤리 등을 규정하는 것은 물론이다. 2006년 12월 제정된 미에현의회 기본조례의 내용을 소개하면 아래와 같다.

제1조: 의회기본조례의 목적으로서 의회기본이념을 명확히 하고, 의원의 책무와 활동원칙 등을 정하고, 의회의 역할을 명확히 함으로써 현민의 의견을 충분히 반영하여 복지증진에 기여하는 것을 이념으로 함

제2조: 주민자치의 정신에 입각하여 지방자치의 발전에 기여하여야 함

제3조: 의회의 기본방침으로서 철저한 정보 공개, 주민 참여를 적극적으로 유도하여 열린 의회를 지향하고, 제대로 된 정책기능과 현지사의 행정에 대한 철저한 감시와 감독, 확실한 의안심의는 물론 의회차원의 정책의안 발의, 의회의 개혁을 추진할 것을 명시함

제4조: 의원은 현민의 의사를 정확히 반영하고, 의원의 자질을 향상시키며, 의회의 활동을 주민에게 설명하고, 일문일답식의 회의 진행을 준비하는 등의 책무를 짐

제5조: 의원은 의정활동을 위하여 회파를 결성할 수 있으며 회파 간의 의안을 조정하여야 함

제6조: 의회운영의 효율화를 위하여 의회 의장단 선거의 투명화, 의회운영위원회의 효율적 운영, 상임위원회의 효율적 운영을 결정함

제7조: 지방의회는 주민에게 행정에 관한 설명책임이 있음

제8조: 집행기관의 긴장을 유지하여 의회의 본분을 충실히 이행하여야 하며, 감시와 평가에 적극적인 자세를 유지하여야 함

제9조: 집행기관의 활동사항을 주민에게 설명하여야 함

제10조: 집행기관이 적극적으로 정책입안을 하도록 독려함

제11조: 의회의 집행기관에 대한 감시, 감독 및 평가기능을 강화함

제12조: 의회의 심사와 자문 및 조사를 위하여 조례에 의하여 부속기관을 설치할 수 있음

제13조: 의회는 조사를 위하여 전문가가 참여하는 조사기관을 설치할 수 있음

제14조: 의회는 집행기관의 사무를 조사하기 위하여 명확한 목적을 제시하고 검토회를 설치할 수 있음

제15조: 의원은 각종 위원회, 제12조의 부속기관, 제13조의 조사기관, 제14조의 검토회 등에 참여하여 의원 상호간의 토의에 전념하여야 함

제16조: 의원은 자질 향상을 위하여 연수 및 조사연구에 전념하여야 함

제17조: 정무조사비의 사용처와 증빙자료를 명확히 제시하여야 함

제18조: 의회는 주민과의 관계를 긴밀하게 하며 주민의 참여를 적극적으로 보장하여야 함. 이를 위하여 공청회 등을 적극적으로 활용하여야 함

제19조: 주민 의견 수렴과 정책 공고에 적극적인 자세를 보여야 함

제20조: 위원회는 원칙적으로 회의를 공개하여야 함

제21조: 의회에 관한 정보를 적극적으로 공개하고 회의록은 의회도서관에 비치하여야 함

제22조: 의회개혁을 위하여 의회개혁추진위원회를 설치함

제23조: 다른 의회와 교류를 증진함

제24조: 높은 정치윤리의식을 가져야 함

제25조: 의회를 원활하게 보조하기 위하여 의회사무국을 정비함. 전문위원의 설치를 추진함

제26조: 의회도서관의 내실화를 기함

제27조: 본 조례는 의회의 운영에 관한 한 최우선으로 적용됨

제28조: 조례의 정기적인 개정과 개선을 추진함

미에현의회는 현재 일본에서도 우수한 현의회로 평가되고 있다. 지방의회의 개혁에 매우 선도적인 활동을 보이고 있으며 의회기본조례도 현의회 중에서는

최초로 제정하였기 때문이다. 위의 조례 내용 중에서 집행기관의 감시, 감독, 견제를 위하여 부속기관, 조사기관, 검토회 등을 설치할 수 있다는 제도는 매우 바람직하다고 평가되며, 의회 사무국의 내실화에 대한 규정은 지방의회 사무기구의 인사권 독립을 주장하는 우리나라에서 더욱 중요하게 인식되어야 할 것이다.

2) 의결사건지정조례의 제정

일본의 경우 지방자치법 제96조 제2호에 근거한 조례는 지방의회에 따라 '의결사건지정조례', '의회의 의결을 요하는 사건의 지정에 관한 조례,' '의결을 거쳐야 하는 사건 등에 관한 조례' 등으로 제정되었다. 그 내용도 지역의 사정에 따라 다양한 형태로 나타났다. 대표적으로 나고야, 센다이, 아키타현의 예를 논의하면 아래와 같다.

나고야시의회는 나고야시종합계획의 책정·변경 또는 폐지, 아이치현 또는 나고야항만관리조합과 체결하는 직원의 신분 및 재산에 관한 협정 등은 시의회의 의결을 거쳐야 한다는 조례를 제정하였다. 센다이시의회는 시정의 종합계획 및 시책, 10년 이상의 센다이 기본계획, 환경기본계획, 자매 및 우호도시의 제휴 등은 시의회의 의결을 받도록 규정하였다. 아키타현의회는 법령으로 정수가 정해진 직원을 제외한 현직원의 정원을 조례로 규정하도록 하고 있다.

이 세 지역은 각기 상황에 따라 다양하게 조례를 제정한 사례이다. 우리나라도 지방자치법 제39조 제2항에 기초하여 의결사건지정조례를 적극적으로 제정할 필요가 있다.

3) 우리나라의 의결권 확대 및 활용

(1) 우리나라의 의결권한 확대 방향

우리나라는 수도, 전기, 버스, 전철 등 공공요금이 아주 낮으며 여기서 발생하는 적자는 중앙정부 또는 지방정부의 일반회계에서 보전하고 있다. 공공요금을 낮게 책정하고 있는 것은 공공요금이 서민들의 생활과 밀접하게 관련되어 있기 때문일 것이다. 그런데 낮은 공공요금의 부작용도 적지 않다. 특히 자원의 낭비가 심하다는 지적은 피할 수 없을 것이다.

향후 우리나라가 지속가능한 발전을 이룩하기 위해서는 자원의 효율적 사용이 어느 때보다 절실히 요구된다. 국제적 상황도 자원 보존 및 이용의 효율화를 강조할 것이며 친환경적인 정책이 요구될 것이다. 이런 점을 감안하여 지방의회가 이에 대한 사항을 조례로 의결하는 것은 매우 시의적절할 것이다.

특히 3R's에 대한 조례제정을 제안한다. 3R은 재활용(Recycle), 재사용(Reuse), 절약(Reduction)을 가리키며, 자원의 재활용을 의미하는 Recycle, 일회용품의 사용을 지양하는 Reuse, 자원의 절약을 의미하는 Reduction 등은 지방정부와 지역주민의 협력 없이는 불가능하다. 이를 위한 조례의 제정이 필요하다는 점을 강조하고자 한다. 지속가능한 발전을 위해서는 피할 수 없는 상황이며, 이는 주민과의 유기적인 협력을 통해서만 가능한 분야이다.

(2) 우리나라의 지방의회 의결권한 활용분야(탄력세율의 활용)

여러 분야에 걸쳐 우리나라 지방의회의 의결권한을 논의할 수 있지만 이 절에서는 지방정부의 과세권, 특히 탄력세율에 대하여 논의하였다. 현재 우리나라는 지방세법에 따라 다양한 지방세에 탄력세율이 인정되어 있다. 이를 정리하면 아래 <표 4.10>와 같다.

〈표 4.10〉 현행 지방세법상의 탄력세율제도 (도세)

세목	내용
취득세	표준세율의 100분의 50 범위 안에서 가감조정 할 수 있음(중과세율 제외)
등록면허세	표준세율의 100분의 50 범위 안에서 가감조정 할 수 있음
레저세	표준세율의 고정세율
지방소비세	표준세율의 고정세율
지역자원시설세	표준세율의 100분의 50 범위 안에서 가감조정 할 수 있음
지방교육세	표준세율의 100분의 50 범위 안에서 가감조정 할 수 있음

상기 <표 4.10>는 지방세 중 도세를 표시한 것이다. 지방의회가 취득세, 등록면허세, 지역자원시설세, 지방교육세의 세율을 표준세율의 50% 범위 내에서 의결할 수 있다.

<표 4.11> 현행 지방세법상의 탄력세율제도 (시·군세)

세목	내용
주민세	표준세율의 100분의 50 범위 안에서 가감조정 할 수 있음.
지방소득세	표준세율의 100분의 50 범위 안에서 조정할 수 있음. 0.5/100 이하
재산세	표준세율의 100분의 50 범위 안에서 조정할 수 있음(해당 연도에만 적용)
자동차세	표준세율의 100분의 50까지 초과하여 조정할 수 있음 교통·에너지 환경세액: 100분의 30 범위 안에서 가감
담배소비세	표준세율의 100분의 30 범위 안에서 가감(대통령령)

시·군세의 경우 상기 <표 4.11>에서 보는 바와 같이 주민세, 지방소득세, 재산세, 자동차세, 담배소비세에서 탄력세율이 인정되고 있다. 대통령령에 의하여 가감이 가능한 담배소비세를 제외한 지방세의 경우 조례로 탄력적인 세율을 부과할 수 있으나 지방세의 가격기능을 수행하는 탄력세율의 활용정도는 매우 낮다. 그 이유를 두 가지로 추론할 수 있다. 첫째, 정치적 부담이다. 지방의회가 세율을 인상할 경우에 지역주민들로부터 받을 정치적 비판을 피한다는 차원이다. 이것은 둘째 원인과도 밀접하게 관련되어 있다. 그것은 지방세가 지방정부의 세입에 차지하는 비율이 낮다는 것이다. 종합하면 세입구조에서 차지하는 비율도 낮은 지방세율을 인상하여 정치적인 비판을 받기 보다는 중앙정부의 이전재원에 의존하는 것이 유리하다는 판단을 하고 있는 것이다(한국지방행정연구원, 2011).

그러나 지방자치의 기본정신이 자치와 부담의 일치라는 관점에서 볼 때 지방의회의 과세자주권은 중요한 사항이다. 지방의회가 지역의 사정에 맞추어 실시하는 자율적인 탄력세율 제도는 지방자치의 발전을 위하여 무척이나 중요한 제도이므로 적극적으로 활용하여야 할 것이다.

특히 자동차세는 1976년 신설된 독특한 제도로서 선진국에서는 찾아 볼 수 없는 재산세적인 조세이다. 자동차가 흔치 않던 시절에는 부의 상징으로서 재산세의 대상이 될 수 있었다. 그런데 현재에는 자동차가 거의 생활필수품이 되어 재산세적인 자동차세는 시대에 맞지 않는 세제가 되었고, 우리나라는 이에 맞추어 1998년 한·미자동차협상에 따라 세율을 인하하였으며 1999년 12월 승용으로 분류되는 승합차의 세율을 조정하였다. 또한, 2000년 신차와 중고차의 세율을 차등화함으로써 제도의 개선을 이루었고 2005년 1월에는 수출경쟁력 강화를 위하여 세율인하를 단행하였다. 그럼에도 불구하고 현재의 자동차세 수준은 꽤 높은 편이다. 이런 점을 감안하여 지방의회가 자동차세의 탄력세율을 결정하여야 할 것이다. 2015년 들어 지방재정의 악화를 해결하고자 중앙정부의 직·간접적인 압력에 의해 주민세를 인상하는 지방정부가 증가하고 있다.

(3) 초과조례 및 강화조례의 활용

일본은 우리나라보다 지방의회의 자주입법권을 폭 넓게 인정하고 있다. 일본헌법 제94조에 따르면 지방자치의 본지에 따라 법률의 범위 내에서 조례를 제정할 수 있다.

조례제정권은 지방자치의 보장으로부터 인정되는 권한이다. 따라서 일본에서는 법령에 반하지 않는 한 조례를 폭 넓게 인정하고 있다. 따라서 국민의 재산권은 법률에 따라 제한되지만, 지역사회의 안전을 지키기 위한 것이라는 요건과 헌법과 민법에서 보장하는 재산권 행사라고 볼 수 없는 요건을 갖추면 조례로도 재산권을 제한할 수 있도록 허용하고 있다.

일본도 죄형법정주의를 따르고 있지만 지방자치법의 규정, 즉 "2년 이하의 징역, 100만 엔 이하의 벌금"까지는 조례로 인정하고 있다. 특별히 법률의 위임이 없더라도 일반적으로 조례위반 행위에 대하여 이 범위 내에서 벌칙제정권을 인정하고 있다. 과세권에 대해서는 조례로 새로운 세목을 정할 수 없지만 조례로 과세할 수 있다고 해석하고 있다.

그 외에 법률에서 규정하는 것보다 엄격한 강화조례(上乘せ), 법률에서 규정하는 대상 이외의 초과규제(横出し)가 주요 이슈였다. 대법원은 법률과 조례의 취지, 목적, 내용, 효과 등을 고려하여 주민의 인권과 복지 및 안전을 위한 것으로 인정될 때에는 강화조례와 초과조례를 인정하고 있다. 우리도 전향적으로 검토할 필요가 있는 분야이다.

(4) 효율적 예산심의를 위한 제도적 개선[32)]

① 예산관련 위원회의 상임위원회 전환 및 예산심의권 확대

---

32) 필자의 공동저서인 예산결산특별위원회 구성·운영규정(조례·규칙) 제정연구 중 필자가 집필한 부분을 요약·정리하였다.

런던광역시의회는 런던광역시장을 포함한 집행기관을 매우 효과적으로 견제하고 있다. 특히 예산과 관련하여 집행기관은 예산안의 각 단계별로 시의회에 보고서를 제출하여야 하며, 시의회는 의원 3분의 2 이상의 의결로 예산안을 자유롭게 수정할 수 있다. 이는 시의회가 지방정부 장의 동의 없이는 새로운 비용항목의 설치 또는 증액을 금지하고 있는 우리나라의 경우와 다른 점이다.[33)]

특히 예산·성과위원회의 활동은 예산안의 심의에 그치는 것이 아니라 예산의 성과에 대하여도 관심을 갖고 수시로 예산 성과에 대하여 분석 및 관찰활동을 수행한다. 그 결과는 당연히 시의회에 보고된다.

로스엔젤스시의회의 경우도 예산관련 활동이 철저히 이루어진다. 예산과 결산 및 감사와 관련된 상임위원회가 특별위원회 형태로 운영되는 것이 아니라 상임위원회로서 최소한 매월 1회 이상의 회의를 개최한다. 실질적으로는 매주 1회의 회의를 통하여 각 위원회는 예산과정에 대하여 수시로 감시하고 의견을 제시한다.

즉 앞에서 분석하였듯이 시장이 예산을 편성하는 단계에 따라 집행기관의 예산안에 대한 추계와 정보 및 회계감사관의 채무상황 등이 수시로 시의회에 전달된다. 따라서 그 때마다 시의회도 집행기관도 동시에 예산안을 검토할 수 있는 시간적 여유가 있다. 이런 점은 우리나라와 같이 1주일 이내에 예산안 심의를 마쳐야 하는 관행과 제도에 비추어 볼 때 우리나라의 예산·결산특별위원회도 상임위원회로 전환할 필요가 있다고 하겠다.

특히 서울특별시의회의 경우 1주일 이내에 20조원에 달하는 예산을 심의하고, 부산시의회는 10조에 가까운 예산을 심의한다는 것은 물리적으로 매우 어려운 과제임에 틀림이 없다. 따라서 예산·결산특별위원회는 지방의회의 자율에 따라 상시적으로 운영하는 조직으로 전환하는 것이 바람직하다. 이렇게 된다면 예산심의에 따른 시간적 한계를 자연스럽게 해결할 수 있을 것이다.

우리나라의 경우 지방의회는 예산안을 심의함에 있어서 예산심의권이 극히 제약되어 있다. 즉 지방의회는 지방정부 장의 동의가 없이는 증액이나 새로운 비용항목을 추가할 수 없도록 되어 있어 예산심의권을 로스엔젤스시와 비교할 때 매우 제한적임을 알 수 있다.

---

33) 앞 절의 논의를 참고.

우리나라의 예산심의권도 광범위하게 인정하여 예산항목의 증액, 감액, 또는 일부 거부 등 지방의회가 명실공히 지방정부의 최고 정책기관이라는 지위를 확보해 주어야 지방정부의 장을 효율적으로 견제할 수 있을 것이다.

② 감사위원회의 상임위원회 설치

영국의 경우 지방정부에 대한 독립적인 감사는 감사위원회(The Audit Commission)[34]가 담당하고 있다. 그럼에도 불구하고 런던광역시의회는 재정의 안정성과 효과성을 제고하기 위하여 시의회 내에 감사위원회를 설치하여 상시 활동하도록 하고 있다.

우리나라의 예산·결산특별위원회는 회기연도 말에 회계감사를 실시하여 한정된 기간에만 활동하고 있다. 로스앤젤레스시의회의 경우 감사·정부효율위원회가 상임위원회로 설치되어 각종 감사 및 집행기관의 효율성 제고를 위하여 활동하고 있다.

미국의 경우 집행기관의 조직 내에 포함되지만 정치적으로 독립된 지위를 갖는 회계감사관은 업무와 관련된 사항을 수시로 시의회에 보고함으로써 시의회는 실질적으로 연중 감사활동을 실시하는 효과를 내고 있다. 집행기관에 대한 견제는 이러한 효과적인 체제를 유지할 때 가능할 것이며, 따라서 감사위원회를 상임위원회로 설치하고 집행기관 내에 있는 감사관을 지방의회로 이전하는 것도 검토할 가치가 있다. 현재 집행기관 내에 있는 감사관은 시장이 임명권을 행사하기 때문에 독립적인 지위를 갖지 못한다. 따라서 감사관은 지방의회에 설치하여 집행기관으로 독립적인 지위를 갖는 것이 무엇보다도 절실히 요구된다. 아울러 지방의회 내에도 상임위원회로서 감사위원회를 설치할 필요가 있다.

③ 주민참여예산제도의 실질적 활용

우리나라에서도 2011년 지방재정법의 개정으로 주민참여예산제도가 의무적으로 활용하도록 강제규정이 되었다. 그럼에도 주민참여예산제도의 실질적 효용은 의문시되고 있다. 지방정부에 따라 형식적으로 제도를 이용하기 때문이다.

---

34) 지방감사 및 책임법(Local Audit and Accountability Act 2014)에 따라 감사위원회는 2015년 3월 1일 폐지되었다.

로스앤젤레스시의회의 사례에서 보았듯이 로스앤젤레스시는 예산 결정에 있어서 시장이 1회, 시의회는 심의기간 중에 수시로 주민의 의견을 인터넷 등으로 접수하고 있다. 현장에서 주민의 소리를 경청한다면 보다 효율적인 예산안 심의가 될 수 있을 것이므로, 현재 지방재정법에서 도입하고 있는 주민참여예산제도를 적극적으로 활용하여야 할 것이다

7. 지방의회의 회기 및 회의일수

1) 외국의 사례

지방의회에 대한 회기 및 회의일수는 나라마다 다양하다. 일본은 우리나라와 같이 회기제를 채택하고 있으며 회의일수는 조례로 정하고 있다. 일본의 지방자치법에 따르면 지방의회가 자율적으로 회기, 회기의 연장 및 개폐를 규정하고 있다. 일반적으로 광역의회인 도·도·부·현의회는 4회의 정례회와 임시회 제도를 채택하고 있으며, 기초의회인 시·정·촌의회는 1회에서부터 5회까지 다양한 것으로 조사되었다. 정례회는 평균적으로 84일, 임시회는 평균 2일 정도로 연간 85일의 회의일수를 사용하는 것으로 나타났다.

반면 로스앤젤레스시의회는 상근의회를 지향한다. 시의회는 매주 3회 이상의 회의를 개최하여야 한다(로스앤젤레스헌장 제242조). 매주 3회 정도로 개최한다고 할 때 연 150일의 회의를 하는 것으로 보아야 한다. 15명의 소의회로 연간 17만 달러를 받는 전문·상근의회에 부응하는 제도 운영이다.

런던광역시의회의 회의운영은 런던광역시운영조례(Standing Orders of the Greater London Authority: 이하 운영조례)에 규정되어 있다. 운영조례에 따르면 런던광역시도 회기제를 채택한 것으로 해석된다. 이를 상세히 논의하면 아래와 같다.

1. 런던광역시의회는 선거가 끝나기 10일 전에 개회하여 회장과 부의장을 선출하여야 한다.
2. 런던광역시의회는 선거가 끝난 지 25일 이내에 시장을 상대로 시정 질문(Mayor's Questions Time)을 하는 총회를 개최하여야 한다.

3. 의회운영위원회(Business Management Committee)는 연간 회의일정을 작성하여 첫 번째 총회에서 승인을 받는다. 의회운영위원회는 연간 회의일정을 작성함에 있어서 시장을 상대로 한 시정 질문과 예산총회를 위하여 시장과 윤리위원회와 협의하여야 한다.
4. 시장을 상대로 한 시정 질문은 최소 10회 이상 개최되어야 한다. 회의 중에 1회는 정례회가 되어야 하며 2회의 예산총회가 개최되어야 한다.
5. 런던광역시의회 의장은 위원회 위원장의 요구 또는 의원들의 요구가 있을 때에는 언제든지 임시회를 소집할 수 있다. 임시회에서는 시장을 상대로 시정 질문을 할 수 없다. 의원들이 임시회의 소집을 요구할 때에는 5명이 서명으로 의장에서 임시회소집요구서를 제출하여야 한다. 만약 의장이 임시회 소집요구를 거절하거나 7일 이내에 임시회를 소집하지 않을 때에는 5명이 서신으로 사무국장에게 임시회의 소집을 요구할 수 있다. 이 경우 사무국장은 10일 이내에 임시회를 소집하여야 한다.
6. 모든 총회는 2시간 30분 이내에 마쳐야 한다. 다만 의결로 연장하는 경우, 시장을 상대로 하는 시정 질문, 예산총회는 예외이다. 특히 시장을 상대로 하는 시정 질문은 반드시 2시간 30분을 초과하여 충분한 질의와 응답이 이루어져야 한다.

2) 시사점 및 개선사항

여러 나라에서 점차 지방의회가 자유롭게 회의일수를 선택한다는 점은 공통적이다. 이런 측면에서 우리나라에서도 2005년 회의일수를 조례에서 규정하도록 권한을 위임한 것은 바람직한 조치라고 판단된다. 탄력적으로 회기제를 운영하는 런던광역시의회, 연중 회의를 하는 로스앤젤레스시의회는 향후 우리나라의 회기제 개선을 위한 모델이 될 수 있다. 우리나라에서도 향후 지방의회가 연 150일 정도 회의를 하게 되면 전문·상근의회로 전환되었다고 할 수 있을 것이다. 현재 우리나라에서는 서울특별시의회가 연 150일간 회의를 진행한다.

8. 의장 및 부의장의 선거 개선방안

1) 외국의 사례

일본 지방자치법은 의장의 권한과 선거에 관하여 규정하고 있다. 일본 지방자치법에 따르면 지방의회 의장은 질서유지, 의사 정리, 사무의 통합관리, 의회 대표권 등을 갖는다. 의장과 부의장은 선거로 선출하며 임기는 4년이다. 의장과 부의장의 임기가 2년인 점을 제외하면 우리나라 지방자치법과 유사하다. 그런데 일본의 지방의회에서는 다선주의 원칙이 전통적으로 내려와 다수파 중에서 선수가 높은 의원이 리더십에 관계가 없이 의장 또는 부의장으로 선출되는 관행이 강하다. 그래서 의장의 임기가 지방자치법에서 4년으로 규정되어 있음에도 불구하고 단기에 끝나는 경우가 잦았다(江藤, 2008). 선수가 높은 의원이 여럿인 경우 1년씩 순번제로 하는 경우도 있었다.

영국 런던광역시의회의 경우 정례회에서 의장과 부의장 선출, 새로운 위원회의 신설 또는 위원회의 보고, 위원회 위원장 및 위원 선출 등이 이루어진다. 상임위원회 위원장 및 위원의 임기는 1년으로 한다. 회장과 부회장의 임기도 1년이다. 회장과 부회장 선거는 후보자에 대하여 투표하며, 다수가 출마하여 출석자의 과반수 득표가 없는 경우 최하위 후보자를 제외하면서 과반수 득표가 나올 때까지 반복한다. 단일 후보의 경우 투표 없이 회장 또는 부회장으로 선출된다. 회장과 부회장은 의회의 표결에 의하여 언제든지 해임될 수 있다.

로스앤젤레스시의회도 유사하다. 시의회는 시의원 15명 중에서 의장과 예비의장을 선출한다. 예비의장은 의장 유고시 의장의 역할을 수행하게 된다.

2) 우리나라의 사례

우리나라는 많은 지방의회에서 교황 선출식 방식을 채택하였으나 점차 부작용이 커지자 후보자 입후보 방식을 채택하고 있다. 부산광역시의회의 경우 2008년 1월 “부산광역시의회 의장·부의장 선거관리규정”을 마련하여 입후보 방식으로 전환하였다. 모든 시의원이 선거권과 피선거권을 가지며, 선거일 이틀 전까지 입후보 등록을 할 수 있도록 하였다. 필요할 경우에는 후보자 간 합의에 의하여 토론회를 개최할 수 있도록 하였다. 특히 그동안 문제가 되었던 의장선거의 파동을 염두에 두고 선거운동 금지사항을 명기하였다. 특정 후보자의 당락을 목적으로 금품을 제공하는 행위, 특정 후보를 비방하거나 유인물을 배포하여 중상모략 하는 행위, 기타 공정한 선거사무를 방해하는 행위를 금지하였다.

앞에서 논의한 바와 같이 의장 및 지도부의 선거와 관련된 부정행위가 금지되고 리더십을 갖춘 의원을 의장 또는 의회의 지도부로 선출한다면, 지방의회는 현재보다 더욱 활성화될 것이다.

9. 지방의회의 상임위원회 제도 개선사항

1) 상임위원회 제도의 개선

(1) 상임위원회 제도의 해외사례

우리나라에서는 상임위원회를 광역의회에만 인정하였으나 지금은 광역, 기초의회 모두 자율적으로 설치할 수 있다. 전문직·상근직 모형에 적합한 제도라고 판단된다. 그런데 우리나라의 지방자치법에서는 상임위원회의 설치와 배정에 관한 기준을 명시하고 있지 않다. 이제까지 의원 8-10명당 1개의 위원회를 설치하였으며 지방의원은 운영위원회를 제외하고 1개의 상임위원회에서 활동하는 것이 일반적인 관행이었다.

외국의 사례는 다양하다. 일본의 사례를 보면 정·촌의회에서는 복수의 상임위원회에 배속되는 경우가 있다. 전국에서 138개 정·촌의회가 복수상임위원제도를 운영하고 있다. 그 외는 우리나라와 유사하게 1개의 상임위원회에 배정된다.

미국, 영국 등의 지방의회는 다수의 상임위원회를 설치하고 지방의원은 복수의 상임위원회에 배치된다. 이것은 지방의원의 전문성과 책임성을 제고하는데 유리하다고 판단하기 때문이다. 런던광역시의회는 25명으로 구성되지만 위원회는 11개가 설치되어 있다. 시의원들은 평균적으로 3-4개의 위원회에 배속되어 활동하고 있다. 로스앤젤레스시의회는 15명의 의원으로 구성되어 있으며 16개의 상임위원회를 설치하여 의원 1인당 4-5개의 상임위원회에 배정된다. 위원회의 규모도 작은 것이 특징이다. 보통 3-5명으로 상임위원회를 구성한다. 샌프란시스코시의회는 11명으로 구성되며 상임위원회는 7개를 설치하였다. 상임위원회는 통상 3명으로 구성되어 운영되며 시의원 1인당 2-3개의 위원회에 배정된다. 시카고시의회는 50명의 의원으로 구성되며 19개의 상임위원회를 설치하고 있다. 시카고시의회는 상임위원회의 규모가 큰 것이 특징인데 보통 15명 선이며, 30명이 넘는 상임위원회도 있다. 하나씩 살펴보면 아래와 같다.

(가) 도쿄도의회의 상임위원회

일본의 지방자치제도는 기관분리형의 정부형태와 상임위원회 설치 및 운영 등을 볼 때 우리나라와 비슷하다. 현재 도쿄도의회는 9개의 상임위원회를 설치하였으며 127명의 의원은 각기 1개의 위원회에 배속된다. 이를 표로 정리하면 <표 4.12>와 같다. 도쿄도의회는 의회운영위원회를 상임위원회로 보지 않는다.

〈표 4.12〉 도쿄도의회의 상임위원회와 정원

상임위원회 명칭	정원	비고
총무위원회	15	위원장 1, 부위원장 2
재무위원회	14	상동
문교위원회	14	상동
도시정비위원회	14	상동
후생위원회	14	상동
경제항만위원회	14	상동
환경건설위원회	14	상동
공영기업위원회	14	상동
경찰소방위원회	14	상동

출처: 도쿄도의회 홈페이지.

(나) 런던광역시의회의 상임위원회

25명의 의원으로 구성된 런던광역시의회는 11개의 상임위원회를 설치하였다. 시의원들은 1인당 평균 3개의 상임위원회에 복수로 배속된다. 이를 정리하면 <표 4.13>와 같다.

<표 4.13> 런던광역시의회의 상임위원회 구조와 정원

상임위원회 명칭	정원	비고
감사위원회	4	위원장, 부위원장 임명
예산 및 성과위원회	9	상동
사무경영 및 관리위원회	9	상동
인증청문위원회	9	상동
경제발전, 문화, 스포츠 관광위원회	6	상동
환경위원회	7	상동
보건 및 공공서비스위원회	6	상동
기획 및 주택위원회	8	상동
표준위원회	6	상동
교통위원회	9	상동

출처: 런던광역시의회 홈페이지.

(다) 로스앤젤레스시의회의 상임위원회

로스앤젤레스시의회는 소선거구에 기초하여 15명의 의원으로 구성된 소의회제도를 채택하고 있다. 16개의 위원회를 설치하여 운영하고 있으며 의원 1인당 보통 4-5개의 위원회에 배속되어 활동하고 있다. 현재는 3개의 특별위원회가 추가로 설치되어 있다. 각 위원회에는 의회보좌관들이 배치되어 있다. 이를 표로 정리하면 다음과 같다.

<표 4.14> 로스앤젤레스시의회의 상임위원회 명칭과 의원의 수

위원회 명칭	위원회의 정수	비고
예술, 공원, 보건 및 노령위원회	3	
감사 및 정부 효율성 위원회	3	
예산 및 재무 위원회	5	
교육 및 공동체위원회	3	
에너지 환경위원회	5	
주택, 공동체 및 경제발전위원회	5	
정보공학 및 정부사무위원회	3	
직업 및 기업발전위원회	3	
인사위원회	3	
기획 및 토지이용관리위원회	3	
공공안전위원회	5	

공공시설위원회	3	
규칙 및 선거위원회	3	
무역, 상업 및 관관위원회	3	
교통위원회	5	
권한위임위원회	5	
경제진흥 및 재투자특별위원회	7	
에너지재생, 자연자원 및 쓰레기 재생특별위원회	3	
하천특별위원회	3	

출처: 로스앤젤레스시의회 홈페이지.

(라) 시카고시의회의 상임위원회

시카고시의회는 50개의 선거구에서 선출된 50명의 의원(Alderman)으로 구성되어 있고, 대의회제도를 채택하고 있다. 시카고시의회는 51개 부서를 담당하기 위하여 19개의 상임위원회가 설치되어 있으며 위원들은 복수로 배치되어 있다. 앞의 도시들과 달리 시카고의회는 의원 정수가 많기 때문에 상임위원회의 규모도 상당히 크다는 점을 발견할 수 있다.

<표 4.15> 시카고시의회의 상임위원회와 위원의 정수

상임위원회의 명칭	위원의 정수	비고
항공위원회	13	위원장, 부위원장 임명
예산정부운영위원회	35	상동
건물위원회	14	상동
규정 및 윤리위원회	38	상동
경제·자본·기술발전위원회	14	상동
교육아동위원회	14	상동
에너지·환경보호·공공시설위원회	14	상동
재무위원회	35	상동
보건위원회	14	상동
역사유물보호위원회	16	상동
주택부동산위원회	14	상동
인간관계위원회	15	상동
허가·소비자보호위원회	14	상동
공원·레크리에이션위원회	14	상동

경찰·소방위원회	14	상동
특별행사·문화위원회	14	상동
교통체계·안전위원회	14	상동
교통·도로위원회	14	상동
도시계획위원회	14	상동

출처: 시카고시의회 홈페이지.

(마) 샌프란시스코의회의 상임위원회

샌프란시스코의회는 도시행정을 전공하는 사람들에게 매우 흥미로운 지방의회이다. 11명의 의원을 각 소선거구에서 선출하며 이들은 시의원(Councillor)과 카운티의원(Supervisor)을 겸직하고 있는데 7개의 상임위원회에 복수로 배치되어 활동하고 있다. 상임위원회의 규모가 작고 회의가 정기적으로 개최되고 있는 점도 주요한 특징 중의 하나이다. 이를 표로 정리하면 <표 4.16>과 같다. 특히 아래 표를 보면 우리에게 임시적으로 운영되는 위원회가 상설로 운영되고 있음을 알 수 있다. 정부감사위원회가 대표적인 사례이다.

〈표 4.16〉 샌프란시스코의회의 상임위원회와 위원의 정수

상임위원회 명칭	위원의 정수	비고
예산재무위원회	3	매우 수요일 회의
시 운영 및 공동체서비스 위원회	3	격주 월요일 회의
정부감사위원회	3	격주 목요일 회의
토지이용 및 경제발전위원회	3	매우 월요일 회의
공공안전위원회	3	격주 월요일 회의
규정위원회	3	격주 목요일 회의
시 및 교육구위원회	3	격주 목요일 회의 3명의 외부인사 참가

출처: 샌프란시스코의회 홈페이지.

(2) 복수 상임위원회의 장점

복수의 상임위원회에 지방의원을 배정하는 제도의 첫째 장점은 의원들의 전문성을 적극적으로 활용할 수 있다는 것이다. 다양한 경험이나 경력을 가진 의원들을 다수의 상임위원회에 배치함으로써 그들의 전문성과 노하우를 적극적

으로 활용할 수 있다. 뿐만 아니라 전문성이 없는 경우에는 특정 상임위원회 활동을 통하여 전문성을 제고할 가능성도 있다.

둘째는 지방의원들이 대부분 상임위원회 위원장이나 부위원장 등 간부직을 맡을 확률이 높아 간부로서 조직의 책임성을 높이는 데에 크게 기여한다는 점이다. 종전의 상임위원회의 활동을 분석해 보면 많은 의원들이 상임위원회 위원장 등에 높은 관심을 보였다(김순은, 1995a). 복수 배정은 상임위원회의 간부로서 활동하고 싶은 포부를 적극적으로 수용할 수 있는 제도이다.

셋째 장점은 상임위원회 활동을 통해 지방의원으로서의 책무를 적극적으로 수행할 수 있다는 점이다. 최근 대도시를 중심으로 대부분의 지방의회가 전문·상근직으로 전환되고 있는데 복수상임위원회는 여기에 적합한 제도이다. 그렇지 않을 경우 지방의원들이 상시적으로 활동할 업무의 양이 부족할 것이다.

이러한 추세를 감안할 때 우리나라 지방의원들도 일반 공무원처럼 상시적으로 지방의회로 출근하여야 하는 상황에 대비하여야 할 것이다. 만약 지방의원들이 다수의 상임위원회에 배속되지 않으면 매일 그만한 업무를 찾기가 쉽지 않을 것이다.

우리나라 지방의회의 현재 상황을 보면 월정수당제를 도입하면서 전문·상근직의 전 단계에 이르고 있다. 지방의회가 자율적으로 회기일정도 조정할 수 있다. 그런데 광역의회의 회기일정을 보면 100일에서 120일 정도의 회의일수만을 쓰고 있다. 제주특별자치도의회의 경우 130일 이내에서 회의일수를 정하도록 규정하고 있다. 그 이상의 회의일수를 사용하기 위해서는 다수의 위원회 활동이 동시적으로 이루어져야 할 것이다.

넷째 장점은 의정업무의 인턴과정과 같이 초선의원이나 특정분야에 전문적 지식이 부족한 지방의원들에게 경험과 지식을 축적시킬 수 있는 기회를 제공할 수 있다는 것이다. 지방의원들이 다수의 위원회에 배속되기 때문에 전문성이 높은 관련 위원회에서는 상임위원장이나 부위원장의 역할을 수행하면서 기타 상임위원회에서는 새로운 행정업무에 대한 지식을 축적할 수 있다.

다섯째 장점은 행정업무의 조정이 용이하다는 점이다. 현대 행정은 갈수록 복잡·다단해지고 정치적으로 민감한 경우가 많다. 행정사무의 성격이나 정치적 특성상 다수의 행정부서와 관련된 사안도 점증하고 있다.

여섯째 장점은 지방의원들의 관심분야를 확대하여 의정활동을 촉진시킬 수 있다는 점이다. 지방의원들은 소위 인기 있는 특정 상임위원회에 배속되기를 희망하는 경우가 많은데 정원 때문에 희망하는 모든 의원들을 배속할 수가 없다. 이로 인해 의장단 선거와 상임위원회 선거 때 후보자와의 암묵적인 거래가 종종 문제가 되기도 하였다. 희망하지 않는 상임위원회에 배속되는 경우 의원들의 관심이나 의정활동에 대한 열정이 떨어져 전체적으로 지방의회의 발전에 저해되는 사례도 있었다. 반면 복수의 상임위원회에 배속하는 제도는 지방의원들의 희망을 적극적으로 수용할 수 있기 때문에 의정활동의 활성화에도 긍정적으로 기여할 수 있을 것이다.

끝으로 상임위원회 활동은 본회의에 앞서서 이루어지는 실질적인 토의과정이다. 따라서 해당 상임위원회에 배정되어 있지 않으면 사안의 실질적 내용을 파악하기 어렵다. 그렇게 되면 본회의 논의과정에 불필요한 오해가 발생할 수도 있다. 그러나 복수의 상임위원회에 배정하게 되면 상호간의 이해를 높이는 데에도 기여할 수 있을 것이다. 따라서 우리나라도 지방의회의 상황에 따라 의원들을 복수의 위원회에 배정하는 것이 의정 활성화에 기여할 것이다(김순은, 2009b, p. 8-9).

(3) 상임위원회 제도의 개선방향

미국의 3개 도시정부와 영국의 런던광역시, 일본의 도쿄도를 중심으로 상임위원회의 운영실태를 분석하였다. 본 연구에서 분석한 미국과 영국, 일본 모두 전문·상근직 의회를 채택하고 있지만 운영의 실태는 다소 상이하다.

영국과 미국은 상임위원회의 수가 많고 복수 상임위원회제도를 운영하고 있는 반면, 도쿄도는 우리나라와 유사하게 운영되고 있다. 따라서 상임위원회의 복수 위촉제도는 지방의회의 특수성과 복수 상임위원회 배정제도의 장점을 고려하여 운영하면 될 것이다.

앞에서 논의한 바와 같이 복수 상임위원회 배정제도는 여러 가지 장점을 지니고 있다. 단점을 적절히 보완한다면 장점이 단점보다 많은 제도일 것이다. 아울러 우리나라와 같이 집행기관을 철저히 견제할 필요가 있는 상황에서 복수 상임위원회 배정제도는 지방의회의 권한을 강화하는데 기여할 것이다.

2) 예산·결산특별위원회 제도의 개선

(1) 예산결산위원회의 외국사례[35)]

(가) 일본의 예산결산특별위원회

우리나라는 예산과 결산을 예산·결산특별위원회라는 하나의 특별위원회가 담당하고 있지만 일본 대부분의 광역의회는 예산특별의원회와 결산특별위원회를 분리하여 운영하고 있다. 대표적인 지방의회가 도쿄도의회와 교토부의회이다.

일본의 지방자치법은 지방의회의 예산심의 과정에 우리나라와 같은 제약이 없다. 즉 우리나라 지방자치법은 지방의회가 증액 또는 새로운 비목을 설치할 때에는 지방정부의 장의 동의를 얻도록 하고 있으나 일본은 그러한 제한이 없다. 일본의 지방의회는 세입예산과 관련하여 지방세, 사용료, 수수료의 부과와 징수와 관련 사항을 의결하며, 예산안을 자율로 수정할 수 있다. 만약 집행기관이 지방의회의 예산수정에 대하여 부당하다고 판단하면 재의요구를 하면 된다. 지방의회는 재의요구에 대하여 재의결을 하든지 지방정부의 장에 대한 불신임을 의결할 수 있다. 최근에는 일본에서도 의회비의 편성을 집행기관이 하는 것에 대한 개선 요구가 일고 있으며, 지방의회에 예산을 보완하여 편성할 수 있는 권한이 부여되어야 한다는 주장도 제기되고 있다(江藤, 2008).

(나) 런던광역시 예산·성과위원회의 권한과 특징

① 상임위원회의 성격

우리나라에서 예산결산위원회는 특별위원회로서 예산심의와 결산심의를 하는 회기에만 작동한다. 반면 런던광역시의회의 예산·성과위원회(Budget and Performance Committee)는 상임위원회로서 활동하고 있다. 또한 우리나라와는 달리 집행기관이 예산을 편성하는 과정에서도 각 단계별로 의회에 예산안을 송부하는데, 의회가 예산의 편성 및 집행 전 과정에서 성과와 연계하여 집행기관을 견제한다는 것은 매우 선진적인 사례라고 할 수 있다. 현재 런던광역시의회의 예산·성과위원회는 위원장, 부위원장과 7명의 의원 등 총 9명으로 구성되어 있다. 즉 의원의

---

35) 필자의 공동저서인 예산결산특별위원회 구성·운영(조례·규칙) 제정연구 중 필자가 집필한 부분을 요약·정리한 것이다.

35%가 예산·성과위원회에 배정되어 있어 매우 중요한 위원회임을 알 수 있다.

② 예산·성과위원회의 권한

예산·결산위원회는 다양한 권한을 갖고 있다. 이를 예시하면 아래와 같다.

① 시장이 작성하는 차기연도 예산안은 작성단계별로 예산·성과위원회에 송부되어 예산·성과위원회의 자문을 받도록 되어 있으며 예산·성과위원회는 각 단계별로 심사와 자문을 실행하고 필요하다고 판단할 때에는 의회에 보고하여야 한다.
② 시장이 작성한 차기연도 예산안의 마지막 자문과정이 마무리될 때 예산·성과위원회는 반드시 자문결과를 의회에 보고하여야 한다.
③ 런던광역시의회는 1999년 지방정부법의 규정에 따라 런던광역시의 차기년도 예산을 최종 결정하기 전에 시장의 의견을 들어야 한다.
④ 예산·성과위원회는 수시로 런던광역시의 예산 및 예산의 성과에 관하여 분석 및 관찰하여 의회에 보고하여야 한다.
⑤ 기타의 상임위원회로부터 예산 및 성과문제에 대하여 요구가 있을 때에는 예산·성과위원회의 의견을 요구한 상임위원회에 제시하여야 한다.
⑥ 그 외에도 런던시민의 보건, 영국의 지속가능한 발전, 기회 증진 등 각 상임위원회에 공통되는 이슈를 검토한다.
⑦ 의회를 대표하여 권한 내에서 유사한 자문 및 필요한 조치를 취한다.
⑧ 예산·성과위원회는 수시로 예산과 관련된 시장의 지시, 인허가, 결정에 대하여 심사·감시하며 그 결과를 의회에 보고한다.
⑨ 예산·성과위원회는 권한 내에서 예산과 관련된 이슈는 예산감시소위원회(Budget Monitoring Sub-committee)에 회부하여 상시적으로 집행기관을 감시한다.
⑩ 예산감시소위원회는 회계연도 중 분기별로 런던광역시가 제출한 예산감시보고서를 검토한다. 예산·성과위원회가 필요하다고 판단하는 경우 기타 감시보고서도 분석하며 필요할 경우 예산·성과위원회에 검토보고서를 제출한다.

③ 감사위원회(Audit Panel)

런던광역시의회의 또 하나의 특징은 감사위원회를 두고 있다는 점이다. 위원장, 부위원장, 그리고 2명의 의원으로 구성된 감사위원회는 상시적으로 다음과 같은 업무를 담당하고 있다. 여기서 한 가지 유의하여야 할 것은 런던광역시에 대한 감사는 런던광역시의회의 감사위원회의 자체감사 외에 독립 감사기관인 감사위원회(Audit Commission)에 의해서도 이루어졌으나 2015년 3월 1일부로 감사위원회는 폐지되었다.

> ① 감사위원회는 재정체제의 안정성을 확보하고 재정체제의 감사를 목적으로 활동한다. 즉 반부패 문화와 청렴과 성실, 우수한 관행을 담보하기 위한 위원회이다.
> ② 감사위원회는 외부 감사관과 함께 연중 프로그램과 연계하여 감사를 하며, 필요하다고 판단하는 경우에는 시장과 함께 정기 내부감사 프로그램을 승인한다.
> ③ 감사위원회는 필요하다고 판단하는 경우 외부 감사관이 제기한 관리문서와 보고서를 처리하며, 시장이 참석한 가운데 외부 감사관이 지적한 이슈에 대하여 의회에 권고안을 제출한다.
> ④ 필요하다고 판단하는 경우 내부 감사관이 작성한 보고서에 의하여 문제점을 처리하며, 시장의 책임에 관하여 의견을 제시한다.
> ⑤ 감사위원회는 런던광역시의 위기관리정책(Risk Management Policy)을 분석하여 시장에게 필요하다고 판단하는 경우 의견을 제시할 수 있다.

(다) 로스앤젤레스시의회의 예산결산위원회 특징과 권한

① 예산재정위원회의 예산과정

로스앤젤레스시의회 예산재정위원회의 예산 집행과정은 다음과 같다.

- 시장은 매년 1월 1일 이전에 각 부서의 장에게 내년도 예산안의 추계를 제출하도록 한다. 이 때 각 부서의 장은 시의회와 행정연구실장(Director of the Administrative and Research Services)에게 복사본을 제출하여야 한다. 예산안 추계를 제출할 때에는 요약, 계획서 및 증빙서류를 첨부하여야 한다.
- 시장은 2월 1일 이전에 일반 시민의 의견을 구하기 위하여 예산의 우선순위를 공표한다.
- 회계감사관(Comptroller)은 3월 1일 이전에 이자, 감채기금(Sinking Fund) 및 채무상황, 그리고 기타 법적 의무사항을 시장과 시의회, 행정연구실장에게 제출하여야 한다. 그 외에 벌금, 수수료 등 기타수입에 관한 추계액도 보

고하여야 한다.

- 시장은 매년 4월 20일 이전에 시의회에 내년도 최종 예산안을 제출한다.
- 시의회는 6월 1일 이전에 시장이 제출한 예산안의 심의를 마쳐야 한다. 시의회는 시장의 예산안을 의결하여야 한다.

상세한 사항은 다음 절에서 논의하였다.

② 시의회 및 예산·재정위원회의 권한과 특징

(a) 시의회의 예산안 의결형태

시장의 예산안을 접수한 시의회는 6월 1일 이전에 예산안을 의결하여야 한다. 의결의 형태는 다음과 같다.

- 시장이 제출한 예산안을 수정 없이 승인한다.
- 시장이 제출한 예산안은 전면 불승인, 일부 사항 불승인, 일부 항목의 증액 또는 감액, 새로운 항목의 추가 등의 수정을 거쳐 시장에게 회부된다. 예산안은 지방의원 정원의 과반수 의결로 결정된다.
- 시의회에서 의결된 예산안은 시장에게 회부되어 서명을 받는 즉시 효력이 발생한다. 이 때 시장은 시의회가 수정한 일부 항목의 증액·감액·삭제·추가한 사항에 대하여 이의가 있을 때에는 5일 이내에 거부권을 행사할 수 있다.
- 시장이 시의회가 회부한 수정안에 대하여 거부할 때에는 전면 불승인에 대해서는 전면 거부, 일부 불승인에 대해서는 원안 재심의 청구, 일부 증액 또는 감액에 대해서는 시장이 제안한 원래의 안으로 재심의, 또는 시장의 제시액과 시의회의 제시안 사이의 중재안으로 거부권을 행사할 수 있다.
- 재심의 요구를 받은 시의회가 시의원 3분의 2 이상의 의결정족수로 재심의 의결을 하지 않는 한 시장의 거부안이 예산으로 확정된다.

(b) 예산·재정위원회의 역할

예산·재정위원회는 여타의 상임위원회와 같이 4명의 시의원으로 구성되었으며 매주 월요일 정기 회의를 개최하고 있다. 4명의 의원은 위원장, 부위원장 및 일반 위원의 역할을 수행한다.

앞 절에서 논의하였듯이 예산·재정위원회는 예산안이 시의회에 제출되기 전이라도 각 부서가 예산안을 작성할 때부터 중요한 역할을 수행한다. 제도적으로 예산안이 완성되는 각 단계마다 재정정보가 시의회에 제출되기 때문이다. 각 부서의 예산안과 회계감사관이 작성한 각종 채무와 세입 추계안이 일정한 시점에 예산·재정위원회에 보고된다.

정식으로 예산안이 시의회에 제출되면 예산·재정위원회가 주관이 되어 시민들로부터 인터넷을 통하여 수시로 새로운 회계연도 예산안에 대한 의견을 수렴한다. 의견수렴이 종료되면 예산·재정위원회는 본회의에 새 예산안에 대한 예산·재정위원회의 정식의견을 첨부하여 회부한다. 로스앤젤레스시의 경우 예산안이 최종적으로 결정될 때까지 두 차례에 걸쳐 시민의견이 수렴된다. 시장이 실시하는 청문회와 예산·재정위원회의 의견수렴이 그것이다.

③ 감사·정부효율위원회(Audit and Government Efficiency Committee)

(a) 로스앤젤레스시의회의 정기 감사

로스앤젤레스시의회는 회계연도 말에 각 부서의 예산집행 상황에 대하여 1명 또는 2명 이상의 외부 회계사로 하여금 감사를 실시하게 하여 보고를 받는데 이들은 집행기관의 부서와 업무상으로 이해관계에 있지 않아야 한다. 외부 회계사는 시의회에 감사결과를 보고하며 보고서의 복사본은 시장과 회계감사관에게 보낸다. 로스앤젤레스시의회는 각 부서에 대한 감사의 범위를 결정한다.

(b) 감사·정부효율위원회

시의회 내에서 감사업무를 전문적으로 담당하는 조직이 감사·정부효율위원회이다. 감사·정부효율위원회는 여타의 위원회와 마찬가지로 위원장, 부위원장, 2명의 위원으로 구성되는 상임위원회이다.

감사·정부효율위원회는 관리감사(management audits), 재무감사(financial audits), 운영감사(operational audits), 기금이나 보조금 감사, 생산성·민영화·인종차별에 관련된 시정부의 정책, 소수인종 기업정책, 여성기업정책, 중소기업정책 등의 업무를 감사하는 권한이 있다.

(c) 회계감사관

로스앤젤레스시의 예산·결산과 관련하여 추가되어 논의되어야 할 것이 회계감사관제도이다. 로스앤젤레스시는 시의회의 정기 감사 외에도 시정부 내에 회계감사관을 설치하여 상시적인 감사체제를 두고 있다. 특히 회계감사관은 별도의 선거에 의하여 선출됨으로써 시장으로부터 정치적으로 독립성을 띠고 있다.

회계감사관(Comptroller)은 시헌장에서 다양한 권한과 의무를 부여받아 행정 및 재정의 투명성과 건전성을 확보하고자 한다. 회계감사관은 회계사 자격증을 가진 인사 중에서 선거로 선출되며 집행기관의 회계 및 행정사무에 대한 광범위한 감사를 실시한다. 권한과 의무는 다음과 같다.

- 시의회가 결정하는 조례에 따라 부감사관, 보좌관, 그리고 사무직원을 임명할 권한을 갖는다.
- 회계의 일반원리에 따라 집행기관의 모든 회계 방식을 결정한다.
- 정기적으로 집행기관의 회계업무를 감사하며, 과오가 발견될 때에는 담당직원을 교육하여 업무를 숙지하도록 할 수 있다.
- 회계감사관은 시 전체의 세입과 세출을 명시하는 회계장부를 관리·보관하여야 한다.
- 일반적인 회계원칙에 기초하여 회계감사관은 집행기관의 모든 부서에 대하여 감사를 실시한다. 아울러 각 부서와 프로그램에 대한 감사주기를 결정하여 정기적으로 감사를 실시한다.
- 회계감사관은 법에 정하는 바에 따라 기금의 상황에 대하여 시장과 시의회에 보고서를 제출하여야 한다. 시장이나 시의회의 요구가 있을 때에도 동일하다.
- 회계감사관은 집행기관의 각 부서에 대하여 성과감사를 실시할 수 있다. 그 결과에 따라 세입과 세출의 관리를 제고하기 위한 각종 제안을 제시한다.
- 회계감사관은 출납관으로부터 재정 지출에 대한 요구가 있을 때 재정지출을 승인하기 전에 집행기관의 각 부서가 구매하는 서비스, 노동, 자료, 자재 등에 대한 양, 질, 상태 등을 검사할 수 있다.
- 회계감사관이 불공정, 불법, 위법이라고 판단하여 재정지출을 유보하는 경

우 즉시 시장과 시의회에 보고하여야 한다. 시의회는 즉시 보고서를 검토하여 회계감사관의 결정에 대하여 지지 또는 번복하여야 한다.

(2) 예산·결산특별위원회의 개선방향

예산·결산특별위원회의 개선방향은 이미 앞의 지방의회의 의결권한 강화라는 절에서 논의하였다. 즉 특별위원회인 예산·결산특별위원회를 상임위원회로 전환하고 감사위원회를 상설화하는 방안을 적극적으로 검토하여야 한다는 내용이다.

II. 지방의회 사무기구의 개선방향

1. 지방의회 사무기구의 인사권

1) 일본의 사례

(1) 사무기구의 인사권

일본 지방자치법 제138조에 따르면 지방의회의 업무처리를 전문적, 행정적으로 보좌하기 위하여 도·도·부·현에는 사무국을 설치하고, 시·정·촌에는 조례로써 사무국을 설치할 수 있다. 사무국에는 국장, 서기를 두며 사무국이 설치되지 않은 시·정·촌에는 서기장, 서기를 둘 수 있도록 제도화하였다.

우리나라와 비교하여 명백히 차이가 나는 점은 사무국 직원의 임명을 지방의회 의장이 한다는 것이다. 직원에 대한 인사규정은 지방공무원법에 따르면서도 의장이 인사권을 행사하고 업무를 지휘하는 것은 기관분리형의 정부에서 당연한 제도적 조치이다. 그럼에도 불구하고 지방의회와 집행기관 사이에는 의장과 지방정부의 장의 협의에 따라 인사교류가 활발하게 이루어지는 경향이 강하다(한국지방행정연구원, 2003). 기초지방의회의 경우에는 집행기관의 공무원이 겸직하는 경우도 있다.

(2) 사무기구의 현황

(가) 도·도·부·현의회의 현황

도·도·부·현의회는 사무국을 설치하여 의원들의 의정활동을 보좌한다. 보통 사무국 산하에 국장, 차장, 비서과, 총무과, 의사과, 조사과, 도서실 등의 조직을 갖추고 있다. 조례로 사무국의 정원을 규정하고 있다.

사무국의 정원이 가장 큰 의회는 동경도의회로서 148명이며, 반대로 최소 정원인 곳은 23명인 도톳리현의회와 시마네현의회이다. 47개 도·도·부·현의회 사무직원의 정원은 2,074명이며, 실제 채용직원의 수는 1,895명이다. 정원 외에 직원이 집행기관에서 겸직하는 의회도 있다. 가나가와현의회의 경우 78명의 사무국 직원 외에 57명의 집행부 직원이 보좌하고 있다. 이를 정리하면 <표 4.17>와 같다.

〈표 4.17〉 도·도·부·현의회 사무국 직원 현황

구분	최대 직원 수		최소 직원 수		평균 직원 수		전속직원 외 집행부 겸직직원
	법정	채용	법정	채용	법정	채용	
사무국 직원	148	143	23	23	44	40	26개 의회

(나) 정·촌의회의 현황

정·촌의회의 경우 의회사무국을 조례로 설치한 의회가 986개이며, 설치하지 않은 의회가 6개이다. 의회사무국 조례 정수의 평균은 2.6명이다. 실제로 채용한 직원의 수는 총 2,484명으로 의회 당 평균 2.5명이다. 이 인원 중에는 전임이 1,990명이며 겸임은 483명이다. 이를 정리하면 <표 4.18>와 같다.

〈표 4.18〉 정·촌의회의 사무직원 현황

구분	사무기구 설치의회(986개)		설치하지 않은 의회(6개)
	조례 정원	실제 인원	
전체	2,484명	1,990명	0
평균	2.6명	2.5명	0

(3) 정책적 시사점

사무기구의 설치와 관련하여 우선 인사권의 독립을 논할 수 있다. 우리나라 사무기구의 직원보다 월등히 적은 인원의 보좌를 받으면서도 운영이 가능한 것은 직원의 인사권이 독립되어 있기 때문이다.

동경도의회의 직원 정원이 148명인데 비하여 서울특별시의회는 243명, 제주도의회가 107명이며 울산광역시의회가 54명이다. 우리나라 직원의 수가 상당히 많음을 알 수 있다. 일본의 경우 사무기구의 정원이 작음에도 인사권 독립을 실시하고 있다는 것은 우리나라에서 사무기구 정원의 규모가 작아 인사권 독립이 어렵다는 주장이 근거가 미약함을 시사하고 있다. 향후 사무처의 독립이 이루어지더라도 무리한 사무기구의 확장은 신중하여야 할 것이다.

2) 미국의 사례

미국은 지방정부의 종류가 다양하고 그 수도 많아서 일반적으로 논의하기가 쉽지 않다. 기관통합형임에도 지방의회가 인사권을 스스로 행사하는 곳도 있다. 따라서 기관통합형 정부와 기관분리형 지방정부의 형태 중에서 비교적 규모가 큰 사례를 중심으로 논의하였다.

(1) 기관통합형의 지방의회

현재 미국 중소도시의 지방정부가 가장 선호하는 형태가 기관통합형이다. 그 중에서도 시의회-관리자형(City council-city manager)이 전체의 54.5%를 차지하며 중소도시의 70%를 차지하는 것으로 조사되었다. 특히 선출직 시장이 시의회의 의원을 겸하는 경우 72.2%에 달한다. 시의회가 임명하는 시관리자도 정치적으로 지방의회에 책임을 지는 정치적 관계에 있다. 시의회의 행정사무는 사무장(City clerk), 관리자(Manager), 행정관(Administrator) 또는 법원의 사무장 등이 담당하는데, 이들은 시장을 겸임하는 의장이 임명하거나 시관리자가 임명하는 형태를 취한다(International City/County Management Association, 2006). 시의회 의장을 시장이 겸임하는 경우는 물론 시관리자가 임명하는 경우도 최종적으로는 시의회가 위임한 것으로 보아야 할 것이다.

(2) 기관분리형의 지방의회

기관분리형의 지방정부 하에서 지방의회의 역할은 기관통합형의 경우와 상이하다. 즉 집행기관을 견제 또는 감시하기 때문에 지방의회의 활동이 보다 적극적이다. 이를 위하여 사무기구가 설치되며 사무기구의 장에 대한 임명권은 일반적으로 의장에게 있다. 아울러 사무기구의 권한도 비교적 강한 편이다. 구체적으로 로스앤젤레스시와 뉴욕시 의회의 사무기구에 대해 논의하면 아래와 같다.

(가) 로스앤젤레스시의회의 사무기구

① 행정연구실(Office of Administrative and Research Services)

인구 380만 명의 로스앤젤레스 시의회에는 15명의 시의원들을 보조하기 위하여 2개의 보조기관이 있다. 하나는 행정연구실이며 다른 하나는 시의회정책분석실이다. 행정연수실장은 시장이 시의회의 동의를 얻어 임명한다(헌장 제508조). 비록 시장에 의하여 임명되지만 행정연수실장은 다음과 같은 권한을 가지면서 시의회의 활동을 보좌하고 있다(헌장 291조).

- 행정연구실장은 시장과 시의회에 로스앤젤레스시의 미래에 대한 예측 및 상황, 재정, 수요 등을 보고하고 필요한 사항을 건의함
- 시장의 정책에 따른 경상예산 편성
- 예산의 계획에 필요한 프로그램과 기준 개발
- 예산과 관련된 세입·세출의 보고서, 예산의 수립에 관련된 조사와 연구
- 예산심의를 담당하는 시의회를 보좌
- 예산 채택 및 배정과 관련하여 시장과 시의회를 보좌
- 각종 기금의 적정한 사용을 위하여 예산관리 체제의 수립과 지시
- 시장의 승인 하에 시의 각 부서가 준수하여야 할 기준 마련
- 시장과 시의회가 서면으로 요청한 사항 보조

행정연구실장은 상기의 권한 이외에도 행정부처의 관리능력을 제고시키기 위하여 각종 연구조사활동을 할 수 있다. 요약하면 행정연구실장은 시장이 임명한 연구부처이지만 시의회를 보좌한다는 특징을 지닌다. 현재 각 시·도에 설치된 연구기관이 집행기관과 시의회를 보좌하는 것과 같다고 할 수 있다.

② 시의회정책분석실

시의회의 행정적인 사항과 전문적인 보좌를 위하여 설치된 기구가 시의회정책분석실(Office of Chief Legislative Analyst)이다. 시의회 정책분석실은 3개 부서로 구성된다. 우리나라의 의사담당관에 해당하는 의제담당부(Calendar section), 의안을 담당하는 의안담당부(Council index section), 기타 의정서비스를 담당하는 총무담당부(Secretarial service section) 등이 있다. 이들 직원에 대한 임명권은 시의회 의장이 행사한다. 그 외에 상임위원회 별로 전문위원(Legislative assistant)들이 보좌하고 있다.

정책분석연구실장은 독립적이고 정당의 계파를 초월한 전문가로서 15명의 시의원을 보좌하는 인력이다. 정책분석연구실장은 시의회의 입법이 경제적으로 이루어질 수 있도록 전문적인 사항을 자문하는 보좌인력이다. 정책분석연구실장은 전문인력과 행정인력을 포함하여 50명의 인력을 담당하는 기구의 장이다.

③ 사무기구의 현황

로스앤젤레스시의회의 정책분석실의 경우 실장(Chief legislative analyst) 산하에 1명의 부실장(Executive assistant)이 있다. 그 밑에 2명의 실장보좌역(Assistant chief legislative analyst)이 배속되어 있다. 각 실무부서에는 3명의 부장이 배치되어 있다. 전문 인력으로 21명이 있으며 비서인력은 7명, 회계담당자는 1명이다. 전문 인력에 비하여 행정인력이 매우 소수임을 알 수 있다. 기타 인력까지 총합하여 50여 명 선이다.

이 외에 예산적 지원으로 시의원의 의정활동을 강화하고 있다. 17만 불에 달하는 의원보수 외에 3개의 사무실, 15명 내외의 보좌인력, 기타 장비, 공무 여행 및 자료집 발간에 사용할 수 있는 예산적 지원을 받고 있다(김찬동, 2015).

(나) 뉴욕시의회의 사무기구

뉴욕시의회는 헌장에서 시의회 활동을 보좌하기 위한 두 가지 사항을 규정하고 있다. 하나가 전문위원제도이며(헌장 제47조) 또 하나는 사무장(City clerk) 제도이다. 전자는 시의회의 전문적인 업무를 보좌하기 위한 기구이며 후자는 행정적인 사무를 보좌하기 위한 기관으로 이원화되어 있다.

전문 인력은 예산안, 지방세, 예산 수정, 재무 분석, 시장의 관리 보고서를 검토하는 업무를 수행하며 시의회가 예산의 범위 내에서 임명한다. 본회의는 물론 상임위원회, 소위원회의 활동을 보좌하며 집행기관의 성과를 분석하는 등의 업무도 담당한다(헌장 제47조).

사무장은 시의회가 임명 혹은 해임하며 다음과 같은 행정 권한을 통하여 시의회를 보좌한다(헌장 제48조). 시의회의 사무장이면서 시의 사무장이기도 하다. 임기는 6년이다.

- 시의 모든 문서를 관리하고 보관함
- 시의회의 회의록을 관리하고 보관함
- 시의 조례에 관한 모든 기록을 관리하고 보관함
- 시의 모든 문서는 사무장의 감독 하에 타 부서에 제출됨
- 시의회의 회의록은 사무장의 관리 하에 공개됨
- 시의 직인은 사무장이 관리하며 모든 문서에는 그의 직인이 필요함

뉴욕시의회 사무기구에는 116명의 위원회 담당직원과 162명의 의회서비스 담당직원이 있는데 주로 의장실, 행정 및 홍보와 정보 통신 업무를 담당한다(김찬동, 2011). 뉴욕시의원에게도 23만 불에 해당하는 보좌인력 예산을 지원하고 있다. 그 예산으로 3-5명의 보좌인력을 채용하고 있는 것으로 나타났다(김찬동, 2015).

3) 영국의 사례

영국의 경우 2000년 기관분리형을 채택한 런던광역시의 사례를 분석하였다.

1999년 런던정부법(Greater London Authority Act 1999)에 따르면 시장은 정치적으로 2명의 정치자문역과 10명 이내의 보좌 인력을 임명할 수 있다. 시의회는 시장과 협의하여 런던광역시 시장, 또는 시의회를 위하여 필요한 인력을 임명할 권한을 갖는다(런던정부법 제67조 제2항). 시의회 사무기구의 장은 사무국장(Executive director of secretariat)이며, 런던정부법에서 엄격하게 규정하는 대로 시장과 시의회가 실적주의에 입각하여 임명한다.

4) 일본의 사례

일본의 사례는 우리나라와 매우 유사하다. 기관분리형 지방정부의 구성은 물론 지방의회를 보좌하는 사무기구 조직의 규모 면에서도 우리나라와 크게 다르지 않다. 다만 일본의 사무기구 직원에 대한 인사권은 지방의회 의장이 행사한다.

한편 일본의 경우 집행기관과 지방의회 간에 인사교류가 이루어지는데, 일반 집행부 직원이 지방의회로 가게 되면 신분이 지방의회의 직원이 되었다가 다시 집행기관으로 돌아오면 원래 신분이 회복된다. 이 제도를 "슈코(出向)"라고 한다. 슈코의 성격상 지방의회의 신분이라도 집행기관으로 돌아가야 하는 직원의 위상은 우리나라와 크게 다르지 않다(권영주, 2011).

5) 대만의 사례

사무처의 기구조직 및 인사제도에 관해서는 대만의 사례도 우리에게 시사하는 바가 크다. 대만에서 지방의회 사무처와 관련한 제도는 지방의회마다 다양한 특성을 지니고 있는데, 여기에서는 타이페이 시의회를 중심으로 논의하였다.

(1) 사무처 직원의 임면권 등 인사제도 운영 현황

우선 타이페이 시의회는 사무처 직원의 인사권이 이원화 되어 있는 특징이 있다. 평생직장이 보장된 일반 공무원은 시장의 인사권에 임하여 시의회에 근무하는 형태이다. 시의회 사무처의 총 인원(정책보좌관 제외)은 115명이며, 이중에서 86명이 직업공무원이고 29명이 계약직 직원으로서 시의회가 인사권을 행사한다.

시의회 의장의 정무직 보좌관, 시의원의 정책보좌관은 시의회 의장이 임명하며 계약직이다. 일반직 공무원은 주로 총회 및 상임위원회의 운영과 관련한 업무를 담당하며 전문위원과 시의원의 정책보좌관은 주로 정책 보좌를 담당한다.

(2) 사무처의 조직 현황

시의회 의장 산하에는 사무총장, 사무부총장을 중심으로 7개의 상임위원실과 9개의 행정부서로 총 10개의 부서가 설치되어 있다. 시의회 의장은 3명의 정무직 직원이 보좌한다. 시의회 의장이 바뀌면 정무직 직원은 교체되며, 아래 사무실에 근무하는 공무원은 시의회를 보좌하는 인력으로서 시장이 임명한다. 사무처는 비서실(Secretarial Office), 의사실(Procedure Section), 총무부(General Affairs Section), 문서실(Documents Section), 홍보실(Public Relations Office), 법규연구실(Legal Affairs Office), 정보실(Information Office), 인사실(Personnel Office), 회계실(Accounting Office)등으로 조직되어 있다.

(3) 인사제도

개인보좌관은 의원 개인이, 의장보좌관은 의장이 선임하며 둘 다 정무직이다. 정책 보좌 인력은 시의회가 임명한다. 그 외 공무원은 일반직 공무원으로서 공무원 시험에 합격하여 일정한 자격을 갖춘 인사이며 정치적 중립과 평생직장을 보장받는다.

특히 정책보좌관제도는 매우 독특하다. 62명의 개인 의원에서 NT$240,000(한화 약 1,000만원)를 지불하여 행정 보좌 및 정책 보좌를 할 인력을 채용한다. 보좌 인력의 임금에는 하한선과 상한선이 있으며, 임금이 얼마로 책정되느냐에 따라 대략 6-8명의 유급 보좌 인력을 채용한다.

(4) 정책적 시사점

시의회는 회기가 연간 230일로 상근의회의 법적지위를 갖는다. 시의원에게 지원되는 수당과 각종 지원도 상근의회의 위상에 부응한다. 시의원에게 지급되는 정책보좌관 채용비용은 NT$240,000로 6-8명의 인력을 채용하여 보좌하기 때문에 의정활동이 활발하게 이루어지고 있다. 정치적으로 중립이고 정파성이 약한 일반직 공무원의 경우는 시장에게 인사권을 부여함으로써 우수한 공무원의 확보를 가능하게 하고 있다. 이러한 제도는 의회직렬의 신설에 따른 지방의회 사무기구의 규모가 작다는 약점을 보완하는 제도인 것으로 보인다.

2. 지방의회 사무기구의 개선방향

1) 지방의회 사무기구의 인사권 독립

기관분리형의 지방정부 형태를 채택한 우리나라에서 지방의회의 사무기구에 대한 인사권이 지방의회에 귀속되어야 한다는 것은 이론상은 물론 비교론적 관점에서 타당한 주장이다. 지방의회와 집행기관은 상이한 가치관을 가진 정책결정기구로서 상호 견제와 균형의 원리 하에서 지방정책을 수립하고 집행하므로 각 기구를 보좌하는 조직이 서로 다른 것은 당연하다. 인사 교류를 통하여 상호 이해를 높이는 것은 바람직하지만 기본적으로 조직은 별개의 것이어야 한다.

이러한 이론적 사항은 앞에서 분석한 외국의 사례에서도 확인할 수 있다. 기관통합형의 경우는 물론 기관분리형 하에서도 지방의회 사무기구에 대한 인사권은 지방의회가 행사하고 있다. 우리나라도 바람직한 지방의회의 위상을 세운다는 관점, 잘못된 제도를 바로잡는다는 관점에서 하루 속히 개선하여야 할 부분이다.

2) 지방의회 의회·감사 직렬의 신설

지방의회의 사무기구에 대한 인사권이 지방의회에 귀속된다면 현재 근무하는 인력 가운데 집행기구로 복귀하고자 하는 직원은 전원 복귀하는 것이 타당하다. 왜냐하면 순환보직의 관점에서 지방의회에 배치되었기 때문이다. 따라서 부족한 인력은 지방의회가 단독으로 선발하거나 집행기관과 공동으로 채용할 수 있다. 이런 방안이 지방의회의 전문적 보좌를 위한 최선의 방안이다(권영주, 2011).

그런데 여기서 한 가지 부가할 것은 지방의회의 감사기능을 강화하는 것이다. 현재 집행기구의 자체감사는 제대로 기능을 하지 못하고 있다. 원칙적으로 집행기구에 대한 감사는 독립적인 제3의 기구나 지방의회가 담당하는 것이 타당하다. 향후 지방의회의 규모와 권한을 보완한다는 관점에서 감사기능을 강화하고, 이와 더불어 지방의회에 근무할 직원은 의회직과 감사직으로 세분화하여 선발할 필요가 있다. 또는 의회·감사 직렬을 통합하여 선발하는 것도 검토 대상이 될 수 있다.

3) 사무인력의 규모

사무인력의 규모는 현재수준으로도 충분할 것으로 보인다. 더구나 지방의회의 유급의 정책보좌관제도가 긍정적으로 검토되면 일반사무인력은 다소 축소해도 무방할 것이다. 앞 장에서 분석하였듯이 현재 지방의회 사무인력의 규모는 일본, 영국, 미국의 지방정부에 비하여 월등히 크다. 따라서 사무인력의 확대보다는 지방의회에 전념할 수 있는 제도의 개선, 즉 사무처(국)의 인사권 독립과 의회·감사 직렬의 신설이 보다 시급한 과제이다.

4) 기관통합형 지방정부의 도입

인구가 적은 시·군 등의 지방정부를 현행의 기관 분리형에서 기관통합형으로 전환하는 방안을 제안한다. 현재 시·군의원의 자질 등이 지방정부의 큰 문제점으로 지적되고 있다. 향후 인구가 계속적으로 감소하고 고령화가 빠르게 진행된다면 시·군의원의 자질은 더욱 떨어질 가능성이 높다. 반면 시장이나 군수 후보들은 상대적으로 전문성이 높은 경우가 많다. 이런 점을 감안할 때 인구가 적은 지방정부에서는 기관통합형 정부를 도입할 필요성이 높다.

3. 지방의회의 정책보좌관제

1) 지방의회 사무기구의 변화

우리나라에서 정책보좌관제의 도입에 관한 논의가 지난 20년간 매우 뜨거운 이슈였음을 앞에서 논의하였다. 현재와 같이 사무기구의 인사권이 독립되지 않은 상황 하에서 지방의원들이 의정활동을 수행하다보니 보안을 유지하고 성과를 내기 위해 정책보좌관제의 실시가 절실했을 것이다. 지식·정보가 정책의 질을 좌우하는 현실 속에서 정보의 부재 하에 의정활동을 수행하는 것도 매우 어려웠을 것이다.

하지만 정책보좌관제 도입에 대해 찬성 의견만 있는 것은 아니다. 일반인과 일부 전문가들은 정책보좌관제도를 도입하는 것이 불필요하다고 주장한다. 1991년에 이 제도가 처음 소개될 당시에는 사무기구가 양과 질 양 측면에서 지방의원들을 전문적, 행정적으로 보좌하는 데 어려움이 컸다. 30년 만에 부활한 지방의회에서 지방의원은 물론 공무원들조차 시행착오를 많이 겪어야만 했다(김순은, 1995a). 이러한 상황 하에서 지방의원들은 개인 정책보좌관의 필요성을 절실하게 느꼈다. 그러나 지방선거를 일곱 차례나 치르면서 다선의원이 등장함에 따라 의정활동의 경험과 노하우가 축적되어 시행착오가 많이 감소하였다. 아울러 공무원들도 의정활동에 관한 연수를 통하여 업무보좌능력을 크게 개선하였다. 뿐만 아니라 광역지방의회에는 점차 전문적인 보좌를 위한 정책연구실 또는 입법정책연구실 등이 설치되어 집행기구로부터 어느 정도 독립성과 전문성을 유지하는 것이 가능해졌다.

뿐만 아니라 2006년 월정수당이 도입되면서 전문위원이 증원되었다. 기존에도 각 지방의회에 전문위원제도가 있었으나 이는 제도상의 전문위원이라기보다는 운영상의 전문위원이었는데 2006년 이후 제도상의 전문위원이 보강된 것이다. 지방자치법은 “위원회에는 위원장과 위원의 자치입법활동을 지원하기 위하여 의원 아닌 전문지식을 가진 위원(이하 "전문위원"이라 한다)을 둔다. 전문위원은 위원회에서 의안과 청원 등의 심사, 행정사무감사 및 조사 그 밖에 소관 사항과 관련하여 검토보고 및 관련 자료의 수집·조사·연구를 행한다. 위원회에 두는 전문위원의 직급과 정수 등에 관하여 필요한 사항은 대통령령으로 정한다(지방자치법 제51조의 2)”고 규정함으로써 지방의회의 전문성 제고를 제도로써 보장하였다.

이러한 상황을 감안할 때 전면적인 정책보좌관제도의 도입은 득보다 실이 클 가능성이 크다. 지방정부의 재정이 점점 어려워지고 있는 현실은 더욱 제도의 도입에 장애가 될 공산이 크다. 따라서 필자는 다음과 같은 중·장기 개선방향을 제시하고자 한다. 그 내용은 만약 사무기구의 인사권 독립이 이루어진다면 현재까지의 어려움이 크게 개선될 것이라는 점을 바탕에 깔고 있다. 제도의 우선순위를 고려할 때 사무기구의 인사권 독립이 우선임은 재론의 여지가 없다.

2) 정책보좌관제의 개선방안

(1) 정책보좌관제의 개선관점

우리나라의 경우 정책보좌관제와 관련된 이슈는 두 가지이다. 하나는 정치·행정적 지방분권이며 또 하나는 민주적 의사결정이다.

첫째, 정치·행정적 지방분권 이슈라 함은 중앙정부와 지방정부의 권한배분 및 기능배분과 관련하여 정책보좌관제를 논의하는 것이다. 지방분권은 지방정부의 활성화를 위한 세계적인 현상이며, 이를 통한 지방정부의 경쟁력 강화는 글로벌 시대에 필수적 사안이다.

정치·행정적 지방분권과 관련하여 분권추진의 핵심 주체로서 지방의회가 지방정부의 장을 중심으로 한 집행부서보다 유리한 입장에 있음을 상기할 필요가 있다. 지방정부에 중앙정부가 임명하는 중앙공무원이 혼재되어 있는 상황 하에서는 집행부서가 지방분권을 추진하는 데에 한계가 있을 수밖에 없다. 반면 지방의회는 지역주민의 신임을 바탕으로 시대의 요청에 부응하는 지방분권을 추진할 수 있을 것이다. 이러한 관점에서 지방의원을 전문적으로 보좌할 보좌관의 필요성이 인정되는 것이다. 이제까지의 사례를 보면 지방의회가 중앙정부를 상대로 한 행동에 있어서는 집행기구보다 더욱 적극적이었다. 2013년 부동산 경기를 활성화하기 위하여 중앙정부가 채택하기로 한 취득세, 등록세의 감면조치에 대하여 지방의회가 더욱 강력하게 반발했던 것이 대표적인 증거이다. 2015년 전국 시·도의회의장협의회가 적극적으로 지방자치의 선진화를 위한 전국순회 토론회를 개최하였던 것도 같은 맥락이다.

둘째, 세계화, 정보화, 지방화 시대를 맞이한 지방정부는 종래의 기능을 뛰어넘는 새로운 역할을 수행할 것이 요구되고 있다. 새로운 역할과 기능을 수행하기 위해서는 지방정부에게는 경쟁력을 갖춘 자치적 관리능력이 무엇보다도 중요한 요소이다. 자치적 관리능력을 제고하기 위하여 지방정부의 장을 중심으로 한 집행부서는 관료적 전문성에 입각하여 정책을 입안 및 집행하여야 한다. 즉 관료적 전문성에 입각한 효율성의 확보가 무엇보다도 중시된다.

반면 지방의회에서는 주민의 견해와 의사가 중시되는 민주적 정책결정과정이 정착되어야 한다. 상황에 따라서는 집행부처가 제시한 정책안에 대하여 비판적 대안을 제시할 능력이 요구되는 것이다. 부연하면 지방의회가 종래와 같이 집행부처의 지방행정을 감시하고 통제하는 역할에 머물지 않고 민주적인 정책대안을 적극적으로 제시하기 위해서는 이를 보좌할 전문 인력의 확보가 무엇보다도 필요하다. 이러한 관점에서 볼 때 현재까지 논의되어 온 지방의원의 정책보좌관제는 타당성이 있다.

(2) 정책보좌관제의 개선방향

우리의 정치현실과 제도를 감안할 때 정책보좌관제도의 도입을 위해서는 몇 가지 점을 보완해야 한다. 우리나라의 지방의회는 무보수·명예직의 원칙에서 월정수당의 유급제 수준으로 전환하였다. 그럼에도 아직 우리나라의 지방의회는 대의회제에 입각하고 있다. 광역지방의회를 외국의 예와 비교하면 더욱 자명해진다. 이에 대해서는 앞에서 상세히 논의하였다.

그렇다면 지방의회의 규모를 얼마나 축소하여야 할 것인가에 대한 의문이 제기된다. 이것은 결코 쉬운 문제가 아니다. 국회의원의 대표성, 지역 인구 등을 모두 고려해야하기 때문이다. 영국의 경우 의회의원이 77명인데 반하여 런던시의원은 25명임을 감안할 때 우리도 광역지방의원의 수를 과감하게 줄이는 방안을 택해야 한다. 이는 물론 정치적으로 쉽지 않겠지만 꾸준히 노력해야 할 것이다.

현실적으로 가능한 대안은 의장단, 상임위원장 및 간사를 위한 정책보관제를 우선적으로 설치하는 것이다. 장기적으로 지방의회의 성과에 대한 평가, 지방의회 사무기구의 독립 등의 이슈가 어떻게 진행되는지를 유념하면서 정책보좌관제 도입을 논하여야 할 것이다. 지방의회 사무기구의 독립성이 보장되고 의회·감사 직렬을 신설하는 가운데 전문적 정책보좌기구가 강화된다면 이들 기구가 정책보좌관에 갈음하여 의정을 충실하게 보좌할 수 있으므로 정책보좌관제 시행의 당위성이 줄어들 것이기 때문이다. 뿐만 아니라 현재의 전문위원실을 적극적으로 보강하는 것도 좋은 대안이 될 수 있을 것이다. 최종적으로 국민들의 합의와 지지를 얻을 수 있다면 정책보좌관제의 도입이 가능할 것이다.

Ⅲ. 지방의회와 지방정부의 장의 관계 개선방향

1. 제도적 개선방향

지방의회와 지방정부 장의 관계를 비교하는 데 있어 중요한 것은 각 기관이 보유한 권한이다. 지방정부 장의 거부권 및 선결처분권 등을 고려해보면 지방정부의 장이 지방의회에 비하여 강한 권한이 있음을 알 수 있다. 지방의회는 상대적으로 위상과 지위가 낮기 때문에 자신의 권위를 위하여 불가피하게 마찰을 야기하는 경우가 상당히 있다고 지적되어 왔다. 가령 지방의회에 출석하여 답변할 공무원으로 도지사와 시장 등 고위공무원을 고집하는 것을 들 수 있다. 한편 지방의회 사무국(처)의 직원에 대한 인사권을 지방정부의 장이 행사하는 점이 두 기관 간 갈등을 야기하는 원인이 되기도 하였다. 이러한 제도적 사항들이 아직 개선되지는 않았기 때문에 지방의회의 지위를 향상시킬 몇 가지 대안을 제시하고자 한다.

1) 지방의회 사무기구의 인사권 독립

지역 정치에서 현재 설정되어 있는 게임의 규칙이 불공평하다는 것이 지방의회와 지방정부 장과의 관계에서 문제가 된다. 즉 제도가 지나치게 지방정부 장 중심으로 규정되어 있는 것은 양 기관이 때로는 불편한 관계를, 때로는 밀착한 관계를 형성하게끔 하여 주민들로부터 신뢰를 받지 못하고 있다. 이를 개선하는 첫째 대안이 지방의회 사무기구의 독립을 확보하는 것이다. 여기에 대해서는 이미 상세하게 설명하였다. 기관분리형을 채택하고 있는 국가에서는 당연히 지방의회 사무기구가 지방의회에 소속되어 있다.

2) 지방의회 예산권의 강화

(1) 지방의회 예산심의권의 강화

지방의회의 권한강화라는 관점에서 주목해야 할 항목이 지방의회의 예산권을 강화하는 것이다. 앞에서 논의하였듯 우리나라의 지방자치법은 집행기구 중심으로 제도화되어 있다. 1987년 6·29선언 당시 지방자치의 재개를 논의할 때 내무부는 지방자치의 실시에 매우 소극적이었으며 이러한 태도가 현재 지방자치법에 반영되었기 때문이다.

현재 지방자치법 제127조 제3항에 따르면 지방의회는 예산안을 심의할 때 새로운 비목을 설치하거나 각 항의 금액을 증액할 수 없도록 되어 있다. 주민의 대표기관이며 지역의 최고 정책기관인 지방의회에게 이러한 제한을 둔 것은 유례가 없다. 현행 지방자치법이 철저히 집행기구 중심의 제도라는 것을 입증하는 자료이다.

일본의 지방자치법은 제97조 제2항에서 지방의회가 자율적으로 예산안을 증액할 수 있다고 명시하고 있다. 지방의회의 예산권을 광범위하게 인정하고 있는 것이다. 런던광역시의회도 집행부가 제출한 예산안을 3분의 2이상의 의결로 수정할 수 있다. 로스앤젤레스시의회의 경우 시장이 제출한 예산안은 전면 불승인, 일부 사항 불승인, 일부 항목의 증액 또는 감액, 새로운 항목의 추가 등의 수정을 거쳐 시장에게 회부된다. 예산안의 의결은 지방의원 정원의 과반수로 이루어지며, 시장의 재심 요구를 받은 후 의결정족수의 3분의 2이상이 재심 의결을 하지 않는 한 시장의 거부안이 예산으로 확정된다.

(2) 지방의회의 예산편성 및 보고권의 강화

예산권은 예산의 편성권, 제출권, 집행권, 심의·의결권, 결산권으로 세분하여 논의할 수 있다. 우리나라의 경우 예산의 편성권, 제출권, 집행권은 집행기관에, 심의·의결권과 결산권은 지방의회에 부여하여 서로 견제하게끔 하고 있다. 그런데 앞에서 논의하였듯이 이러한 기능 분담은 주민의 이익을 지키기 위해서가 아니라 집행기구의 편의를 도모하기 위해 이루어졌기 때문에 실질적으로는 비합리적인 부분이 발견된다.

우리나라에서는 예산 과정, 즉 편성, 제출, 집행, 심의·의결, 결산을 각기 독립적인 과정으로 간주하고 상호간의 소통을 제도적으로 금지하고 있다. 예를 들면 지방의회가 예산의 편성과정에 의견을 제시하면 집행부의 예산편성권을 침해하는 것으로 간주하여 심하게 반발한다. 때문에 정부의 예산과정이 매우 경직되어있다는 것이 모든 전문가들의 공통된 의견이다. 그런데 실제로는 예산의 모든 과정이 자연스럽게 연결되어 있어 기관 간 소통이 없이는 효율적이고 탄력적인 편성과 심의 및 집행이 어렵다. 이런 점을 감안하여 로스앤젤레스시와 런던광역시에서는 예산의 과정이 자연스럽게 소통되도록 제도적 장치를 마련하고 있다.

비록 예산의 편성권과 집행권을 집행부에 귀속시킨다고 하더라도 집행부의 예산편성과 집행과정에 지방의회나 주민의 참여를 보장하고 있다. 즉 예산의 편성방침이나 지침을 사전에 지방의회에 보고하여야 하며 예산편성과정도 수시로 보고하도록 하고 있다. 예산의 편성과정에 주민의 참여를 보장하기도 한다. 예산을 집행하는 과정에서도 집행상황을 수시로 지방의회에 보고하여 예산 및 재정상황을 지방의회가 숙지하여 정책을 결정하도록 하고 있다.

런던광역시의 경우 시장이 작성하는 차기 연도 예산안은 작성단계별로 런던광역시의회의 예산·성과위원회에 송부되어 자문을 받도록 되어 있으며 예산·성과위원회는 각 단계별로 심사와 자문을 실행하며 필요하다고 판단할 때에는 의회에 보고하여야 한다. 또한 마지막 자문과정이 마무리되면 예산·성과위원회는 반드시 자문결과를 의회에 보고하여야 한다.

로스앤젤레스시의회도 집행부의 예산편성과정에 중요한 역할을 수행한다. 로스앤젤레스시의회의 예정·재정위원회는 예산안이 시의회에 제출되기 전, 각 부서가 예산안을 작성할 때부터 중요한 역할을 수행한다. 제도적으로 예산안이 완성되는 각 단계마다 재정정보가 시의회에 제출되기 때문이다. 각 부서의 예산안과 회계감사관이 작성한 각종 채무와 세입 추계안이 일정한 시점에 예산·재정위원회에 보고된다. 정식으로 예산안이 시의회에 제출되면 예산·재정위원회가 주관하여 인터넷을 통해 시민들로부터 수시로 새로운 회계연도의 예산안에 대한 의견을 수렴한다. 의견수렴이 종료되면 예산·재정위원회는 본회의에 새 예산안에 대한 예산·재정위원회의 정식의견을 첨부하여 회부한다. 로스앤젤레스시의 경우 예산안이 최종적으로 결정될 때까지 시장이 실시하는 청문회와 예산·재정위원회 등 두 차례에 걸쳐 시민의견이 수렴된다. 이외 사항은 앞에서 논의한 지방의회의 권한 강화에 관한 논의를 참고하기 바란다.

2. 행태적 개선방향

21세기 세계화 시대에 국가 경쟁력은 지방정부의 경쟁력으로부터 창출된다. 지방의회와 지방정부 장 사이에 정책 경쟁이 가능할 때 지방정부의 경쟁력은 배가된다. 지방의회의 관점에서 볼 때 지방의회의 전문성이 신장되면 지방정부의 장과 정책 경쟁이 가능하다.

지방의회의 전문성을 제고하는데 기초가 될 월정수당제, 상임위원회 설치의 자유화, 회의일수의 조례화, 전문위원 제도의 신설, 윤리강령의 제정 의무, 별정직·기능직·계약직 사무처(국)직원의 임명권 위임 등은 이미 마련되었다. 앞으로의 과제는 지방의원이 얼마나 노력하느냐이다. 집행부서에 대한 시정·질문과 각종 정책질의의 수준이 높아져야 함은 물론이고 지방의원들이 사용하는 언어와 행동도 전문 정치인답게 품위를 갖추어야 할 것이다.

만약 앞으로도 지방의회가 기존의 행태를 반복한다면 지방의회에 대한 강도 높은 비판이 쏟아짐은 물론 지방정부 장과의 정책 경쟁도 불가능하다. 이러한 상황 하에서는 정책의 전문성에 기초한 건설적이고 창의적인 관계는 기대할 수 없으며 종래와 같이 불필요한 감정적 대립만이 지속될 것이다. 정책이슈를 중심으로 심도 있고 실질적인 토의가 가능하도록 지방의원의 행태적 변화가 요구된다.

3. 지방의회와 지방정부의 장과의 건설적 관계 형성방향

기관분리형의 경우 지방정부의 장과 지방의회의 관계는 우리나라에서 뿐만 아니라 다른 국가에서도 중요한 정책 과제로 다루어왔다. 이들이 지역정치와 행정을 수행하는 가장 중요한 정책 당사자이기 때문이다.

지역주민이 직접 지방정부의 장과 지방의회를 선출하는 경우 지방정부는 2중 대표성을 띠게 된다. 그런데 지방정부의 장과 지방의회는 정책의 가치판단의 기준이 상이하다. 전자는 효율성을 강조하는 한편 후자는 민주성을 강조하는 경향이 강하다. 따라서 정책적 대립은 어느 정도 자연스러운 현상일 수 있다.

지방정부의 장은 독임제 기관으로서 전문성을 갖춘 공무원의 도움을 받아 전문적으로 매우 신속하게 정책결정을 수행할 수 있다. 반면 지방의회는 전문위원의 지원을 받지만 공무원의 지원을 받는 지방정부의 장의 전문성에는 크게 미치지 못한다. 또한 지방의회는 선거구에 따라, 또는 계층, 직업 및 성별 등에 따라 다양한 이익을 대변하는 의원들로 구성되어 있어 정책결정은 고도의 조정과정을 거쳐야 한다. 따라서 지방정부의 장과 지방의회는 정책을 바라보는 시각이 상이할 수밖에 없다.

전문 행정인력의 충분한 지원을 받는 지방정부의 장은 정책의 전문적 판단을, 다양한 지역·계층·직업 및 성별을 대표하는 지방의회는 정치적 판단을 수행한다는 묵시적 역할분담은 향후 양자 간의 건설적인 작업적 관계(working-relationship) 형성에 크게 기여할 것으로 보인다. 더 나아가 지방정부의 장과 지방의회 사이에 공식적, 비공식적 의사전달 체계를 구축하여 정보를 교환함은 물론 사전에 이견을 조율한다면 불필요한 감정적 마찰을 방지할 수 있을 것이다.

공식적·제도적으로 지방정부의 장과 지방의회가 건설적이고 협력적인 관계를 유지하는 작업 역시 아주 중요하다. 이에 참고할 만한 국가가 영국이다. 영국은 런던광역시를 기관분리형으로 설립하면서 지방정부의 장과 지방의회의 관계에 대해서도 공식적인 관계의 기제를 마련하였다. 런던광역시는 주민들이 선출한 시장이 런던시의원 중에서 부시장을 임명한다. 런던부시장은 런던시장과 시의회와의 관계를 조정하는 역할을 수행한다. 제도적으로 지방정부의 장과 지방의회를 협력적으로 이어주는 셈이다.

21세기는 민주주의에 기초한 지방정부의 경쟁력이 무엇보다도 강조되고 있다. 지방정부가 경쟁력을 유지하고 생산성을 높이기 위해서는 지방정부의 장과 지방의회가 정책 담당자로서 민주적·생산적·건설적인 관계를 가져야 한다는 데에 이론이 없다.

Ⅳ. 지방의회와 주민의 관계

1. 주민의 지방의회에 대한 불신과 대의민주주의의 보완

앞서 지방의회가 주민들로부터 불신을 사는 데에는 여러 가지 원인이 있다는 것을 논의하였다. 이제 지방의회는 주민과의 거리를 줄이고 신뢰받는 기관으로

거듭나야 한다. 이것을 위해 몇 가지 방안을 제안하면 아래와 같다.[36)]

1) 제도적 개선방안

(1) 회의 공고의 확대

지방의회는 지역 주민의 일상생활에 긴밀한 사안을 의결한다. 그런데 정작 지방의회의 회의에는 이해 관계자 소수와 공무원들이 참석할 뿐 그 외의 시민들을 거의 발견할 수가 없다. 이러한 현상에는 다양한 이유가 있는데 무엇보다 지방의회 차원에서 회의에 대한 홍보가 활발히 이루어지지 않기 때문이다. 주로 지방의원과 공무원을 대상으로 공고를 하기 때문에 시민들은 일부러 찾아보지 않는 이상 쉽게 회의에 대한 정보를 얻기 어렵다.

따라서 지방의회의 공고방식을 다양화할 필요가 있다. 지방의회의 인터넷 홈페이지나 게시판에 공고하는 것은 물론이고 시민들이 많이 다니는 장소에 의제와 회의일시 등을 공고한다면 일반 시민들이 회의에 대한 정보를 쉽게 접할 수 있을 것이다. 일본의 경우 자치회(自治會) 게시판에 공고함으로써 일반시민들이 지방의회의 회의 정보를 용이하게 접할 수 있다.

(2) 회의 시간대 변경

우리나라의 지방의회는 주중 오전 10시에 개회하는 것이 상례화 되어 있다. 주로 주중 낮에 지방의회의 주요 회의가 이루어진다. 따라서 이 때 본업에 종사하는 시민들이 지방의회의 회의에 참여하는 것은 매우 어렵다.

만약 지방의회가 시민과 함께하는 회의를 구상하고 있다면 사안에 따라 야간, 또는 주말회의를 적극적으로 검토할 수 있다. 즉 지역의 중요한 이슈로서 다양한 의견이 대립하는 사안의 경우 야간회의나 주말회의를 개최하여 시민들의 참여를 유인할 수 있다. 영국 등 명예직의회제를 채택하는 국가에서 행해지는 회의방식이지만 최근에는 상근 전문 의회에서도 의회의 개혁차원에서 제안되는 제도이다. 일본에서도 야간 또는 주말회의가 증가하는 추세이다.

---

36) 필자의 「시민과 함께하는 지방의회(2011c)」에서 발췌·요약하였다.

(3) 시민 발언제 도입

지방의회에서는 지방의원과 공무원 간에 질의·응답이 이루어진다. 그러나 사안에 따라 일반시민이나 이해 당사자에게서 정보를 얻고 의견을 듣는 것이 심의 및 의결에 중요할 수 있다. 만약 지방의회의 운영에 일반 시민들의 발언이 허용된다면 시민의 정치참여가 크게 활성화될 것이다. 미국의 일부 지방의회에서 혁신적으로 도입하였던 제도이다.

(4) 지방의회 기본조례 및 주민참여조례의 도입

지방의회는 주민의 대표기관인 동시에 지역의 최고 정책결정기관이다. 그런데 현재 우리나라의 지방의회는 그에 부응하는 역할을 충실히 수행하지 못하고 있다. 심지어 지방의회의 소극적인 태도로 지방의회의 불용론까지 제기되는 상황이다.

그러므로 지방의회가 스스로 역할과 책무, 지방의원의 윤리적 행동, 주민참여의 구체적 대상 등 지방의회의 기본원칙을 명문화하여 조례로 제정하고 이를 준수하여야만 시민들로부터 신뢰를 회복할 수 있을 것이다. 2006년 홋카이도 쿠리야마초의회에서 도입되어 확산되고 있는 지방의회기본조례가 대표적인 예이다.

(5) 주민위원회의 도입

지방의회와는 별도의 자치조직으로 주민위원회를[37] 설치할 필요가 있다. 주민위원회는 지방정부의 주요 현안에 대하여 주민대표들에게 사전 또는 사후 보고를 하는 제도로써 이를 통해 주민들에게 정보를 전달하는 것은 물론 주민들의 협력을 구하는 기제로 활용할 수 있다. 지방의원들이 주민위원회의 구성원으로 활동하는 경우 지방의회의 활동을 주민위원회를 통하여 홍보함으로써 지방의회와 시민과의 관계를 더욱 긴밀하게 유지할 수 있을 것이다.

37) 2013년 이후 시범적으로 실시되고 있는 주민자치회도 대안이 될 수 있다.

2) 행태적 개선방안

(1) 지방의원의 윤리준수

2005년 월정수당이 도입되면서 어느 때보다 지방의원의 윤리성이 강조되었다. 지방의회에는 지방의원이 준수하여야 할 윤리강령과 윤리실천규범을 제정하는 의무가 부과되었다. 윤리강령에 따르면 지방의원은 공공의 이익을 추구하여야 하며, 청렴의 의무를 지키고, 의원으로서의 품위를 유지하여야 한다. 또한 이권에 개입하는 행위를 해서는 안 된다.

이러한 지방자치법의 규정에도 불구하고 지방의원은 윤리 문제를 끊임없이 야기하고 있으며 각종 이권에 개입하는 사례도 줄지 않고 있다. 향후 지방의원이 윤리의무를 철저히 준수하도록 하는 추가적 방안이 강구되어야 할 것이다.

(2) 지방의원의 사명 준수

윤리강령 실천이 지방의원에게 요구되는 최소한의 의무라면, 한걸음 더 나아가 지역사회에 대한 적극적인 봉사정신은 지방의원으로서의 사명이다. 지방선거에 출마하는 후보자들은 당선만 되면 지역의 일꾼으로서 철저히 봉사할 것을 공약한다. 그런데 상당수 지방의원들은 일단 당선이 되고 나면 그러한 공약을 무색하게 하는 행동을 한다. 일꾼은커녕 토착세력으로서 자기들의 이권을 챙기기에 바쁘다. 선거 때의 초심을 잃지 않아야 시민들로부터 신뢰를 받게 될 것이다.

(3) 지방의원의 철저한 연수이행

지방의원들은 의정활동에 필요한 전문성을 확보하도록 노력하여야 할 의무가 있다. 이에 따라 지방의원은 시민들의 세금으로 각종 연수를 받는데 여기에는 국외연수도 포함되어 있다. 그런데 이제까지의 관행을 보면 연수는 구색 맞추기일 뿐 대부분의 시간을 관광에 소모해 왔다. 특히 국외연수의 경우 해외 패키지여행과 구별하기 어려운 경우도 많아 시민들로부터 예산 낭비라는 지적을 끊임없이 받아 왔다. 향후에는 지방의원들이 실질적인 연수를 통하여 전문성을 갖추어 나간다면 시민들의 신뢰를 얻을 수 있을 것이다. 온당치 못한 국외연수로 인하여 주민소송이 제기된 사례도 있다.

2. 주민의 직접참정제도의 보완

1) 주민투표제도의 개선방안

우리나라의 주민투표제도는 지방자치법에서 주민투표의 활용에 대하여 규정하고 있다. 즉 지방정부의 장은 주민에게 과도한 부담을 주거나 중대한 영향을 미치는 지방정부의 중요사항 등에 대하여 주민투표에 부칠 수 있다고 규정하여 선택적 주민투표제도를 채택하였다(지방자치법 제14조). 한편 주민투표의 대상, 발의자, 발의요건, 투표절차 등에 대해서는 별도의 주민투표법에 명시하고 있다. 따라서 전국의 지방정부가 중요한 항목에 대해서는 비교적 동일한 내용으로 조례를 제정하여 실시하고 있다.

그러나 선택적 주민투표제도와 의무적 주민투표제도를 병행하고 있는 국가들도 있다. 미국의 지방정부 중 45%는 기본규정(Home rule) 및 주요한 조례를 개정하고자 할 때 의무적으로 주민투표에 부의하도록 규정하고 있다. 일본의 경우 중앙정부 차원의 주민투표제도는 시·정·촌 합병에 관한 특례법에서 규정하고 있고, 지방정부는 독자적으로 주민투표제도를 도입하여 사용하고 있다. 따라서 주민투표제도는 지역의 사정에 적합하게 규정되어 매우 다양하다는 특징이 있다(김순은, 2011d).

(1) 주민투표의 대상

우리나라는 행정구역 통·폐합, 핵폐기물 처리장 유치, 핵발전소 설치 등 여러 사안에서 주민투표를 실시한 사례가 있다. 그 중 가장 이슈가 되었던 사안은 2004년 부안의 방사성폐기물 유치장 건설 사례와 2005년 제주특별자치도 설치 시 자치계층의 수를 축소하는 사례였다. 방사성폐기물 유치장 건설이 주민투표에서 부결되면서 그 대안으로 2005년 11월 경주, 군산, 포항, 군산 등에서 대체지 확정을 위한 주민투표가 실시되었고, 경주시에서 방사성폐기물 유치장을 유치하는 대안이 찬성 89.5%로 확정되었다. 제주도 사례는 자치계층의 축소라는 결론으로 매듭지어졌다.

민선4기에 들어서는 행정구역의 자율통합이 주민투표로 이어진 중요한 이슈였다. 전국 18개 지역에서 46개 지방정부가 자율통합을 신청하였으나 통합 대상이 된 지역은 6개였다. 자율통합과정에서 여론조사에 의한 통합을 추진하자는 안과 주민투표에 의한 통합을 추진하자는 안이 제기되었는데, 중앙정부는 주민투표 방식을 채택하는 대신에 여론조사에 기초하여 자율통합을 추진하였다. 그 결과 창원·마산·진해 지역과 성남·하남·광주지역의 통합이 확정되었다. 그러나 2014년 7월 1일 부로 통합된 청주와 청원은 주민투표에 의한 최초의 통합 사례라고 할 수 있으며, 완주와 전주는 통합에 대한 주민투표를 실시하였으나 주민들의 55.3%가 반대하여 통합이 무산되었다. 이명박 정부 때에는 여당 내부에서 세종시 수정안을 주민투표에 회부하자는 의견이 나오기도 했으나 무산되었다. 위와 같은 사례를 살펴보면 우리나라의 주민투표 대상은 확대되고 있는 추세이나 아직은 매우 제한적임을 알 수 있다.

실제로 지방정부의 조례를 보면 주민투표에 대해 다소 포괄적으로 규정한 곳도 있다. 부산광역시 주민투표조례를 보면, 제4조에서 다음과 같은 사항은 필요할 경우 주민투표에 부칠 수 있다고 규정하고 있다.

1. 시의 사무소 소재지 변경에 관한 사항
2. 다수 주민의 이용에 제공하기 위한 주요 공공시설의 설치 및 관리에 관한 사항
3. 각종 기금의 설치, 지방채 발행 또는 민간투자사업의 실시에 관한 사항
4. 다른 법률에 주민의 의견을 듣도록 한 사항
5. 그 밖에 주민의 복리·안전 등에 중대한 영향을 미치는 주요 결정사항

결론적으로 지방정부 차원 혹은 중앙정부 차원에서 의무적 주민투표의 대상을 선정할 필요가 있다. 또한 지방정부의 재정, 특히 지방정부의 과세권은 지역의 핵심 사안이라고 할 수 있다. 따라서 세율 인상 등은 주민투표로 결정하도록 하는 대안도 검토할 만하다.

참고로 주민투표조례를 도입한 일본의 지방정부에서는 주민투표의 제외항

목(negative system)을 규정하는 경우도 있다. 주로 지방정부의 권한에 속하지 않는 사항이나 법령에 정하는 사항을 제외하면서 지방정부의 인사와 재정과 관련된 사항을 제외하고 있다.

(2) 주민투표의 청구요건

주민투표의 청구요건은 주민투표의 활용도와 지역 거버넌스의 구조를 결정하는데 매우 중요한 요소이다(김순은, 2011d). 주민투표의 요건을 엄격하게 규정하면 주민투표의 활용이 저조할 것이며, 반면에 지나치게 완화하면 주민투표의 남발이라는 부작용이 발생한다. 우리나라의 주민투표법은 투표권자의 5분의 1에서 20분의 1 사이에서 지방정부의 조례로 규정하도록 위임하였다. 부산광역시 주민투표조례는 19세 이상의 정주 외국인을 포함하여 유권자의 20분의 1이상을 청구요건으로 하고 있다.

지방의회가 주민투표를 청구할 경우에는 재적의원 과반수의 출석과 출석의원 3분의 2 이상의 찬성이 있어야 하며, 지방정부의 장이 주민투표를 청구하기 위해서는 지방의회의 동의를 얻어야 한다. 이 경우 재적의원 과반수의 출석과 출석의원 과반수의 찬성을 얻어야 한다.

개선되어야 할 부분은 주민의 직접청구요건을 지방정부의 의지에 따라 완화할 수 있는 여지를 주어야 한다는 점이다. 일본에서는 주민투표법이 제정되어 있지 않기 때문에 주민의 청구요건도 유권자의 3분의 1 이상에서부터 50분의 1까지 매우 다양하다. 미국도 1-5%의 요건을 정하고 있으며 독일의 경우 상한선을 규정한 지방정부도 있다. 이런 점을 감안할 때 주민투표가 주민의 직접참정제로서 활용도가 제고될 수 있는 방향으로 개선되어야 할 것이다. 투표연령도 하향조정할 필요가 있다.

(3) 주민투표의 청구·요구 및 발의권자

앞에서 논의한 바와 같이 우리나라의 주민투표법은 주민과 지방의회에게 주민투표의 청구권을, 중앙정부에게 요구권을 부여하고 주민투표의 발의권자는 지방정부의 장으로 한정하였다. 이것은 주민투표를 정책수행의 방식으로 보기 때문이다. 중앙정부의 장에 의한 주민투표 요구도 같은 맥락이라고 볼 수 있다.

주민투표제도의 본래 취지를 살리기 위해서는 주민발의로써 이루어지도록 하는 방안을 적극 강구하여야 할 것이다. 이것이 주민자치로서의 주민투표제도를 활성화하는 방안이기 때문이다.

(4) 주민투표의 절차

주민투표의 절차와 관련해서는 이슈가 되는 사안에 대한 정보의 제공이 무엇보다도 중요하다. 특히 정부가 주민투표를 청구하는 경우 주민에게 유리한 정보만을 제공하고 불리한 정보를 제공하는 데에는 소극적일 수 있다. 제한적인 정보만을 제공받은 주민들은 올바르게 사안을 판단할 수 없다. 시간을 넉넉하게 두고 해당 사안에 대한 충분한 정보가 제공되는 체제를 갖추어야 한다.

2) 주민발안제도의 개선방안

주민발안제도에는 직접발안제도와 간접발안제도가 있으며, 우리나라의 경우 후자를 채택하고 있다. 간접발안제도는 주민의 청구가 제기되면 지방정부의 장은 주민청구의 형식적 요건을 검토하여 발의여부를 결정한 후 하자가 없으면 수리한 날로부터 60일 이내에 주민의 조례 제·개정 청구를 발의하여야 한다.

그간 청구요건을 완화하였음에도 불구하고 여전히 주민발안제도는 우리나라에서 활성화되지 못하고 있다. 외국에서 중요한 조례들이 주민발안으로 제정된 것처럼 우리나라도 그러한 환경을 만드는 것이 필요하다. 이를 실현하기 위해서는 주민발안의 청구요건과 청구대상을 새롭게 구축하는 것이 필요하다.

(1) 주민발안제도의 청구요건

현재 규정되어 있는 주민발안제도의 청구요건을 더욱 완화해야 한다. 일본은 일반선거의 유권자와 주민투표의 유권자를 상이하게 규정하고 있다. 가나가와현 야마도시와 나가노현 고모로시는 주민투표의 요건을 16세 이상으로 규정하고 있고, 그 외 대부분의 지방정부는 18세로 규정하고 있다. 우리나라도 주민발안의 경우 18세로 요건을 낮추는 것을 적극적으로 검토할 필요가 있다.

청구 가능한 주민 수에 대해서는 지방자치법이 하한 기준만 규정하고 상세한 규정은 지방정부의 조례에 위임하는 것도 좋은 방안이 될 수 있다. 유권자의 1% 이상의 연서가 하한선으로 적당할 것으로 추정된다. 일본의 경우 유권자의 2%를 하한선으로 규정하고 있다.

(2) 주민발안제도의 청구대상

우리나라에서는 다음과 같은 사항을 주민발안제도의 청구대상에서 제외하고 있다.

1. 법령을 위반하는 사항
2. 지방세·사용료·수수료·부담금의 부과·징수 또는 감면에 관한 사항
3. 행정기구를 설치하거나 변경하는 것에 관한 사항이나 공공시설의 설치를 반대하는 사항

상기에서 제1항을 제외한 나머지 규정은 행정 편의적인 사항이다. 주민의 관점에서는 지방행정을 수행하면서 발생하는 재정적 부담이 매우 중요한 관심사이다. 그런데 재정적 부담을 초래할 재정적 사항이나 행정기구 등에 관하여 주민발안을 제한하면 그만큼 주민의 관심이 줄어들 수밖에 없다.

미국에서는 지방정부의 장이나 지방의원의 재임횟수를 제한하거나 세금을 삭감하는 등의 조례를 모두 주민발의로 정할 수 있는 지방정부가 많다. 일본의 경우 주민발안의 제외대상으로 재정적 사항만을 규정하고 있는 것은 우리에게 참고사항이 될 것이다.

3) 주민소환제도

주민소환제도를 실시하는 데 있어 중요한 과제는 장점을 극대화하면서 단점을 최소화하는 것이다. 우리나라는 2014년 9월을 기준으로 총 64건의 주민소환운동이 전개되어 하남시, 시흥시, 제주특별자치도, 과천시, 삼척시, 구례군 등 6에서 주민소환이 청구되었다. 이 중 시흥시의 경우 청구 후 서명인수를 충족하지 못한 것으로 밝혀져 각하되었으며, 이를 제외한 5곳에서는 총 8건의 투표가

이루어졌다. 이를 통해 2명의 하남시 의원이 그 직을 상실하게 되었다.

주민소환제도는 정치적으로 악용되지 않도록 주민의 의식을 환기시키면서 선출직 공무원의 책임성을 높일 수 있도록 활용되어야 한다. 특히 지방정부의 장들이 각종 비리에 연루되거나 주민의 귀중한 세금을 낭비하는 것을 적절히 견제하는 장치로 발전하여야 한다.

미국에서도 지방정부의 60.3%가 주민소환제도를 시행하고 있다. 일본도 오래 전부터 주민소환제도를 지방정부의 선출직 공무원을 통제하는 수단으로 활용하고 있다. 2003년 4월부터 2007년 3월까지 4년간 지방정부의 장에 대해서는 65건이 청구되었고 이 중에서 18건이 주민투표에 부쳐져 11명이 해직되었다. 일본에서는 카고시마현 아구네시(阿久根) 시장의 독단에 대하여 주민소환이 이루어졌다.

4) 주민소송제도

지금까지 주민소송이 제기된 경우, 주민이 승소한 예를 찾아보기 힘들다. 2014년 9월을 기준으로 총 27건의 소송이 제기되었고, 이 중 15건이 주민패소로 종결되었다. 현재 진행 중인 12건의 경우 1심에서는 주민이 승소하였으나, 2심에서는 패소하여 현재 3심에 계류 중인 사례가 11건이며, 2013년에 제기된 용인시 사례는 1심이 진행 중이다. 이 제도는 공직자의 재정행위에 대한 견제장치로서 매우 유용한 도구이다. 그런데 우리나라의 경우 주민소송에 있어 주민감사청구 전치주의를 채택하고 있다. 주민감사청구 요건은 비교적 엄격하여 주민감사청구제도의 활용이 쉽지 않으므로 주민소송의 활용을 저하시키는 원인이 될 것이다. 여기에 대해서는 다음 절에서 자세히 논의하겠다.

영국에서 시작되어 미국에서도 널리 활용되는 주민소송제도는 주민감사청구를 전치요건으로 하고 있지 않다. 반면 일본에서는 주민감사청구제도를 전치요건으로 하고 있다. 그러나 일본의 경우 납세자 개인도 청구가 가능하기 때문에 주민소송의 활용도가 상당히 높다.

따라서 우리나라에서도 행정사무감사와 주민감사청구를 대분하여 제도의 개선을 추진할 필요가 있다. 행정사무감사제도는 현재 우리나라 주민감사제도와 유사한 제도이기 때문에 별도의 규정이 필요가 없다. 다만 주민감사청구는 별도의 규정이 필요하며 그 대상범위는 지방정부의 부당하거나 불법인 재정행위에 한정하면 될 것이다.

일본에서는 지방정부의 직원이 공금의 지출, 재산 취득·관리·처분, 계약의 체결 및 이행, 채무 부담, 의무 부담 등의 행위를 불법하게 또는 부당하게 한 것이 인정되는 경우 주민은 감사위원에게 주민감사청구를 제기할 수 있다. 주민감사청구를 제기했음에도 불구하고 감사위원의 감사 결과나 권고에 불복이 있을 때, 감사위원의 권고를 받은 지방정부의 조치에 대하여 불복이 있을 때, 감사위원이 주민감사청구를 받은 날로부터 60일 이내에 감사 또는 권고를 행하지 않을 때에는 주민이 소송을 제기할 수 있다.

우리나라의 주민감사청구제도와 비교하면 아주 간편하게 주민소송을 제기할 수 있음을 알 수 있다. 지방정부의 책임성이 갈수록 강조되고 있으므로 주민소송을 유용한 제도로 발전시켜야 할 것이다.

5) 주민감사청구제도

주민감사청구제도는 청구요건이 완화되고 주민소송의 전치요건이 됨에 따라 향후 활성화될 전망이다. 다만 우리나라의 경우 사무감사청구와 재무감사청구가 분리되어 있지 않아 일본의 사례처럼 주민감사청구는 불가능하다. 향후 이에 대한 보완입법이 요구된다.

우리나라의 주민감사청구제도의 규정을 살펴보면 상위 지방정부 또는 중앙부처에 감사를 청구하게 되어 있어 감사 결과의 신빙성이 떨어뜨리고 있다. 그러므로 시민 옴부즈맨 제도를 확대 시행하거나 시민 감사관 제도를 도입하여 이를 연계하는 방안을 강구할 필요가 있다. 현재 서울, 대구, 대전 등 12개 지방정부에서 시민 옴부즈맨 제도를 운영하고 있다.

아울러 주민감사청구제도가 명실 공히 지방정부의 책임성을 담보할 수 있도록 활용도를 높이기 위해서는 주민에게 적극적으로 홍보하여야 한다.

6) 주민참여예산제도

주민참여예산제도는 예산편성 과정에 주민의 의사가 반영되어 주민의 여론과 선호에 따른 정책을 마련할 수 있는 제도이다. 다만 형식적으로 운영할 경우 종전처럼 지방정부의 시책추진에 정당성을 확보하기 위한 구색 맞추기에 머무를 수 있다.

주민참여예산제도를 내실 있는 제도로 만들기 위해서는 강제규정으로 전환된 주민참여예산제도가 실질적으로 지방정부가 주민과 더불어 예산편성을 할 수 있도록 토대를 마련해야 한다. 이를 위해서는 지방정부 장의 의지가 무엇보다도 강해야 한다. 이 제도가 활성화되면 지방의회의 예산심의를 보완하는 역할을 할 수 있다.

7) 청원제도

우리나라의 청원제도는 대상이 분명하고 절차가 간편하지만 활용도가 매우 낮다. 이것은 공식적인 청원보다는 비공식적인 접근이 문제해결에 도움이 되었던 관행 때문이다.[38] 또한 공식적인 항의 및 청원이 지방정부에 대한 도전이나 항의로 비춰졌기 때문이기도 하다.

향후에는 부당한 행정사무로 불편을 겪거나 불이익을 당한 주민들이 공식적인 청원을 통하여 민원을 해결할 수 있도록 적극적으로 홍보하여야 할 것이다. 지방의회에 청원을 하는 경우 지방의원의 소개가 있어야 함은 물론이다(지방자치법 제73조).

8) 시민헌장제도

시민헌장이 실질적으로 지방정부가 추진하여야 업무의 목표와 양을 제시하는 지방은 장성군을 제외하고는 그리 많지 않은 것이 현실이다. 2000년 초에 시민헌장의 제정이 성행했으나 모두 선언에 그쳐 현재에는 유야무야한 헌장이 되고 말았다.

---

38) 비공식적 청원이 종종 공무원의 부정부패로 이어지기도 한다.

하지만 시민헌장제도는 적극 권장되어야 한다. 대신 내실 있게 시행되도록 지방정부가 제공하는 행정사무의 종류와 서비스의 목표 등을 상세히 규정하고 회기연도 말에 이에 대한 평가까지 보탠 보고서가 제출되도록 규정하여야 한다. 또한 시민헌장에 따라 행정사무감사가 이루어질 수 있다. 영국의 존 메이저 수상이 도입하였던 시민헌장을 소개하면 아래와 같다.[39)]

(1) 지방정부와 시민헌장

영국에서는 1835년 도시단체법이 제정되면서 민주적 지방정부가 구성되어 가스, 상수도, 전력, 가로등, 대중교통, 교육 등 다양한 행정서비스를 제공하는 역할을 담당하였다. 제2차 세계대전 이후 지방정부가 제공하여 왔던 행정서비스가 국가 또는 혹은 민간부문으로 이전되었음에도 불구하고 지방정부는 행정서비스의 주요한 제공자였다. 그런데 지방정부가 행정서비스를 공급하는 주요한 지위를 유지하는 한 시민은 단순한 수혜자로 간주되어 불만을 해소할 수 없었다. 지방정부의 입장에서도 시민의 편의보다는 행정 편의나 효율성에 입각하여 행정서비스를 제공하였다.

행정서비스에 대한 시민들의 불만이 점증되자 이를 해결하기 위한 제도들이 소개되기 시작하였다. 옴부즈맨 제도, 감사위원회, 총체적 품질 관리(total quality management) 등이 대표적이다.

1980년 말에는 지방정부의 역할이 근본적으로 재검토되었다. 종전의 지방정부는 주로 행정서비스를 직접 제공하는 역할을 하였으나 이 시기에는 행정서비스의 요건은 명시하되 서비스는 직접 생산하지 않는 역할이 강조되면서 조건정비형 단체(Enabling Authorities)로 전환되기 시작하였다. 이러한 노력과 더불어 시민을 단순한 행정서비스의 수혜자로 간주하기보다 고객으로 대우하는 고객주의(Consumerism)를 토대로 탄생한 것이 시민헌장제도이다(Barnett and Harrison, 1996).

메이저 수상이 발표한 시민헌장[40)]은 행정서비스가 시장원리에 의하여 지배될 때 품질을 제고할 수 있다는 기조 하에 이루어졌다. 시장원리는 시민들에게

---

39) 영국의 시민헌장제도는 영국 지방정부의 행정사무를 이해하는 데에도 도움을 주는 자료이다.

40) 메이저 수상이 지방의원 시절의 경험을 바탕으로, 지방정부의 가치와 문제점을 정확히 파악하여 표현한 정치철학이 시민헌장이라고 할 수 있다.

선택의 권한을 부여하고 있기 때문이다 (Barron and Scott, 1992). 1989년 요크시가 시민헌장제도를 도입한 것을 시작으로 1991년 메이저 수상이 시민헌장제도 백서를 발표하면서 영국의 모든 지방정부가 시민헌장을 채택하게 되었다. 시민헌장은 추상적이고 단순한 원리의 천명이 아니라 구체적인 행정사무에 대한 내용을 기술하였으며 행정서비스와 관련한 지방정부의 역할을 구체적으로 명시하였다(Cabinet Office, 1991). 따라서 영국의 시민헌장은 프로그램의 평가의 기준 및 감사지표로도 사용되고 있다.

시민헌장은 기본적으로 4가지 목표를 설정하고 있다. 행정서비스의 품질 제고, 시민의 선택 폭 확대, 재정가치 극대화, 지방정부의 책임성 제고 등이 그것이다. 그리고 이러한 기본목표를 달성하기 위하여 9가지 방법을 권장하고 있다. 시민헌장에서 기본목표를 달성하기 위하여 예시된 방안은 경쟁, 민영화, 성과급, 독립된 감사기구의 도입, 행정 목표 공개, 평가기준 공개, 고충처리 절차 및 구제방안 등이다.

우선, 경쟁원리를 도입하면서 지방정부가 제공하는 행정서비스의 각 분야에 강제적인 경쟁입찰(Compulsory Competitive Tendering: CCT)이 제도화되었다. 특히 회계·건축·법률 등의 전문 분야에 대해서도 CCT의 적용을 시도하였다. 또한, 중앙정부는 물론 지방정부보다 민간부문이 공공서비스를 제공하는 것이 경비를 절감하고 서비스의 질을 보다 제고할 수 있으므로, 가능한 영역은 민영화를 과감히 추진할 것을 권장하였다. 아울러 지방정부 부처로서의 행정부처가 제공하던 행정서비스를 행정부처와 지방정부가 계약을 맺고 그에 따라 계약 당사자로서의 행정부처가 고객에게 해당 서비스를 제공하는 방식도 권장하였다. 계약의 당사자인 행정부처는 일반 기업체와 마찬가지로 계약내용을 초과하지 않는 범위 안에서 규정된 행정서비스를 제공하여야 한다. 해당 행정부처가 직접 계약을 수행하거나, 비영리단체를 설립하기도 한다.

한편, 실적주의에 입각한 임금제도 도입도 강력히 추진된 방법 중의 하나였다. 시민헌장은 해당 공무원의 업무실적에 따라 임금을 차등 지급하는 업적주의를 공공부문에도 적용할 것을 권고하고 있었다. 그리고 독립된 감사기구의 설치도 행정서비스의 질을 제고하는 중요한 방안이었다. 이를 실현하기 위하여 1992년 지방정부법에서는 지방정부의 업적에 관련된 정보를 수집하고 지방정부를 통제하는 지방감사위원회(Local Audit Commission)의 권한을 강화하였다.

이외에도 지방정부의 행정서비스의 질을 제고하고자 행정성과와 목표를 공표하고, 평가기준을 공시하며, 행정서비스의 불법, 부당한 처사에 대한 구상절차를 명시하도록 권장하였다.

(2) 시민헌장의 사례분석: 캠브리지샤이어의 시민헌장

캠브리지샤이어를 포함하는 캠브리지카운티정부는 교육, 사회서비스, 도로신설 및 보수, 경찰, 소방 및 재난구조, 상거래보호, 도서관 및 쓰레기처리 등의 행정기능을 수행하고 있었다. 이러한 행정기능과 관련하여 이 카운티정부는 시민의 권리와 함께 행정서비스의 범위와 카운티정부로부터 기대할 수 있는 서비스의 질을 평가할 기준을 시민헌장에 명시하고 있다.

캠브리지샤이어 시민헌장에서는 시민의 권리를 4가지로 나누어 명시하고 있다. 첫째, 행정정보에 대한 시민의 알 권리를 무엇보다도 중요시하고 있다. 시민은 행정서비스의 종류와 서비스를 평가할 기준에 대해 알 권리가 있으며, 카운티정부는 카운티의 행정서비스가 평가기준에 따라 이행되고 있는지를 평가하여 결과를 공표하도록 되어있다. 두 번째, 언급된 시민의 권리는 시민들이 거주지 또는 처한 상황에 관계없이 동등하고 공평하게 행정서비스를 받을 권리이다. 이를 실현하기 위하여 카운티정부는 합리적이고 효율적으로 행정서비스를 배분하여야 한다. 셋째는 모든 시민이 일정한 수준 이상의 행정서비스를 받을 권리이다. 카운티정부는 각 행정서비스마다 품질을 평가할 기준을 마련하여 공표한다. 모든 정책결정은 공개로 이루어져야 한다. 또한 지역계획과 관련하여, 계획과정에 시민의 의견을 수렴하여야 함은 물론이고 정책결정이 이루어진 후에는 정책결정의 배경과 이유를 시민에게 설명하도록 되어 있다. 마지막으로 명시된 시민의 권리는 구상절차에 관한 것이다. 시민은 카운티정부가 제공하는 행정서비스의 제공이 불법, 부당하거나 불만족스럽다고 판단할 때에는 카운티정부에 이를 시정하도록 요구할 권리가 있다. 시민헌장은 카운티정부에게 시민의 이의신청이 이유가 있다고 판단될 경우에는 즉각 시정하는 것은 물론 유사한 사례가 재발하지 않도록 방지책을 마련할 것을 요구하고 있었다(Cambridgeshire,

1992).

한편 캠브리지샤이어의 시민헌장은 지방정부가 행정서비스를 제공하는 데 있어 일련의 지침서의 역할을 하면서 동시에 시민이 그 서비스를 평가하는 기준의 역할을 하였다. 시민헌장은 우선 지방정부에게 행정서비스를 설계할 때 시민의 수요를 우선적으로 고려하게끔 하고, 행정서비스가 적절하게 전달되고 있는지를 판단할 기준과 서비스의 성과를 평가할 근거를 제공하며, 지방정부의 책임성을 보장하는 역할을 한다. 시민헌장은 또한 시민에게 지방정부로부터 제공되는 서비스의 범위·품질·평가 기준을 제시하고, 지방정부의 서비스 제공 시점과 제공 방법, 지방정부의 행정서비스를 평가할 기준, 그리고 특정 행정서비스에 관하여 보다 많은 정보를 필요로 할 때의 조치방법 등을 알려주고 있었다.

캠브리지샤이어 카운티정부가 시민헌장에서 제시한 행정서비스의 기준을 예시하면 다음과 같다. 가령 사회복지 서비스와 관련하여 어떤 시민이 자신이 소득보조금을 받는다는 사실을 입증하면 해당 자녀는 무료학교급식을 받을 수 있다. 시민헌장에서는 이때 신청서를 제출한지 3일 이내에 무료급식이 개시되어야 한다고 규정하고 있다. 또 다른 예로 도로보수와 관련된 기준을 보면, 만약 도로에 균열이 있거나 맨홀 뚜껑이 열려 있는 등 위험한 요소가 있으면 신고가 있은 후 24시간 이내에 수리가 이루어져야 하며 설령 위험한 상황이 아니더라도 28시간 이내에는 지방정부가 수리할 것을 명시하고 있다. 소방업무의 경우 카운티 관할 내의 어느 지역에서 화재가 발생하여도 20분 이내에 소방차가 현지에 도착해야 하며 특히 캠브리지시와 피터보로에는 5분 이내에 소방차가 해당 지점에 도착할 것을 강조하고 있다. 일반적으로 행정서비스에 관한 문의에 대해서는 5일 이내에 회신을 하여야 하며 단순한 문제에 대해서는 2주 이내에, 복잡한 사안에 대해서도 최소한 4주 이내에는 답신을 하도록 규정하고 있다.

(3) 시민헌장과 성과측정 지수 및 평가지표의 개발

영국의 경우 시민헌장을 제정함으로써 행정서비스의 질을 제고할 수 있는 제도적 장치가 마련되었다. 이를 구체적으로 실현하기 위하여 지방정부가 평가의 기준과 성과를 측정할 수 있는 지표를 공표하여야 한다는 점은 앞 장에서 언급하였다.

지방정부가 성과를 측정할 수 있는 지표를 개발하는 데는 감사위원회의 역할이 중요하다. 본 장에서는 성과측정 지수 및 평가지표의 개발과 감사위원회와의 관계 및 구체적인 지표에 관하여 분석하였다.

(가) 성과측정 지수와 감사지표 및 감사위원회와의 관계

영국에서 지방정부의 행정서비스의 질을 제고하기 위하여 중앙정부가 실시한 노력 중의 하나가 감사위원회의 설립이었다(Byrne, 1994). 감사위원회는 1976년 레이필드(Layfield) 보고서에 입각하여 제정된 1982년 지방정부재정법(Local Government Finance Act)을 근거로 하여 설립되었다.

감사위원회[41]에는 모두 15명의 위원이 있다. 이들은 산업계, 지방정부 및 노동계에서 추천한 인사 중에서 중앙정부가 임명한다. 감사위원회는 독립적인 지위를 유지하면서 지방정부의 업무를 평가하는 작업을 수행하고 있었다. 무엇보다도 재정의 효율성(Value for Money)을 제고하는데 주력하고 있었다.

1992년 지방정부법(Local Government Act of 1992)은 지방정부의 성과 측정 및 평가와 관련하여 감사위원회에게 새로운 의무를 부과하였다. 지방정부가 행정서비스를 제공하기 위하여 수집하고 공표하여야 할 정보와 지수를 감사위원회가 개발하여 지정하도록 규정한 것이다. 또한 감사위원회는 시민들이 서로 다른 지방정부간 행정서비스의 질을 비교할 수 있도록 지원할 의무도 지게 되었다(Audit Commission, 2004).

아울러 감사위원회는 해마다 "성과기준 방향의 공표(*Publication of Information (Standards of Performance) Direction*)"라는 문서를 통하여 지방정부가 제공하는 행정서비스의 질을 평가할 수 있는 지수를 지정한다. 1994년 영국의 지방정부는 최초로 감사위원회가 지정한 정보를 공개하였고, 1995년 감사위원회는 지방정부가 공개한 자료를 종합하였다. 그 후 해마다 유사한 절차를 거쳐 지방정부의 행정서비스의 질을 측정하고 평가하는 지수가 개발되고, 이에 따라 관련 자료가 공개되었다. 본 장에서는 이러한 지수를 소개하고자 한다.

---

41) 감사위원회는 캐머런 정부가 출범한 이후 폐지되었다.

(나) 성과측정 및 감사 지표의 분석

영국의 지방정부는 지방정부의 행정서비스의 성과를 크게 15개의 분야로 나누어 측정하였다. 대주민 접촉서비스(Dealing with the public), 주택서비스(The Provision of housing accommodation), 무주택자에 대한 서비스(Housing the homeless), 쓰레기수거(Refuse collection), 쓰레기처리(Waste disposal), 개발통제(Control over development), 주택자금 및 지방세 보조금(The payment of housing benefit and council tax benefit), 지방세 징수(The collection of council tax), 레저와 레크리에이션(Leisure and recreation), 지역 환경(The local environment), 교육서비스(The provision of an educational service), 사회서비스(The provision of social services), 도서관서비스(The provision of a public library service), 도로·포장 및 가로등(Roads, pavements and streetlight), 일반행정서비스(The provision of services generally) 등인데, 각 부분의 성과는 다시 몇 개의 지수로 측정되도록 되어 있다. 이를 상론하면 다음과 같다.

① 대주민 접촉서비스(Dealing with the Public)

영국 지방정부의 대주민 접촉서비스의 질은 6개의 측면에서 측정 및 평가되고 있다. 전화에 대한 회신(Answering the telephone), 서신에 대한 회신(Answering letters), 옴부즈맨에 제출한 불만 접수 현황(Complaints to a local authority Ombudsman), 불만 처리(Handling of complaints), 주민의 청사 접근용이성(Access to buildings), 기회균등의 원칙(Equal opportunities) 등으로 나뉘며, 각 지수는 다시 몇 개의 지수로 세분되어 측정되고 평가되었다.

(a) 전화에 대한 회신(Answering the telephone)

감사위원회는 주민이 건 전화에 응답할 때 지방정부마다 구체적인 목표를 설정하도록 지시하고 있다. 아울러 그러한 목표를 어떻게 감독하는지, 그러한 목표가 얼마나 달성되었는지를 평가하도록 요구하고 있었다.

<표 4.19> 전화에 대한 회신

지수	전화 수신의 목표	통제 방법	목표달성도
캠든	모든 전화를 중앙센터에서 수신: 발신음 5회 이내 수신	컴퓨터 프로그램으로 통제	발신음 5회 이내 수신 88%
그리니치	중앙센터에서 수신 : 13초 이내 수신	컴퓨터 통제	발신음 6회 이내 수신 73%, 12회 이내 수신 76%
헤크니	6회 이내 수신 80%, 나머지 12회 이내 수신	전화사용 기록부 작성	발신음 6회 이내 수신 67.76% 달성

상기에서는 구체적으로 런던광역시 3개의 자치구 -캠든(Camden), 그리니치(Greenwich), 헤크니(Hackney)- 를 분석하여 행정서비스의 측정 및 평가를 예시하였다.

(b) 서신에 대한 회신(Answering letters)

주민들의 문의 서신에 대한 회신의 기준, 성과 측정의 방법, 목표 달성도는 다음과 같다.

<표 4.20> 서신에 대한 회신

지수	답신에 대한 목표	측정 방법	목표달성도
캠든	부처마다 상이함 : 10일, 15일, 28일	연간 표본 조사 실시	87.7% 달성
그리니치	불만 사항: 28일	고충처리 체제	78% 달성
헤크니	20일	문서철	83.5% 달성

(c) 옴부즈맨에 제출한 불만 접수 현황
(Complaints to a local authority Ombudsman)

옴부즈맨에 제출된 불만사항은 옴부즈맨이 검토한 주민 불만의 수, 해결된 불만 수, 정당성이 있으나 도가 지나친 행정행위, 정당성이 없는 과도한 행정행위로 세분되어 분석되었다.

<표 4.21> 옴부즈맨에 제출한 불만사항

지수	검토한 불만사항	해결된 건 수	정당성 있는 경우	정당성 없는 경우
캠든	264	71	0	10
그리니치	110	15	2	1
헤크니	374	80	0	8

(d) 불만의 처리(Handling of complaints)

대주민 접촉 서비스를 평가하는 지수는 지방정부가 주민들의 불만을 어떻게 처리하느냐와 관계되어 있다. 이를 구체적으로 실현하기 위하여 각 지방정부는 "불만(Complaints)"에 대한 구체적인 정의를 내려야 한다. 예시하면 다음과 같다.

캠든 버러우의 경우 '불만'사항은 주민이 적절한 행정서비스를 받지 못하는 경우, 그리고 공무원들의 부적절하고 의례적인 작위 및 부작위 등을 의미한다고 정의하고 있다. 그리니치의 경우 지방정부로부터 질이 나쁜 행정서비스를 받는 것을 불만으로 정의하고 있다. 헤크니 버러우는 행정서비스의 부족, 불만족스러운 행정서비스, 적절한 절차나 방법이 무시된 공무원들의 작위·부작위로 정의하고 있다.

또한 지방정부는 다음과 같은 질문에 대해 답하여야 한다. 첫째, 지방정부는 주민들이 제기한 불만을 처리하기 위한 정책과 절차에 관한 규정을 갖고 있는가? 둘째, 규정의 내용은 불만처리에 관한 절차에 관한 정보를 포함하고 있는가? 셋째, 불만처리의 책임과 의무가 명확하게 규정에 포함되어 있는가? 넷째, 불만처리의 시한을 명시하고 있는가? 다섯째, 불만이 시한 내에 처리되지 못할 경우 연기되는 사유와 향후 처리 방안에 관하여 주민에게 통보하도록 규정하고 있는가? 여섯째, 서면으로 제출한 불만처리에 관하여 서면으로 답신을 하도록 규정하고 있는가? 일곱째, 지방정부의 처리에 대하여 주민이 만족하지 못할 경우 후속조치가 마련되어 있는가? 여덟째, 구제방안에 관한 정책이 서면으로 명시되어 있는가? 아홉째, 해결될 수 있는 불만이 반복되지 않도록 불만의 원인을 분석하는 체제가 마련되어 있는가? 열 번째, 지방정부는 불만처리에 관한 보고서를 작성하여 주민에게 공개하는가?

현재 캠든, 그리니치, 헤크니 버러우는 상기의 사항에 관한 규정을 대부분 보유하고 있다.

(e) 주민의 청사 접근 용이성(Access to buildings)

주민의 청사 접근 용이성은 주민에게 공개한 청사의 수, 장애인 시설 설치 여부 등이 지수로 사용되고 있다.

(f) 기회균등의 원칙(Equal opportunities)

기회균등의 원칙이 준수되고 있는지는 지방정부가 관련 정책을 마련하여 공개하고 있는지의 여부와, 상기의 정책이 잘 시행되고 있는지를 감시하는 체제의 유무로 측정하고 있다.

캠든, 그리니치, 헤크니 모두 관련된 규정을 갖고 있었다. 켐든은 "다양성 존중(Valuing Diversity)"이라는 정책을 마련하여 6개월마다 집행여부를 관련 위원회에 보고하고 있다. 그리니치는 매년 관련부처의 기회균등 실천 계획을 평가하고, 결과에 따라 시정조치를 강구한다. 헤크니는 계약체결, 고용, 승진 등에서 기회균등의 원칙을 철저히 감독하고 있었다.

② 주택서비스(The Provision of housing accommodation)

영국 지방정부가 실시하는 주택서비스는 공공주택 보유현황, 공공주택의 임대 배분 현황, 공공주택의 수리 및 예약제 운영 현황, 임대료 및 관리 유지 현황, 임대주택의 개·보수와 관련된 자본지출의 규모 등으로 주택 서비스의 질을 측정하고 평가하고 있다.

(a) 공공주택 보유현황

공공주택의 보유현황은 다시 지방정부가 관리하는 공공주택의 총 수, 노약자와 장애자에게 배분된 주택의 수, 3층 이상의 다세대 주택(flats)의 수, 출입이 통제되는 다세대 주택의 수 등으로 측정·평가되고 있다.

특히 노약자 및 장애자를 위한 주택임대 비율은 캠든은 4%, 그리니치 6%, 헤크니는 7%로 분석되었다.

(b) 공공주택의 임대 배분 현황

공공주택의 임대 배분 현황은 새로운 세입자에게 임대하는 주택의 성격에 따라 지방정부가 새로이 제공하는 임대주택의 수, 주택업자가 새로이 제공하는 임대주택의 수, 무주택자가 차지하는 임대 비율, 임대하지 못한 주택의 비율, 임대의 교체 시 소요되는 시간 등으로 측정·평가되고 있었다.

(c) 공공주택의 수리 및 예약제 운영 현황

공공주택의 수리 및 예약제 운영현황은 우선순위 등급 당 수리요구의 건수, 우선순위 등급 당 수리 시간의 목표, 목표를 달성한 수리 현황, 수리 업무에 대한 예약제 정책의 유무, 예약제에 의거한 수리 비율, 예약을 준수한 비율 등으로 측정·평가되고 있다.

캠든의 경우 수리 우선순위를 수리를 요하는 정도에 따라 1일, 10일, 40일 등으로 세분하고 있다.

(d) 임대료 및 관리 유지 현황

임대료 및 관리 유지 현황은 임대료 징수현황, 13주 이상 연체된 임대의 비율, 주간 평균 임대료, 주간 관리비용, 보수비용, 악성 부채, 임대가 안 된 주택 비율, 주택 보조금 비율 등으로 측정되고 평가되었다.

③ 쓰레기 수거(Refuse collection)

쓰레기 수거와 관련된 행정서비스는 각 주택에 수거 용기를 제공하고 있는지의 여부, 용기에 바퀴가 달려 이동이 용이하게 되어 있는지 여부, 주택의 뒷문에서 수거하는지의 여부, 정원의 쓰레기를 수거하는지의 여부, 정원의 쓰레기를 무료로 수거하는지의 여부, 쓰레기 수거 날짜가 정해져 있는지의 여부, 무료로 쓰레기를 수거하는지의 여부, 일반쓰레기와 재활용 쓰레기를 분리수거하는지의 여부, 하루 8시간 정도 쓰레기 수거와 관련하여 불만처리를 위한 전화 업무를 시행하는지의 여부, 장애인을 위한 특별한 장치가 마련되어 있는지의 여부 등을 통하여 직접적으로 측정·평가하였다.

쓰레기 수거와 관련하여 지방정부의 신뢰성을 측정하는 데에는 문제점을 시정하는데 소요되는 시간, 시정률, 불만접수 건수를 사용한다. 캠든은 불만건수의 96% 이상을 해결하는 데 목표를 두었으며, 그리니치는 연간 불만건수를 50건 이하로 줄이는 것을, 헤크니는 24시간 내의 시정을 목표로 설정하였다.

재활용 쓰레기와 관련해서는 재활용 쓰레기의 규모, 재활용 쓰레기와 일반쓰레기의 비율을 평가기준으로 사용하였다.

쓰레기 수거와 관련된 가구당 총 경비도 주요한 지수 중 하나이다. 캠든은 가

구당 34.55파운드, 그리니치는 가구당 36.76파운드, 헤크니는 가구당 31.35파운드를 지출하는 것으로 집계되었다.

④ 쓰레기 처리(Waste disposal)

지방정부의 쓰레기 처리와 관련된 서비스의 질은 주택으로부터 수거한 쓰레기의 양, 재활용 쓰레기의 양, 열과 동력으로 활용한 뒤 소각된 쓰레기의 양, 열과 동력으로 재활용되지 못하고 단순히 소각된 쓰레기의 양, 기타 방법으로 처리된 쓰레기의 양, 그리고 가구당 쓰레기 처리 비용 등으로 측정·평가되고 있다.

그리니치의 재활용 쓰레기 비율은 7%, 열 및 동력으로 재활용되는 쓰레기 소각 비율은 80%, 기타 처리 비율은 13%, 톤당 처리 비용은 29.51파운드로 분석되었다.

⑤ 개발통제(Control over development)

영국 지방정부의 개발 신청에 대한 인·허가 서비스는 일반 주민의 개발 신청 건수, 그 외의 신청 건수, 일반 주민의 개발 신청에 대한 처리 시한, 8주 안에 처리된 신청 건수의 비율, 재심의를 요구한 신청 건수, 재심의한 건수 중 통과율, 지역 개발 계획의 주민 적용률, 주민 당 개발 비용 등으로 측정되고 평가된다.

캠든의 경우 일반 주민의 신청은 395건, 기타 신청은 1847건, 8주 안에 처리하여야 할 신청의 목표비율은 60%, 재심 요구가 216건, 재심 통과가 50건, 지역 개발 계획의 주민 적용률은 100%, 주민 1인당 개발비용은 13.13파운드로 분석되었다.

⑥ 주택자금 및 지방세 보조금
(The payment of housing benefit and council tax benefit)

주택자금 및 지방세 보조금 서비스는 지방세 보조금에 대한 새로운 청구 건수, 이 중 14일 안에 처리된 청구 건수, 새로운 주택자금의 청구 건수, 이 중 14일 안에 처리된 청구 건수, 새로운 임대 보조금 신청 후 성공 건수, 이 중 14일 내 보조금 지급률, 보조금 신청 총 건수, 신청을 처리하는데 소요되는 총 경비 등으로 측정·평가되었다.

캠든의 경우 지방세 보조금 신청은 8,318건, 이 중 14일 내에 처리된 비율은 98%, 주택 자금에 대한 신청은 3,853건, 이 중 14일 내에 처리된 비율은 98%, 임대 보조금 신청은 7,300건, 이 중 14일 내에 처리된 비율은 95% 등으로 나타났다. 총 처리 경비는 건당 153.89파운드로 분석되었다.

그리니치의 경우 지방세 보조금 신청은 10,466건, 이 중 14일 내에 처리된 비율은 46%, 주택 보조금 신청은 6,815건, 이 중 14일 내에 처리된 비율은 69%, 임대 보조금 신청은 4,297건, 이 중 14일 내에 처리된 비율은 57%, 건당 처리 비용은 163.95파운드로 분석되었다.

⑦ 지방세 징수(The collection of council tax)

지방세 징수에 관한 영국 지방정부의 서비스는 당 회계연도에 징수하여야 할 세액의 규모, 당해 징수한 세액의 비율, 예산상 징수할 세액의 규모, 당해 징수한 예산상 세액의 비율, 처리 비용 등으로 측정 및 평가되고 있다.

캠든의 경우 징수할 세액의 총액은 42,280,000파운드, 징수 비율은 82%, 예산상 징수할 세액의 규모는 36,650,000파운드, 예산상 징수 비율은 94.6%, 처리 비용은 가구당 29.03 파운드로 분석되었다. 그리니치가 징수할 세액의 총액은 29,910,000파운드, 징수 세액의 비율은 86.9%, 예산상 징수할 세액의 규모는 25,370,000파운드, 예산상 징수비율은 102.4%, 가구당 처리 비용은 26.23파운드로 나타났다. 헤크니의 경우 징수할 세액의 총액은 24,090,000파운드, 징수 비율은 69.1%, 예산상 징수 세액의 규모는 22,030,000파운드, 예산상 징수비율은 75.5%, 가구당 처리비용은 44.94 파운드로 분석되었다.

⑧ 레저 및 레크리에이션

레저 및 레크리에이션과 관련된 영국 지방정부의 서비스는 수영장과 스포츠 센터에 소요되는 주민 1인당 경비, 수영장 이용 인원수, 기타 레크리에이션 장소의 방문 인원수, 수영 및 기타 장소의 운영 경비, 운동장 수, 기타 스포츠 시설의 수, 공원의 규모, 공원 관리 비용 등으로 측정·평가되고 있다.

캠든에서 수영장과 스포츠 센터에 소요되는 주민 1인당 경비는 11.68파운드, 수영장 이용 인원수는 581,098명, 레크리에이션 장소의 방문자 수는 542,345명,

수영 및 기타 장소의 운영 경비는 1.90파운드, 운동장 수는 16개, 기타 레저 시설 수는 29개였다.

그리니치는 주민 1인당 수영장과 스포츠 센터에 소요되는 경비는 6.94파운드, 수영인원의 수는 1,125,551, 레크리에이션 장소의 방문자 수는 482,379명, 수영 및 기타 장소의 경비는 0.92파운드, 운동장의 수는 1개, 기타 레저 시설 수는 59개로 분석되었다.

헤크니의 경우 주민 1인당 수영장과 스포츠 센터에 소요되는 경비는 17.71파운드, 수영인원의 수는 320,032명, 레크리에이션 장소의 방문자 수는 253,455명, 수영 및 기타 장소의 경비는 5.94파운드, 운동장의 수는 5개, 기타 레저 시설 수는 103개로 분석되었다.

⑨ 지역 환경(The Local Environment)

지방정부의 지역 환경과 관련된 서비스는 크게 6가지로 나뉘어 측정되고 있다. 도로의 청결 정도, 거리 및 대지의 청결 정도, 주민의 편의 확보, 환경적 건강 상태, 식품의 안전 상태, 소비자 보호 규정 실시 여부 등이다. 이 중 도로의 청결 정도는 높은 수준의 청결을 유지한 도로 비율, 수용 가능한 수준의 청결을 유지한 도로 비율, 도로의 청결상태를 감독하는 방법 등으로 측정·평가된다.

캠든의 경우 높은 수준으로 청결을 유지한 도로 비율은 80.2%, 수용 가능한 수준의 청결을 유지한 도로의 비율은 5.1%이고, 도로의 청결상태 감독은 미리 마련된 계획에 따라 2시간 내에서 육안으로 실시하였다. 그리니치의 경우 높은 수준의 청결을 유지한 도로 비율은 17.0%, 수용 가능한 수준의 청결을 유지한 도로의 비율은 71%이고, 도로의 청결상태를 감독하는 방법으로는 청결한 영국을 위한 설문조사(Tidy Britain Group Survey Method)를 사용하였다. 헤크니의 경우 높은 수준의 청결을 유지한 도로 비율은 34%, 수용 가능한 수준의 청결을 유지한 도로의 비율은 60%, 도로의 청결상태를 감독하는 방법으로는 매월 전체 주민의 10%를 대상으로 하는 설문조사를 사용하였다.

거리 및 대지의 청결정도는 버려진 쓰레기의 평균 처리 시간으로 측정하고 있다. 캠든의 경우는 2일, 그리니치는 0.3일, 헤크니는 2.4일로 분석되었다.

주민에 대한 편의 제공은 편의시설의 수, 장애인의 접근을 도와주는 편의시설의 비율, 유아의 기저귀 교환 시설의 비율 등으로 측정할 수 있다. 캠든의 경우 편의시설의 수는 13개, 장애인의 접근을 도와주는 편의시설의 비율은 31%, 유아의 기저귀 교환 시설의 비율은 0%로 나타났다. 그리니치의 경우 편의시설의 수는 24개, 장애인의 접근을 도와주는 편의시설의 비율은 71%, 유아의 기저귀 교환 시설의 비율은 13%로 나타났다. 헤크니의 경우 편의시설의 수는 0개, 장애인의 접근을 도와주는 편의시설의 비율은 0%, 유아의 기저귀 교환 시설의 비율은 0%로 나타났다.

환경적 건강을 지키기 위한 노력 정도는 주민들이 환경보존과 관련하여 제기한 불만사항을 얼마 만에 처리하느냐를 중심으로 측정한다. 평가는 기준으로 설정한 처리 시한에 처리한 비율이 된다. 캠든의 경우 식료품의 안전과 관련된 조치는 24시간 내, 비상사태에 속하여 응급조치를 요하는 공해관련 사항은 24시간 내, 기타 사항은 15일 내, 긴급한 사항은 5일 내, 페스트 예방을 위한 건물 내부의 쥐 방역은 24시간 내, 건물 외부의 쥐 방역은 3일 내, 기타 방역은 5일 내의 기준 시한을 규정하고 있는데 통틀어 77%의 성과를 거두고 있다. 그리니치와 헤크니의 경우 환경보호와 관련된 조치는 5일 이내에 조치하도록 규정하고 있는데, 그리니치는 84%, 헤크니의 경우 68%의 성과를 거두고 있는 것으로 분석되었다.

식품안전과 관련해서는 식품관련 상점 및 업체의 수와 상점 및 업체의 검열 비율로 성과를 측정·평가하고 있다. 캠든의 경우 3185개의 업체 가운데 78%의 검열 비율을 보였으며, 그리니치는 1701개의 업체 중 48%, 헤크니는 3045개의 업체에 대해 100%의 검열 비율을 보였다.

소비자 보호 규정과 관련해서는 소비자 보호 규정에 따라 소비의 불만을 처리하기 위한 시한 제정, 목표 달성도, 소비자 보호 규정의 효력이 미치는 상점 및 업체 수, 담당 공무원의 고위험 업체 평균 방문회수 등으로 측정·평가하고 있다. 캠든은 소비자 보호 규정에 따라 소비자의 불만처리를 위한 시한은 4일 이내로 92.5%의 목표 달성도를 보였다. 소비자 보호 규정의 효력이 미치는 상점 및 업체의 수는 9,800개, 위험이 높은 업체의 평균 방문회수는 0.25회로 나타났다. 그리니치의 경우 소비자 보호 규정에 따라 소비자의 불만처리를 위한 시한은 5일 이내, 목표의 달성도는 97%를 보였다. 소비자 보호 규정의 효력이 미치는 상점 및 업체의 수는 4,370개, 위험이 높은 업체의 평균 방문회수는 0.20회로 나타났다. 헤크니의 경우 소비자 보호 규정에 따라 소비자의 불만처리를 위한 시한은 5일 이내, 목표의 달성도는 96%, 소비자 보호 규정의 효력이 미치는 상점 및 업체의 수는 3,502개, 위험이 높은 업체의 평균 방문회수는 0.15회로 측정되었다.

⑩ 교육 서비스(The Provision of an Educational Service)

영국의 경우 지방정부의 주요한 행정서비스의 하나가 교육 서비스의 제공이다. 우리나라와 같이 특별지방정부가 교육서비스를 제공하는 것이 아니고 일반지방정부인 지방정부가 교육서비스를 제공하고 있기 때문에 평가를 위한 지수개발에 많은 노력을 기울이고 있다. 교육서비스는 5세 이하의 유아원 현황, 학교의 입학현황, 특수교육 현황, 학생 표창 현황, 교육 예산 등으로 측정·평가되고 있다.

5세 이하의 유아원 현황은 5세 이하의 유아원 학생 수, 3~5세의 유아 중 5세의 비율, 유아원 운영 경비 등으로 측정·평가되고 있다. 캠든의 경우 유아원 학생 수는 2,014명, 3~5세의 유아 중 5세의 비율은 49%, 유아원 운영 경비는 3,600,000파운드로 측정되었다. 그리니치의 경우 유아원 학생의 수는 4,290명, 3~5세의 유아 중 5세의 비율은 65%, 유아원 운영 경비는 9,167,000파운드로 나타났다. 헤크니의 경우 유아원 학생의 수는 3,625명, 3~5세의 유아 중 5세의 비율은 57%, 유아원 운영 경비는 8,703,637파운드로 조사되었다.

학교의 현황은 초등학교와 중등학교의 정원을 기준으로 결원율과 초과 입학률로 측정하고 있다. 캠든의 경우 초등학교의 결원율은 4.8%, 중학교의 결원율은 6.3%로 나타났다. 정원을 초과하는 입학률의 경우 초등학교는 0.6%, 중학교는 0.5%로 나타났다. 그리니치의 경우 초등학교의 결원율은 9.1%, 중학교의 결원율은 21.4%로 나타났다. 정원을 초과하는 입학률의 경우 초등학교는 1.46%, 중학교는 1.0%로 나타났다. 헤크니에서 초등학교의 결원율은 4.2%, 중학교의 결원율은 6.4%로 나타났다. 정원을 초과하는 입학률의 경우 초등학교는 3.86%, 중학교는 1.0%로 나타났다.

특수교육과 관련한 교육서비스는 특수교육을 필요로 하는 학생의 수와 비율,

해마다 새로이 지정된 학생 수, 6개월 내에 발생한 비율(특수교육을 필요로 하는 학생이 6개월 내에 새롭게 발생한 비율을 의미한다), 특수학교에 배정된 학생 수, 특수학교에 다니는 학생의 비율 등으로 측정·평가되고 있다. 캠든의 경우 특수교육을 필요로 하는 학생의 수는 809명으로 4.2%를 차지하며, 새로이 지정된 학생의 수는 171명, 6개월 내에 발생한 비율은 70%, 특수학교에 배정된 학생의 수는 307명, 특수학교에 다니는 학생의 비율은 1.6%로 나타났다. 그리니치의 경우 특수교육을 필요로 하는 학생의 수는 1358명으로 4.4%를 차지하며, 새로이 지정된 학생의 수는 306명, 6개월 내에 발생한 비율은 60%, 특수학교에 배정된 학생의 수는 817명, 특수학교에 다니는 학생의 비율은 2.8%로 나타났다. 헤크니의 경우 특수교육을 필요로 하는 학생의 수는 1038명으로 3.6%를 차지하며, 새로이 지정된 학생의 수는 210명, 6개월 내에 발생한 비율은 37%, 특수학교에 배정된 학생의 수는 605명, 특수학교에 다니는 학생의 비율은 2.1%로 나타났다.

학생포상과 관련한 자료는 자율 포상과 관련된 주민 1인당 지출의 총액, 새롭게 설치된 자율 포상의 주민 1인당 경비, 새롭게 마련된 의무 포상의 수, 새로운 의무 포상이 전체 포상에서 차지하는 비율로 집계한다. 캠든의 경우 자율 포상과 관련된 주민 1인당 지출의 총액은 0.25파운드, 새롭게 설치된 자율 포상의 주민 1인당 경비는 없으며, 새롭게 마련된 의무 포상의 수는 841개, 새로운 의무 포상이 전체 포상에서 차지하는 비율은 99.1%로 나타났다. 그리니치에서 자율 포상과 관련된 주민 1인당 지출의 총액은 0.87파운드, 새롭게 설치된 자율 포상의 주민 1인당 경비는 0.61파운드, 새롭게 마련된 의무 포상의 수는 844개, 새로운 의무 포상이 전체 포상에서 차지하는 비율은 99.7%로 나타났다. 헤크니는 자율 포상과 관련된 주민 1인당 지출의 총액이 6.11파운드, 새롭게 설치된 자율 포상의 주민 1인당 경비가 3.23파운드, 새롭게 마련된 의무 포상의 수 1104개, 새로운 의무 포상이 전체 포상에서 차지하는 비율은 99.8%로 나타났다.

교육과 관련된 지출경비는 5세 이하의 유아원, 초등학교, 중등학교 등으로 나누어 집계한다. 캠든의 경우 학생 1인당 유아원은 2061파운드, 초등학교 2029파운드, 중학교 2612파운드, 고등학교 3499파운드로 나타났다. 그리니치의 경우 학생 1인당 유아원은 2318파운드, 초등학교 1954파운드, 중학교 2580파운드, 고등학교 3417파운드로 나타났다. 헤크니의 경우 학생 1인당 유아원은 3019파운드, 초등학교 1967파운드, 중학교 3011파운드, 고등학교 3873파운드였다.

⑪ 사회 서비스 제공(The Provision of Social Services)

영국 지방정부가 제공하는 서비스 중 가장 중요한 부분 중의 하나가 사회 서비스이다. 이에 따라 사회 서비스의 측정 지수 또한 12개로 다양하다. 노령자에 대한 서비스, 학습 결손 주민에 대한 서비스, 신체적 결손이 있는 주민에 대한 서비스, 정신 건강에 문제가 있는 주민, 방문을 필요로 하는 주민에 대한 서비스와 더불어 양로원 보호를 받는 주민의 프라이버시, 사회 서비스의 평가, 장비의 제공, 휴식 돌봄, 보호를 필요로 하는 어린이, 사회서비스 경비 등으로 측정·평가하고 있다.

(a) 노령자에 대한 사회 서비스

노령자에 대한 사회 서비스의 측정·평가는 우선 조사대상을 65~74세의 노령자 집단과 75세 이상의 노령자 집단으로 나눈 뒤, 자신의 주택에 거주하는 비율과 지방정부가 제공하는 양로원에 거주하는 비율을 조사하고, 양로원 거주자에 대해서는 추가적으로 연평균 식사 제공 횟수를 집계하여 이루어진다.

캠든의 경우 65~74세 사이의 노령자가 13,165명, 75세 이상의 노령자가 11,654명인데 자신의 주택에 거주하는 비율이 65~74세는 3.5%, 75세 이상은 17.6%, 양로원에 거주하는 비율은 65~74세가 0.80%, 75세 이상이 4.10%이며, 양로원에서 제공하는 연평균 식사 횟수는 65-74세의 경우 17.7회, 75세 이상의 경우 17.8회로 분석되었다.

그리니치의 경우 65~74세 사이의 노령자가 17,000명, 75세 이상의 노령자가 13,400명인데 자신의 주택에 거주하는 비율은 65~74세가 1.9%, 75세 이상이 14.7%이고, 양로원에 거주하는 비율은 65~74세가 0.65%, 75세 이상이 3.25%이며, 양로원에서 제공하는 식사의 연평균 회수는 65~74세의 경우 3회, 75세 이상의 경우 22.7회로 분석되었다.

헤크니에서는 65~74세 사이의 노령자가 11,925명, 75세 이상의 노령자가

9,211명인데 자신의 주택에 거주하는 비율이 65~74세는 3.6%, 75세 이상은 21.2%이며, 양로원에 거주하는 비율은 65~74세가 0.96%, 75세 이상이 5.96%이고, 양로원에서 제공하는 연평균 식사 횟수는 65~74세의 경우 4.3회, 75세 이상의 경우 31.5회인 것으로 분석되었다.

(b) 학습 결손 주민(People with learning disabilities)

학습 결손 주민에 대한 사회서비스는 65세 이하 결손 주민의 수, 그 중 자신의 주택에 거주하는 결손 주민의 비율, 결손 주민 가운데 주간 학습센터에 참여하는 주민의 비율, 양로원에서 돌보는 결손 주민의 비율로 측정·평가되고 있다.

캠든의 경우 65세 이하의 결손 주민의 수는 439명인데 자신의 주택에 거주하는 결손 주민의 비율은 2.1%, 결손 주민 가운데 주간 학습센터에 참여하는 주민의 비율은 35.3%, 양로원에서 돌보는 결손 주민의 비율은 27.8%로 조사되었다. 그리니치에서 65세 이하의 결손 주민의 수는 572명인데 자신의 주택에 거주하는 결손 주민의 비율은 1.2%, 결손 주민 가운데 주간 학습센터에 참여하는 주민의 비율은 39.9%, 양로원에서 돌보는 결손 주민의 비율은 19.8%로 나타났다. 헤크니의 경우 65세 이하의 결손 주민의 수는 579명인데 자신의 주택에 거주하는 결손 주민의 비율은 21.9%, 결손 주민 가운데 주간 학습센터에 참여하는 주민의 비율은 22.5%, 양로원에서 돌보는 결손 주민의 비율은 32.8%로 각각 조사되었다.

(c) 신체적 장애가 있는 주민(People with Physical Disabilities)

신체적 장애가 있는 주민에 대한 사회서비스는 신체적 장애가 있는 65세 이하의 주민의 수, 자신의 주택에 거주하는 신체장애 주민의 비율, 신체장애 주민 가운데 주간 학습센터에 참여하는 주민의 비율, 양로원에서 돌보는 신체장애 주민의 비율로 각각 측정, 평가된다.

캠든의 경우 신체적 장애가 있는 65세 이하의 주민 수는 3,242명인데, 자신의 주택에 거주하는 신체장애 주민의 비율은 7.7%, 신체장애 주민 가운데 주간 학습센터에 참여하는 주민의 비율은 1.7%, 양로원에서 돌보는 신체장애 주민의 비율은 1.3%로 분석되었다. 그리니치의 경우 신체적 장애가 있는 65세 이하의 주민 수는 4,456명으로, 자신의 주택에 거주하는 신체장애 주민의 비율은 4.5%, 신체장애 주민 가운데 주간 학습센터에 참여하는 주민의 비율은 1.7%, 양로원에서 돌보는 신체장애 주민의 비율은 0.6%로 분석되었다. 헤크니의 경우 신체적 장애가 있는 65세 이하의 주민 수는 6,112명인데, 자신의 주택에 거주하는 신체장애 주민의 비율은 4.1%, 신체장애 주민 가운데 주간 학습센터에 참여하는 주민의 비율은 4.1%, 양로원에서 돌보는 신체장애 주민의 비율은 0.6%로 각각 나타났다.

(d) 정신 건강 이상 주민(People with Mental Health Problems)

정신 건강에 이상이 있는 주민에 대한 사회서비스는 정신 건강에 이상이 있는 65세 이하의 주민 수, 자신의 주택에 거주하는 건강 이상 주민의 비율, 건강 이상 주민 가운데 주간 학습센터에 참여하는 주민의 비율, 양로원에서 돌보는 건강 이상 주민의 비율로 측정·평가한다.

캠든의 경우의 정신 건강에 이상이 있는 65세 이하 주민 수는 318명, 자신의 주택에 거주하는 건강 이상 주민의 비율은 4%, 건강 이상 주민 가운데 주간 학습센터에 참여하는 주민의 비율은 47%, 양로원에서 돌보는 건강 이상 주민의 비율은 50%로 조사되었다.

그리니치의 경우 정신 건강에 이상이 있는 65세 이하 주민 수는 47명, 자신의 주택에 거주하는 건강 이상 주민의 비율은 6%, 건강 이상 주민 가운데 주간 학습센터에 참여하는 주민의 비율은 68%, 양로원에서 돌보는 건강이상 주민의 비율은 26%로 나타났다.

헤크니의 경우 정신 건강에 이상이 있는 65세 이하 주민 수는 1428명, 자신의 주택에 거주하는 건강 이상 주민의 비율은 6%, 건강 이상 주민 가운데 주간 학습센터에 참여하는 주민의 비율은 17%, 양로원에서 돌보는 건강 이상 주민의 비율은 4%로 조사되었다.

(e) 방문서비스를 필요로 하는 주민

방문서비스를 필요로 하는 주민에 대한 사회서비스의 측정과 평가는 방문서비스를 필요로 하는 주민 수, 주당 2~5회 방문의 비율, 주당 6회 이상 방문의 비율로 이루어진다.

캠든의 경우 방문서비스를 필요로 하는 주민의 수는 2,860명, 방문 비율은 주당 2~5회 50%, 주당 6회 이상은 20%로 나타났다. 그리니치의 경우 방문서비스를 필요로 하는 주민의 수는 2,539명, 방문 비율은 주당 2~5회는 54%, 주당 6회 이상은 19%로 나타났다. 헤크니의 경우 방문서비스를 필요로 하는 주민의 수는 3,429명인데 방문 비율은 주당 2~5회 45%, 주당 6회 이상 9%로 조사되었다.

(f) 양로원 보호를 받는 주민의 프라이버시(Privacy in residential care)

양로원 보호를 요구하는 주민의 프라이버시는 독방의 비율로 측정·평가된다. 캠든 79%, 그리니치 100%, 헤크니는 98%로 각각 측정되었다.

(g) 사회 서비스의 평가

사회 서비스의 평가는 지역 주민에게 제공되는 사회 서비스가 해당 주민에게 적절한 것인가를 평가하는 체제를 의미한다. 서비스 성과의 측정과 평가는 적절성 여부를 평가하기 위하여 지방정부에 회부된 주민 수, 평가 후 사회 서비스가 더 이상 필요 없다고 결정된 사례의 비율, 1개의 기관에서 처리해야 한다고 결정된 사례의 비율, 2개 이상의 기관의 서비스가 필요하다고 결정된 사례의 비율 등으로 이루어지고 있다.

캠든의 경우 체제의 적절성 여부의 평가를 위하여 지방정부에 회부된 주민의 수는 5,435명, 평가 후 사회 서비스가 더 이상 필요 없다고 결정된 사례의 비율은 19%, 1개의 기관에서 처리해야 한다고 결정된 사례의 비율은 76%, 2개 이상의 기관의 서비스가 필요하다고 결정된 사례의 비율은 5%로 나타났다.

그리니치의 경우 체제의 적절성 여부의 평가를 위하여 지방정부에 회부된 주민의 수는 8,204명, 평가 후 사회 서비스가 더 이상 필요 없다고 결정된 사례의 비율은 3%, 1개의 기관에서 처리해야 한다고 결정된 사례의 비율은 75%, 2개 이상의 기관의 서비스가 필요하다고 결정된 사례의 비율은 21%로 분석되었다.

헤크니의 경우 체제의 적절성 여부의 평가를 위하여 지방정부에 회부된 주민의 수는 18,249명, 평가 후 사회 서비스가 더 이상 필요 없다고 결정된 사례의 비율은 25%, 1개의 기관에서 처리해야 한다고 결정된 사례의 비율은 50%, 2개

이상의 기관의 서비스가 필요하다고 결정된 사례의 비율은 25%로 각각 조사되었다.

(h) 장비의 제공

본 항목은 3주 이내의 평가를 위하여 제공되는 1000파운드 이하의 경비가 소요되는 장비의 비율로 평가되는 항목이다. 캠든은 75%, 그리니치는 90%, 헤크니는 85%의 비율을 보였다.

(i) 휴식 돌봄

본 항목은 지방정부가 제공하는 야간 휴식 돌봄의 건수를 측정한다. 캠든의 경우 4,809건, 그리니치는 11,178건, 헤크니는 5,614건으로 분석되었다.

(j) 보호를 필요로 하는 어린이

본 항목은 지방정부가 돌보고 있는 어린이의 수, 거주지가 제공된 어린이 비율, 입양아의 비율, 가정이 독립적으로 돌보고 있는 어린이의 비율, 기타의 방법으로 돌보고 있는 어린이의 비율, 이 중에서 연간 3회 이상 가정을 옮기는 어린이의 비율로 측정·평가된다.

캠든의 경우 지방정부가 돌보고 있는 어린이의 수는 256명, 거주지가 제공된 어린이 비율은 16%, 입양아의 비율은 72.3%, 가정이 독립적으로 돌보고 있는 어린이의 비율은 0.4%, 기타의 방법으로 돌보고 있는 어린이의 비율은 11.3%, 이 중에서 연간 3회 이상 가정을 옮기는 어린이의 비율은 7.3%로 나타났다.

그리니치의 경우 지방정부가 돌보고 있는 어린이의 수는 249명, 거주지가 제공된 어린이 비율은 13.3%, 입양아의 비율은 64.7%, 가정이 독립적으로 돌보고 있는 어린이의 비율은 3.6%, 기타의 방법으로 돌보고 있는 어린이의 비율은 18.5%, 이 중에서 연간 3회 이상 가정을 옮기는 어린이의 비율은 4.8%로 나타났다.

헤크니의 경우 지방정부가 돌보고 있는 어린이의 수는 460명, 거주지가 제공된 어린이 비율은 12%, 입양아의 비율은 82%, 가정이 독립적으로 돌보고 있는 어린이의 비율은 1.0%, 기타의 방법으로 돌보고 있는 어린이의 비율은 5.0%, 이 중에서 연간 3회 이상 가정을 옮기는 어린이의 비율은 15%로 나타났다.

(k) 보호가 필요한 어린이 등록부

어린이 보호를 위한 사회 서비스는 어린이 보호 등록부에 기재된 어린이 수와 지난 2년간의 통계를 비교한 비율로 측정, 평가된다.

캠든의 경우 등록부에 기재된 어린이의 수는 224명, 지난 2년간의 통계와 비교한 비율은 48%로 나타났다. 그리니치의 경우 등록부에 기재된 어린이의 수는 389명이며 2년간의 통계와 비교한 비율은 10%로 조사되었다. 헤크니의 경우 등록부에 기재된 어린이의 수는 140명이며, 지난 2년간의 통계와 비교한 비율은 6%로 집계되었다.

(l) 사회서비스 경비

사회서비스에 소요되는 경비도 사회서비스를 평가하는데 중요한 지수이다. 경비는 노인과 신체적 장애자에 소요되는 주민 1인당 경비, 학습 장애가 있는 주민에 대한 주민 1인당 경비, 정신장애자에 대한 주민 1인당 경비, 어린이와 관련된 주민 1인당 경비, 기타 경비, 총 경비 등으로 세분하여 분석하고 있다.

켐든의 경우 노인과 신체적 장애자에 소요되는 주민 1인당 경비는 130파운드, 학습 장애가 있는 주민에 대한 주민 1인당 경비는 33파운드, 정신장애자에 대한 주민 1인당 경비는 29.00파운드, 어린이와 관련된 주민 1인당 경비는 93파운드, 기타 경비는 7파운드, 총 경비는 292파운드였다.

그리니치의 경우 노인과 신체적 장애자에 소요되는 주민 1인당 경비는 100.15파운드, 학습 장애가 있는 주민에 대한 주민 1인당 경비는 27.72파운드, 정신장애자에 대한 주민 1인당 경비는 16.70파운드, 어린이와 관련된 주민 1인당 경비는 84.98파운드, 기타 경비는 5.85파운드, 총 경비는 235.40파운드로 분석되었다.

헤크니의 경우 노인과 신체적 장애자에 소요되는 주민 1인당 경비는 142.08파운드, 학습 장애가 있는 주민에 대한 주민 1인당 경비는 47.80파운드, 정신장애자에 대한 주민 1인당 경비는 26.37파운드, 어린이와 관련된 주민 1인당 경비는 131.85파운드, 기타 경비는 12.42파운드, 총 경비는 360.51파운드로 분석되었다.

⑫ 도서관 서비스(The provision of a public library service)

도서관 서비스의 측정과 평가는 장서의 수, 기타 품목의 수, 주당 45시간 개관하는 도서관 수, 주당 30-44시간 개관하는 도서관 수, 주당 10-29시간 개관하는 도서관 수, 이동도서관의 수, 이용객의 수, 책 및 기타 물품에 소요되는 1인당 경비, 도서관에 소요되는 1인당 경비로 이루어진다.

캠든의 경우 장서의 수는 1,221,598권, 기타 품목의 수는 207,673개, 주당 45시간 개관하는 도서관 수는 0개, 주당 30-44시간 개관하는 도서관의 수는 7개, 주당 10-29시간 개관하는 도서관의 수는 6개, 이동도서관의 수는 1개, 이용객의 수는 1,436,451명, 책 및 기타 물품에 소요되는 1인당 경비는 3.25파운드, 도서관에 소요되는 1인당 경비는 30.53파운드로 나타났다.

그리니치의 경우 장서의 수는 1,332,132권, 기타 품목의 수는 184,146개, 주당 45시간 개관하는 도서관의 수는 0개, 주당 30-44시간 개관하는 도서관의 수는 5개, 주당 10-29시간 개관하는 도서관 수는 8개, 이동도서관의 수는 3개, 이용객의 수는 976,937명, 책 및 기타 물품에 소요되는 1인당 경비는 2.97파운드, 도서관에 소요되는 1인당 경비는 15.44파운드로 나타났다.

헤크니의 경우 장서의 수는 932,798권, 기타 품목의 수는 123,827개, 주당 45시간 개관하는 도서관의 수는 0개, 주당 30-44시간 개관하는 도서관의 수는 8개, 주당 10-29시간 개관하는 도서관 수는 6개, 이동도서관의 수는 0개, 이용객의 수는 1,175,668명, 책 및 기타 물품에 소요되는 1인당 경비는 2.17파운드, 도서관에 소요되는 1인당 경비는 25.92파운드로 나타났다.

⑬ 소론

우리나라의 지방정부 및 지방행정기관 등은 시민헌장 내지는 서비스 헌장의 제정에 많은 관심과 노력을 기울이고 있었다. 부산광역시 북구청은 1998년 4/4분기에 구민헌장을 발표하여 구민들로부터 호응을 얻은 바 있다. "세계에서 가장 친절한 북구청 만들기"를 구호로 제작된 북구청의 구민헌장은 행정방향과 내용을 쉬운 표현으로 구민에게 알리고 있다. 다만 구체적인 감사지표를 담고 있지는 않았다.

시민헌장은 지역주민을 행정서비스의 단순한 수혜자로 간주하기보다는 고객으로 파악하고 있다는 점에 주목할 필요가 있다. 이는 지방정부가 기업경영원리에 따라 운영되어야 한다는 논리를 전제로 한 것이다. 따라서 영국의 시민헌장에서 기본목표를 달성하기 위하여 예시된 방안들, 예를 들면 경쟁원리의 도입, 민영화, 성과급, 독립된 감사기구의 도입, 행정 목표의 공개, 평가기준의 공개, 고충처리 절차 및 구제방안 등도 적극적으로 도입하여야 할 것이다.

특히 앞장에서 살펴본 것처럼 행정서비스의 평가를 위하여 영국의 시민헌장이 제시한 측정지표는 우리에게 많은 시사점을 주고 있다. 대 주민 접촉 서비스(Dealing with the public), 주택서비스(The Provision of housing accommodation), 무주택자에 대한 서비스(Housing the homeless), 쓰레기 수거(Refuse collection), 쓰레기 처리(Waste disposal), 개발통제(Control over development), 주택자금 및 지방세 보조금(The payment of housing benefit and council tax benefit), 지방세 징수(The collection of council tax), 레저와 레크리에이션(Leisure and recreation), 지역 환경(The local environment), 교육서비스(The provision of an educational service), 사회서비스(The provision of social services), 도서관 서비스(The provision of a public library service) 등의 지표는 다소의 수정을 거친다면 우리나라의 지방정부에도 적용할 수 있을 것으로 보인다. 비록 영국의 시민헌장제도는 1990년대 제도이지만 지방정부 성과관리의 차원에서 크게 참고가 될 것이다. 향후 지방정부의 행정서비스의 질을 계량화한다면 주민의 지방행정에 대한 관심도 크게 제고될 것이다.

9) 주민자치의 기본조례 제정

지방분권개혁을 지방에서 실현한다는 것은 곧 주민자치를 구현하는 것이다. 지방분권개혁으로 중앙정부의 관여 수준이 낮아진 반면 주민참여의 폭이 커지기 때문이다. 주민소환제도, 주민감사청구제도의 개선, 주민참여예산제도, 주민소송제도, 주민투표제도 등은 주민참여를 주민의 권리인 동시에 의무로 규정하는 제도이다.

지방의회가 위상을 정립하기 위한 최선의 방안은 이러한 시대적 분위기에 발맞추어 지방의회를 운영하는 것이다. 제주특별자치도의회가 자치입법제안센터를 설치하여 주민들의 아이디어를 수집하는 사례도 주민자치를 구현하는 좋은 대안 중의 하나이다(김순은, 2011e).

지방의회가 주민자치의 정신을 구현하는 또 하나의 제도적 방안은 주민자치의 기본조례를 제정하는 것이다. 일본의 경우 지방정부 수준의 기본조례로서 자치기본조례, 행정기본조례, 의회기본조례가 있다. 지방의회의 관점에서는 자치기본조례와 의회기본조례를 제정하는 것이 바람직할 것이다. 행정기본조례는 집행기관에서 제정할 사안이기 때문이다.

(1) 자치기본조례[42)]

일본은 19세기 말 근대적 지방자치를 도입하면서 대륙식의 단체자치를 따랐다. 이로 인해 일본의 지방자치는 행정의 성격이 강했으며 중앙집권식 국정운영을 바탕으로 근대화에 성공하였다. 따라서 일본의 지방자치에서 주민자치의 요소를 발견하는 것은 쉽지 않다. 헌법이나 법령에서도 제한적인 범위 내에서 주민자치를 인정하였다.

그런데 1995년 발생한 한신대지진이 주민참여의 새로운 지평을 여는 계기가 되었다. 적극적이고 자발적인 NPO의 자원봉사와 주민참여가 없었다면 재해 복구는 상당히 지연되었을 것이다. 정부는 이 일을 계기로 주민참여와 주민자치에 대한 새로운 인식을 갖게 되었다 (世古, 2000; 김순은, 2011a). 중앙정부는 주민참여와 NPO의 활성화를 위하여 1998년 특정비영리활동촉진법(이하 NPO법)을 제정하였고, 아울러 2000년 이후 실시된 지방분권으로 주민자치의 분위기가 매우 고조되었다. 이러한 분위기 하에서 지방정부의 차원에서 추진한 것이 자치기본조례의 제정이다. 1997년 이후 일본의 지방정부가 경쟁적으로 도입한 자치기본조례는 주민자치원리에 기초한 것이다.

(가) 자치기본조례의 전개와 내용

① 자치기본조례의 전개

일본에서 채택한 자치기본조례는 다양한 명칭으로 불리고 있다. 자치기본조례, 행정기본조례, 마을 만들기 이념조례(まちづくり 理念條例), 마을 만들기 기

---

42) 필자(2011f)의 '일본 지방정부의 자치기본조례의 내용과 의의'를 수정 및 보완하였다.

본조례(まちづくり 基本條例) 등이 대표적인 예이다. 주민참가기본조례를 여기에 포함시키기도 한다(西尾, 2006). 여기에서는 자치기본조례라는 용어를 사용하였다.

최초로 제정된 자치기본조례가 무엇인지에 대해서는 논란이 있다. 기본조례라는 명칭은 2001년 홋카이도 니세코마치에서 처음으로 사용하였다. 그러나 오사카부 미노시(箕面市)가 1997년에 제정한 “마을 만들기 이념조례”의 내용을 보면 간략하기는 하지만 자치기본조례의 기본적인 내용이 포함되어 있다는 점에서 오사카부 미노시의 조례를 최초로 보아도 무방할 것이다. 2011년 기준으로 전국에서 80여 개의 자치기본조례가 제정되었고, 주민투표제도는 20여 개의 지방정부에서 채택하고 있으며, 그 외 주민참가조례를 별도로 채택한 지방의회도 20여 개에 달한다. 오사카부 미노오시의 경우 1997년 3월 31일 “마을 만들기 이념조례”와 “시민참가조례”를 각각 제정하여 여타 지방정부에 적지 않은 영향을 끼쳤다.

② 자치기본조례의 정의와 내용

(a) 자치기본조례의 정의

일본은 19세기 말 이후 대륙식 단체자치의 원리를 국정에 도입하여 중앙집권식 체제를 확립한 국가이다. 따라서 주민자치의 전통이 확립될 수 없었다. 그럼에도 불구하고 주민자치의 중요성을 인식하고 지방정부 차원에서 그 원리를 제도로서 확립하고자 한 것이 자치기본조례라고 할 수 있다. 조례의 문구는 다소 차이가 있지만 일본의 모든 자치기본조례는 주민자치의 활성화, 자치발전을 위한 지방정부의 혁신, 지역 내 자치기본조례의 최고법규성을 명확히 하고 있다. 예를 들면 미노시 마을 만들기 기본조례 제3조에서는 시민이 마을 만들기의 주체임을 명확히 하고 있으며 니세코마치 마을 만들기 기본조례 제10조에서도 주민이 주체임을 규정하였다. 이카시(伊賀市)의 자치기본조례 제1조에서는 주민자치의 틀을 제도화할 것을 명시하고 있다.

(b) 자치기본조례의 필요성

자치기본조례의 필요성에 대해서는 크게 3가지로 요약할 수 있다. 첫째, 지방분권개혁과의 연계 필요성이다. 즉 지방분권개혁을 통하여 지방정부에 상당한 권한이 이양됨에 따라 지방에 대한 인식이 종전의 '자치단체'에서 '지방정부'로 변화하였으며 이에 부응하는 지방정부의 자기혁신이 요구되었다. 즉 자기혁신의 차원에서 자치기본조례의 필요성이 제기된 것이다.

둘째, 주민의식이 변화함에 따라 지방정부도 새롭게 대응할 필요성이 생겼다. 주민들은 지방정부의 운영 방식이 변화해야 한다고 생각하게 되었고 자기결정의 중요성을 인식하게 되었다. 이를 수용하여 마련한 제도가 자치기본조례이다.

셋째, 지방정부를 둘러싼 환경의 변화이다. 지방정부의 재정적·행정적 여건이 점차 나빠짐에 따라 정책과정에서 시행착오를 최소화할 것이 절실히 요구되었다. 이에 따라 주민의 다양한 의견과 전문성을 받아들이게 되었고 지방정부와 주민, NPO의 협동이 어느 때보다 중요해졌다. 지방행정에 한계가 있다는 인식이 확산된 점도 중요하게 작용하였다. 행정이 독점하였던 공공의 영역을 이제는 주민, NPO, 지역사회가 분담하게 됨에 따라 여기에 부응하는 제도의 마련이 요구된 것이다.

(c) 자치기본조례의 주요 내용

자치기본조례의 목표는 앞에서 논의하였듯이 주민자치의 기본정신과 이념에 기초하여 미래지향적인 지역을 확립하는데 있다. 따라서 일본의 자치기본조례들에서는 공통적으로 이러한 목표를 달성하기 위한 기본적인 사항을 다음과 같이 정하고 있다. 마을 만들기(시정운영)의 방향성과 장래상, 주민의 권리(생활권, 지방행정에의 참가권, 정보공개청구권 등), 지방정부(단체장, 의회, 직원)의 책무, 주민과 사업자의 책무, 주민참여의 절차와 틀, 주민투표의 틀, 주민협동의 틀과 NPO 지원, 분야별 시책의 방향성, 자치기본조례의 최고규범성, 개정절차 등이 그것이다. 미노시 마을 만들기 이념조례(이하 미노시 이념조례)를 중심으로 설명하면 다음과 같다.

미노시의 이념조례는 자치기본조례의 이념으로 건강과 복지의 마을 만들기, 문화창조의 마을 만들기, 환경과의 공생과 조화, 자연과의 조화, 다세대의 공생, 안전한 마을 만들기를 열거하고 있다. 즉 창조도시와 지속가능한 도시를 지향한다고 할 수 있다. 그리고 이러한 이념을 실현하기 위하여 자치의 기본원칙을 정하고 있다. 자치의 기본원칙으로는 주민의 기본 인권 존중, 주민과 지방정부의 신뢰와 협동, 주민상호간의 신뢰와 협동, 문화 다양성, 지구환경 보존, 주민참가, 정보공유 등이 있다.

주민의 기본 인권으로는 편안한 생활권, 자기실현의 권리, 선거권·피선거권·해직청구권·지방의회 해산청구권·조례의 제정개폐청구권·감사청구권, 지방행정에 관한 알 권리, 정책과정에의 참여권, 지방행정에 의견제시권 등이 예시되고 있다.

한편 주민은 주민상호간의 협력을 추진하고, 지방정부와의 협력을 통하여 지역사회의 발전에 주체적으로 참여하여야 한다는 책무를 수행하여야 한다. 지방정부의 장은 주민들이 지방행정에 용이하게 참여할 수 있도록 각 조건을 정비하고 정보를 공개하여야 함은 물론 개성이 넘치고 활력이 있는 지역사회의 형성을 위하여 진력하여야 한다. 또한 자치기본조례는 지방의회가 권한을 행사함에 있어서 지역의 자치발전 및 주민의 복지향상을 위하여 노력하여야 한다는 점과 정보의 공개 및 열린 의정을 위한 책무를 규정하고 있다. 지방의원에게도 품위를 유지하고 항상 주민의 이익을 위하여야 한다고 요구하고 있다. 그 외에도 지방행정의 솔선수범의 기본원칙, 기본구상 및 기본계획의 위상, 정보공개, 개인정보 보호, 공공의견제도, 설명책임, 요망 및 진정 등의 대응, 옴부즈맨, 적법·공정한 행정운영, 행정 서비스의 기본원칙 등을 규정하고 있다.

자치기본조례는 주민참여의 도구로서 주민투표에 관한 규정도 포함한다. 그런데 주민투표제도는 여러 가지 형태로 운영되고 있다. 별도의 상설 주민투표조례를 제정하거나, 사안이 있을 때마다 일시적으로 조례를 제정하거나, 지방자치법 상의 조례제정청구제도를 활용하는 예가 있다.

(나) 자치기본조례의 평가와 의의

일본의 자치기본조례는 이념형과 종합형으로 나누어 평가할 수 있다. 전자는 주민자치의 당위성과 방향성만을 규정하고 기타 이행방안에 대해서는 별도의 조례로 위임하는 형태이다. 대표적인 예가 오사카부 미노시 이념조례이다. 미노시가 채택한 이념조례를 실현하려면 시민참가조례, 시민협력추진조례, 상설형 주민투표조례 등이 수반되어야 한다. 미노시의 경우 시민참가조례가 별도로 제정되어 있다.

반면 종합형은 자치기본조례에 이념 뿐 아니라 주민투표 등 주민참여의 내용, 지방정부의 장, 지방의회, 기타 지방행정기관의 책무, 나아가 주민자치에 관한 사항들을 규정하는 형태이다. 대표적인 예가 미에현 이카시 자치기본조례를 들 수 있다. 미에현 이카시는 주민자치에 기초한 지역창생, 지속가능한 순환형 지역의 형성, 정보공유에 의한 도시의 창조성을 자치기본조례의 기본이념으로 하고 있다.

자치기본조례도 조례의 한 종류이다. 따라서 단체자치의 전통이 강한 일본에서 자치기본조례의 내용이 상위법령에 위반될 시에는 무효가 된다는 것은 논란의 여지가 없다. 그럼에도 불구하고 2011년까지 전국에서 80여 개 지방정부가 자치기본조례를 채택하였다. 그것은 주민자치의 제도화라는 데에 의미가 있기 때문이다.

현재 일본에서 확산되고 있는 자치기본조례는 보완성의 원리를 지방정부와 중앙정부 사이에만 적용하는 것이 아니라, 개인, 가족, 지역사회, 지방정부 간에도 적용하여 아래 단위에서 해결할 수 있는 것은 아래 단위에서 해결하는 것이 장기적으로 지속가능한 발전에 기여한다는 공감대의 표현이라고 할 수 있다.

(다) 소론

일본에서 시행되고 있는 자치기본조례가 주민자치의 기본 원리 위에서 논의되고 있음은 앞에서 설명하였다. 단체자치의 전통이 강한 일본에서 자치의 본질을 실현하기 위해서는 주민자치의 원리가 존중되어야 한다는 것을 확인해 주는 사례이다. 앞으로 우리는 자연환경과의 조화, 다양한 문화의 수용, 사회 통합 등 지속가능한 발전을 위해서 피할 수 없는 과제들에 직면하게 될 것이다. 그런데 이러한 과제에 대한 대응은 주민의 자발적 참여와 협력이 없이는 불가능하다. 일본의 자치기본조례는 바로 주민의 참여와 협력을 제도적으로 뒷받침하는 제도라 할 수 있다. 비록 미국의 도시헌장(Home-rule charter)의 효력에는 미치지 못하지만 향후 지방정부의 방향성을 정립하는 데에는 큰 효과가 있을 것이라고 평가할 수 있다.

(2) 의회기본조례[43]

(가) 지방의회의 개혁

① 개혁의 방향

일본의 지방의회는 1999년 지방분권일괄법의 제정으로 지방분권이 실시된 이후 커다란 변화를 겪기 시작하였다. 우선 지방의회의 권한이 강화되었다. 기관위임사무의 폐지로 지방의회가 모든 지방정부의 사무에 관한 결정권한을 가지게 되었기 때문이다. 또한 지역의 주민들은 지방분권개혁으로 어느 때보다도 행정에 많은 관심을 갖게 되면서 지방의회가 주민들로부터 새롭게 주목을 받게 되었고 활약이 크게 기대되었다. 종전 지방의회의 운영 방식으로는 처리하지 못한 상황이 전개된 것이다. 이에 부응하기 위하여 지방의회제도의 개혁이 본격적으로 논의되기 시작하였다.

지방의회의 개혁방향은 정책 추인형 지방의회에서 정책 제안형 지방의회로, 어려운 용어를 쓰는 지방의회에서 쉬운 용어로 주민에게 열린 지방의회로 전환하는 것이었다(加藤, 2009). 정책 제안형 의회라 함은 집행기관이 발의한 조례나 의안을 추인하는 의회가 아니라 지역주민의 목소리에 기울이고 주민들이 원하는 사항을 정책화하여 심의하는 의회를 의미한다. 주민에게 열린 의회라 함은 어려운 법률용어 또는 형식적인 용어를 사용하는 것이 아니라 쉬운 용어로, 일상용어로 지방의회를 운영함으로써 주민들이 접근하기 쉬운 의회를 의미한다. 뿐만 아니라 지방의회의 활동내용을 웹페이지나 회의보를 통하여 주민에게 알려 주민과 함께하는 의회를 의미한다.

② 지방의회 개혁의 내용

지방의회의 개혁은 집행기관의 경우와는 다르다. 집행기관은 지방정부의 장의 의지에 따라 개혁성과가 좌우되는 경향이 강하다. 반면 지방의회는 합의제 기관이기 때문에 의원의 과반수가 동의하지 않으면 개혁이 이루어지지 못한다. 따라서 집행기관의 개혁보다 성과가 낮다. 그럼에도 일본에서는 크게 2단계에

43) 필자(2011e)의 '제주특별자치도의회 출범 20주년의 성과와 새로운 위상정립을 위한 과제'를 수정·보완하였다.

걸친 의회개혁이 이루어졌다(加藤, 2009; 竹下, 2010).

제1차 지방의회 개혁은 구태의연한 지방의회 제도와 행태에 대한 비판으로부터 시작되었다. 자료조사와 연수를 표방한 관광 중심의 국·내외 출장, 연수 후 직원이나 여행사가 작성하는 연수보고서, 일정을 부풀린 허위출장 신청, 의회 사무처 직원의 공무 외 사역, 정무조사비의 목적 외 사용 등이 지방의회에 대한 비판 대상이 되었다. 주로 NPO나 매스컴이 비판자 역할을 하였다. 1993년 효고현의 아마가사키시(尼岐市)는 시의원의 허위출장이 문제가 되어 의회를 해산하는 상황이 초래되었다.

이에 대한 지방의회의 대응이 제1차 지방의회 개혁이었다. 관행적으로 내려오던 구습을 타파하는 것이 주된 내용이었다. 여기에는 지방의회의 1문 1답식 운영방식의 개선, 위원회의 원칙적 개방 등으로 지방의회의 운영조례 및 회의규칙을 개정하는 것이 포함되었다. 이외에도 정무조사비를 규정에 맞게 사용하고, 지방의회를 홈페이지 및 CCTV를 통해 중계하게 되었으며, 의회보의 내용이 충실해지는 등의 변화가 이루어졌다. 제1차 개혁은 주로 지방의회의 수준에서 조례와 규칙을 개정한 개혁이라고 할 수 있다.

제2차 개혁은 2000년 지방분권일괄법의 시행으로 시작되었다. 이 개혁은 지방의회의 조직과 운영 등에 관한 지방자치법 개정을 통한 개혁이라고 할 수 있다. 제2차 개혁의 배경은 지방분권일괄법의 개정으로 지방의회의 권한과 책임이 강화된 데 있다. 그럼에도 불구하고 2006년 발생한 유바리시(夕張り市)의 재정위기는 지방의회의 개혁을 촉구하는 계기가 되었다. 당시 유바리시의 사례[44]는 지방의회의 무용론까지 촉발시켰고, 그 결과 유바리시의회는 의원 정수가 18명에서 9명으로 축소되어 전국에서 최소의 인원을 갖는 시의회가 되었다. 제2차 지방의회 개혁은 정무조사비의 투명한 사용과 영수증 처리, 의원보수 삭감과 정원 축소 등이 추진되었다.

44) 유바리시는 재정위기로 인하여 2007년부터 준용재정재건단체가 됨으로써 혹독한 개혁프로그램을 실시하였다. 시민의 주민세, 각종 공공요금이 상승하였고 공무원의 수가 269명에서 103명으로 감소하였다.

(나) 지방의회의 개혁과 의회기본조례

① 의회기본조례의 의의

일본에서 지방의회의 질적인 변화를 요구하는 상황 하에서 대두된 것이 지방의회의 기본조례이다. 종전의 일본 지방의회는 우리나라와 같이 의회의 운영과 관련된 다수의 조례와 규칙을 토대로 운영되었다. "지방의회 상임위원회 구성 및 운영 조례"와 "지방의회의 회의규칙" 등이 대표적인 규정이었다. 각각의 조례와 규칙에서 규정되었던 지방의회의 이념, 지방의회의 회의운영 원칙 등을 지방의회의 최고규범으로 종합화한 것이 지방의회기본조례이다(神原, 2008). 2006년 홋카이도 쿠리마치초(栗山町)에서 일본 최초의 의회기본조례가 제정된 이후 현재까지 100여 개의 지방의회에서 지방의회기본조례를 제정하였다.

의회기본조례의 의의로는 크게 3가지가 거론되고 있다. 첫째, 의회기본조례는 지방분권의 결과 강화된 지방의회의 자주권과 책임성을 나타낸다. 지방의회의 운영과 관련된 기본방침, 의원 정수, 정례회의 횟수 등 지방의회의 운영뿐만 아니라 시민참여를 추진하고 정보공개를 목표로 하는 지방의회의 최고규범이기 때문이다.

둘째 의의는 지방의회가 의회기본조례의 제정을 통하여 새로운 위상을 정립한다는 것이다. 기관분리형의 구조 하에서 지방의회의 기본이념과 기본방침을 논의함으로써 의원들 스스로 지방의회의 위상을 정립한다. 실제로 일본에서 제정된 대부분의 의회기본조례 제1조에서 기관분리형 지방정부 구조 하에서의 지방의회의 역할과 위상을 규정하고 있다.

셋째 의의는 의회기본조례는 의원들이 발의하고 조례의 작성단계부터 주민참여가 이루어진다는 점이다. 의회기본조례안을 발의함으로써 의원의 조례발의능력을 제고하고, 주민참여를 통하여 열린 의회를 지향한다는 점이 향후 지방의회의 발전방향이 될 것이다.

(다) 자치기본조례와 의회기본조례

의회기본조례는 의회를 중심으로 규정한 의회 내 최고 규범의 성격을 띠고 있다. 일본의 지방정부는 이 외에 지방정부의 운영이념이과 방식을 규정한 최고

규범으로 자치기본조례를 제정한다(김순은, 2011a). 자치기본조례를 제정한 지방정부의 수는 130여 개에 이르며, 이 조례는 지방분권의 상징이 되었다. 기본조례 중에 행정과 관련된 기본조례를 행정기본조례라 명명한다.

일본은 우리나라와 같이 기관분리형의 지방정부 구조를 채택하고 있지만 지방정부의 법논리는 다소 상이하다. 우리나라는 기관분리형이지만 일반적으로 지방의회를 지방정부의 최고 정책기관으로 인식한다. 일본처럼 2원대표제라고 하지는 않는다. 반면 일본은 2원대표제라는 용어에서 알 수 있듯이 통상 지방의회와 집행기관을 대등한 관계에서 해석한다. 따라서 의회의 기본규범으로서 의회기본조례, 행정의 기본규범으로서 행정기본조례를 제정하는 것이 기본적인 형태이다. 비록 자치기본조례라는 명칭이 사용되어도 지방의회에 관한 내용이 없으면 행정기본조례라 보면 된다.

이론적으로 자치기본조례는 의회기본조례나 행정기본에서 누락되거나 양 조례의 상위규범으로서 규정하여야 할 부분에 대한 최고법규성의 조례라고 할 수 있다. 실제적으로는 자치기본조례가 행정기본조례의 성격을 갖는 경우가 많다(加藤, 2011).

우리나라의 경우 지방의회가 발의하여 지방행정의 기본적인 사항과 원칙을 행정기본조례로서 규정하는 것이 법이론적으로 전혀 문제가 되지 않는다. 그러나 의회기본조례에서는 의회에 관한 사항만을 다루는 것이 집행기관과의 마찰을 줄일 수 있는 방안이다. 아울러 지방정부의 최고 법규범으로 주민자치의 원칙을 담는 자치기본조례를 제정하는 것도 가능할 것이다.

(라) 의회기본조례의 내용

① 의회기본조례의 기본요소

자민당 연립정부가 구축한 지방분권일괄법 이후 집권한 민주당이 지역주권을 강조하면서 지방분권에 대한 기대는 더욱 커졌다. 지방정부의 역할과 기능이 확대됨에 따라 지방의회의 자주결정권과 책임이 더욱 커진 것은 당연한 일이었다. 집행기관은 자치기본조례를 제정하면서 지방분권에 대한 대응력을 높이려고 노력한 반면 지방의회의 대응은 늦었다는 것이 일반적인 평가였다(木下 외3, 2010).

지방의회의 첫 대응은 홋카이도 쿠리야마초의 의회기본조례였다. 의회기본조례는 의회보고회의 신설, 청원·진정자의 의견 제출, 의원 간의 자유토론이 핵심적인 내용이었다. 의회보고회는 의회가 정례회나 임시회가 종료되면 시민을 상대로 보고회를 갖는 것이다. 의회에게는 시민으로부터 신뢰를 획득하는 기회이며 주민에게는 의정에 참여하는 기회로서 활용되고 있다. 또한 시민들이 의회의 논의과정에서 직접 청원이나 진정을 할 수 있는 제도는 주민참여에 의한 주민자치의 완숙이라고 할 수 있다. 한편 지방의회가 의결기관으로 의결을 하는 행위 못지않게 논의과정 또한 매우 중요하다. 논의과정이 형식적으로 이루어진다면 의결기관으로서 책무를 다했다고 할 수 없다. 의원의 자유토론이야말로 의결기관의 기본사항이다.

쿠리야마초의 조례 제정 이후 의회보고회의 신설, 청원·진정자의 의견진출, 의원 간의 자유토론을 필수요건으로 하여 의회기본조례를 제정하여야 한다는 주장이 제기되었다(木下 외3, 2010). 실제로 많은 의회기본조례가 이러한 요건을 중심으로 제정되었다.

② 의회기본조례의 기본내용

실제로 제정된 의회기본조례의 내용을 분석하면 상기에서 논의한 3가지 기본요건을 포함하여 의회 운영에 관한 사항, 주민 참여에 관한 사항, 열린 의회를 위한 사항, 기타 의원의 책무 등으로 대분하여 규정함을 알 수 있다.

(a) 의회의 운영에 관한 규정

의회의 운영에 관련하여 일문일답식 운영, 폐회 중에도 의원이 서면으로 집행기관의 장에게 질문하는 제도, 집행정부의 장의 정책제안에 대하여 상세한 설명을 요구할 수 있는 제도, 집행기관의 장의 답변권 보장, 지방의회의 의결사항에 종합계획·도시계획 등을 추가, 예산 및 결산 시 정책설명, 예산편성에 있어 의회의 정책요구 존중, 의원상호간의 자유토론 보장 등이 규정되어 있다.

(b) 주민의 참여에 관한 규정

청원이나 진정사항이 있는 주민들의 의견진술권 보장, 주민·주민단체·NPO 등과의 의견교환 보장 등의 규정을 마련하고 있다.

(c) 열린 의회를 위한 규정

의원 및 주민이 자유롭게 정보 및 의견 교환이 가능한 일반회의 개최, 의안에 참여한 의원의 찬부 공개, 전 의원이 참석하는 의회보고회 개최, 학교에서 의원의 강좌 개설, 회의의 원칙적 공개와 방청 충실 등에 관한 규정을 담고 있다.

(d) 기타 의원의 책무에 관한 규정

의회기본조례는 의원들의 책무로서 정무조사비의 사용기준 마련 및 정보 공개, 의원의 사명과 역할, 의원활동의 명확화, 의회의 역할 및 회파의 역할 명확화, 의원의 자질향상 및 윤리에 관한 사항, 의회사무국의 정의와 역할, 의회 홍보의 내실화 등을 담고 있다.

V. 지방의회의 선거제도 개선

1. 선거구제도

1) 우리나라 선거구제도의 변천

우리나라는 1960년대 이후 다양한 선거제도를 실험하였다. 1991년 지방의회가 부활되면서 기초·광역의원 선거 모두에 소선거구제를 도입하였다. 1995년 광역선거에서 10%의 비례대표제를 도입하였고, 2000년 지방선거에서 정당명부식 투표를 도입하였다. 2002년 광역지방선거에서는 정당명부식 비례대표에 여성에게 50%를 공천하는 제도가 가미되었으며, 2006년 지방선거에서는 기초의원 선거에도 비례대표제가 도입되었다. 광역과 기초의원 선거에서 비례대표 여성후보가 홀수번호를 갖게 되었다. 이렇듯 다양한 선거제도를 실험함으로써 시대 상황에 대처해온 것이다. 그러나 때로는 집권당의 정략적 목적으로 선거구제도가 변화되기도 하였기에 현재도 여러 가지 문제점이 지적되고 있다.

만약 지방의원 선거구제도를 개선하여야 한다면 개선 목적이 분명하여야 한다. 다음 절에서는 현재 논의되는 선거구제도의 개선목적을 다룬다.

2) 지방의원 선거구 제도개선의 목적

(1) 지역주의 선거행태의 개선

지방의원 선거를 개혁하고자 하는 데 있어 우선 개혁의 목적이 무엇인지를 검토하여야 한다. 이것은 우선 그간 실시되었던 지방선거의 문제점으로부터 도출할 수 있을 것이다. 우리나라에서 지방선거는 물론 모든 선거에서 두드러진 행태는 지역선거라는 점이다(박광주, 1989; 김순은, 2010b). 선거 때마다 호남지역과 영남지역 및 충청지역으로 표가 갈리는 현상이 확연하게 드러나기 때문이다. 따라서 지역주의 선거행태를 완화시킬 수 있는 제도가 우선적으로 고려되어야 할 것이다. 지역주의 선거행태의 개선은 사회통합의 관점에서도 매우 중요한 이슈이다(송광태 외1, 2010).

(2) 여성의원의 확대

여성의원의 참여를 확대하여야 한다. 기초의원의 중선거구제와 비례대표제의 도입으로 여성의원의 비율이 높아졌지만 남녀 유권자 비율을 고려하면 아직도 여성의원의 비율이 낮다. 다른 나라와 비교해 보아도 낮은 편에 속한다.

지방정부가 처리하는 다수의 사무가 보건, 복지, 환경, 교육 등 생활정치와 밀접한 과제이기 때문에 여성의 관점에서 분석하고 논의하여야 할 필요성이 있다. 여성관련 이슈를 남성의원들만이 참석하여 논의하게 되면 불균형한 결과를 낳을 수 있다. 지방정부의 정책적 이슈를 성적으로 균형이 맞는 상태에서 논의할 필요성이 있다.

3) 지방의원 선거구 제도개선의 방향

상기에서 논의한 선거구 제도개혁의 목적을 달성하기 위해서 세 가지 방안을 제안한다. 첫째, 광역의원 선거에도 선거구당 2-3명을 선출하는 중선거구제를 도입하는 것이다. 이미 2006년 지방선거 때부터 도입된 기초의원 중선거구제도가 지역주의를 완화하는데 기여하고 있음을 보았다(김순은, 2010b). 둘째, 이와 더불어 선거구 획정 권한을 각 시·도의회에 이양하는 것도 검토할 만하다. 현재 제주특별자치도의원의 선거구를 제주특별자치도 도의회의원선거구획정위원회의 결정에 따라 조례로 정하도록 하고 있음을 감안할 때 이제는 시·도의회가 담당해도 무방할 것이다.

셋째, 비례대표제의 확대도 제안사항이다. 무엇보다도 현재로서는 여성의원의 비율을 높이는 비례대표제를 확대하는 가장 효과적인 방안이다. 현재 제주특별자치도의회가 20% 이내의 비례대표제를 채택하고 있음을 고려할 때 단계적으로라도 20%까지 상향하는 것도 방안이 될 수 있다.

2. 정당공천제도

지방선거에 있어서 정당의 역할에 대해서도 논란이 많았다. 정당 본연의 성격상 선거에 참여하여 후보자를 공천하고 선거운동을 하는 것이 이론적으로 타당하다는 주장과 우리나라 정당정치의 현실상 지방선거에서의 부작용을 고려하여 정당의 지방선거 참여를 제한하자는 주장이 팽팽하다(Kim, 2010).

정당이 지방선거에 참여함으로써 발생하는 부작용은 지역선거의 병폐, 하향식 공천과 정당공천의 부조리이다. 하향식 공천으로 지방의원들은 실질적으로 공천권을 가진 국회의원의 견해와 다른 목소리를 내기가 어렵다.

이를 개선하기 위해 우리나라의 정당도 다수의 당원들이 당비를 내는 진성당원 중심으로 운영되는 등 선진적인 민주화 과정이 필요하다. 이러한 정당체제하에서는 지방의원의 공천도 상향식 공천이 이루어질 수 있다. 이러한 상황이 될 때까지 만이라도 정당의 지방선거 참여를 제한하는 것이 바람직할 것이다. 비록 정당의 후보 공천권을 금지하지는 못하더라도 정당표방을 금지하는 제도를 도입하여 후보자들이 정당의 후보임을 선거운동 때 활용하지 못한다면 정당참여의 효과는 크게 반감될 것이다. 정당공천을 허용하는 체제가 우리나라에서는 후보들이 막대한 자금을 선거에 소비하는 결과로 이어지고 있다.

사람들 간의 접촉이 잦아 인간적인 측면이 강조되는 사회에서는 비록 제도가 불합리하고 미비하더라도 인간적인 대화와 배려로 해결되었다. 그러나 사람간의 접촉이 적은 사회에서는 공정한 제도를 만들지 않고는 공정하고 선진적인 사회를 만들 수 없다. 정당공천제도는 이런 관점에서 보아야 할 것이다.

3. 선거의 비용과 후원회제도

지역정치에 관심을 가진 젊은 신인들이 선뜻 지방선거에 참여하지 못하는 이유는 다양하다. 새로운 세계의 도전에 대한 심리적 두려움, 신뢰받지 못하는 지역 정치인의 위상, 그리고 막대한 정치비용의 소요 등이 아마도 그들의 정치참여를 제한하고 있을 것으로 추론된다. 특히 소문으로만 떠도는 과다한 정치비용은 젊은 신인은 물론 뜻있는 사람들을 정치로부터 격리시키는 중요한 원인이 되고 있다(Kim, 2010).

선거에 소요되는 비용은 법적으로 인정된 법정비용과 그 외에 소요되는 비용을 통칭한다. 법정비용의 경우 선거 시 득표율 15%를 획득하면 전액 국고에서 보조되며 10%를 달성할 경우 50%를 보전해 주기 때문에 커다란 문제가 되지 않는다.

그런데 우리나라의 지방선거 관행을 보면 편법적으로 상당히 많은 비용이 소요될 것이라 추론할 수 있다. 첫째, 특별당비의 부담이다. 대통령 선거, 국회의원 선거 및 지방선거 때가 되면 지방의원이나 후보 예상자들은 각종 특별당비를 납입한다. 이는 공천권자의 선심을 얻기 위한 방안일 것이다.

둘째, 지방의원 후보 경험자들의 전언에 의하면 특별당비 외에도 공천이 시작되면서 금품수수가 이루어지다고 한다. 지방의원 후보자는 공천권자에게 어떤 방식이든 선심을 얻기 위함이고, 공천권자는 다음의 본인 선거를 위한 선거자금의 확보차원에서 금품을 수수하는 것으로 보인다.

셋째, 선거 시에는 법정비용 이외에 불법선거로 인한 비용이 추가로 소요된다. 일반적으로 자원봉사자로 등록된 다수는 실질적으로 선거가 끝나면 일당 등의 금전적 반대급부를 받는 것으로 추정된다. 아직 우리나라에서 특정 후보자의 정치이념과 신념을 진심으로 믿고 도와주는 자원봉사자는 흔치 않다. 즉 자원봉사자로 법적으로 등록은 하지만 실제는 유급 운동원인 셈이다.

정치 후원회가 인정되지 않는 지방의원 후보자는 상기에서 예시한 막대한 선거비용을 개인적으로 부담하여야 한다. 금전적으로 여유가 없는 후보자가 지역정치에 참여하는 것이 대단히 어려운 구조라고 할 수 있다. 지방의원들이 지역의 전통적인 유지와 토호로 구성된다는 비판도 이러한 상황에 기인하는 것이다.

이러한 지역정치의 구조를 개선하기 위해서는 선거비용의 구조를 개선하는 것이 방안 중의 하나이다. 음성적인 선거비용을 줄이는 방안으로 정당공천제도의 유보를 검토할 수 있고, 공식적인 정치자금의 확보를 위하여 지방의원의 후원회를 도입할 필요가 있다.

4. 지방의회의 여성참여

비례대표의 도입으로 여성의 지방의회의 진출이 점차 개선되어 왔다. 특히 2006년 기초의원의 중선거구제 도입과 기초의원의 비례대표제와 비례대표 여성후보의 홀수번호제 도입으로 여성 지방의원의 진출이 두드러졌다. 2010년 지방선거에서 시·도의회에는 14.8%, 기초의회에는 21.7%가 여성으로 충원되었다. 2014년 지방선거에서는 시·도의회 14.3%, 기초의회 25.3%로 지방의회의 여성 진출이 나타났다.

앞으로도 국가의 경쟁력 확보, 양성평등 관점의 정책, 정치의 새로운 패러다임의 구현과 생활정치에서의 여성의 역할을 감안할 때 여성의 지방의회의 참여는 더욱 제고되어야 한다. 여성의 정치참여 확대는 다음과 과제를 안고 있다.

1) 여성의 정치참여 확대를 위한 과제

여성의 정치참여를 확대하기 위한 다양한 논의가 진행되어 왔다. 여성이 상대적으로 불이익을 받았던 과거의 전통과 관례에 대한 보상적인 방안으로 여성에 대한 우대정책 (Affirmative Action)이 설득력을 얻었다. 현 상황과 같이 남녀가 동일한 조건 하에서 경쟁하는 체제 하에서는 여성의 정치참여라는 대의가 달성되기 어렵다는 인식 하에 남녀가 대등한 상황이 도래하기까지 여성에 대한 특별정책을 추진하여야 한다는 것이다.

여성에 대한 정치적 우대정책은 다수의 선진국에서 제기되어 우리나라에서도 채택하였다. 미국은 1960년대 여성의 우대정책으로 여성의 사회진출을 적극적으로 추진하였으며 우리나라에서도 미흡하나마 다양한 우대정책을 채택한 바 있다.

또 하나의 과제는 여성의 행태적 측면에 관한 것이다. 여성은 정치와 무관하다는 종래의 사회적 관습을 타파하고 여성도 정치에 관심을 가져야 한다. 즉 정치의 주체로서 발전할 수 있는 사회적 여건을 조성할 뿐만 아니라 여성 스스로도 그와 같은 인식을 갖는 것이 중요하다. 나아가 이것이 여성의 정치사회화를 적극적으로 추진하는 길이라고 할 수 있다.

2) 여성의 정치참여 확대를 위한 제도적 대안의 논의

우리나라에서는 지금까지 여성의 정치적 참여확대를 위하여 다양한 제도적, 행태적 방안 등이 논의되어 왔다. 대표적인 제도로서 여성할당제가 가장 빈번하게 제기되었다. 그 외에 강제적인 지역구 여성공천 비율 준수, 전문분야 공천신청제, 여성전용 선거구제 등이 제시되었다. 비례대표제와 중대선구제의 도입도 여성의 정치참여에 긍정적으로 평가되는 제도이다.

(1) 제도적 대안의 분석 및 평가

(가) 여성할당제(Gender Quotas)

여성할당제는 정치의 영역으로부터 소외 또는 배제되었던 여성들에게 보상의 차원에서 추진된 가장 빠르고 효과적인 전략이다. 20세기 중엽부터 많은 국가에서 자발적 또는 제도적으로 여성할당제를 채택하였다. 특히 노르웨이에서 여성할당제를 통하여 여성의 정치참여를 성공적으로 정착시켰다. 1970년대 15%였던 여성의원이 현재에는 36-39%까지 증가하였다. 그럼에도 여성할당제는 실제적으로 많은 논란을 야기한 정책이었다.

모든 문헌에서는 여성이 정치적 지위로부터의 소외를 치유하고 여성의 정치참여를 확대하기 위한 가장 효과적인 방안이 여성할당제라는 데에는 이견이 없다. 그러나 할당제의 범위와 방식을 놓고는 다양한 논의가 있다. 여성할당제의 성격 및 방식 그리고 정치에 있어서 여성권한의 한계 등에 대해서 이론이 많다.

여성할당제는 구조적이고 체계적인 성별 격차의 상황 하에서 제도화되고 있다. 여성을 정치로부터 소외시키는 구조적인 한계를 치유하지 않고 여성할당제만 시행하는 것은 여성의 정치적 권한을 강화하는 것으로 보기 어렵다. 즉 여성할당제는 사회 내에서 여성과 남성과의 사회·경제적 자원의 배분과 동시에 이루어져야 진정한 여성의 정치적 참여가 가능하다. 그러므로 여성에 대한 자원의 재배분 정책도 중요시되어야 한다.

두 번째 이슈는 여성할당제에 기초하는 기본적 가정과 관련되어 있다. 여성의 정치참여를 논의할 때 일반적으로 여성들을 동일한 관점을 가진 동일한 집단으로 가정하고 있다. 그러나 여성도 계층, 지역, 직업, 종교 등에 따라 매우 다양하다. 따라서 종전의 엘리트 여성에 대한 할당도 다양성에 기초하여 이루어져야 한다.

여성에 대한 할당만으로는 남녀 간의 정치적 격차를 해소할 수 없다. 여성할당제는 여성으로 하여금 그들의 선거구를 발전시킬 수 있는 방식으로 이루어져야 한다. 이 점이 여성공천 할당제의 근거가 되는 점이다.

끝으로 여성할당제는 자유민주주의의 기본적인 체제 하에서 시민정신에 기초하는 것이어야 한다. 가부장적인 문화가 가정 내에서 지속되는 한 진정한 의미의 여성의 정치적 권한은 발전할 수 없다. 상기와 같은 점을 고려하여 이제까지 논의되고 있는 여성할당제의 방식은 아래와 같다.

(나) 비례대표제

일반적으로 여성할당제의 방식으로 채택되고 있는 제도는 비례대표제이다. 이는 비례대표를 공천함에 있어서 여성에게 우선권을 부여하거나 홀수번호를 부여함으로써 당선자의 수를 증가시키는 방식이다. 단기간 이내에 여성의 정치적 참여를 제고하는 데 매우 효과적이다. 다만 비례대표이기 때문에 지속적으로 정치인으로서 생명력을 유지하는 데에는 한계로 작용한다. 자신의 선거구를 발전시킬 수 있는 제도의 보완이 이루어져야 한다.

(다) 여성할당공천제와 중·대선거구제

지역구에 일정 비율의 여성후보를 강제적으로 공천하는 방식이다. 우리나라에서도 지방의원후보는 국회의원 선거구당 1명씩 공천하도록 권고하고 있다.[45] 다만 강제성이 없기 때문에 여성후보를 공천하지 않는 경우에도 제재할 권한이 없어서 실효성이 없다. 만약 여성할당공천제와 중·대선구제가 조합된다

45) 우리나라의 경우 민주노동당은 후보자의 30%를 여성으로 공천할 것을 의무화하고 있다.

면 여성의 정치참여에 효과적일 것으로 사료된다. 중·대선거구제가 여성의 정치참여에 유리하다는 것은 2010년 기초의원 선거에서 확인되었다.

1994년 남아프리카 공화국은 여성의원 비율이 세계에서 141위에 머물렀다. 그러나 30% 여성할당제를 시행하여 2004년에는 여성하원의원의 비율이 32.8%로 세계 13위를 차지하였다. 핀란드에서는 남녀의원의 비율을 40%이상 유지하여야 한다는 법률에 따라 48%의 참여율을 보이고 있다. 프랑스에서는 2000년 법률에 따라 각 당은 의원의 공천비율을 50%를 유지하도록 하고 있다. 이러한 해외 사례들은 여성할당공천제가 여성의 정치참여를 장려하는 제도임을 실증적으로 보여주고 있다.

(라) 여성전용 선거구제

지역구 중에서 여성후보자만이 신청할 수 있는 선거구를 지정하는 제도이다. 이러한 제도가 채택된 사례는 발견할 수 없으나 정치적으로 논의할 가치는 충분하다. 다만 제도적으로 여성전용 선거구제를 도입하는 것은 헌법의 남녀평등의 정신에 위배되어 위헌여부가 논의될 가능성이 높으나 정치적으로 각 당이 결정하는 것은 이론적으로 가능할 것이다. 다만 각 당의 합의는 쉽지 않을 것이다.

(마) 전문분야 공천제

일반적으로 공천이라 함은 비례대표와 지역구를 구분하여 논의하고 전자에서는 전문성이 고려되지만 후자의 경우에는 지역의 대표성이 강조되는 경향이 강하다. 전문분야 공천제는 여성은 후자의 경우에도 지역별로 공천을 신청하는 것이 아니라 보건, 복지, 환경 등 전공분야별로 공천을 신청하는 제도이다. 여성에게는 이와 같은 방식을 도입하여야 한다는 주장이 있다(정연정, 2011).

(2) 여성정치가의 네트워크와 파트너십

현재까지의 상황을 종합하면 여성의 정치적 권한이 크다고 할 수 없다. 따라서 남성과 동등하게 경쟁한다면 불리하다고 할 수 있다. 물론 경선제도를 친여성적으로 개선하는 것도 필요하지만 여성들 간의 네트워크와 파트너십은 여성

지도자 양성은 물론 향후 정치활동에도 매우 긍정적인 역할을 할 것이다.

21세기 정치·행정의 환경변화는 주민참여의 확대, 특히 여성참여의 확대를 요구하고 있다. 제도권내의 정치참여는 물론이고 일반시민으로서의 참여도 적극적으로 이루어져야 한다.

성(性)주류화의 관점에서 여성의 참여를 촉진하기 위하여 여성의 연대가 필요함은 두 말할 나위가 없다. 여성의 연대를 효과적으로 추진하기 위한 방안으로 네트워크의 결성을 논의할 수 있다. 하드웨어(hardware)에서 소프트웨어(software)로, 소프트웨어에서 휴먼웨어(humanware)로 변화하고 있는 사회 속에서 여성의 네트워크 결성은 정치, 사회적으로 매우 중요한 의미를 지닌다.

여성정책 및 문제에 적극적으로 관심을 갖고 활동하는 인적, 단체적 네트워크는 향후 여성인력의 개발에 커다란 밑거름이 될 것이다. 비록 이념과 추구하는 가치가 다르더라도 현재로서는 여성의 이익이라는 거시적 목표 하에 네트워크를 결성하는 것은 무리가 없다. 일단 네트워크가 결성되면 정책사안 또는 정책이슈에 따라 네트워크의 탄력적 운영이 가능해 진다. 여성 네트워크가 필요한 이유는 여성의 정치참여도 일종의 파워게임이기 때문이다. 즉 여성이 참여한 만큼 정치적 영역이 축소되는 남성들의 반대도 적지 않을 것이다.

(3) 여성단체의 정치사회화 역할

상가의 정책이 여성의 정치참여를 활성화하기 위한 제도적이고 단기적인 대책이라면 보다 장기적이고 기초적인 관점에서 대책이 필요하다. 여성의 정치참여를 저해하는 요인을 설명하는 이론 가운데 정치사회화 이론과 성 기능론이 존재한다.

여성은 정치와는 무관하다는 정치사회적 편견과 여성에게는 정치 외의 고유한 기능이 존재한다는 인식은 여성을 정치의 세계로부터 격리시키는데 주요한 원인이 되었다. 그러나 상기에서 언급한 바와 같이 21세기에는 여성의 시대가 도래할 것이고 여성들의 정치참여가 어느 때보다 요구된다. 이러한 것을 장기적으로 대처하기 위해서는 여성의 정치사회화에 대한 새로운 교육이 필요하다.

어린 시절부터 여성과 남성이 모든 면에서 동등하고 여성이라는 이유만으로 활동영역이 제약되어서는 안 된다는 인식을 심어주어야 할 것이다. 특히 정치 분야에 있어서도 여성의 정치참여가 향후 지방자치의 발전은 물론 민주주의의 발전에도 크게 기여할 것을 지속적으로 교육해 나가야 한다.

5. 지방의원의 재임횟수

지방정부의 장은 3선에 한정하고 있으나 지방의원은 재임횟수를 제한하는 규정이 없다. 그러나 아직 우리나라에서는 지방의원의 재임횟수에 대해 논란이 되지 않았다. 현재까지의 상황을 보면 3선 이상의 의원이 많지 않아 크게 문제가 되지 않기 때문이다.

외국에 있어서는 특히 영·미 국가에 있어서는 지방의원의 재임횟수를 제한하는 경향이 나타나기 시작하였다. 로스앤젤레스 시의회는 재선으로, 뉴욕시는 3선으로 제한하고 있다. 미국 카운티의회의 경우 1988년 이후 카운티의회 의원의 재임횟수를 제한하기 시작하여 현재 5.6%가 제한하고 있다. 도시의회의 경우 9.1%가 지방의원의 재임횟수를 제한하고 있다. 향후 우리나라에서도 지방의원의 재임횟수에 관한 논의가 시작될 가능성을 배제할 수 없다.

제5장

지방의회의 새로운 모델

Ⅰ. 지방의회의 새로운 모델: 상근·전문직 지방의회

지방자치의 암흑기를 지나 지방의회가 재출범한 지 24년이 지났다. 24여 년 동안 지방의회 관련 제도가 꾸준히 개선되었고 지방의회가 나름대로 지역정치와 지역 민주주의의 발전에 어느 정도 기여한 것도 사실이다. 그럼에도 불구하고 현재까지도 주민들로부터 완전한 신뢰를 받고 있다고는 할 수 없다. 그러므로 21세기 시대적 상황에 적합한 지방의회로 거듭나기 위하여 새로운 모델의 정립이 요청된다.

이와 관련하여 우선적으로 제안하는 것이 지방정부의 다양성을 도입하는 것이다. 2006년 7월 1일 제주특별자치도가 도입되어 눈에 띄는 부작용 없이 현재까지 잘 운영되고 있다. 통일성과 단일성에 익숙한 우리에게는 당시 우려한 바가 컸으나 오히려 새로운 체제의 도입으로 지방자치의 발전에 자신감을 갖게 해주는 계기가 되었다. 지방정부의 다양성에 관한 방안은 아래와 같다.

1. 지방의회와 기관통합형

1) 기초지방정부의 문제점

지방의회의 문제점은 광역지방의회보다는 기초지방의회가 더욱 두드러진다. 특히 군의회의 경우 인구가 고령화와 함께 계속적으로 감소하고 있으며 지리적 특성상 행정구역 내에서 전문가의 조력을 받는 것도 쉽지 않다. 군지역이 대부분 농·축산업 및 관광이 중심이기 때문에 우수한 행정공무원이나 지방의원의 후보자를 찾는 것도 쉽지 않다. 이러한 문제점을 제도적으로 해결하는 방안 중의 하나로 지방정부 구조를 다양화할 것을 제안한다.

기관통합형에 대한 제안은 기초지방정부의 장의 문제와도 직결되고 있다. 우리나라의 경우 1995년 선출직 지방정부 장의 등장 이후 선출직 단체장이 지역정치와 행정에 주요한 영향력을 갖고 있는 것으로 조사되었다(김순은, 1997a). 선출직 지방정부의 장, 특히 기초지방정부의 장은 그러한 정치·행정적 영향력을 바탕으로 러브호텔 건축 허가 등 무분별한 개발, 난개발로 인한 환경파괴, 지역주민의 여론을 지나치게 의식한 독단행정 및 선심행정을 일삼고 있다. 이로 인해 기초지방정부의 폐지, 즉 기초지방정부 장의 임명직 환원이 논의되기도 하였다. 그러나 기초지방정부 장의 임명직 환원은 불가능한 것이고, 이를 치유하는 방안으로 기관통합형을 고려하는 것이다(김순은, 2010c).

1995년 단체장의 선출 이후 우리나라의 지방자치는 집행기관의 우월주의에 기초하여 운영되었다. 물론 집행권한의 강화가 20세기 말부터 선진국가의 경향이기는 하지만 우리나라의 경우에는 오히려 지방의회의 대표성을 높이면서 민주주의에 기초한 지방정부의 혁신이 적합한 것으로 사료된다. 특히 지방의원의 자질을 향상시키면서 집행기관, 특히 지방정부의 장을 견제할 수 있는 체제로 기관통합형을 고려할 수 있다(김순은, 2001b, 2010c).

제5대 통합 지방선거의 경우 기초 지방정부 장의 경쟁률이 2.9대 1이었고, 제6대 지방선거는 경쟁률이 3.1:1이었다. 지역마다 다소 상이하지만 지방정부의 장, 특히 군수 후보자는 희망자가 많은 편이다. 만약 기관통합형으로 운영될 경우 지방의원이 되어야 군수가 될 수 있기 때문에 지방의원 후보자는 전문성으로 경쟁력을 갖춘 후보자가 증가할 것으로 기대된다. 이를 위하여 우리나라에서 채택할 수 있는 기관통합형의 다양한 모형을 영국과 미국의 사례를 중심으로 논의하였다.

2) 지방정부의 기관 다양성 사례

(1) 영국의 사례

영국은 단일체제로 알려진 국가이면서도 지역의 특성에 따라 다양한 지방자치제도가 있는 국가로 평가된다(김순은, 2001b, 2005a). 영국은 지역에 따라 지방정부의 계층, 대도시의 행정·재정의 특례, 지방정부의 협력, 집행기관의 운영, 지방의회의 운영, 지방분권 등의 측면에서 다양성이 인정되고 있다. 이와 아울러 지방정부가 직접 그 구조를 선택함으로써 여러 가지로 기관 구성이 가능하도록 지방정부법에서 보장하고 있다(Department of the Environment, Transport and the Regions, 1998a, 1998b, 1999, 2000).

(가) 1835년 선거에 의한 기관통합형 지방정부

영국은 교구(Parish), 샤이어(Shire), 카운티(County), 버러우(Borough) 등의 행정구역을 통하여 12세기부터 지방자치를 상당히 인정해왔다(Wilson and Game, 1998; Elcock, 1994; Humes, 1991). 영국에서는 1835년에 지역주민의 선거에 의하여 일반 지방정부의 성격을 띤 지방정부가 출범하였다. 1835년 도시단체법(Municipal Corporation Act)의 제정은 지역의 행정수요에 대한 새로운 개혁적 대응방안이었다(Jennings, 1935). 특별법 제정으로 특별지방정부를 창설함으로써 행정수요에 대처하는 방식에 있어 새로운 개혁적 시도가 이루지게 되었다.

도시단체법의 민주적 기본정신은 지역주민의 대표기관인 지방의회가 집행기능도 담당하는 기관통합형의 기관구성으로 표출되었다. 1888년과 1894년의 지방정부법, 1899년의 런던정부법, 1963년 런던정부법, 1972년과 1973년의 지방정부법, 1986년 지방정부법 개정, 그리고 1990년 이후의 각종 개혁에도 불구하고 기관통합형의 지방정부는 계속적으로 유지되었다. 기관통합형의 기관구성은 광역지방정부는 물론 기초지방정부에서도 채택되었다.

(나) 2000년 선출직 지방정부의 장의 출현

선출직 지방정부의 장에 대한 관심은 1990년대 들어 지방정부의 개혁논의가 본격화되면서 가시화되었다. 지방정부의 개혁논의 가운데 선출직 지방정부의 장에 관한 주장은 1990년에 보수당 내에서 제기되었다. 당시 보수당 당수 경쟁에 나선 헤젤타인이 그의 개인적 정강정책 속에 지방정부의 개혁내용을 포함하였다. 헤젤타인은 문제가 많은 것으로 비판받고 있던 인두세적 성격의 폴세(Poll tax) 폐지, 지방정부의 계층제 개혁과 함께 선출직 지방정부 장의 도입을 주장하였다.

선출직 지방정부 장의 도입을 포함한 지방정부의 구조개혁은 1997년 노동당의 집권으로 본격적으로 진행되었다. 노동당 정부의 지방정부 개혁 프로그램은 1998년 7월 "현대 지방정부: 주민과 함께하며(Modern Local Government: In Touch with the People)"(Department of the Environment, Transport and the Regions, 1998a)라는 백서의 발간 이후 개시되어, 1999년 3월 "지역의 리더십, 지역의 선택(Local Leadership, Local Choice)"(Department of the Environment, Transport and the Regions, 1999)이라는 백서를 거쳐 1999년 11월 지방정부법 개정안 상정으로 실현되었다. 그 후 2000년 7월 여왕의 재가를 얻어 지방정부법이 개정되었다(Department of the Environment, Transport and the Regions, 2000).

2000년 지방정부법은 세 가지 모형을 제시하고 지역의 주민투표로써 적절한 모형을 결정하도록 규정하였다. "지역의 리더십, 지역의 선택"이라는 백서의 제목에서 알 수 있듯이 지역 내의 리더십을 강화할 수 있는 지방정부의 모형을 중앙정부가 제시하지만 모형의 선택은 각 지역에 맡김으로써 지역의 적극적인 참여를 유도하였다.

첫째 모형은 시장·캐비넷형(Mayor-Cabinet)이다. 시장·캐비넷 모형은 주민의 선거로 시장을 선출하고, 선출된 시장이 지방의원 중에서 집행을 담당할 캐비넷을 구성하는 형태이다. 둘째 모형은 지도자·캐비넷모형(Leader-Cabinet)이다. 지도자·캐비넷 모형에서 지도자는 지방의회에서 선출되고 캐비넷은 지도자나 지방의회가 선출하도록 하였다. 셋째 모형은 시장·관리자(Mayor-Council Manager) 모형이다. 이 모형은 시장은 지역주민의 선거로 결정하고 관리자는 지방의회에서 선출하는 형태이다.

각 지방정부는[46] 지역 실정에 맞는 구조조례(Constitution)[47]를 작성하여 지

46) 영국은 현재 2층제와 단층제가 병용되고 있는데 2층제를 채택하고 있는 카운티 내에서 인구 85,000 이하의 구역정부는 세 가지 모형 외에 지역의 실정에 부합하는 지방정부의 기관구성을 할 수 있다.

47) 지방정부의 구조조례(Constitution)를 지방정부의 구조헌법으로 해석하여야 한다는 견해도 있다.

역주민의 투표를 거쳐 지방정부의 모형을 결정하여야 한다. 2000년 지방정부법에 따르면 지방정부는 2001년 6월까지 새로운 구조조례를 중앙정부에 제출하고, 새로운 형태의 지방정부는 2002년 6월부터 활동을 개시하도록 규정하였다.

(2) 미국의 사례[48)]

미국은 독립 이후 전역에서 선거에 의한 지방정부를 구성하기 시작하였고, 주정부들도 도시헌장을 발표하기 시작하였다. 19세기에 주정부는 다수의 도시정부에 헌장을 부여하였고, 타운십, 카운티, 도시정부들이 지역주민을 위한 기능을 부여받았다. 미국 사회의 규모가 커지고 복잡해짐에 따라 기업규제, 조세, 환경규제 등의 업무는 주정부와 연방정부로 이관되기 시작하였고, 현재 지방정부는 구획조정(zoning), 재산세, 공원 등의 시설유지 및 관리 업무를 수행하고 있다. 미국 헌법 수정조항 10조에 따라 지방정부에 관한 권한은 주정부에 속한다. 따라서 주정부에 따라 다양한 형태의 지방정부 체제를 채택하고 있다. 그럼에도 크게 5가지 형태로 대분하여 논의할 수 있다.

(가) 미국 지방정부의 계층과 종류

① 지방정부의 계층

주정부 하에서의 지방정부는 크게 두 계층으로 나뉜다고 할 수 있다. 이것도 일반화할 수는 없다. 왜냐하면 알래스카는 일부에만 카운티가 존재하며, 코네티컷과 로드아일랜드는 카운티정부를 폐지하였고, 매사추세츠주도 카운티의 일부를 폐지하였기 때문이다.

일부 지역에서는 카운티정부만 존재하고 하위 지방정부가 없는 지역도 존재한다. 이 경우에는 카운티정부가 모든 지방정부의 모든 서비스를 제공하게 된다. 카운티 정부를 루이지나주는 패리쉬(Parish), 알래스카에서는 버러우(Borough)라고 명명한다.

하위지방정부로는 지역에 따라 도시정부(Municipality), 타운십 정부, 뉴잉글랜드 타운 등이 존재한다. 그리고 교육행정만을 담당하는 교육구(School

48) 필자의 미국 지방정부의 기관구성 다양화 사례 (2010c)를 수정·보완하였다.

district)라는 특별지방정부가 존재한다. 뿐만 아니라 지역에 따라 단일 또는 소수의 기능만을 수행하는 다양한 형태의 특별지방정부가 동시에 존재하고 있다. 미국 전체적으로 카운티정부는 3,034개, 도시정부는 19,429개, 타운십정부는 16,504개, 교육구는 13,506, 특별구는 35,052개 등으로 지방정부의 총수는 87,576개에 이른다.

② 지방정부의 종류

미국 지방정부의 종류는 분류기준에 따라 다양하게 구분할 수 있다. 주의 헌법이나 법률에서 규정한 일반법(general law)에 기초한 지방정부와 지방정부의 헌장(home rule)에 의하여 설립된 지방정부가 있다. 한편 1954년 캘리포니아 레이크우드(Lakewood)에서 최초로 도입된 계약도시(Contract city)라는 개념이 있다. 계약도시는 지방정부가 제공하기로 한 서비스를 카운티정부에 위탁하여 보다 광역적인 차원에서 비용을 절감하고 지방정부가 카운티정부에 비용을 제공하는 정부이다.

아울러 지방정부의 형태, 즉 도시정부는 지방의회와 지방정부의 장과의 권한 관계에 따라 강시장-약의회형, 약시장-강의회형으로 대분되며, 의결기관과 집행기관의 통합된 위원회정부, 시관리자정부로 나뉜다. 본 절에서는 후자에 대하여 논의한다.

(a) 일반지방정부

㉠ 카운티정부

카운티정부는 주의 헌법과 주법률에 의하여 설치되는 지방정부이다. 주정부 산하의 광역지방정부로서 기능을 수행한다. 몇 개의 주를 제외하면 주의 구역은 대개 카운티로 나뉘어 있다. 따라서 특정 주의 주민은 하위 지방정부에 속하지 않을 수는 있어도 카운티에는 속하게 된다.

카운티정부는 대개 선거로 구성되는 카운티의회에 의하여 운영된다. 카운티의회의 명칭은 주에 따라 board of supervisors, county commission, county freeholders, county council, county legislature 등 다양하게 불리고 있다. 주에 따라 카운티 시장이 존재하며 대개 시장은 의전적인 역할을 수행하나 실질적으로 집행기능을 갖는 주도 있다. 카운티의회는 의결, 집행, 준사법기능을 갖고 있는 경우가 대부분이며, 독자적인 집행기관을 두는 경우 집행기관은 카운티의회에 보고할 의무를 진다.

주에 따라 상이하지만 대개 카운티정부는 사법기관의 운영, 공공시설, 도서관, 병원, 공공 보건, 공원, 도로, 법집행, 교도소 관리 및 운영 등을 맡고 있다. 카운티의 정부구조는 다음과 같이 요약할 수 있다.

• 위원회 모형(Commission form)

선거구에서 선출된 의원들이 의결기관인 위원회를 구성하고 위원들이 집행기관의 부서장을 맡는 형태이다. 위원회의 대표자는 위원회에서 선출하거나 카운티 판사와 같이 선출한다.

• 의회-행정관 모형(Council-administrator form)

선출직 의원들이 의결기관을 구성하여 정책을 결정하고 규정을 의결하며 예산을 승인한다. 의회는 수석행정관을 임명하여 일상의 행정집행을 위임한다. 예산 편성, 각 부서장 감독, 의회에의 정책 제안 등이 수석행정관의 주요 기능이다.

• 의회-관리자 모형(Council-manager form)

선출직 의원들이 의결기관을 구성하여 정책을 결정하고 규정을 의결하며 예산을 승인하는 기능은 위와 동일한 반면 행정에 있어서는 의회가 관리자를 임명하여 광범위한 권한을 부여하는 형태이다. 각 부서 감독 및 관리, 부서장 임명과 해고, 직원 채용과 해고, 예산 편성, 정책 제안 등이 관리자의 주요한 기능이다.

• 의회-선출직 장 모형(Council-elected executive form)

선출직 의원으로 구성된 의결기관은 정책을 결정하는 역할을 담당하고 선출직 카운티의 장은 정책을 집행하는 기능을 수행한다. 카운티 장은 예산의 편성 및 카운티의 대표로서 활동을 수행한다. 종종 선출된 카운티의 장이 거부권을 갖는 경우도 있다. 여기에 대응하여 의회가 재의결할 수 있음은 물론이다.

㉡ 도시정부

도시정부는 카운티와는 달리 인구밀집 지역을 중심으로 형성된 지방정부를 의미한다. 인구가 밀집된 지역에 주헌법과 주법률에 따라 설립된 도시정부는 대개 법인격이 있으며 city, town, borough(알래스카, 루이지애나 제외), village 등으로 명명된다. 현재 도시정부는 인구가 38명인 레이지레이크(Lazy Lake)로부터 800만 명의 뉴욕에 이르기까지 그 규모에 있어서 편차가 매우 크다.

샌프란시스코와 필라델피아 등 도시정부와 카운티정부를 겸한 도시도 존재한다. 이러한 도시는 상대적으로 독립된 도시정부 또는 통합 city-county라고 불린다.

도시정부는 일반적으로 도시계획 및 용도구역지정, 경제발전 및 관광, 공공시설의 건설, 공원 및 레크리에이션, 경찰, 소방, 응급서비스, 조세징수 및 감독, 교통, 주택 및 도시사법제도 등의 기능을 수행한다. 도시정부는 의결기관과 집행기관과의 관계 및 통합여부에 따라 다음과 같이 구분할 수 있다.

• 강시장-약의회 정부

의결기관과 집행기관이 분리된 지방정부로서 보통 시장과 시의원을 별도의 선거로 선출한다. 의회는 단원제가 일반적이다. 강시장-약의회 지방정부라는 명칭은 시장의 권한으로부터 유래한다. 강시장-약의회정부의 시장은 일반적으로 시장의 권한이 지방의회에 비하여 상대적으로 강한 형태라고 할 수 있다. 시장은 집행기관의 장으로서 집행기관을 지휘·감독할 권한을 가지며, 지방의회나 일반 유권자의 관여, 동의 또는 간섭을 받지 않고 부서의 장을 임명하거나 해임할 수 있는 권한을 갖는다. 또한 시장은 예산편성권을 갖고, 시의회의 의결에 대하여 거부권을 갖는다. 이러한 형태의 지방정부 하에서 단체장이 권한을 남용하는 사례가 많아 19세기 말 지방정부의 개혁이 이루어지게 되었다. 이를 통해 여러 지방에서 강시장-약의회 정부가 시관리자형으로 전환되었다.

그럼에도 현재 미국의 대도시들은 강시장-약의회 형태를 채택하는 경향이 두드러진다. 10대 대도시 중에서 시카고를 제외한 9개 도시에서, 그리고 26개 도시 중 달라스, 샌안토니오, 캔사스시, 샌디에고, 피닉스[49]를 제외하고는 강시장-

49) 댈러스, 샌안토니오, 캔자스, 샌디에이고 등은 의회-관리자의 기관통합형을 택하고 있다.

약의회형을 택하고 있다. 미국 대도시가 이 제도를 선호하고 있는 것은 연방정부와 주정부와의 수직적 정치, 대도시내의 이익집단과 지방의회와의 수평적 정치에 있어 자원을 동원하는 데에 적절하다고 보기 때문이다.

• 약시장-강의회 정부

약시장-강의회정부는 앞에서 논의한 강시장-약의회 정부와 비교할 때 시장의 권한이 매우 약한 형태이다. 비록 시장이 별도의 선거에 의하여 선출되지만 실질적인 정치적 권한이 미미하며 시의회부터의 독립성도 취약하다. 주로 시장은 의전적인 역할을 수행하며 시의회의 구성원이 되는 경우도 있다.

실질적으로 약시장-강의회 정부에서는 시의회가 의결권한과 집행권한을 동시에 행사하며 집행기관의 부서장을 임명하거나 시장이 추천하는 인사를 승인하는 역할을 한다. 시의회가 시 예산에 대하여 실질적인 통제를 함은 물론이다. 약시장-강의회 형태는 19세기 초 잭슨식 민주주의의 산물이다. 단임기관에 대한 정치적 통제가 부패를 예방한다는 잭슨 대통령의 철학과 밀접하게 관련되어 있기 때문이다. 현재는 소규모 도시정부에서 시관리자정부에 갈음하여 채택하고 있다. 시카고 시정부가 대표적인 예이다.

• 위원회정부

한때 미국에서 보편적으로 채택하였던 형태의 지방정부지만 19세기 말 이후 시관리자형으로 전환하고 있다. 위원회정부는 유권자들이 5명에서 7명의 위원들을 대선거구에서 다수대표제로 선출하면 그 위원들이 지방의회를 구성하고 집행기관의 업무를 수행하는 형태이다. 위원회는 입법기관으로서 조세 등의 세입예산, 세출예산, 조례 등을 의결한다. 위원들 중에서 위원 호선에 의하여 시장 또는 위원장을 선출하며 위원장은 의전적인 역할을 수행한다.

위원회정부는 1900년 Texas Galveston에서 최초로 채택되었으며 텍사스 및 미국 전역으로 확산되었다. 하지만 의회-관리자형의 지방정부가 도입됨에 따라 크게 감소하여 현재는 오리곤주의 포트랜드(Portland)를 비롯하여 툴사, 솔트레이크시, 토페카 등 100여 곳에서만 채택하고 있다. 다음 절에서 논의하는 시관리자정부는 위원회형 정부의 약점을 보완하는 형태의 지방정부이다.

• 시관리자정부

시관리자정부는 19세기말 지방정부 개혁의 산물이다. 현재 시장-의회형정부와 더불어 미국에서 가장 보편적인 지방정부로서 특히 중소도시에서 일반적으로 채택하고 있으며 카운티정부에서도 시행하고 있다.

시관리자정부는 유권자들이 시의원을 선출하고, 시의회는 행정전문가로서 시관리자를 임명하여 집행권한을 부여하는 형태의 정부이다. 시의회는 의결기관으로서 정책 결정, 조례 제정, 예산 확정 등의 권한을 행사하며, 시관리자는 시의회가 결정한 정책을 집행하는 권한, 일상의 지방행정을 집행하는 권한을 갖는 형태이다.

최근에는 시관리자정부도 다양한 형태로 시도되고 있다. 즉 시관리자에게 직원의 임명권을 부여하거나, 시의회가 의결한 예산을 거부할 수 있는 권한을 부여하는 것이다. 지역마다 시관리자의 지위를 보장하는 제도가 채택되기도 한다. 전국시연합에서는 시관리자정부의 모델헌장을 제정하여 시관리자정부의 확대에 노력하고 있다.

시관리자정부는 1908년 버지니아주 스톤튼(Staunton)시[50]의 지방의원들이 지도력이 약한 시장체제 하에서 행정의 혼란을 치유하기 위하여 채택한 제도로서 1913년 전국도시협의회에서 지방정부의 개혁모델로 추천되어 관심을 끌기 시작하였다. 1914년 오하이오주 데이턴시가 이 제도를 도입하여 도시발전을 꾀하였고 그 후 많은 지방정부가 뒤를 이었다. 주로 미국의 중소도시에서 채택되었는데 대도시 중에는 의회-관리자 기관통합형으로 운영하고 있는 신시내티, 댈러스, 샌안토니오, 샌디에이고가 이 제도를 채택하였다.

㉢ 타운십정부

미국에서 흔히 볼 수 있는 지방정부의 하나가 타운십정부이다. 타운십정부는 카운티 산하에 설치되어 있으며 일반적으로 주법에 근거를 두고 설립된다. 또한 그 권한과 기능은 주에 따라 매우 상이하다. 주로 도시지역보다는 농촌지역에 설립되며 설문조사기관(Public Land Survey System)이 설정한 타운십과는 구별된다. 타운십정부의 거버넌스는 선거에 의하여 구성되는 위원회(board of trustees

50) 사우스 캐롤라이나의 섬터(Sumter)가 최초로 도입했다는 주장도 있다.

or supervisors)와 사무국장에 의하여 운영되며 그 외에 경찰서장, 도로 위원, 재산평가원 등의 관리가 임명된다. 사무국장은 임명 또는 선출하기도 한다.

㉣ 뉴잉글랜드 타운정부

뉴잉글랜드 지역에서는 카운티 정부가 없거나 있더라도 권한이 아주 미미하다. 대신 타운정부가 여타 지역의 타운십정부에 비하여 역할도 많으며 권한이 강한 편이다. 즉 뉴잉글랜드의 타운정부는 명칭만 다를 뿐 일반적인 도시정부와 유사하다고 할 수 있다.

타운정부의 주요한 특징 중의 하나는 타운회의(Town meeting)이다. 타운회의는 유권자의 직접정치의 도구로서 유권자들이 모두 참여하여 정책을 결정하고 예산을 심의·의결하는 정치과정이다.

(b) 특별지방정부

㉠ 교육구

교육구의 거버넌스는 교육위원회에 의하여 이루어지며 교육위원회의 위원은 주민들의 선거에 의하여 구성된다. 교육위원회에서 교육경력을 가진 인사를 교육장으로 임명하거나 주민의 직접선거에 선출한다.[51] 교육장은 일상의 행정업무와 교육위원회에서 결정한 정책을 집행한다. 교육위원회는 준사법적 기능을 담당하여 교사의 기능과 역할 및 학생들의 규율 등을 결정하며, 버지니아주를 제외하면 교육재정을 위한 재산세의 징수를 결정하는 역할도 담당한다.

㉡ 특별구

상기에서 논의한 지방정부 외에 하나 또는 소수의 특별한 기능을 수행하는 지방정부를 주정부의 법률에 의하여 설립한다. 특별구는 주정부에 따라 district, boards, commissions 등의 명칭이 있으며, 지방정부간의 경계는 물론 미국 주정부의 경계를 넘어 두 개의 주에 걸친 경우도 있다.

특별구의 거버넌스는 board of directors, commissioners, board of supervisors

---

51) 교육장이 주민의 선거에 의하여 선출되는 주가 14개이며 임명방식으로 선출되는 주가 36개이다.

라고 불리는 합의체기구에 의하여 이루어진다. 위원회 위원들은 임명, 또는 이해관계자들의 선거에 의하여 결정되며 겸직이 허용되기도 한다. 위원회는 관리기구로서 일상의 업무집행을 위하여 행정관을 임명하기도 한다. 특별구는 일반적으로 재산세 또는 소비세를 징수할 권한을 부여받는다.

(나) 카운티의 다양성

상기에서 미국의 주에 따라 카운티정부의 명칭 및 구조가 상이하다는 것을 개략적으로 언급하였다. 본 절에서는 2007년을 기점으로 나타나는 카운티 정부의 다양한 특성을 논의할 것이다(International City/County Management Association, 2007). 전국 3,039개의 카운티를 대상으로 하여 얻은 1,102개의 응답을 중심으로 분석한 내용으로 다양성이라는 측면에서 시사하는 바가 매우 크다.

① 정부구조의 규정

카운티의 정부구조를 결정하는 근거는 카운티마다 상이한 것으로 나타났다. 전체 카운티의 78.3%가 주의 법률로써 정부구조를 규정하며 카운티의 헌장에서 규정하는 비율이 9.3%, 카운티의 조례에 의하는 경우가 3.9%, 위원회의 규정에 의하는 경우가 6.5%이다.

② 수석행정관의 유무

임명직의 수석행정관제도를 도입한 카운티가 55.8%이다. 이들 중 34.7%가 의회의 규정으로 임명하고 있으며 임명의 근거가 헌장인 경우가 11.8%, 주의 법률인 경우가 32%, 선출직 카운티의 장의 권한으로 임명하는 경우가 6.1%, 카운티의 조례에 의거하는 경우가 13.7%이다.

수석행정관의 임명권자는 1.5%가 카운티의회의 의장이, 8.9%가 의장과 의회가 공동으로, 82.3%가 의회에서 임명하는 것으로 조사되었다.

③ 의회의 의장 선출방식

의회의 의장(Presiding officer) 선출방식은 26.6%가 주민의 선거, 61.7%가 의회의 선출, 1%가 의원의 선거 시 다득표자가 의장으로 선출되는 방식을 채택하고 있다. 9.1%의 카운티는 의원들이 교대로 의장직을 수행한다. 의장이 의회의 의결권을 갖는 경우는 91.6%이다.

의장의 임기도 매우 다양하다. 51.7%가 1년, 13.8%가 2년, 29.4%가 4년 등이다. 의장이 의회의 결정을 거부할 수 있는 카운티는 6%에 불과하였다. 거부권을 행사하는 경우 77.4%가 조례, 28.3%가 조례의 일부분, 60%가 의결, 56.6%가 예산의 배분, 37.7%가 예산배분의 일부분에 관해서이다.

④ 의장에 대한 소환제도

대부분의 카운티에서 의장에 대한 소환제도를 채택하고 있으며 2002년 이후 4.4%의 카운티에서 주민소환이 발의되어 그 중 4.5%가 성공한 것으로 조사되었다.

⑤ 카운티의회의 정수 및 성별비율

카운티의회의 정수는 평균적으로 6명이며 남성이 5.2명, 여성이 1.5명으로 남성이 우세한 것으로 나타났다.

⑥ 주민직접참정제도

(a) 주민발안제도

카운티의 40.4%가 주민발안제도를 채택하고 있는 것으로 나타났다. 주민발안이란 카운티의 주민들이 직접 헌장, 조례와 기본규정(Home rule)의 제·개정을 발의하는 제도이다. 주민발의가 투표에 부의되기 전에 의회의 심의를 거쳐야 하는 간접발의제도가 34.4%, 의회의 심의를 거치지 않고 바로 주민투표에 부의되는 경우가 59%로 나타났으며, 주민투표는 양자 모두에서 구속력을 가진다. 반면 주민발의와 주민투표가 구속력을 가지지 못하는 경우도 있다. 21.2%의 카운티 의회가 주민발의 및 주민투표의 구속력을 인정하고 있지 않다.

(b) 주민투표제도

주민투표제도에는 두 종류가 있다. 의회가 사안에 따라 주민에게 직접 결정을 유보하는 경우와 반드시 주민의 요구에 의하여 주민투표에 부의되어야 하는 경우이다. 전자가 의회발의 주민투표(Legislative referendum)이며, 후자가 일반 주민투표(Popular referendum)이다.

70.5%의 카운티가 의회발의 주민투표제도를 도입하고 있으며 83.1%가 채권의 발행, 18.5%가 헌장의 개정, 15.5%가 조례의 제정, 18%가 기본규정(Home rule)의 개정 시 주민투표에 부의할 수 있다.

주민들이 헌장, 조례, 기본규정(Home rule)의 개정 요구 시 주민투표에 부의되어야 효력을 발효하는 일반 주민투표는 32%의 카운티가 도입하고 있다.

(c) 주민소환제도

주민소환제도는 54.6%의 카운티가 도입하고 있다.

⑦ 카운티 의회 및 선거의 특성

(a) 선거구제

카운티의원들의 선거구도 매우 다양한 것으로 나타났다. 전원 대선거구인 경우가 25.1%, 60.5%가 전원 소선거구, 14.4%가 대선거구와 소선거구의 혼합형으로 조사되었다. 대선거구와 소선거구를 혼용하는 경우 평균적으로 대선거구에서 1.4명, 소선거구에서 3.6명이 선출된다.

(b) 정당의 관여정도

카운티 선거의 경우 82.7%의 카운티에서 선거용지에 정당의 표시를 허용하며, 17.3%가 금지하고 있다.

(c) 카운티의원의 소환여부

2002년 이후 카운티 의원이 소환·발의된 경우가 12.7%였다. 이 중에서 성공한 사례는 15.2%였다.

(d) 보궐선거의 방식

카운티의원이 궐원이 되는 경우 이를 충원하는 방식도 매우 다양하다. 12.5%가 특별선거, 27.1%가 의회의 임명, 15.1%가 잔여임기에 따라 결정, 5.9%가 의

장의 임명, 0.7%가 다음 선거까지 궐석, 33%가 정당이나 주지사가 임명하는 방식 등을 채택하고 있다.

(e) 카운티 집행부서의 장

집행부서 장의 구성방식도 매우 다양하다. 12.1%의 카운티정부가 집행부서의 장을 선출하며, 19.4%가 임명한다. 68.5%가 선출과 임명을 혼용한다.

집행부서의 장은 의회의 의장이 임명하는 경우가 3.9%, 수석행정관이 임명하는 경우가 11.9%, 의장과 수석행정관이 공동으로 임명하는 경우가 2.3%, 의회와 수석행정관이 임명하는 경우가 11.8%, 의장이 임명하고 의회에서 추인하는 경우는 5.2%, 의회에서 임명하는 경우는 53%, 의회의 자문을 받아 수석행정관이 임명하는 경우는 7% 등으로 나타났다.

(f) 집행부서의 장별 선임방식

카운티정부에서는 재산감정관(Assessor), 카운티검사(Prosecutor), 카운티 법무관(Civil Attorney), 경찰국장(Sheriff), 등기기록관(Recorder), 교육장(Superintendent), 재정관(Treasurer), 의회 사무국장(Clerk of governing board), 법원 사무국장(Clerk of court), 회계감사관(Controller)등이 주요 부서장이다.

카운티정부 중 54.3%가 재산감정관, 92.9%가 카운티검사, 34.1%가 법무관, 99.1%가 경찰국장, 86.7%가 등기기록관, 22.5%가 교육장, 83.7%가 재정관, 56.2%가 의회사무국장, 76.2%가 법원 사무국장, 26.8%가 회계감사관을 선출직으로 운영하고 있다.

⑧ 선출직 공무원의 재임횟수 제한

전체 카운티의 5.6%가 선출직 공무원 중 카운티 의원에 대하여 재임횟수를 제한하고 있는데 평균 2.7회로 나타났다. 이 제도는 주로 1988년 이후 도입되었으며 제한 근거가 주의 법률에 있는 경우가 63.2%, 카운티 헌장인 경우가 22.8%, 조례인 경우 12.3% 등이다.

(다) 도시정부의 다양성

① 정부구조의 형태 및 규정

도시정부의 정부구조를 결정하는 형태와 근거는 도시마다 상이한 것으로 나타났다. 미국의 도시정부들은 34.3%가 시장-의회의 형태, 54.5%가 의회-관리자 형태, 0.9%가 위원회, 5.1%가 타운미팅, 0.7%가 대표 타운미팅의 정부구조를 갖는 것으로 조사되었다.

도시정부의 형태는 주로 헌장에 규정된다. 56.9%가 시헌장에 의하여, 26.6%가 주의 법률에 의하여 규정되며. 도시정부의 조례에 의하는 경우가 3.9%, 의회의 규정에 의하는 경우가 0.6%이다.

② 도시정부의 구조개편 유무

2001년 이후 8.8%의 도시정부가 지방정부의 구조를 변경하려고 시도하였는데, 실제로 구조개편이 추진된 사례는 2001년부터 2007년 사이에 1회인 것으로 조사되었다. 도시정부의 구조개편에는 다양한 이슈가 포함된다. 대선거구제에서 소선거구제로의 전환, 소선거구제에서 대선거구제로의 전환, 대/소선거구제의 혼용, 대/소선거구제의 혼용비율 변경, 의원의 증원, 의원의 감원, 시장의 선출방식의 변경, 시장의 권한 강화, 시장의 권한 축소, 수석행정관제 도입, 수석행정관제 폐지, 수석행정관의 임명권자 변경, 지방정부 형태변경이 여기에 속한다. 이를 표로 정리하면 아래와 <표 5.1>과 같다(International City/County Management Association, 2006).

〈표 5.1〉 정부구조개편 성공 여부

개혁의 내용	승인거부 비율	승인비율	승인년도
대선거구제에서 소선거구로의 전환	39.5	42.1	2003
소선거구에서 대선거구로의 전환	39.1	47.8	2008
대/소선거구제의 혼용	45	45	2003
대/소선거구제의 혼용비율 변경	47.4	36.8	2004
의원의 증원	34.5	58.6	2004
의원의 감원	36.4	54.5	2004
시장의 선출방식의 변경	29.4	55.9	2003

시장의 권한 강화	50	41.7	2004
시장의 권한 축소	29.6	55.6	2004
수석행정관제의 도입	21.1	71.8	2004
수석행정관제의 삭제	52.9	29.4	2004
수석행정관의 임명권자의 변경	25	0	
지방정부의 형태변경	44.1	44.9	2004

출처: International City/County Management Association.

③ 시장과 시의회의장

지방정부 중에서 선출직 시장을 둔 정부가 68.8%, 선출직 의장을 둔 정부가 13.9%이며 양자를 모두 가진 정부가 17.2%이다. 시장 중에서 14.5%가 파트타임직이며 85.5%가 상근직이다.

시장의 76.2%가 주민의 직접선거에 의해, 21.5%가 의원 중에서 선출된다. 0.5%의 정부에서 의원 중에서 다득표자가 시장이 된다. 시의원이 교대로 시장을 맡는 지방정부가 1.5%에 달한다.

④ 수석행정관의 유무

임명직의 수석행정관제도를 도입한 도시정부가 84.9%이다. 이들 중 3.6%가 의회의 규정으로 임명하고 있으며 임명의 근거가 헌장인 경우가 46.3%, 주의 법률인 경우가 8.6%, 선출직 시장의 권한으로 임명하는 경우가 2.6%, 시정부의 조례에 의거하는 경우가 3.6%이다.

수석행정관의 임명 방식은 3.8%가 시장에 의해, 67.7%가 의회에 의해, 18.9%가 의회와 시장이 공동으로, 8.5%가 시장이 지명하고 의회가 승인, 0.2%가 의회가 지명하고 시장이 승인하는 형태이다.

⑤ 예산권한 및 집행부서의 장

(a) 예산권한

예산편성권을 시장이 갖는 경우가 11.1%, 수석행정관이 갖는 경우가 65.3%, 시장과 수석행정관이 공동으로 갖는 경우가 7.5%, 재정관이 갖는 경우가 10%, 상임위원회가 갖는 경우가 0.9%이다.

(b) 집행부서의 장

집행부서의 장 가운데 0.7%가 선출직, 87.7%가 임명직, 선출직과 임명직의 혼용이 11.5%이다. 임명직의 경우 9.1%가 시장이, 34.7%가 수석행정관, 3.2%가 시장과 수석행정관, 11.7%가 수석행정관과 의회, 16.2%가 시장이 지명하고 의회가 승인, 16.2%가 시의회가 임명, 8.2%가 시의회의 자문과 승인을 받아 수석행정관이, 3.2%가 시장·수석행정관·시의회가 공동으로 임명한다.

⑥ 시장의 임기와 재임횟수 제한

선출직 시장의 임기는 13.5%가 1년, 34.5%가 2년, 6%가 3년, 45%가 4년으로 조사되었다. 이 중 9.1%의 지방정부에서 재임횟수를 제한하고 있다. 1회로 제한하는 경우가 4.7%, 2회가 54%, 3회가 28.3%, 4회가 8.4%이다. 시장의 재임횟수 제한은 주로 1990년에 도입되었다. 재임횟수에 대한 규정은 9.9%가 조례에서, 20.9%가 시 헌장에서, 15.6%가 주의 법률에 있다.

⑦ 시장의 시의회에서의 역할

미국 지방정부 가운데 72.2%가 시장이 시의회의 구성원인 것으로 조사되었다. 따라서 51.2%의 지방정부에서 시의회의 구성원이 시장에게 추가적인 금전적 급부를 지급하고 있다.

지방정부 가운데 56.8%의 도시에서 시장은 시의회에서 모든 이슈에 대하여 표결권을 행사하며, 34.4%의 도시에서는 가·부 동수일 경우에 결정권을 갖는 것으로 되어 있다. 7.2%는 어떠한 역할도 하지 않는 것으로 나타났다.

시장은 28.2%의 도시에서 시의회의 의결에 거부권을 갖는 것으로 조사되었다. 이 경우 90.8%의 도시에서 시의회는 절대 과반수(Super majority)에 의하여 재의결할 수 있는 것으로 되어 있다.

⑧ 시장의 주요 기능 및 소환

시장에게 시의원의 위원회 배정과 위원회 위원장 임명권한을 부여할 뿐만 아니라 위원회의 기능을 결정할 수 있는 권한도 부여한 지방정부가 75.3%이다. 시민을 각종 자문 및 사법위원회에 위원으로 임명하는 권한을 시장에게 부여한 지방정부는 77%이다.

수석행정관이 편성한 예산편성안을 수령한 후 의견을 붙여 시의회에 제출하는 권한을 가진 지방정부는 41.8%이며, 경상예산안을 편성하는 권한을 가진 시장은 19.3%이다.

31.2%의 시장이 수석행정관을 지명(nominate)할 수 있으며, 시의회의 심의와 승인을 거쳐 수석행정관을 해임할 수 있는 시장은 45.1%이다. 4.7%의 시장이 단독으로 수석행정관을 해임할 수 있다.

2001년 이후 3.9%의 도시에서 시장의 소환을 발의하였다. 이 중에서 23.1%가 소환에 성공하였다.

⑨ 시장의 보좌인력

시장의 보좌 인력은 평균적으로 상근직 11명, 파트타임 직원이 7명인 것으로 나타났다.

⑩ 시의원의 임기

대선거구에서 선출된 시의원의 임기는 20.7%가 2년, 14.8%가 3년, 62.4%가 4년, 1.4%가 6년이다. 소선거구에서 선출된 시의원의 경우 26.8%가 2년, 7.3%가 3년, 65%가 4년, 0.3%가 6년이다. 시의원의 임기시작은 84.3%가 교대임기제이며, 15.7%가 동시 임기개시제도이다.

⑪ 도시정부의회의 정수 및 성별비율

도시정부의회의 정수는 평균적으로 7명이다. 이 중에서 남성이 5명, 여성이 2명이다.

⑫ 시의원의 보수

시의회 중에서 85%가 연봉이나 수당을 받는 것으로 나타났다. 평균적으로 상근의회가 연 $5,457, 파트타임이 연 $4,798를 받는 것으로 조사되었다.

⑬ 시의회의 회의

시의회의 회의는 0.3%가 주 1회 이상, 5.3%가 주 1회, 4.4%가 월 3회, 68.3%가 월 2회, 20.1%가 월 1회에 걸쳐 개최된다.

⑭ 시의회의 상임위원회

54.1%의 시의회가 상임위원회 조직을 갖고 있으며 상임위원회의 수가 1-2개인 경우가 17.1%, 3-5개인 경우가 43.2%, 6-10개인 경우가 29.8%, 11-15개인 경우가 5.9%, 15개 이상인 경우가 4.1%로 나타났다.

⑮ 주민직접참정제도

(a) 주민위원회(Citizen authority, board, or commission)

도시정부의 99.6%가 주민위원회 조직을 갖추고 있다. 주민위원회 중 5.9%가 선출직이며 99.6%가 임명직으로 조사되었다. 주민위원회의 88.7%는 자문기능을 갖고 있으며 40.9%가 정책결정 기능을, 31.3%가 준사법기능을 갖는 것으로 나타났다.

각 이슈에 관여하는 주민위원회의 비율을 살펴보면 도시성장에 28.9%, 교통에 21.2%, 도시구획정리에 86.2%, 재정에 19.7%, 공항에 18.4%, 예술에 15.2%, 도시미관에 26.5%, 케이블 TV에 16.9%, 공무원 관리에 16.6%, 도서관에 40.6%, 주택에 30.3%, 지역공동체와 경찰과의 관계에 13.9%, 경제발전에 40.6%, 도시계획에 84.2%, 환경에 21.5%, 역사적 보관 38.9%, 건축 심의 19.4%, 법 집행에 25.1%, 공원 및 여가에 66.3%, 윤리에 7.8%, 시헌장 검토위원회에 11.8%로 나타났다.

(b) 주민발안제도

도시정부의 57.5%가 주민발안제도를 채택하고 있는 것으로 나타났다. 주민발의는 도시정부의 주민들이 직접 헌장, 조례 및 기본규정(Home rule)의 제·개정을 발의하는 제도이다. 투표에 부의되기 전에 의회의 심의를 거쳐야 하는 간접발의제도를 시행하는 곳은 49.4%, 의회의 심의를 거치지 않고 바로 주민투표에 부의되는 경우가 49.2%로 나타났으며 주민투표의 효과는 양자 모두 구속력을 가진다.

반면 주민발의와 주민투표가 구속력을 가지지 못하는 경우도 있다. 15%의 도시정부 의회가 주민발의 및 주민투표의 구속력을 인정하고 있지 않다.

(c) 주민투표제도

주민투표제도에는 두 종류가 있다. 의회가 사안에 따라 주민에게 직접 결정을 유보하는 경우와 반드시 주민의 요구에 의하여 주민투표에 부의되어야 하는 경우이다. 전자가 의회발의 주민투표(Legislative referendum)이며, 후자가 일반 주민투표(Popular referendum)이다.

76.1%의 도시정부가 의회발의 주민투표제도를 도입하고 있으며 67.4%가 채권의 발행, 55.7%가 헌장의 개정, 17.2%가 조례의 제정, 24.9%가 기본규정(Home rule)의 개정 시 주민투표에 부의할 수 있다.

헌장, 조례, 기본규정(Home rule)의 개정 시 주민들의 주민투표에 부의되어야 효력을 발효하는 일반 주민투표는 45.3%의 도시정부가 도입하고 있다.

(d) 주민소환제도

주민소환제도는 60.3%의 도시정부가 도입하고 있다.

⑯ 도시정부 의회 및 선거의 특성

(a) 선거구제

도시정부의원들의 선거구도 매우 다양한 것으로 나타났다. 전원 대선거구인 경우가 66%, 17.3%가 전원 소선거구, 16.7%가 대선거구와 소선거구의 혼합형으로 조사되었다. 대선거구와 소선거구를 혼용하는 경우 평균적으로 대선거구에서 2명, 소선거구에서 5명이 선출된다.

(b) 정당의 관여정도

도시정부 선거의 경우 20.4%의 지역에서 선거용지에 정당을 표시할 수 있으며 79.6%가 정당표시를 금지하고 있다.

(c) 도시정부의원의 소환여부

2002년 이후 도시정부 의원이 소환 발의된 경우가 4.5%였다. 이 중에서 성공한 사례는 32.9%였다.

(d) 보궐선거의 방식

도시정부의원이 궐원이 되는 경우 이를 충원하는 방식도 매우 다양하다. 8.3%가 특별선거, 51.3%가 의회의 임명, 24.9%가 잔여임기에 따라 결정, 9.6%가 시장의 임명, 1.1%가 다음 선거까지 궐석으로 남기는 방식 등을 택하고 있다.

⑰ 시의원의 재임횟수 제한

시의원 중에서 도시정부 의원에 대하여 9.1%가 재임횟수를 제한하고 있는 것으로 나타났다. 주로 1991년 이후에 도입되어 평균 3회로 제한하고 있는데 그 규정의 근거가 주의 법률에 있는 경우가 15.8%, 도시정부 헌장에 있는 경우가 71.7%, 조례에 있는 경우가 10.2% 등이다.

⑱ 시의회의 사무기구

시의회의 사무보좌를 위하여 상근 3명, 임시직 2명을 둔다.

3) 다양한 기관통합형의 모델

(1) 우리나라 지방정부의 형태에 관한 역사적 고찰

앞에서 영국과 미국을 중심으로 다양한 지방정부의 형태 및 운영방식을 살펴보았다. 지방정부의 다양성이라는 관점에서 보았을 때 미국은 지방정부의 백화점이라고 할 수 있을 정도여서 본 주제에 적합한 사례이다.

미국 지방정부의 다양성은 역사적 발전과정과 밀접하게 관련되어 있는데, 우리나라 역시 지방자치의 형태는 역사적 배경을 토대로 살펴보아야 한다.

(가) 1952년 지방정부의 형태

1952년 광역지방정부와 기초지방정부를 구분하여 제도화하였다. 광역지방정부의 장은 임명제였으며 기초지방정부의 장만 지방의회에서 선출하였다. 1952년 구성된 하위의 지방정부는 의회우위의 제도였다. 기초 지방정부의 장이 의회에서 선출되었을 뿐만 아니라 의회가 지방정부의 장을 불신임할 수 있었기 때문에 지방의회와 지방정부의 장의 갈등은 곧 지방정부의 장의 불신임 결의로 이어졌다. 물론 지방정부의 장에게는 의회해산권이 부여되었으나 의회 해산권을 행사하려면 상위정부의 허가가 필요했다. 이 시대의 기초 지방정부는 변형된 기관통합형이라고 해도 무방하다.

(나) 1956년 지방정부의 형태

1956년에 구성된 지방정부의 경우 광역지방정부의 장은 종전처럼 임명제를 유지한 반면 기초 지방정부의 장은 주민의 직선에 따라 선출하였으나 후기에 중앙정부가 임명하는 제도로 개정되었다. 1956년 지방자치법은 지방정부 장의 의회해산권과 의회의 지방정부 장에 대한 불신임권을 삭제하고 기초지방정부의 구성은 주민의 선거에 따르도록 하였다. 지방의회의 지방정부 장에 대한 불신임권이 삭제되고 지방정부의 장에게 의회소집요구권 및 의안발의권을 인정함에 따라 1952년 정부와 비교하여 기관분리형의 강시장 제도를 택한 것이라고 할 수 있다.

(다) 1960년 지방정부의 형태

1960년 민주당 정부 하에서 지방정부는 광역 및 기초 모두 주민 직선으로 구성되었다. 즉 광역지방정부와 기초지방정부가 기관분리형의 강시장제에 가까웠다. 이 시기 지방정부의 구성상 특징은 지방정부의 장과 지방의회의 다수당이 달랐다는 점이다. 1960년 구성된 지방정부는 5·16 사태로 인하여 해산되는 운명을 맞았다.

(2) 우리나라 지방정부 형태 및 구조의 개혁 배경

지방자치법은 지방정부의 형태와 구조를 통일적으로 규정하여 지방정부의 다양성이 보장되지 않았다. 그런데 다음과 같은 점을 감안할 때 우리도 지방정부의 다양성을 진지하게 검토할 단계에 왔다(이기우, 2002b; 김순은, 2010c).

(가) 지방자치의 기본이념

지방자치는 지방의 독창성을 기초로 지역의 문제를 지역 스스로 결정하는 것을 이념으로 한다. 목적으로서의 지방자치가 지방자치의 근본적인 이념인 것이다. 지방자치라는 개념에 내재하는 "자기결정(Self Rule)" 또는 "지역의 자율성(Regional Autonomy)"라는 기본 특성이 지방자치의 기본이념이 된다.

오늘날 대표자를 통한 대의민주주의가 일반화되어 있다. 다수의 인구가 참여하여 정책을 결정하는 것이 물리적으로 불가능하기 때문이다. 그럼에도 불구하고 자기결정은 그리스 시대에 직접 민주정치가 실시된 이래 현재까지 소중한 정치이념으로 계승되고 있다. 인간들은 자신들의 이익과 직·간접적으로 관련된 사항을 스스로 결정하는 것을 본능적으로 선호하고 있기 때문이다. 지방자치는 이러한 인간의 본질에 기초하여 지역주민으로부터 지리적으로 가까운 정부가 자신들의 이해와 직·간접적으로 관련된 정책을 결정해 달라는 지역주민의 바람을 구현하는 제도라고 이해할 수 있다.

"자기결정"이라는 이념의 지역적 표현이 "지역의 자율성"이다. 지역주민이 삶의 공동체를 이루는 각각의 지역은 역사·문화·인종·종교·언어에서 서로 다른 특징이 있다. 영국은 스코틀랜드, 웨일즈, 잉글랜드 지역이 각기 독특한 특성을 지니고 있다. 일본도 관동, 경기, 동북 등 각 지역의 색채가 뚜렷하다. 우리나라의 경우 영·호남, 충청, 강원 등 각각의 지역에 특징이 나타난다.

개인 차원에서 자신의 문제를 스스로 결정하기를 희망하듯이 각 지역은 지역의 문제를 스스로 결정하기를 원한다. 이러한 희망의 지역적 표현이 지역의 자율성이라는 지방자치의 기본이념이다.

(나) 강시장제의 문제점

① 강시장 제도의 문제점

앞에서 논의하였듯이 우리나라의 지방정부 형태는 미국의 강시장-약의회형에 가까운 제도이다. 지방의회는 의안발의권, 조례 제정·개폐, 예산 심의·의결,

결산 승인, 사용료·수수료·분담금 부과와 징수 등과 관련된 의결권, 행정사무 감사와 조사권, 지방정부의 장 및 관계 공무원의 출석요구권, 관련 서류 제출요구권, 임시회 소집권, 위원회 개회권, 의회 사무직원의 추천권, 청원의 심사처리권, 청원 이송과 처리결과 보고 요구권, 재의 요구된 조례에 대한 재의결·확정권, 선결처분의 사후 승인권 등을 제도적으로 보장받는다.

지방정부의 장은 의안발의권, 조례의 공포권, 예산안 편성·제출권, 예산불성립시의 예산집행권, 사무 관리 및 집행권, 임시회 소집요구권, 지방정부 장의 부의안건에 대한 공고권, 위원회 개회 요구권, 의회 사무직원 임명권, 청원 처리결과 보고권, 일반의결에 대한 재의 요구와 제소권, 예산상 집행불가능한 의결에 대한 재의 요구권, 법령을 위반한 의결사항의 재의요구권 및 대법원 제소권, 선결처분권 등의 권한을 갖는다.

위에서 예시한 단체장과 지방의회의 권한을 비교해 보면, 특히 지방정부 장의 거부권 및 선결처분권, 의회 사무직원 인사권 등을 통해 지방정부 장의 권한이 지방의회에 비하여 상대적으로 강하다는 것을 알 수 있다. 뿐만 아니라 지방정부 집행기관 내에는 선출직 지방정부의 장 외에는 어떠한 선출직 공무원이 없기 때문에 모든 집행 공무원이 단체장의 인사권에 종속된 점도 지방정부 장의 권한을 강화시키는 요인이다.

이와 같은 제도는 시대 배경과 매우 밀접하게 관련되어 있다. 1987년 노태우 정부는 6·29 선언을 통해 지방자치의 실시를 국민에게 약속하였다. 그러나 당시 이를 준비하던 내무부는 지방자치의 실시에 매우 소극적이었다.

내무부가 주장한 명분은 지방자치를 실시하기에는 지방의 역량이 부족하다는 것이었다. 그러나 실제로는 군수, 시장, 도지사로의 경력이 막히게 될 내무부 관료들의 개인적인 욕망과 무관하지 않았다. 그리하여 내무부는 강시장-약의회를 기초로 하는 제도를 성안하였으며 지방정부의 장을 임명직으로 유지하는 묘안을 제시하였다. 이러한 제안에 따라 1991년 선거에서는 지방의원만을 선출하고 지방정부의 장은 종전처럼 내무부 관료가 맡았다. 1995년 임명직 지방정부의 장이 선출직으로 변경되었음에도 강시장 제도는 현재까지 지속되어 단점이 곳곳에서 나타나고 있다. 제도와 지방정부 장의 개인적인 특성이 맞물려 문제점이 더욱 커지고 있다(김순은, 2010d).

② 강시장 구조의 문제점[52)]

제4기 지방정부 장의 경우 118명이 기소되었다. 이 중에는 광역지방정부의 장이 5명으로 광역지방정부의 장 중 31%를 차지하였으며 기초지방정부의 장은 113명으로 전체 기초지방정부의 장 중 49%에 달하였다. 지방정부의 장들이 기소를 당하거나 형사처벌을 받아 직위를 박탈당하면 행정공백으로 인한 피해는 물론 재·보궐선거로 인한 막대한 재정적 손실을 초래하게 된다. 지방정부의 장들이 기소된 사유는 아주 다양한데 선거법 위반이 가장 많아 광역단체장 5명을 포함 총 84명이 여기에 해당한다. 그 외 제4기 임기 내 발생한 지방정부 장의 비리유형은 아래와 같다. 기소된 인사 중에서 15.7%인 36명이 임기를 마치지 못하고 물러났다.

민선 5기의 경우 단체장 중 선거법 위반 및 비리혐의로 형사처벌 받은 광역 및 기초단체장은 22명(9%)이었다(한국경제, 2014). 민선 5기 선출직의 임기 중 범죄로 인한 기소는 광역 0명, 기초단체장은 22명(그 중 7명 구속), 범죄로 인한 직위상실자는 6명의 기초단체장이 있었다(검찰청, 2013). 여기에는 인사비리, 인허가비리, 횡령배임비리 등 거의 모든 비리 유형이 망라되었다. 특히 직위상실자의 경우 뇌물수수, 공금횡령 및 배임, 정치자금 수수 순으로 집계되었다(검찰청, 2013).

(다) 기초지방정부의 문제

기초지방정부의 경우 상기에서 논의한 지방정부 장의 비리 외에 또 다른 문제점이 있는데, 전문성 등 역량을 갖춘 기초지방의원을 선출하기 어렵다는 점이다. 지방의원의 전문성 부족에 대해서는 앞에서 이미 상세하게 논의하였다. 한편 특히 군의 경우 젊은 층의 유출로 고령화가 급속하게 진행되고 있다는 점도 지방정부의 개혁이 필요하다는 것을 뒷받침하고 있다. 이에 필자는 다음의 세 가지 대안을 제시하고 장·단점을 논의하였다.

(3) 우리나라 지방정부 형태 및 구조의 개혁모형

(가) 지방정부 구조개혁의 원칙

52) 이와 관련한 지방정부 장의 비리 문제는 제2장에서 언급하고 있으니 참고.

① 자율성과 통일성의 조화

지방자치제도를 설계함에 있어서 우선적으로 고려하여 할 원칙은 자율성과 통일성의 조화이다. 자율성이 중요시되어야 한다는 점은 앞의 지방자치의 기본이념에서 논의하였다. 그러나 연방 국가, 단일 정부 국가를 막론하고 지방자치는 자율성(Territorial independence)과 통일성(Interdependence)이 조화를 이루도록 하여야 한다(Kim, 1991; 이기우, 2002b).

자율성은 문제에 대해 다양한 대안을 모색하여 최선의 해결책을 찾을 수 있도록 한다. 또한 지방의 자율성은 국가의 위험을 분산시키는 장점도 있다. 하지만 반드시 다양한 제도와 체제가 장점을 갖는 것은 아니다. 국민의 입장에서 보면 통일적인 제도가 장점을 갖는 경우도 있다. 서로 다른 제도로부터 겪는 불편함을 최소화하는 것은 물론 국민 생활 최저선(national minimum)을 유지하는 것이 주민복지를 위하여 바람직할 것이다. 국가의 입장에서 보면 국가의 통일성을 유지하기 위하여 최소한 기준이나 준칙을 마련하는 것도 바람직하다. 가령 지역마다 도량형이 다르다고 가정하면 국가의 상거래 질서는 매우 혼란을 가중시킬 것이기 때문이다. 아울러 국가의 안보와 관련된 이슈도 같은 맥락에 속한다.

② 효율성의 원칙

지방자치는 효율성 제고와도 깊은 관련이 있다. 서구 민주주의 국가는 한정된 모든 자원을 중앙정부가 통제하기보다는 지방정부와 공동으로 통제하는 것이 효율성을 높일 수 있다고 인식하였다. 지방자치의 기본이념이 효율성의 제고에 있다는 주장은 벤담의 공리주의에 이론적 토대를 두고 있다. 사회전체의 효용을 제고하는 것을 선으로 보았던 공리주의는 자원의 효율적 사용으로 이어진다.

정치학적 관점에서 지방자치는 문제 해결에 있어 여러 가지 관점으로 접근할 수 있게 해준다는 점에서 효율을 보장하는 제도이다. 메디슨 같은 미국의 연방론자들은 강력한 권한을 갖는 지방정부의 존재에 대하여 비판적이었다. 그럼에도 미국이 활성화된 지방자치제도를 갖게 된 데에는 지방정부의 존재가 지역주민의 불만을 해결할 수 있는 중요한 창구로 인식되었기 때문이다. 지방정부를 포함하여 카운티, 주정부, 연방정부 등의 존재는 지역주민의 선택에 따라 그들의 불만을 해결할 수 있는 기제로 발전되었다.

③ 민주성의 원칙

지방자치가 민주성을 존중하여야 한다는 점은 재론의 여지가 없다. 지방자치는 특정 목적을 달성하기 위한 수단으로도 논의될 수 있기 때문이다. 우리나라의 각종 헌법이나 지방자치와 관련된 교과서에서 인용되고 있는 "지방자치는 민주주의의 학교이다"라든가 "지방자치는 자유 민주주의의 구현을 위한 수직적 권력분립의 형태이다"라는 표현은 지방자치를 수단으로 이해하는 것이다(정세욱, 2000; 김순은, 2005a). 1835년 토크빌의 「미국의 민주주의」와 1888년 브라이스의 「미국의 공화국」은 전자의 표현에 기초하고 있으며, 메디슨이나 제퍼슨의 주장은 후자의 표현에 토대를 두고 있다.

다른 관점에서 논의하면 수단으로서의 지방자치는 중앙집권 체제의 폐해로부터 부각되기도 한다. 우리나라와 일본의 경우가 여기에 해당한다. 우리나라와 일본의 지방자치는 중앙집권체제의 폐해를 최소화하고 자유 민주주의를 구현하는 방안 중의 하나로 인식되었다.

(나) 지방정부 개혁모형

지방정부의 개혁과제는 미국의 사례에서 보듯이 여러 이슈를 포함하고 있다. 가령 시장의 권한, 시장의 임기 및 재임횟수, 수석행정관제 도입, 집행기관의 선출직 공무원 증원, 시의원의 임기 및 재임횟수, 주민위원회 등 주민직접참정제도, 선거제도 등 다양한 이슈들이 있다. 여기에서는 지방정부의 구조변경 즉 기관통합형으로의 개혁과 이와 관련된 시장과 수석행정관 제도에 한정하여 논의하였다.

① 지방정부의 장-수석행정관제도

(a) 제도의 내용

지방정부의 장을 지방의회가 지방의원 중에서 선출하는 제도이다. 아울러 지방의회가 행정 전문가 중에서 수석행정관을 임명하여 지방정부 장의 권한을 분산시키는 제도이다. 앞으로 수석행정관은 지방의회에서 선출된 지방정부의 장이 추천하여 지방의회의 동의를 받아 임명하면 될 것이다. 핵심적 요소는 지방정부의 장이 지방의원 중에서 선출되면 현재 우리나라 지방정부 장의 권한이 지방정부 장과 수석행정관에게로 분산된다는 점이다.

지방정부 장의 임기는 2년으로 하면 우리의 관행과 일치한다. 이제까지 지방의회의 의장 임기가 2년으로 되어 왔기 때문이다. 1년은 너무 짧아 정책의 일관성을 유지하기 어렵고 4년일 경우 유능한 정치인들의 꿈을 막을 가능성이 크다.

(b) 제도의 장·단점

이 제도의 장점은 우선 지방의원의 질을 높일 수 있다는 점이다. 일단 지방정부의 장이 지방의원 중에서 선출되기 때문에 지방정부의 장이 되기를 희망하는 후보자는 반드시 지방의원에 출마하여야 하기 때문이다.

둘째, 지방정부 장의 권한이 지방정부의 장과 수석행정관에게로 분산되어 종전 지방정부의 장에게 집중된 집행기관 권력의 독점과 독단을 방지할 수 있다는 것이다. 특히 집행권한의 상당부분을 수석행정관에게 위임할 경우 지방정부 장의 부패를 방지할 수 있다.

셋째, 지방정부 장 선거가 없어지기 때문에 선거의 과열현상이 없어진다는 장점이 있다. 역대 지방선거를 살펴보면 지방정부 장 선거가 지방의원 선거에 비하여 보다 유권자의 관심을 끌었기 때문이다.

단점은 과연 지방의회가 공정하게 지방정부의 장을 선출할 수 있느냐이다. 이제까지 관행을 보면 지방의회 의장선거를 둘러싸고 적지 않은 폐단이 있었기 때문이다. 기초 지방정부의 경우 의원의 수가 적기 때문에 금품선거가 될 가능성도 배제할 수 없다.

② 의회-행정관리자제도

(a) 제도의 내용

의회-행정관리자 제도의 핵심적인 사항은 미국의 의회-관리자 형태와 거의 동일하다. 지방의회 의장이 지방정부를 대표하며 행정의 전문가인 관리자가 집행기능을 담당하는 것이다. 행정관리자는 지방의회에서 임명하며 지방의회에 정치적인 책임을 진다. 이 경우 지방정부의 장은 지방의회를 통할하며 대외적으로 지방정부를 대표하는 의전적인 역할을 수행하고, 실질적인 집행은 행정관리자에게 위임하게 된다.

(b) 제도의 장·단점

이 제도는 미국의 시의회-관리자 제도와 유사한 장·단점을 지니고 있다. 장점은 앞의 모델과 유사하다. 첫째, 행정 전문가에게 정책집행만을 위임하기 때문에 지방의회의 권한이 강해지고 책임성이 높아진다. 둘째, 행정전문가인 행정관리자에게 집행기능을 위임하기 때문에 행정의 전문성을 제고할 수 있으며 행정의 대의회 책임성을 제고할 수 있다. 행정관리자는 지방의회가 임명하는 공무원이기 때문이다. 따라서 이를 통해 2010년 우리나라에서 나타난 지방의회와 지방정부의 장 사이의 갈등과 마찰을 근본적으로 차단할 수 있다.

반면 단점으로는 첫째, 지방정부의 리더십이 약해질 가능성이 있다. 이제까지 선출직 지방정부의 장은 2중 대표성의 원리에 의하여 주민들의 신임을 바탕으로 강력한 리더십을 발휘할 수 있었다. 그러나 임명직 행정관리자는 그러한 리더십을 발휘하기 어렵다.

둘째, 지방의원의 자질을 개선할 수 없다는 점이다. 지방의원 중에서 지방정부 장이나 행정관리자를 선출하는 것이 아니기 때문에 현재와 같은 지방의회가 지속될 가능성이 높다.

③ 의회-지방정부의 장 제도

(a) 제도의 내용

이 제도는 지방의회에서 지방정부의 장을 선출하되 수석행정관은 임명하지 않는다. 즉, 지방의회에서 선출된 지방정부의 장이 전적으로 집행기능을 담당한다. 임기는 앞에서 논의한 제도와 같이 2년으로 하면 적절할 것이다.

(b) 제도의 장·단점

지방정부의 장이 지방의원 중에서 선출되므로 지방의원의 자질이 높아질 수 있는 장점이 있다. 아울러 2년의 임기로 한정하기 때문에 지방정부 장의 독주와 독선을 어느 정도 견제할 수 있다는 장점도 있다.

다만 지방정부의 장이 의원 중에서 선출되기 때문에 의장선거의 파동이 재현될 가능성이 있다. 그 동안 상당수의 지방의회는 의장선거를 둘러싸고 적지 않은 파문을 야기하였다. 심지어 금품수수까지 이어져 지방의회의 권위를 실추시킨 사례가 반복될 가능성도 배제할 수 없다. 한편 4년 동안 동일한 인사가 지방정부의 장으로 선출될 경우 집행권한의 독점이 염려되기도 한다.

(다) 결 론

그 밖에도 다양한 대안이 제시될 수 있을 것이다. 그럼에도 앞에서 세 가지로 한정한 것은 현재 문제가 되고 있는 지방정부 장의 권한남용과 지방의회 및 지방의원의 역량을 강화한다는 점에 착안하였기 때문이다. 상기에서 제시한 제도적 내용을 토대로 다양한 변형이 가능할 것으로 예상된다. 다만 몇 가지 유의할 점은 다음과 같다.

첫째, 지방정부로 하여금 다양한 대안 중에서 스스로 선택하게 하여야 한다. 지방정부는 나름대로 지역의 권력구조 및 정치적 상황의 측면에서 미묘하게 차이점을 보이고 있다. 따라서 지역의 사정에 가장 적합한 대안을 스스로 결정하도록 기회를 부여하는 것이다. 지방자치법에서 지방정부가 선택할 수 있는 대안을 제시하고 이를 주민투표로써 결정하게 하는 것이 최상일 것이다.

둘째, 만약 기초 지방정부, 특히 군정부가 지방의회의 역량이 부족하다는 점을 강력하게 시정하려고 하는 경우 중앙정부가 군정부에 한하여 통일적인 기관통합형을 추진할 수도 있을 것이다. 시행착오를 줄이기 위하여 전국적인 단위로 실시하기 전에 시험적 시도도 가능할 것이다.

셋째, 우리나라에서도 제주특별자치도 이외에 다양한 지방정부의 형태와 구조가 작동하도록 분위기를 만들고 이에 부응하는 제도를 구축해야 한다. 향후에는 급변하는 상황 하에서 다양성의 우위가 통일성의 우위보다 더 큰 사회적 편익을 낳을 수 있을 것이기 때문이다.

II. 결론: 지방의회의 새로운 모형과 위상정립

상기에서 논의하였듯이 어떠한 지방정부의 형태를 채택하는지에 상관없이 지방의회는 종전과는 다른 모델로 새로운 위상을 갖추어야 할 것이다. 중앙정부에서는 국회가 최고의 정책결정기관이듯이 지방정부 내에서도 지방의회가 최고 정책기관으로서 그에 상응하는 권한과 책임을 행사하여야 한다. 이를 분야별로 간략하게 논의하면 아래와 같다.

1. 지방의회의 권한

1) 중앙정부와의 관계

(1) 지방분권

현재 중앙정부와 지방정부간의 관계를 보면 지방정부의 정치·행정권한이 매우 제한적이다. 조세법률주의, 죄형법정주의, 재산권제한 법률주의 등을 엄격하게 해석하기 때문에 지방의회는 자율적으로 조세의 세목과 세율을 결정할 수 없다. 조례에 의하여 행정벌 외에는 형사벌을 부과할 수 없다. 법령에서 위임하지 않는 한 조례로써 주민의 재산권을 제한하는 것도 불가능하다.

행정적인 권한에서도 중앙정부에 비하여 매우 제한적이다. 아래 <표 5.2>에서 보는 바와 같이 중앙정부의 행정사무가 지방정부에 비해 월등히 많다.

〈표 5.2〉 종전의 단위사무 전수조사(단위: 개)

<table>
<tr><th colspan="2">구 분</th><th colspan="2">1994년 조사</th><th colspan="2">2002년 조사</th><th colspan="2">2009년 조사</th></tr>
<tr><td colspan="2">대상 법령</td><td colspan="2">3,169</td><td colspan="2">3,353</td><td colspan="2">4,039</td></tr>
<tr><td colspan="2">총 사무 수</td><td colspan="2">15,774</td><td colspan="2">41,603</td><td colspan="2">42,316</td></tr>
<tr><td rowspan="8">단위 사무</td><td rowspan="2">국가 사무</td><td colspan="2">11,744(75%)</td><td colspan="2">30,240(73%)</td><td colspan="2">30,325(71.7%)</td></tr>
<tr><td colspan="2">중앙부처 : 8,188
특행 : 2,469
부속기관 : 521
민간위탁 등: 566</td><td colspan="2">중앙부처 : 17,172
특행 : 3,798
산하기관 : 9,090
민간위탁 : 180</td><td colspan="2">중앙부처 : 19,604
특행 : 3,335
산하기관 : 6,916
민간위탁 : 470</td></tr>
<tr><td rowspan="6">지방 사무</td><td colspan="2">4,030(25%)</td><td colspan="2">11,363(27%)</td><td colspan="2">11,991(28.9%)</td></tr>
<tr><td>위임사무</td><td>1,920</td><td>위임사무</td><td>1,311</td><td>위임사무</td><td>1,342</td></tr>
<tr><td rowspan="4">고유사무</td><td rowspan="4">2,110</td><td>고유사무</td><td>10,052</td><td>고유사무</td><td>10,649</td></tr>
<tr><td>시도</td><td>5,318</td><td>시도</td><td>3,727</td></tr>
<tr><td>시군구</td><td>2,950</td><td>시군구</td><td>3,888</td></tr>
<tr><td>시도/시군구</td><td>3,095</td><td>시도/시군구</td><td>3,034</td></tr>
</table>

출처 : 강재호(2011) 자료를 수정 및 보완

위임사무를 국가사무로 분류할 경우 지방사무의 비율은 크게 저하된다. 1994년에는 순수한 지방정부의 고유사무가 2,110개로 전체사무의 13%를 차지하였고 반면 국가사무가 87%를 차지하였다. 2002년에는 지방정부의 고유사무의 수가 10,052개로 전체사무의 24%를 차지하였고 국가사무는 76%였다. 2009년도의 조사에 따르면 지방정부의 고유사무의 수는 10,649개로 25%를 차지한 반면 국가사무는 75%를 차지하여 지방정부의 고유사무가 다소 증가하였다.

우선적으로 지방자치의 활성화를 위해 지방의회의 정치적·행정적 권한을 강화하여야 한다. 제한적이나마 조례로써 새로운 조세의 세목과 세율을 결정하고, 형사벌을 부과하며, 주민의 재산권을 제한할 수 있는 제도를 마련하여야 한다. 자주입법권이 지나치게 제한되어 있기 때문이다.

지방의회의 자주조세권은 지속가능한 발전의 범위 내에서 행사되는 것이 바람직하다. 주민에게 부담만 지우는 조세로는 호응을 얻기 어렵겠지만 경제발전, 사회발전, 환경보존 등이 함께 조화된 발전을 위해서라면 주민의 동의를 얻는데 크게 어려움이 없을 것이다.

조례형벌권도 조례의 실행을 담보하는 범위 내에서 최소한으로 이루어져야 한다. 주민에게 부과하는 형사법은 중앙정부의 형사벌과는 달리 지역주민에게 적용되는 것이므로 이웃 지방정부의 조례와 어느 정도 조화를 이루고 있어야 한다. 또한 과도한 처벌은 지방자치의 기본취지에 부응한다고 할 수 없다. 따라서 조례의 실행을 위하여 반드시 필요한 부문에 한하여 제정되어야 한다.

조례에 의한 재산권 제한도 같은 취지에서 허용되어야 할 것이다. 주민의 재산권은 소중한 권리이다. 이러한 권리를 제한하려면 지역주민의 합의를 전제로 하여야 하며 제한 정도도 최소한에 그쳐야 한다.

행정적 측면에서는 보완성의 원리에 따라 중앙행정권한을 지방으로 대폭 이양하여 25%에 머물고 있는 고유사무의 비중을 높여야 한다. 지방의회가 이를 위하여 더욱 지방분권에 관심을 가져야 함은 물론이다.

특히 자치경찰과 자치교육에 관심을 갖기를 제안한다. 지역주민의 생명과 재산을 지키고 지역의 사정에 부응하는 교육의 실시야말로 지방자치의 핵심사항이다. 자치경찰제도의 경우 지방자치의 핵심 과제로 제주특별자치도를 제외하면 아직도 논의 단계에 있다. 기존세력의 반대에 부딪혀 전혀 진전을 보이고 있지 못하기 때문이다. 공정한 제도의 정착이라는 측면에서 중앙정부와 지방정부와의 관계가 지방 분권의 방향으로 재정립되어야 할 것이다. 이를 통해 자치교육과 자치경찰 영역에서도 주민들이 체감하는 발전이 이루어진다면 지방자치가 급속하게 성장할 것이다.

이 외에도 지방분권의 과제는 산적해 있다. 참여정부는 20개 분야 47개 과제를 추진하였고 이명박 정부는 20개 과제를 채택하여 지방분권을 추진하였고, 과제에 따라 상당한 성과를 거둔 것도 있다. 이명박 정부는 지방소비세를 도입하여 지방재정을 다소 개선할 것으로 예상하였다. 한편 박근혜 정부의 지방자치발전위원회도 지방자치 발전 종합계획을 수립하고 지방분권을 추진하고 있으나 아직은 가시적인 성과는 없는 실정이다.

이러한 점을 감안할 때 지방의회와 지방의원은 지방분권의 과정에 특히 많은 관심과 노력을 기울이는 모습을 보여야 한다. 제도 측면에서는 지방의회의 조례제정권 및 의결권을 더욱 강화하여야 한다. 법령을 위반하지 않는 범위 내에서 조례를 허용하고 지역주민 삶의 질을 제고하기 위한 초과·강화조례의 제정도 인정하여야 한다.

(2) 지방분권과 지역균형발전[53)]

지방분권의 추진에 관해 반드시 이해하여야 할 과제가 지역균형발전이다. 참여정부는 지방분권과 지역균형발전을 국정의 두 축으로 하여 강력한 지방정책을 추진하였다. 지방분권과 지역균형발전 정책의 성과는 앞으로 두고 보아야 하지만 세종시, 혁신도시 건설 등의 정책이 다소 지연된 감은 있음에도 불구하고 성과는 적지 않을 것으로 예상된다.

하지만 지금까지 지방분권의 성과가 상대적으로 크지 않은 것은 지방분권과 지역균형발전 정책의 속성 차이에 기인하는 측면도 있다(김순은, 2005e). 지방분권과 지역균형발전은 외형적으로 유사한 정책으로 보이나 심층적으로 분석하면 여러 측면에서 상당한 차이가 있다. 때문에 참여정부가 지방분권정책을 지역균형발전 정책과 한데 묶어 추진한 전략은 정책의 성과에 부정적인 영향을 미

53) 필자(2005e)의 지방분권 정책의 평가와 과제에서 발췌하여 수정하였다.

쳤다(이승종, 2005).

지방분권정책과 지역균형발전정책은 정책의 추진이념 및 가치, 정책의 목적 및 목표, 규범적인 추진논리, 정책의 기본성격, 정책의 정치적 구조와 추진전략, 정책의 내용, 정책수단의 필요성, 중앙정부가 선택하는 정책의 선호도, 지방정부의 정책에 대한 태도 및 인식, 정책추진의 우선순위, 주민들의 정책 인지도, 선거 전략상의 중요도, 성공사례의 측면에서 상이하다. 항목별로 상론하면 아래와 같다.

(가) 정책의 추진이념 및 가치

지방분권정책과 지역균형발전정책은 기본적으로 정책의 추진이념 및 가치에 있어서 상이하다. 전자가 지방정부간의 경쟁을 유도하고 그 과정에서 자원의 효율을 추구하는 반면 후자는 지역 간의 경쟁불리현상을 보완하며 형평성을 추구한다. 아울러 지방분권은 지방정부에게 권한과 책임을 부여함으로써 지역의 자주성을 강조하는 한편 지역균형발전은 국가의 최소기준이나 국제 표준을 지향하여 통일성을 실현하고자 한다.

(나) 정책의 목적과 목표

지방화정책의 핵심적 부분을 형성하고 있는 지방분권정책과 지역균형발전정책은 추구하는 정책목적과 목표가 근본적으로 다르다. "지방분권은 주민의 자발적 참여를 통하여 지방자치단체가 그 지역에 관한 정책을 자율적으로 결정하고 자기의 책임 하에 집행하도록 하며, 국가와 지방자치단체간 또는 지방자치단체 상호간의 역할을 합리적으로 분담하도록 함으로써 국정의 통일성을 확보하는데 기여한다. 또한 지방의 창의성 및 다양성이 존중되는 내실 있는 지방자치를 실현함을 그 기본이념으로 한다"는 지방분권특별법 제2조[54])로부터 지방분권 정책의 목적이 분권형 정치·행정체제 또는 분권형 거버넌스의 구축에 있음을 유추할 수 있다. 이를 위하여 참여정부는 7개 분야에 걸쳐 47개 정책과제

54) 박근혜 정부 이후 제정된 지방분권 및 지방행정체제개편에 관한 특별법 제2조에서는 "지방분권이란 국가 및 지방자치단체의 권한과 책임을 합리적으로 배분함으로써 국가 및 지방자치단체의 기능이 서로 조화를 이루도록 하는 것을 말한다"라고 다소 수정되었다.

의 추진을 목표로 설정하였으며 이명박 정부와 박근혜 정부도 지방분권 과제를 선정하여 추진하여 왔다. 부연하면 지방분권정책은 지방정부 각각에게 지역발전에 필요한 정치·행정권한을 이양함으로써 균등한 지역발전을 이루고자 한다.

반면 지역균형발전정책은 "지역간 불균형을 해소하고 지역혁신 및 특성에 맞는 발전을 통하여 자립형 지방화를 촉진함으로써 전국이 개성 있게 골고루 잘 사는 사회를 건설하는 데 이바지함을 목적으로 한다"고 국가균형발전특별법[55]에서 명시하고 있다. 즉, 지금까지도 심각하게 문제시되고 있는 수도권과 비수도권, 기타 지역 간의 격차를 해소하는 데 정책의 목적이 있음을 시사한다(초의수, 2000). 이를 위하여 참여정부는 행정수도의 건설을 추진하였으나 위헌판결로 인하여 행정중심복합도시의 건설, 공공기관의 지방이전, 지역혁신체제의 건설을 통한 지역발전과 혁신을 새로운 목표로 설정하였고 이를 위해 재원의 집권식 강제배분을 시행하였다. 참여정부 이후 국정에서 지역균형이 차지하는 비중은 크게 떨어진 상태이다.

(다) 정책의 기본성격

지방분권정책과 지역균형발전정책은 기본 성격에 있어서도 상이한 측면이 있다. 우선 지방분권정책은 상대적이고 동적인 개념으로 이해되어야 한다. 지방분권정책이 지향하는 분권적인 정치·행정체제는 절대적인 선이 아니다. 시대적 상황에 따라 집권적인 정치·행정 체제가 요구되는 경우에는 지방분권 정책을 포기하고 집권적인 정책을 추진하여야 하며, 반대로 시대적 상황이 분권적인 정치·행정체제를 요구하는 경우에는 지방분권정책을 추진하여야 한다. 미국과 영국이 대표적인 사례이다. 1960년대 미국의 민주당 정부는 '위대한 사회(Great Society)'의 건설을 위하여 집권적인 정책을 추진하였으며 반대로 1980년 레이건 행정부는 주정부 및 지방정부의 재량을 확대하는 분권적인 정책으로 전환하였다.

영국도 1979년 이후 집권적인 정책을 추진하다가 1997년 이후 분권적인 정책으로 전환하였다. 대처 수상은 국가의 경제재건을 위하여 지방정부에 대한 통제와 규제를 강화하였다. 제도적인 측면에서뿐만 아니라 정치과정에 있어서도

55) 2009년 이후 국가균형발전특별법으로 개칭되었다.

대결정치라고 명명될 만큼 지방정부를 강하게 압박하였다(김순은, 2005a). 반면 1997년 노동당 정부는 보수당과는 대조적으로 상당히 분권적인 방향으로 나아갔다. 스코틀랜드와 웨일즈 지역에 각각 독립의 의회를 설립하고 잉글랜드 지역에 광역지역정부를 설립하는 지방분권정책을 추진하였다(김순은, 2001a, 2001d; Office of the Deputy Prime Minister, 2002, 2004).

지방분권정책의 둘째 특성은 지방정부간 차별성과 경쟁을 전제로 하고 있다는 점이다. 지방정부의 다양성을 인정하고 공통적으로 정치·행정권한을 이양하면 지방정부들은 그들의 다양성과 강화된 정치·행정권한을 토대로 지역의 발전을 도모하게 된다. 그 결과 지역 간의 격차는 더욱 확대될 소지가 있다. 이런 점을 감안할 때 지방분권정책의 내용에는 수평적 재정조정제도가 반드시 포함되어야 한다. 수평적 재정조정제도는 재정분권으로 재정이 강화되는 지방정부가 재정이 악화되는 지방정부를 보조하는 제도이다.

반면 지역균형발전은 시대와 공간을 초월하여 상시 추진하여야 하는 규범적 정책 과제이다. 지방분권과 지방자치를 헌법과 법률로 제한하였던 우리나라에서도 역대 정부 모두가 구호만큼은 지역균형발전이 중요한 국정과제 중 하나였다. 폐지된 지방양여금제도와 현행 지방교부세 제도가 어떤 측면에서는 지역 간 불균형을 해소하기 위한 지역균형발전의 제도들이었다. 해외의 사례를 살펴보면, 일본에서도 지역균형발전은 모든 정부의 중요한 정책과제였다. 특히 도쿄 일극 중심의 폐단이 극심해짐에 따라 수도권 정비계획은 우선순위가 높은 국정과제였다. 영국의 경우도 예외는 아니었다. 런던권의 인구 억제 정책과 지역균형발전은 매 정부마다 등장하는 과제였다. 영국과 일본 모두 지역균형발전을 위한 중앙정부의 교부금이나 양여금과 같은 제도가 있었음은 물론이다. 또한, 지역균형발전정책의 두 번째 특성은 지방정부 간 차별의 축소를 전제로 하고 있다는 것이다. 지역에 따라서는 지역발전의 산술적 균형을 주장하기도 한다.

요약하면 지방분권정책은 시대적 상황에 따라 변하는 전략적·상황적 과제이나, 지역균형발전은 상시적으로 추진하여야 하는 규범적 과제라고 할 수 있다. 전자는 집권적인 정치·행정체제가 요구되는 상황이 도래하면 언제든지 회귀되어야 하는 성격을 띤다. 반대로 중앙집권의 폐해가 발생한 경우 이를 전략적으로 치유하기 위하여 거버넌스(국정운영체제)를 개선하는 정책이다. 반면 지역균형발전은 국가가 존재하는 한 시대와 공간을 초월하여 중단됨이 없이 지속되어야 할 규범적 과제이다.

지방분권정책과 지역균형발전정책의 특성은 공유재산과 사유재산에 비유되기도 한다. 특정의 지방정부가 아무리 지방분권정책에 관심을 보여도 그 혜택은 모든 지방정부에 돌아가는 공유재산의 성격이 강한 반면, 지역균형발전은 특정사업을 추진할 경우 그 혜택은 열심히 노력한 지방정부에게만 돌아가는 사유재산의 성격이 강하다.

두 정책은 정책목표의 특성에서도 상이하다. 지방분권정책이 지향하는 분권형 정치·행정체제의 실현은 그 자체가 최종 목적이 아니라 분권형 정치·행정체제를 통하여 이룩하려는 국가의 경쟁력 또는 지역균형발전을 위한 수단적 성격을 띠고 있다.

반면 지역균형발전정책의 최종 목표는 국토의 균형발전이라 할 수 있다. 따라서 지역균형발전정책의 실현을 위하여 분권, 분산, 분업 등의 3분 정책이 수단적 정책으로 채택되어 있다. 경우에 따라 지방분권 정책은 지역균형발전정책의 수단 중의 하나가 될 수 있다. 이러한 차이점은 향후 지방분권 정책과 지역균형발전정책 간의 우선순위를 결정하는데 중요한 요인이 된다.

(라) 정책의 내용

지방분권정책과 지역균형발전정책, 양 정책은 내용에 있어서 근본적으로 차이가 있다. 국가에 따라 상이하긴 하나 일반적으로 지방분권 개혁은 중앙정부의 정치·행정권한을 지방으로 이양하는 것을 주요 내용으로 한다.

우리나라의 경우 지방정부의 정치권한을 강화시키는 것보다 중앙정부의 행정권한 또는 행정사무를 이양하는 것을 지방분권 개혁의 주요 내용으로 하고 있다. 지방정부의 책임성을 제고하는 방안도 지방분권 개혁의 중요한 부분이 되었다. 참여정부는 7개 분야 47개 과제를 추진하였다. 이명박 정부는 20개 과제를 선정하고 추진하였으며, 박근혜 정부는 지방자치발전 종합계획을 통하여 지방자치발전 20개 과제 발전방안을 마련하였다.

지역균형발전정책은 지역의 경제 발전을 주된 내용으로 한다. 여기에는 행정중심복합도시의 건설, 지방대학의 육성, 중앙부처 및 공공기관의 이전이 중요한 부분을 차지하고 있다. 지방정부의 관점에서는 지속가능한 내생적 발전은 물론 중앙정부의 재정적 지원에 의한 발전을 기대하고 있다. 지역혁신 역시 지역균형발전 정책의 중요한 부분이 되고 있다.

요약하면 지방분권정책의 내용은 '권한과 사무'로서 제도의 개정으로 이어진다. 반면 지역균형발전정책의 대상은 '사업'으로 재정에 기초한 균형적 발전을 정책의 기본적 내용으로 하고 있다.

(마) 정책수단(재원)의 필요성

지방분권정책과 지역균형발전정책은 정책수단의 측면에서도 크게 다르다. 지방분권 개혁은 과제에 따라 재정 수요가 달라진다. 특히 인건비의 수요가 예상되는 자치경찰과 자치교육의 경우와 지방정부의 자주재정권을 강화하는 과제는 막대한 재원의 이전이 이루어져야 한다. 그러나 재원의 이전이 수반되지 않는 지방분권의 요소도 상당수 존재한다. 지방정부의 자주입법권, 자주조직권 및 자주행정권의 경우가 여기에 속한다. 따라서 재정의 수요가 적은 과제부터 우선적으로 처리할 수 있다. 아울러 지방분권 개혁의 과제 중 재원의 수요가 큰 과제나 지방의 재원확충을 위한 재정분권은 장기과제로 처리하는 것이 전략상 유리할 수도 있다.

현재 대도시로의 인구와 경제의 집중이 강화되는 추세에서는 종래와 같이 지방정부가 갖는 조세권이 큰 의미가 없을 수 있다. 왜냐하면 조세의 세원이 대도시에 집중되고 있기 때문이다.

그러나 지역의 경제발전에 기초한 지역균형발전 정책이 실효성을 거두기 위해서는 초기부터 막대한 자원이 소요될 것으로 예상된다. 종전의 지방을 위한 예산인지방양여금이나 지방대학육성자금 등이 폐지되고 그 재정이 참여정부 때 지역균형발전기금으로 편입된 배경에는 상당한 재정을 요구하는 지역균형발전정책의 과제들이 있기 때문이었다. 행정중심복합도시와 공공기관의 이전이 실행되면서 이에 관련한 재정수요가 증대하였다. 이에 따라 참여정부의 출범 후 일부 이관된 국고보조금, 지방양여금의 일부 재원, 민간 보조금 및 출연금을 토대로 지역균형발전특별회계를 도입하였다.

참여정부의 출범 이후 지역균형발전을 위하여 지역균형발전특별회계가 도입되었음에도 불구하고 지방정부에 배분될 지원규모가 절대적으로 증대한 것은 아니다. 지역균형발전정책을 국정의 최우선 과제로 삼았던 참여정부 시대에도 역점을 두었던 자주국방의 확립, 사회복지의 증진, 행정수도복합도시의 건설 등에 소요되는 재정을 감안할 때 지방정부의 재정을 획기적으로 확대할 재정분권의 가능성은 매우 낮았다. 이러한 현상은 재정을 필수적으로 동반해야 할 지역균형발전정책의 성패에 적지 않은 영향을 미치고 있다. 또한 이명박 정부에 들어서는 4대강 사업에 재정이 투입됨에 따라 세종시의 공사 계속여부가 논란이 되기도 하였다.

(바) 규범적인 추진논리

지방분권정책과 지역균형발전정책은 규범적인 추진논리의 관점에서도 상이하다. 지방분권정책은 상대적으로 지방의 관점에서 처리해야 할 과제가 많다. 선분권·후보완, 일괄성·포괄성의 원칙, 보충성의 원리가 철저하게 준수될 경우 대부분의 과제는 지방정부의 관점에서 추진되어야 하는 과제들이다. 심지어 수평적 재정조정제도의 도입도 지방정부간의 합의로 도입될 여지가 높은 편이다. 한편 지방정부의 책임성과 국정의 통일성이 확보되어야 하는 과제는 중앙정부의 관점이나 중앙정부와 지방정부간 상호의 견해가 존중되면서 추진되어야 한다.

반면 지역균형발전 정책은 수도권과 비수도권, 도시와 농촌 등 지역 간의 격차를 축소하자는 정책으로 분권적인 접근보다는 집권적인 관점에서 처리해야 할 과제가 대부분이다. 자원의 강제적 배분이 이루어져야 하기 때문이다. 지방정부의 의견을 존중할 경우 지역 간의 갈등으로 정책이 순조롭게 진전되기가 쉽지 않을 것이다. 이미 공공기관 이전을 둘러싸고 지역 간의 갈등이 표출된 바 있다. 따라서 지역균형발전정책은 수직적 재정조정에 기초하여야 한다.

정책을 추진하는 과정에서 중앙정부와 지방정부의 관점과 견해는 조정 및 타협을 거치게 된다. 여기서 분권적인 접근과 집권적인 관점이라 함은 정책 이슈를 논의할 때 전자는 지방정부가, 후자는 중앙정부가 정책 주도권을 갖고 있다는 것이 인정되어야 한다는 것을 의미한다. 그 결과 지역균형발전 정책에 있어서는 중앙정부가, 반면 지방분권 정책에 있어서는 지방정부가 주도권을 행사하는 것이 타당하다.

참여정부 이후 현재까지 진행된 정책을 보면 더욱 명확해진다. 지역균형발전

정책은 참여정부의 국가균형발전위원회와 관계 중앙부처가 집권적인 방식으로 관여하여 왔다. 참여정부 하에서 기획예산처, 산업자원부, 정보통신부, 과학기술부 등이 지역균형발전의 명분하에 각종 사업을 통하여 지방정부의 자율권을 신장하기보다는 중앙정부의 각종 지침에 지방정부가 순응할 것을 요구하여 왔다. 이명박 정부 하에서는 명칭이 변경되어 지역발전위원회, 기획재경부, 지식경제부, 교육과학기술부가 그 역할을 수행하였다. 박근혜 정부 하에서도 지역발전위원회와 산업통상자원부 등을 중심으로 2014년부터 2018년까지의 지역발전정책, 지역주민의 삶의 질 개선과 일자리창출 등 5대 분야의 21개 실천과제에 총 165조원을 투입할 예정이다.

지방분권 정책과 지역균형발전 정책이 기초로 하고 있는 추진논리의 차이 때문에 교부세와 같이 두 정책에 동시에 부합되는 정책과제를 제외하면 대부분 상충되는 경우가 많다. 대표적으로 지역균형발전특별회계를 들 수 있다. 지방양여금의 폐지를 기초로 설립된 지역균형발전특별회계는 지방의 재량을 축소하고 국고 보조금의 성격을 띰으로써 집권적인 특성을 보였다. 이명박 정부는 지역균형발전특별회계를 '광역지역발전특별회계'로 개편하였으나 유사한 기본적인 틀 하에서 직접사업의 형태로 광역부분의 국고보조금을 증액하였다. 2015년 현재 광역지역발전특별회계가 '지역발전특별회계'로 명칭이 변경되면서 '행복생활권'을 중심으로 한 새로운 개념을 도입하였다. 정부는 2015년 2016년 지역발전특별회계 예산운용방향 설명회에서 규제개선과 중복사업의 구조조정의 우수 지방정부에게 인센티브를 강화하고, 문화, 복지, 일자리 지원을 강화할 것을 천명하였다.

(사) 정책의 정치구조와 추진 전략

① 정책의 정치구조

지방분권정책과 지역균형발전정책은 관련된 정치구조와 이에 따른 추진전략의 관점에서 차이점을 확인할 수 있다. 지방분권정책은 중앙과 지방의 대립적인 정치구조가 형성되는 것이 일반적이다. 중앙정부의 부처[56] 및 공무원, 국회의원,

56) 중앙부처 중에서도 기획예산처와 재정경제부가 지방분권 정책에 소극적인 것으로 알려진다.

중앙의 언론 등이 지방분권 개혁에 반대하는 그룹을 형성할 것이고, 서울특별시를 포함한 지방정부[57], 지역의 언론, 지역의 NGO가 지방분권 개혁을 추동하는 그룹을 형성할 것이다. 여기서 더욱 놀라운 것은 수도권 소재 지식인들이 지방분권 개혁에 소극적이라는 사실이다.[58] 지난 지방분권 개혁과정에 직·간접적으로 관련했던 담당자의 인터뷰 자료에 의하면 수도권 소재 학자들이 지방분권 개혁에 매우 소극적이며 부정적인 인식 하에 지방분권 반대 그룹에 동조하고 있는 것으로 나타났다. 이 점은 지방분권 개혁의 전도를 어둡게 하는 요소 중 하나이다.

구체적인 지방분권 개혁을 시행하는 데 있어 지방정부 간에 과제의 우선순위 등에 관하여 다소 상이한 관점을 표출할 수 있다. 그러나 대체적으로 지방정부는 지방분권 개혁의 과제에 대하여 이견이 크지 않은 편이다. 바꾸어 표현하면 지방분권 개혁과제를 논의하는 한 최소한 지방정부 간에는 갈등구조가 심각하지 않다고 할 수 있다. 이제까지 전국시·도지사협의회, 전국시·도의회의장협의회, 전국시장·군수·구청장협의회, 전국시·군·구의회의장협의회들은 지방분권 정책에 대해서 각각 내부에서 통일된 의견을 제시하였다(김순은, 2003c).

그러나 지역균형발전정책에 있어서는 각 지방정부가 정책의 원칙에는 공감하면서도 구체적인 정책과제에 관해서는 커다란 이견을 보이고 있다. 지방분권 정책과 비교할 때 지역균형발전정책은 지방 간 갈등구조가 심각하다. 행정수도 건설을 둘러싸고 수도권과 충청권의 갈등이 표출된 바 있으며 공공기관의 이전을 둘러싼 지방정부간의 갈등도 표면화된 바가 있다. 이명박 정부 하에서는 세종시의 공사계속 여부와 수도권 규제정책을 둘러싸고 전국 13시도지사가 공동으로 성명을 발표하기도 하였다. 일반적으로 수도권과 비수도권, 영남과 호남, 충청권 비충청권, 도시와 농촌 사이에는 물론 동일한 권역 내에서도 중앙정부의 재정적 지원 및 클러스터 정책을 둘러싸고 적지 않은 갈등이 빚어지고 있다.

② 추진전략

상기와 같은 지방분권과 지역균형발전정책의 정치적 구조를 감안하면 양 정

57) 박원순 시장이 취임한 이후 서울특별시가 지방분권 개혁에 높은 관심을 보인다.

58) 참여정부 내에서 지방세재정제도팀과 지방분권제도팀과의 마찰도 지방분권의 정치적 구조를 단적으로 보여주고 있다.

책은 상이한 전략이 필요함을 알 수 있다. 지방분권정책에 관한 한 중앙정부와 지방정부간의 대결구도가 일반적이므로 지방정부는 지방정부간의 합의를 기초로 하여 강력하게 중앙정부에 지방분권 개혁을 요구할 수 있다. 이러한 요구는 일반적인 원칙을 주장하는 것에 머물지 않고 구체적인 지방분권 과제를 거론하면서도 가능하다. 여기서 특히 중요한 것은 지방분권 개혁의 주장과 과제의 선택이 지방의 이니셔티브에 의하여 이루어질 수 있다는 점이다. 따라서 지방정부가 지방분권의 추진전략을 수립할 수 있다. 지방정부간의 합의가 용이하기 때문에 중앙정부가 의지만 있다면 지방분권 개혁을 강력하게 추진할 수 있는 것이다(김순은, 2004a).

지방분권의 추진전략을 위해서는 전략적 지방분권 모형을 수립할 수 있다. 여기에는 과제별 전략과 시기별 전략으로 구분하여 논의하여야 한다. 지방분권 과제의 특성과 부수되는 이슈, 개혁의 파급효과를 고려하여 시기별 전략과 조합을 맞추어 우선추진과제, 중기과제, 장기과제로 구분하여 추진하는 것이 전략상 유리하다.

그러나 지역균형발전정책의 경우 중앙정부와 지방정부간의 갈등구조는 물론 지방정부 간에도 대결구도가 표출되어 지방정부가 이니셔티브를 갖기 쉽지 않다. 오히려 지역균형발전 의지가 강한 중앙정부가 추진전략을 수립하는 것이 보다 용이하다.

분산의 효과가 큰 중앙부처 및 공공기관의 이전을 중·단기적으로 이전하는 것이 일반적으로 부작용이 적다. 영국 중앙부처의 이전 사례는 우리에게 좋은 선례가 된다. 그런데 우리나라는 지역균형발전을 위하여 중앙정부는 중앙부처와 공공기관의 이전을 동시에 추진하는 계획과 전략을 수립하여 완성단계에 있다. 향후 과연 공공기관의 지방이전이 지역균형발전의 효과에 기여하는지와 공공기관의 지방분산에 따른 부작용의 여부를 점검하는 과제가 남겨졌다.

종종 지역균형발전을 강조하기보다 수도권 억제정책이 보다 효과적일 수 있다. 중앙부처와 공공기관이 주로 도시지역으로 이전될 가능성이 크다고 볼 때 농촌 등의 낙후 지역에 대해서는 기존의 양여금 정책을 부활시키는 등의 방안도 검토해야 한다.

(아) 중앙정부의 정책 선호도

앞 절에서 논의한 규범적인 정책추진논리에 따라 중앙정부의 지방분권과 지역균형발전에 대한 정책의 선호도도 차이가 난다. 국가마다 다소 차이가 있으나 통상 중앙정부는 중앙정부의 정치·행정권한의 축소를 의미하는 지방분권정책에 소극적인 자세로 임하게 된다.

통치권자는 정치적인 명분을 내세워 지방분권정책에 적극적일 수 있지만 실제로 개혁을 준비하고 추진하는 중앙공무원들은 지방분권정책에 조직적으로 반대하는 경향이 강하다. 1995년부터 추진되었던 일본의 지방분권 개혁에서도 확인되었고 현재 우리나라의 경우도 일본과 유사한 것으로 판단된다(김순은, 2001e).

반면 중앙정부는 지역균형발전에 대해서는 중앙집권적 방식이 유지되는 한 상대적으로 우호적, 적극적인 태도를 보인다. 중앙부처의 이전이나 공공기관의 이전 등과 관련하여 논의의 대상이 된 당사자는 소극적이겠지만 지방분권정책에 비하면 상대적으로 적극적이다.

중앙정부가 지역균형발전정책에 보다 적극적인 것은 지역균형발전이라는 대의명분과 목표를 적극적으로 추진하겠다는 의지보다는 지역균형발전정책과 관련된 자원의 배분 등이 집권적으로 결정되는 경향이 강하기 때문이다. 뿐만 아니라 지방분권 정책은 분권적 논리로써 추진하여야 하는 반면 지역균형발전정책은 집권적인 논리 하에 추진할 수 있다. 집권적인 논리가 분권적인 논리를 압도할 수 있기 때문에 중앙정부는 지역균형발전정책을 선호할 수밖에 없는 것이다.

중앙정부가 지역균형발전 정책에 있어서 이니셔티브를 갖고 추진할 수 있다는 점도 지역균형발전정책을 선호하는 이유 중의 하나이다. 참여정부 때 이미 지역균형발전정책을 추진하는 과정에서 기획예산처, 재정경제부, 과학기술부, 산업자원부, 교육인적자원부, 정보통신부 등이 집권적인 방식으로 지방정부를 지도·감독하고 있었다.

이러한 현상은 현재까지 진행된 상황을 보면 더욱 명확해진다. 행정중심복합도시, 기업도시, 지방의 발전을 위한 각종 사업에 중앙정부는 적극적인 자세를 보이고 있으나, 지방분권 관련 정책은 커다란 진전이 없다. 자치경찰제도 등이 연기되는 상황으로부터 중앙정부의 의도를 간접적으로 가늠할 수 있다.

(자) 지방정부의 정책에 대한 태도

지방정부의 지방분권정책과 지역균형발전정책에 대한 태도도 상이하다. 지방분권정책은 차별적이지 않은 한 특정 지방정부가 반대할 명분이 매우 약하다. 따라서 지방분권정책에 대해서는 지방정부간 합의가 비교적 용이하다. 물론 시·도와 시·군·구간에는 지방분권 정책과제의 우선순위와 접근방식 등에 대하여 차이가 있을 수 있지만 근본적인 것은 아니다. 뿐만 아니라 시·도 내부, 시·군·구 내부에서 의견을 조정하는 것도 상대적으로 어렵지 않다.

한편 지역균형발전정책에 대해서는 지역 간 견해의 차이가 크고 이에 따라 갈등의 소지도 상당히 크다. 이미 수도권 규제완화와 관련하여 수도권과 비수도권의 갈등이 발생하여 왔다. 수도권 규제완화에 대하여 비수도권 시도지사가 항상 강력한 반대 성명을 발표한다. 지역 간 갈등에 대하여 역대 정부 중 참여정부 때에는 행정중심복합도시의 건설을 두고 서울특별시와 충청지역, 서울특별시와 중앙정부간에 갈등이 발생하였다. 이명박 정부 시기에도 공공기관의 이전을 둘러싸고 지역 간의 경쟁과 갈등이 가시화되었다. 참여정부의 중앙정부가 공공기관의 이전에 대한 결정을 수차례 연기하였던 것도 이러한 사정에 기인하는 것으로 추론된다. 몇몇 지방정부는 공공기관 지방이전 협약에 서명을 거부하기도 하였다. 영남권의 신공항 입지를 둘러싸고 대구광역시, 경상남도와 부산광역시가 대립을 보여 왔다.

앞에서 공유재산과 사유재산의 비유를 들었듯이 지방정부들은 지방분권정책보다는 지역균형발전정책에 보다 많은 관심과 노력을 쏟는다. 공공기관의 이전결정을 두고 지방정부가 보인 적극적인 로비 등의 행태가 대표적인 사례이다. 지방정부의 관점에서는 지방의 토양을 튼튼하게 가꿀 수 있는 비료보다는 일단 달콤한 초콜릿을 선호하는 경향이 강하다는 증거이다.

(차) 정책추진의 상호 우선순위

지방분권정책과 지역균형발전정책을 대상으로 정책의 우선순위를 판단하는 경우 여러 가지 사항이 고려되어야 할 것이다. 현재 우리나라 정치·행정의 중앙집권정도, 중앙집권식 정치·체제의 부작용, 수도권과 비수도권의 격차, 지역 간 불균형 등을 고려하면 지방분권과 지역균형발전은 모두 시급한 정책 대상이라는 데에는 이론의 여지가 없다.

그럼에도 불구하고 이론적인 측면과 전략적인 측면에서 분석하면 양자 간 정책의 우선순위가 명확해진다. 이론적인 측면에서 첫째의 논의는 수도권 집중의 원인을 분석하는 작업이다. 다양한 원인이 있겠지만 지역 간 불균형, 특히 수도권의 과다 집중 현상이 중앙집권의 폐해 중의 하나라고 한다면 이를 시정하기 위해서는 수도권 집중의 원인이었던 중앙집권 체제를 시정하여야 함은 당연하다.

둘째의 이론적 논의는 지방분권과 지역균형발전간의 이론적 관계를 분석하는 것이다. 타율적이고 외생적인 지역균형발전만을 고려한다면 지방분권을 굳이 논의할 필요가 없다. 바꾸어 표현하면 자발적·자생적인 지속가능한 지역발전을 유인하기 위해서는 지방분권이 선결조건이 되어야 한다. 지방분권으로 지역의 정치·행정권한이 보장되지 않으면 지역의 창의력을 기대할 수 없기 때문이다. 또한 지역균형발전정책의 중요한 부분인 지역혁신 역시 지방분권이 전제가 되어야 한다. 최근의 상황과 같이 공공기관의 지방이전 등 의타적인 사업이 강조될 경우 지역의 노력과 땀에 의한 자립적인 발전보다 외부의 지원에 의존하는 발전에 빠질 개연성이 있다. 이러한 논리는 영국의 지역혁신에서도 확인된 바 있다. 영국의 강력하고 창의적인 지역을 창출하기 위해서는 지방분권이 반드시 이루어져야 한다는 점을 중앙정부가 인정하였다(Office of the Deputy Prime Minister, 2001).

따라서 현재의 정치·행정상황을 고려할 때 지방분권정책이 더욱 시급하다. 아울러 지역발전의 궁극적인 목적이 국가의 경쟁력에 있다고 가정한다면 서울을 포함한 수도권의 경쟁력도 간과되어서는 안 된다.[59] 행정중심복합도시의 건설과 수도권에 소재하는 공공기관의 지방이전에 대하여 수도권이 반대한 것은 수도권의 경쟁력 하락을 고려하지 않고 추진되었기 때문이다.

수도권의 경쟁력은 지방분권정책으로 강화될 수 있다. 수도권 소재 지방정부

59) 수도권에 거주하는 주민들의 생활패턴이 지방의 주민들과는 판이하다. 바쁜 일상이 수도권의 경쟁력에 기여하는 원인 중의 하나이다.

들이 현재 수도권의 발전을 저해하고 있다고 판단하는 각종 수도권 규제를 해제 또는 완화할 정치·행정권한을 갖는다면 수도권의 경쟁력을 제고하는 데 기여할 것이다. 아울러 행정중심복합도시가 건설되기 이전에 작은 중앙정부를 만들고 작은 중앙정부가 이전되었어야 했다. 지방분권정책이 성과를 거둔 이후 중앙부처의 이전이 이루어졌다면 수도권에 미칠 부작용도 최소화할 수 있었을 것이다. 현재는 행정중심복합도시의 건설이 향후 수도권의 경쟁력 및 행정의 운영에 미칠 영향에 대하여 관심을 가져야 한다.

상기의 논의를 종합하면 전략적인 측면에서도 선분권·후분산이 성공할 가능성이 더욱 높다. 선분권으로 서울에서 비즈니스를 영위하는 많은 기업들이 중앙정부보다 서울시로부터 인·허가나 행정서비스를 받게 되는 정치·행정구조가 되었다면 서울시도 굳이 중앙부처의 지방이전을 반대하지 않았을 것이다. 경제수도로서의 위상을 잃지 않게 된다면 중앙부처의 지방이전을 오히려 찬성할 가능성이 높았다. 수도권에 소재하는 공공기관의 지방이전도 중앙정부의 기능이양에 따른 재배치라는 명분을 얻을 수 있고, 따라서 수도권의 반대도 완화시킬 수 있었다.

전략적인 관점에서 정책 추진상의 수월성 등을 고려할 때도 지방분권 정책의 우선순위가 높다. 지방분권은 지역균형발전의 충분조건이며 지방정부간의 합의도 비교적 용이하게 달성할 수 있기 때문이다. 이는 지방분권정책이 지역균형발전을 위한 수단적 성격도 띠고 있기 때문이기도 하다. 선지방분권·후지역균형발전이야말로 수도권과 비수도권이 윈-윈(win-win)하는 전략일 수 있다.

한편 지역균형발전은 지방분권의 추진과는 별도로 중단 없이 지속되어야 할 정책임은 이미 논의하였다. 향후 앞에서 논의한 바와 같이 지역균형발전 정책의 내용 중 중앙정부의 부처와 공공기관의 이전은 지방분권의 결과인 작은 중앙정부 수립 후에 이루어졌었다면 효과가 배가 되어 지방분권과 지역균형발전 정책이 조화를 이루게 되는 결과가 가능하였다.

선분권·후분산 정책이 추진될 경우 지역 간 불균형을 염려하는 목소리도 있다. 이러한 문제는 수평적 재정조정제도를 지방분권정책과 동시에 추진함으로써 해결할 수 있을 것이다. 지방교부세율의 지속적 상향조정, 국고보조금의 포괄보조금화, 중앙부처의 지방이전 등 일반적으로 외국에서 시도되고 있는 지역균형발전정책의 수단 등 재정조정정책도 지속적으로 추진할 필요가 있다.

참여정부 시절과 같이 지역균형발전정책에 역점이 모아지고 지방분권정책이 우선순위에서 처진다면 지방정부는 지방정부의 땀과 노력을 요구하는 후자보다는 중앙정부의 재정적 지원이 수반되는 전자에 매몰되어 성과를 거두지 못할 것이다. 그렇게 된다면 종래와 같이 지방정부가 중앙정부에 의존하는 양상은 치유되지 못하고 지속되는 악순환에 빠질 위험성이 높다.

(카) 주민들의 정책 인지도 및 선호도

지방분권정책은 상기에서 논의한 바와 같이 정책의 우선순위가 매우 높으나 주민의 관점에서 보면 낯선 정책이다. 즉 지방분권정책에 대한 인지도와 정확한 이해도가 낮다. 지방자치가 부활한지 20여년이 지난 지금에도 지방자치 무용론을 거론하는 주민들이 적지 않으며 지방분권정책의 실익을 이해하는 주민들은 드물다. 오히려 지방자치의 실시로 지역 이기주의가 심화되었다는 분석까지 나오고 있어 지방자치 및 지방분권의 무용론을 거론하는 실정이다. 이러한 점 때문에 지방분권정책은 주민들의 관심을 끌 만큼의 이슈화에 도달하지 못하였다.

여기에는 다양한 원인들이 작용하고 있지만 주민들이 피부로 체감할 수 있는 지방분권 개혁이 이루어지지 않았기 때문이기도 하다. 그러므로 지역주민들의 관점에서 체감도가 높은 자치교육제도나 자치경찰제도가 이루어진다면 주민들의 지방분권정책에 대한 이해와 선호가 높아질 수 있을 것이다(오재일, 2005).

반면 지역균형발전정책은 외형적으로는 주민에게 인지도가 높고 친숙하다. 지역균형발전 정책은 국가의 불균형을 해소하고 지역 간 균형 발전을 모색함으로써 전 국민이 골고루 잘 살 수 있게 하는 것으로 인식되고 있다. 따라서 주민들의 입장에서는 지역균형발전정책에 대한 선호도가 지방분권정책보다 높을 수밖에 없다. 아마도 지역균형발전정책이 재정적 지원을 전제로 추진되고 있기 때문인 것으로 보인다.

참여정부의 지역균형발전위원회와 이명박 정부와 박근혜 정부의 지역발전위원회가 사용할 수 있는 재원의 가용성도 지역균형발전정책이 주민들의 관심을 끄는데 기여하였다. 상대적으로 가용자원이 부족한 정부혁신지방분권위원회, 지방분권촉진위원회, 지방자치발전위원회에 비하여 지역균형발전위원회나 지역발전위원회는 지방을 지원할 재정적 여력이 있다. 지방자치와 지방분권을 다루는 정부혁신지방분권위원회와 지방자치발전위원회에 비하여 단일과제를 다루는 지역균형발전위원회의 민첩한 정책추진도 지역주민들의 관심을 유도하는데 기여하였다.

(타) 선거전략 상의 중요도

상기 논의들은 선거 전략과 밀접하게 관련된다. 유권자인 주민들이 지방분권정책에 비하여 지역균형발전정책을 친숙하게 여기고 선호하며, 지역균형발전정책의 내용이 사업적 성격을 강하게 띠고 있기 때문에 역대 모든 정부가 지역균형발전정책을 주요한 선거공약 중의 하나로 제시하였다. 지역균형발전정책은 선거 전략상 유권자에게 쉽게 호소할 수 있는 정책이라고 할 수 있다.

특히 참여정부는 지역균형발전정책을 어느 정부보다 역점을 두고 추진하였다. 행정수도 건설이 좌절되고 그 대안으로 제시된 행정중심복합도시의 건설, 공공기관 이전, 기업도시 건설은 선거 전략과 무관하지 않다.

향후 어느 정당이건 대통령 선거 시기가 도래하면 우선적으로 지역균형발전정책을 수립할 것으로 예측된다. 주로 지역경제 활성화, 문화 분권 등이 포함되는 종합적인 지역균형발전 정책이 제시될 것이다. 아마도 과거의 신행정수도의 건설과 같은 단일 정책이 나올 수도 있다. 이명박 대통령과 박근혜 대통령도 균형이라는 단어를 강조하지는 않았지만 지역 유세 때 지역발전을 공약으로 내세웠다.

참여정부가 지방분권정책과 지역균형발전정책을 묶어서 추진한 것도 이론적인 이유보다는 정치 전략상의 이유에 있다고 판단된다. 어떻게 보면 이명박 정부가 추진하는 지방분권과 지역발전이 이론적으로 타당하였다. 상호간에 상충되는 영역을 최소화하기 때문이다. 다만 "균형"이라는 용어를 사용하기가 어렵다는 것이 문제다.

(파) 정책의 시장친화성

자유민주주의와 자본주의를 기본토대로 하는 우리나라의 경우 정책의 시장친화성은 정책의 성패에 매우 중요하다. 경제학의 관점에서 볼 때 시장에 의한 자원 배분이 가장 효율적이기 때문이다.

지방분권정책은 모든 지방정부에게 공통의 기회를 제공한다는 관점에서 시장친화적이다. 우선 중앙정부의 정치·행정권한을 지방정부에게 이양함으로써 지방정부간의 자유로운 경쟁을 유도할 수 있기 때문이다. 결국 지방정부가 이양된 권한을 어떻게 활용하여 경쟁력을 확보하느냐가 지방정부의 발전에 중요한 요인이 된다.

반면 지역균형발전정책은 한정된 재원을 경쟁불리지역, 경쟁낙오지역, 소외지역, 낙후지역 등에 강제로 배분하기 때문에 선택과 집중이라는 시장의 원리에 어긋나는 측면을 지니고 있다. 오히려 효율적인 재원의 배분을 억제함으로써 국가전체의 경쟁력을 떨어뜨리는 측면도 있다.

(하) 정책 성패의 요인

정책의 성패를 좌우하는 요인은 다양하다. 특히 재정적 뒷받침은 정책의 성패에 매우 중요한 요인이다. 왜냐하면 정부는 한정된 자원으로 여러 정책을 수행하여야 하는데 다양한 정책고객들이 예산 확보를 위하여 제로섬 게임(Zero-Sum Game)을 하기 때문이다.

지방분권정책은 재정분권을 제외하면 예산 지원이라는 측면에서 지역균형발전정책에 비하여 제약이 없는 편이다. 지역균형발전정책은 주로 사업을 중심으로 추진되기 때문에 정부의 예산규모에 따라 한계가 명확하게 정해지는데 반하여 지방분권정책은 중앙정부의 권한을 이양하는 것이므로 상대적으로 재정압력을 적게 받는다. 이러한 특성으로 인하여 지역균형발전정책의 정치적 구조는 지역 간 갈등구조를 띠게 되는 것이다.

(거) 성공사례의 유무

세계의 선진국 및 개발도상국가 중에서 지방분권과 지역균형발전을 동시에 성공적으로 수행한 나라는 발견되지 않는다. 특히 지역균형발전을 성공적으로 이룩한 국가는 없다. 아마도 달성하기 쉽지 않은 과제이기 때문일 것이다. 그럼에도 불구하고 지역 간의 불균형을 해소하는 것은 명목적이나마 모든 국가의 과제가 되어 왔다. 영국의 런던권과 비런던권, 미국의 동부와 중북부 및 중남부, 이탈리아의 남부와 북부, 일본의 동경권과 비동경권 등이 불균형의 대표적인 사례이다. 반면 지방분권 정책은 영국, 일본, 프랑스 등에서 성공 사례를 발견할 수 있다. 상기 논의를 표로 정리하면 <표 5.3>과 같다.

〈표 5.3〉 지방분권과 지역균형발전정책의 차이점

	비교항목	지방분권정책	지역균형발전정책
1	정책의 추진이념 및 가치	효율 경쟁 자주	형평 통합 통일
2	정책의 목적과 목표	분권형 정치행정체제 (분권형 거버넌스) 지역발전의 균등한 기회제공	국토의 균형발전 (수도권과 비수도권, 지역 간 경제적 격차 해소) 재원의 집권적·강제적 배분
3	정책의 기본성격	전략적, 상황적 정책 차별성과 경쟁을 전제 공유재산 성격의 정책 수단적 성격의 정책 무임승차 가능 재화 생산방법의 이양적 성격	시간과 공간을 초월한 상시적 정책 차별성 축소 사유재산 성격의 정책 최종 목표로서의 정책 무임승차의 어려움 재화의 이양적 성격
4	정책의 내용	정치·행정권한 및 행정사무의 지방이양	전략산업의 육성 혁신정책 공공시설의 분산: 행정중심복합도시, 중앙부처 및 공공기관 지방이전 지방대학육성
5	정책수단(재원)의 필요성	재원의 수요를 연차적으로 처리 가능 재정분권은 장기과제로 처리가능(일본의 사례)	정책집행의 초기부터 막대한 자원필요
6	규범적인 추진논리	분권논리가 적실성이 높음: 지역의 의견이 반영될 가능성이 높음. 수평적 재정조정	집권논리가 적실성이 높음: 지역의 경제적 격차를 해소시키는 정책으로 중앙정부의 의견이 반영될 가능성이 높음. 수직적 재정조정
7	정책의 정치 구조와 추진 전략	중앙과 지방의 대결구도 서울을 포함한 지방정부의 의견 통일이 용이 우선과제, 장·단기 과제로 분리하여 전략적으로 추진가능	수도권과 비수도권, 영남과 호남, 도시와 농촌 등 다원화된 갈등구조 중앙부처 및 공공기관의 이전을 점진적으로 추진하는 것이 갈등구조 극복에 유리

8	중앙정부의 정책 선호도	중앙정부의 정치·행정권한 이양으로 소극적	재원 배분을 집권적으로 하므로 상대적으로 적극적
9	지방정부의 정책에 대한 태도 및 인식	지방정부간의 합의가 상대적으로 용이함 공유재산의 성격으로 정책에 대한 열의가 적음	지방정부간의 갈등의 소지가 큼 재원의 이양을 의미하기 때문에 정책에 대한 열의가 상대적으로 높음
10	정책추진의 우선순위	이론적, 전략적 관점에서 우선순위가 높음	선분권·후분산 정책이 수월성이 높음(보완적 균형발전) 분권 이후의 중앙부처 이전이 이루어져야 분권·분산이 조화를 이룸
11	주민들의 정책에 대한 인지 및 선호도	기회의 제공을 의미하는 분권정책에 상대적으로 중요도에 대한 인지도 낮음	지역발전을 의미하는 균형발전에 인지도가 높음
12	선거전략상의 중요도	주민들의 관심이 낮아 유권자의 관심을 끌기에 부적합	지역발전을 의미하는 것으로 이해되어 상대적으로 친근하기 때문에 선거 전략상 유리 각종 선거에서 지역개발이 균형발전 차원에서 남발 특별법의 남발로 이어짐
13	정책의 시장 친화성	시장 친화적	정책의 반시장적 특징
14	정책내용의 한계	예산 압력이 적음	한정된 예산 내에서 추진
15	성공사례	영국, 일본, 프랑스	거의 없음

(3) 지방분권과 자치행정체제개편[60]

참여정부가 지방분권과 지역균형발전을 동시에 추진하면서 과제를 안겨주었다면 이명박 정부는 지방분권과 자치행정체제개편을 동시에 추진하면서 과제를 안겨주었다(김순은, 2010h).

지방정부는 교통·통신의 발달이라는 시대적 상황에 부응하도록 행정구역과 이에 따라 새롭게 발생하는 행정수요에 효율적으로 대응할 수 있는 권한을 보유하여야 한다. 전자가 자치행정체제이며 후자가 지방분권이다(김순은, 2010i; 이승종, 2010). 양자 간의 관계를 보면 지방분권은 내용물이요, 자치행정체제는 그

60) 필자(2010h)의 '참여정부와 이명박 정부의 지방분권 비교분석'에서 발췌 및 수정하였다.

내용물을 담는 그릇에 비유할 수 있다. 따라서 지방분권정책을 추진함에 있어서 자치행정체제를 정비한다는 것은 이론적으로 타당하다. 비록 전통적인 관점에 비추어 작은 규모의 지방정부를 지지하는 학자(방승주, 2010)도 있지만 시대적 상황에 따라 광역화하는 것은 주요 국가들의 추세이다(최영출, 2008; 이승종, 2010; 하혜수, 2008; 김순은, 2008b). 자치행정체제를 시대별로 변화시켜 온 국가 중의 하나가 영국이다. 영국은 1960년대 이후 지속적으로 자치행정체제를 개편하고 있으며 2000년대 중반에는 자율통합의 방식으로 전환하여 추진하였다.

(가) 정적인 정책구조

앞에서 논의하였듯이 자치행정체제는 지방정부의 권능과 재원을 담는 그릇에 비유할 수 있다. 그릇이 크면 많이 담을 수 있고, 그릇이 작으면 적게 담을 수 밖에 없다. 따라서 지방분권과 자치행정체제, 즉 자치계층제와 행정구역의 크기는 지방분권과 매우 밀접한 관계가 있다. 즉 지방분권의 추세에 맞추어 적절한 자치행정체제를 구축하는 것은 지방자치의 발전을 위하여 필수불가결하다(恒松, 1993; 全國知事會, 1995; 木村, 2001; 김순은, 2008a). 그런데 자치행정체제의 적정한 규모에 대해서는 논란이 많다(최영출, 2008; 김순은, 2008b; 이승종, 2010; 上野, 2008; Shah, 2006).

다양한 이론 중에서 가장 일반적인 것이 민주적 통치구역론이다. 민주적 통치구역론이란 지방정부가 추구하여야 할 이념 중에서 민주주의가 가장 우선되어야 하며 지역의 민주성을 제고하는데 적합한 행정구역을 결정하여야 한다는 주장이다. 지역주민에게 가까운 정부, 지역주민의 편의를 위한 정부, 지역주민에 의한 정부를 강조하며 주민의 정체성, 소속감, 주민참여를 중시하는 주장으로서 기초지방정부의 존재를 뒷받침하는 이론이다. 이 이론은 지방정부의 자치행정체제를 논의함에 있어서 역사성, 문화성, 정체성을 고려하여야 한다는 주장이다.

반면 교통·통신의 발달로 인구의 이동이 빈번하고 이동거리가 확대됨에 따라 이에 따라 지방정부의 자치행정체제가 변해야 한다는 주장이 제기되었다. 행정 서비스를 제공함에 있어서 행정의 효율에 초점을 두고 규모의 경제, 토지의 효율적 이용, 도시 인프라의 효율적 계획, 미래에 대한 전략적 계획, 재정의 재배분 등의 목적을 수행하여야 하는 것도 지방정부의 역할이 되었다. 지방정부의 민주성에 더하여 행정의 효율성이 추가되었다.

이 두 주장을 살펴보면 기초지방정부는 전자의 주장에 맞추어 설립하고 상위 지방정부는 후자의 주장을 수용한 것으로 볼 수 있다. 국가마다 차이는 크지만 대개 2-3층제를 설치하는 것은 민주성과 효율성을 조화시키자는 시도이다. 신제도경제론적 관점도 다층제를 지지하고 있다(Shah, 2006).

다층 정부 하에서 중앙정부는 보완성의 원리에 따라 하위 정부에 정치·행정 권한을 이양하여야 한다. 유럽 국가들은 물론이고 우리나라에서도 참여정부, 이명박, 박근혜 정부 모두 보완성의 원리를 지방분권의 기본원칙으로 규정하였다(Council of Europe, 1988). 따라서 지방분권을 논의할 때에는 어느 계층의 지방정부에게 이양할 것인가가 중요한 사항이 된다. 그런데 기존 자치행정체제의 개편을 전제로 할 때에는 상황이 복잡하게 전개될 수 있다. 왜냐하면 자치행정체제의 개편이 지방분권과 유사한 수준으로 복잡하고 어려운 과제이기 때문이다.

(나) 동적인 정책구조

지방분권과 자치행정체제의 개편이 동시에 추진되면 지방분권과 자치행정체제 개편정책의 관계는 매우 복잡한 상태로 바뀐다. 자치행정체제의 개편방향이 명확하게 되면 새롭게 설치되는 지방정부의 체제에 맞추어 지방분권 개혁을 추진하게 되지만 자치행정체제의 개편방향이 모호하고 논란이 될 때에는 지방분권 개혁을 추진하기가 어렵다.

이러한 양자의 관계로 인하여 국·내외 사례를 실증적으로 분석할 때 지방분권과 자치행정체제의 개혁을 동시에 추진한 나라는 거의 없다. 다만 기존의 체제에 새로운 체제를 추가하는 경우에는 별 문제가 되지 않는다. 영국이 1999년 수립한 지역정부의 수립이 대표적인 사례이다.

일본의 경우 일찍이 지방정부의 행정구역 및 자치계층제와 관련하여 도주제, 연방제, 부·현합병제, 대도시제도론, 시·정·촌 합병론 등이 지속적으로 논의되었다. 1995년 이후 지방분권의 개혁논의가 본격화되면서 자치행정체제의 개편이 중요하다는 인식이 확산되었다. 행정체제의 개편은 지방분권의 수용체제(受け皿)로서 중요하게 인식되었다(佐藤, 2002).

그러나 지방분권 논의가 본격화되면서 지방분권추진위원들이 지방분권과 자치행정체제 개편의 정책적 구조를 이해하게 되었고, 지방분권정책도 다루기 힘든 주제인데 여기에 자치행정체제의 이슈가 더해지면 지방분권은 달성하기 어렵다는 데에 의견을 같이하게 되었다. 정책의 동적인 구조를 고려할 때 전략적으로 양자 중 택일하여 추진하고 하나가 성취된 후에 다음과제를 추진하는 것이 적절하다는 결론이 난 것이다. 결국 일본의 지방분권추진위원회는 기존의 자치행정체제 중 광역지방정부로 중앙정부의 사무와 기능을 이양하는 전략에 기초하여 지방분권 개혁을 단행하였다. 시·정·촌 합병이나 도주제 논의는 지방분권이 이루어진 이후에 재개되는 상황이 전개되었음은 주지의 사실이다(김순은, 2004a).

2) 집행기관과의 관계

지방의회의 위상을 새롭게 정립하기 위한 또 다른 방안은 지방정부의 장을 포함한 집행기관과의 관계에서 지방의회의 권한을 강화하는 것이다. 미국에도 지방정부 장의 권한이 의회에 비하여 강한 경우가 있다. 그러나 그러한 지역이라도 지방정부의 장을 견제하는 다수의 선출직 공무원이 상존한다. 뉴욕과 로스앤젤레스시의 경우 회계감사관, 시검사, 시판사, 시민대변인 등이 선출되어 간접적으로 시장의 권한을 견제하고 있다.

우리나라는 행정사무감사, 예산의 심의 및 의결과 결산심사, 조례의 심의·의결을 통하여 집행기관을 감시하거나 견제하고 있지만 효과성이 떨어진다. 지방의회의 지적과 감사사항에 대하여 집행기관이 무성의하게 대처하고 있기 때문이다. 제도적인 측면에서도 집행기관의 권한이 강하다는 것은 앞 장에서 논의하였다. 따라서 다음과 같은 권한을 제도적으로 정립할 필요가 있다.

(1) 지방의회의 예산권 강화

예산과정은 예산의 편성, 예산의 심의와 의결, 예산의 집행 및 결산으로 이루어져 있다. 예산의 심의와 의결 및 결산은 지방의회가, 예산의 편성과 집행은 집행기관이 담당하도록 규정하고 있는데 우리나라의 경우 예산기능을 이렇게 나누어 놓은 본래의 의미가 변질되어 있다. 지방의회와 집행기관에 예산권한을 나누어준 것은 상호배타적으로 간섭하지 말고 독자적으로 운영하라는 의미가 아니라, 주민의 세금으로 구성된 예산의 효과성을 제고하기 위한 방안으로 보아야 한다. 다시 말하면 주민주권에 기초한 지방의회가 실질적으로 예산권을 갖는 것으로 보아야 하며 예산의 효과성 제고를 위하여 예산의 편성과 집행을 집행기관에 위임한 것이다.

따라서 지방의회의 예산권은 현재보다 강화되어야 한다. 지방의회는 예산을 심의함에 있어서 새로운 항목을 신설하거나 예산을 증액할 수 있어야 한다. 지방의회가 최고의 정책결정기관이기 때문이다. 집행기관에 위임된 예산편성과 예산집행도 예산과정의 중요한 부분으로서 반드시 외부기관의 감시와 통제를 받아야 한다. 미국의 경우 시장과는 별도로 회계감사관을 선출하여 예산의 집행과정에 관여하게끔 한다. 영국의 경우 예산집행에 관한 감사는 감사위원회를 중심으로 심층적으로 이루어진다.

그런데 우리나라의 예산집행은 결산심사를 제외하고는 적절히 이루어지고 있지 않다. 따라서 지방의회가 수시로 예산과정에 관한 보고를 받고 지방정부의 재정상황을 감시할 수 있는 제도적인 장치가 마련되어야 한다. 집행기관의 방만한 예산운영은 자칫 지방정부의 재정 위기를 초래할 수 있다는 것은 외국의 사례에서 확인할 수 있다. 방만한 재정 운영을 보였던 홋카이도 유바리시의 사례는 좋은 시사점이다.

(2) 행정집행 보고권 강화

지방의회는 집행기관의 지방행정 운영 상황을 정확하게 파악하고 있어야 한다. 지방의회가 의결한 조례나 예산이 적절하게 집행되는지의 여부를 확인하는 것도 지방의회의 고유권한이다. 지방의회가 의문이 드는 사항을 발견하면 수시로 확인할 수 있어야 한다. 이를 위하여 집행기관은 지방행정의 운영상황을 의회에 정기적으로 보고하여야 하며 지방의회의 보고요구와 출석요구에 성실히 임해야 한다.

런던광역시의 경우 시장은 정기적으로 시정질문에 답을 해야 하며 만약 6회

이상 특별한 이유를 제시하지 못하고 시의회에 참석하지 않을 때에는 시장의 효력이 정지된다. 이러한 규정은 지방의회의 집행부에 대한 보고요구권의 일부라고 보아야 할 것이다.

2. 지방의회 사무기구의 인사권 독립

현재로서 지방의회의 독자적인 활동을 보장해 주는 가장 시급한 과제는 사무기구의 인사권 독립이다. 비록 1991년에 비하여 지방의회의 인사권이 개선되기는 하였으나 이것만으로는 미흡하다. 지방의회의 사무기구 직원에 대한 인사권을 지방정부의 장이 행사하는 것은 지방자치의 기본정신에도 위배된다고 할 수 있다.

지방의회의 전문성과 활동역량은 사실 사무기구의 전문성이나 활동역량과 밀접하게 관련되어 있음은 앞에서 논의하였다. 이 때의 역량은 양적인 측면보다는 질적인 측면에서 개선되어야 한다. 즉 인사권 독립을 기초로 실질적으로 지방의회를 전문적으로 보좌할 수 있는 전문위원이나 정책연구실의 확보가 필요하다. 그러나 군의회의 경우에는 이러한 사무기구의 설치가 쉽지 않을 것이다. 필자가 제안한 것처럼 기관통합형의 정부형태가 적실한 이유 중의 하나이다.

3. 지방의회의 규모

우리나라 지방의회는 대의회제에서 소의회제로 전환하는 경향을 보이다가 비례대표제를 도입하면서 광역의회의 경우 다소 증가하였다. 기초의회는 2006년 이후 현 수준을 유지하였다. 광역의회는 평균 48명, 기초의회는 평균적으로 11명이다. 향후 상근전문직 지방의회를 지향하는 것이 시대적 추세에 부합할 것이다.

이를 위하여 공직선거법에서 인구비례에 따라 지방의원 정수의 상한선을 정하고 지방의회가 자율적으로 축소할 수 있는 권한을 부여하는 것이 바람직하다. 기초의회가 기관통합형이 된다면 기초의회의 정수 역시 현재 수준보다 다소 축소해도 될 것으로 본다.

4. 지방의회의 회기와 회의일수

지방의회는 2회의 정례회를 개최하여야 하며 회의일수는 지방의회가 자율적으로 조례로써 정하게 되어 있다. 회의일수는 종전에 비하여 비교적 확대되었다고 할 수 있다. 현재 연 150일의 회의일수를 정한 지방의회도 있다.

필자가 주목하는 것은 회의일수의 범위가 아니라 회의일수를 지방의원들이 얼마만큼 충실하게 사용하느냐이다. 하루에 2-3시간 일정의 회의라면 회의일수의 확대가 큰 의미를 갖지 못한다. 야간에 개최되는 회의라면 몰라도 주간에 개최되는 회의는 회의시간을 충실하게 사용하여야 한다. 정례회에 대해서도 만약 2회 이상의 정례회가 필요하다고 판단되는 지방의회는 임시회 등의 절차를 거치지 않고 정례회의 횟수를 늘릴 수 있도록 조례로 정하게 하면 바람직할 것이다.

5. 지방의회의 상임위원회 운영제도

현재 상임위원회 설치는 지방의회의 조례로 정하도록 규정되어 있다. 운영위원회를 제외하면 지방의원들은 1개의 상임위원회에 배속되어 의정활동을 전개하고 있다.

앞으로는 지방의회의 전문성을 제고하는 차원에서 지방의원이 복수의 상임위원회에 배속되도록 해야 한다. 지방의회의 상임위원회가 실질적으로 정책심의를 하는 장이기 때문이다. 이 방안을 통해 지방의원의 의정활동이 더욱 활기를 띨 것으로 예상된다.

한편, 특별위원회로 운영되는 예산결산위원회를 상임위원회로 전환하여 재정위원회와 같은 기능과 역할을 수행한다면 지방의회가 예산과정의 정보에 보다 쉽게 접근할 수 있을 것이다. 향후 지방정부의 예산운영은 지방행정에 매우 중요한 변수가 될 것이다. 예산의 낭비를 줄이고 효과성을 제고하기 위한 방안이라고 할 수 있다.

6. 지방의원의 보수

월정수당의 도입으로 지방의원의 경제적 반대급부가 상당히 커졌다. 비록 대통령령이 규정한 공식에 따라 월정수당의 범위가 정해지지만, 지방정부의 제반

사정에 따른 개선의 여지도 마련되었다. 의정비심사위원회는 지방의 재정력, 인구 수 및 각 지방정부의 특성이라는 변수에 따라 규정된 금액을 중심으로 해당 지방의원의 적절한 월정수당액을 제시한다.

상기 공식은 대체적으로 타당하다. 다만 대도시의 기초의회가 광역의회보다 많은 경우라든지, 기초의회의 경우 수당이 기초생활비에 미치지 못하는 경우에 대한 특례도 검토해야 할 것이다.

7. 지방의회의 여성참여

지방의회의 여성참여는 부정적인 효과보다는 긍정적인 효과가 큰 것으로 나타났다. 2014년 선거결과 광역의회는 14.8%, 기초의원은 21.7%가 여성의원이다. 기초의회에 여성의원의 수가 증가한 것은 2006년 선거이후 두드러지게 나타난 현상이다. 비례대표제와 중선거구제의 도입의 영향으로 보인다.

여성의 정치적, 경제적 능력이 지금보다 더욱 향상되어 남녀의 공정한 경쟁이 가능할 때까지는 현재와 같이 여성우대정책이 필요할 것이다. 광역의회도 최소한 20% 이상이 여성의원으로 충원될 수 있어야 할 것이다.

8. 지방의원의 윤리

1991년 이후 지방의회와 관련된 제도가 꾸준히 개선되었다. 2006년부터는 월정수당이 도입되었고, 지방의회의 회기와 회의일수가 자율화되었다. 미흡한 부분이 아직 남아 있지만 지방의회의 활동여건은 종전에 비하여 크게 개선되었다. 그럼에도 불구하고 지방의회에 대한 주민들의 평가는 냉소적이며 비판적이다. 지방의회에 대한 불신도 여전하다. 주민들의 비판적인 시선과 불신을 해소하지 않고는 지방의회가 주민의 대표기관으로서 자부심을 갖기 어렵다.

종전에는 지방의회나 지방의원의 행태가 주민들의 불신을 자초한 경우가 많았다. 지방의회 의장선거의 파동, 해외연수의 관광여행화, 의안의 형식적 심사, 의원들의 개인적 비리 등이 주민들에게 커다란 실망을 안겨주었다.

이제는 지방의회와 지방의원이 주민들에게 감동을 선사할 때이다. 무엇보다도 지역의 대표로서 성실하게 의정활동을 하여 주민들에게 의정에 대한 만족감을 심어주어야 한다. 지역의 일꾼으로서 근면한 봉사정신을 바탕으로 지역 공동체에 활기를 불어 넣어야 한다. 점점 와해되는 지역 공동체를 새로운 모델로 정립할 수 있도록 그 지역의 지방의원이 노력하여야 할 것이다. 지역 공동체에 기초한 주민자치의 발전이야말로 지방자치에 대한 우리의 바람이다.

마치면서

1980년대 우리나라의 민주화에 대한 열망은 매우 뜨거웠다. 국민들의 열망은 1987년 노태우 대통령의 6·29 선언으로 결실을 맺게 되었다. 그 동안 국민들의 민주화 요구는 대통령 직선제와 지방자치의 부활로 요약할 수 있으며 6·29선언은 그것을 수용하는 개혁이었다. 지방자치가 실시되지 않고는 여·야간 평화로운 정권교체는 어렵다는 판단에 따른 것이다.

바람직한 지방자치의 실시를 위해서는 이를 위한 제도적 장치가 적절하게 구비되어야 함은 서구 제국의 경험을 보거나 이론적인 관점에서 재론의 여지가 없다. 우리나라의 상황에 적합한 지방자치의 모형을 결정하고 결정된 모형에 적합한 내용을 담은 지방자치의 개정은 당연히 뒤따라야 할 조치들이다.

우리나라에 적합한 모형을 결정하고 이에 따른 지방자치법을 개정한다는 것은 우선 학술적으로 매우 복잡다단하다. 외국의 사례를 볼 때 국가마다 지방자치의 형태가 매우 다양하기 때문이다. 제도의 형태는 특정한 국가의 정치적, 사회적, 역사적 상황을 반영하고 있기 때문이다. 뿐만 아니라 지방자치는 고도의 정치적 특성을 지니고 있기 때문에 지방자치의 형태는 정치적인 관점에서도 합의가 어려운 대상이다.

1980년 말 민주화 세력은 지방자치의 실시를 강력하고 요구하였지만 중앙정부의 공무원들은 지방자치의 실시에 매우 소극적이었을 뿐만 아니라 부정적이었다. 당시 행정고시를 합격하여 내무부에 배치된 공직자들은 시장, 군수, 지사의 경력을 기대하며 공직생활을 하고 있었다. 그런데 지방자치가 실시되면 시장, 군수, 지사의 충원이 선거로 전환되기 때문에 사표를 제출하고 선거에 출마하지 않고는 더 이상 그러한 기대를 가질 수 없게 되기 때문이다.

1961년 지방자치가 폐지된 이후 내무부가 지방의회의 역할을 갈음하여 지방정부의 예산을 심의·결정하고 있었다. 그런데 지방의회가 부활되면 내무부가 예산을 통하여 지방을 통제하는 역할도 더 이상 수행할 수 없게 되는 것이다.

상기의 상황을 예상한 내무부는 기이한 형태의 지방자치개정(안)을 구상하였다. 지방정부의 장은 기존처럼 임명직으로 유지하며 지방의회의 권한은 극도로 제한하는 극강시장-극약의회의 지방자치 모형을 제시하였다. 이러한 모형은 1991년 이후 많은 연구에서 확인되었듯이 이론적으로 충분히 논란의 대상이 될 수 있었다. 그런데 지방자치의 재개를 서둘렀던 정치권은 지방자치법의 내용이 기형적이고 불완전함에도 불구하고 지방자치법의 개정에 합의를 이루고 1991년 선거에 의한 지방의회와 임명직 지방정부의 장을 출범시켰다.

출범초기부터 임명직 극강시장-선출직 극약의회의 모형 하에서 지방의회의 지위와 권한은 매우 불완전하였다. 지방의회의 모형은 명예직·대의회제에 기초하여 일비와 여비만을 지급하는 것이었다. 지방의회를 보좌하는 사무기구의 공무원에 대한 인사권을 지방정부의 장에게 부여하여 지방의정의 활성화를 처음부터 원하지 않았다.

불완전한 제도에도 불구하고 지난 24여년의 지방의회는 다양한 측면에서 우리나라의 정치와 행정발전에 기여하였다. 지역민주주의 발전에 기여했음은 물론이고 지방행정의 서비스화를 이루어 지역주민들이 비교적 용이하게 지방행정에 접근할 수 있게 되었다. 중앙-지방관계가 종전의 무조건적 상하·수직관계로부터 합리적 상호·협력관계로 전환되는 데에도 기여하였다.

지방의회와 관련된 다수의 제도도 개선되었다. 명예직 지방의원의 지위가 월정수당의 도입으로 유급직에 근접하였고 지방의회의 회의일수도 지방의회의 조례로 결정하게 되어 지방의정의 활성화를 이룩할 수 있었다. 그럼에도 제도의 경로의존성 탓인지 근본적인 사항은 개선되지 않은 현재에 이르고 있다.

제도의 불완전성에도 불구하고 제1세대 지방자치는 우리나라의 민주주의를 완성하는 미션을 지닌 것이었다. 이런 관점에서 제1세대 지방자치의 미션은 달성되었다고 할 수 있다.

향후 제2세대 지방자치는 주민들의 웰빙과 행복증진을 위한 것이어야 한다. 이를 위해서는 보다 정치한 지방자치 모형을 정립할 필요가 있다. 현재의 제도가 불완전하기 때문이다. 제2세대 지방자치의 바람직한 모형을 완성하여야 한다는 측면에서 볼 때, 바람직한 지방의회의 모형이 구축되어야 함은 당연한 논리적 귀결이다.

본 저서는 1991년 지방의회가 출범한 이후 현재까지 제기된 지방의회와 관련된 이슈를 분석하고 대안을 제시하는 형식으로 이루어졌다. 이러한 과정을 통하여 얻은 경험적 지혜가 제2세대 지방의회의 바람직한 모형을 구축하는데 다소나마 유익한 정보를 제공한다면 소기의 목적을 달성하였다고 본다. 미진한 부분에 대한 연구는 후학들의 몫으로 돌린다.

참고문헌

강원택. (2009). 선거제도 선진화 방안에 대한 검토. 여의소연구소 주최 세미나 발표자료.

강인호. (2010). 19년 지방의회의 성과와 향후 과제. 2009년 한국지방정부학회 동계학술대회 발표논문.

강인호·오재일·박혜자·민현정. (2002). 광역의회의 의정활동평가: 광주광역시의회(1991-2001)를 중심으로. 「한국지방자치학회보」, 14(3): 5-19.

강재호. (2001). 지방의원 선거제도의 논점과 방향. 제3회 부산광역시의회 의정연구회 학술대회 발표논문.

강재호. (2005). 지방선거와 정당정치. 한국지역사회학회 하계학술발표대회 논문.

강재호. (2011). 노무현 정부의 지방정부. 「사회과학연구」, 27(2): 41-63.

검찰청. (2013). 「지방자치단체 선출직 선거범죄 등 분석 및 대책」. 서울: 검찰청.

고경훈. (2008). 지방의원 의정비 개선방안 연구. 지방의원 의정비 책정 공청회 발표자료.

고유기. (2005). 주민투표제도 개선방안. 정책토론회 토론자료.

국가법령정보센터. (2012). 서울특별시의회 기본조례(무효판결, 대법원2012추91, 2012.12.26.). (http://www.law.go.kr).

국민권익위원회. (2013). 「2013년 지방의회 청렴도 측정결과」. 서울: 국민권익위원회.

권영주. (2011). 지방의회 사무기구의 인사권 독립. 한국지방정부학회 동계학술대회 발표논문.

권해수. (2003). 지방분권과 지방의회의 활성화 방안. 한국인문사회과학아카데미 편, 「한국의 지방분권」. 부산: 도서출판 금정.

금창호. (2009). 참여정부 지방분권정책평가와 향후과제. 「지방행정연구」, 23(1): 3-35.

김경애. (1998). 여성의 정치세력화와 지방자치: 참여확대를 중심으로. 1998년 국제 심포지움 아시아 지방자치발전과 여성의 정치세력화 자료집.

김광주·최근열·김상묵·김영종·오영석. (1998). 지방의회의 의정활동 평가: 경상북도의회를 중심으로. 「한국행정논집」, 10(1): 167-186.

김대영. (1998). 「과세자주권 확충방안」. 서울: 한국지방행정연구원.

김동훈. (1999). 「지방의회론」. 서울: 박영사.

김미현·정명은. (2014). 지방의회 의정비와 생산성의 관계 분석. 「한국지방자치학회보」, 26(1): 1-21.

김병준·김순은·소순창. (1999). 「영국과 일본의 지방의회 운영사례 분석」. 서울: 한국지방행정연구원.

김병훈. (1990). 우리나라 지방자치에 있어 정당참여(정당화)에 관한 고찰. 「사회과학논총」. 명지대학교 학술논문집.

김상구·우양호. (2013). 지방의회 의정활동 20 년의 성과평가와 발전방향: 부산광역시의회 중심으로. 한국지방정부학회 학술발표논문집, 2013(1): 744-769.

김상호. (2013). 비교적 관점에서 현행 주민감사청구제도의 문제점과 개선방안. 「지방정부연구」, 17(2): 211-232.

김성호·송창석. (1996). 지방의회의 의정효율성 제고 방안. 한국지방행정연구원 연구보고서, 232.

김생수. (1994). 지방의회의 의정활동 평가와 발전적 방안에 관한 연구. 「사회과학연구」, 72-96.

김순은. (1992). 지방의회의 상임위원회 운영실태 및 개선방안. 「지방의회연구」, 3: 55-83.

김순은. (1993a). 정당간 경쟁률과 지방의회의 활동. 「한국지방자치학회보」, 9: 7-20.

김순은. (1993b). 지방의회의 예산심의 전략에 관한 연구: 부산광역시의회를 중심으로. 「지방의회연구」, 4: 5-36.

김순은. (1994a). Los Angeles시정부의 구조적 특징. 「지방의정」, 24: 7-17.

김순은. (1994b). 개정 지방자치법의 평가와 의미. 「지방자치연구」, 20: 27-40.

김순은. (1995a). 지방의회의 정책결정 보좌기능 개선에 관한 연구: 지방의회 사무처(국)의 기능에 관한 실증분석을 중심으로. 「한국정책학회보」, 4(1): 111-127.

김순은. (1995b). 지방정부 선출직 공무원의 재임회수에 관한 논의: 지방정부를 중심으로. 「지방의정」, 27: 5-16.

김순은. (1996a). 지역행정과 의정, 그리고 주민참여. 「시민주체의 부산 만들기: 우리 부산 이렇게 가꾸자」.

김순은. (1996b). 행정서비스의 질과 시민헌장: 영국의 지방정부를 중심으로. 「지방의정」, 37: 5-19.

김순은. (1997a). 부산광역시정부의 정책결정 과정과 구조. 「지방정부연구」, 1: 99-120.

김순은. (1997b). 제2기 광역지방의회의 특성과 의정활동. 「지방자치연구」, 9(3): 49-71.

김순은. (1997c). 「지방자치의 쟁점과 과제」. 부산: 진영문화사.

김순은. (1997d). 부산광역시의 정책결정 과정과 구조. 「지방정부연구」, 1: 99-120.

김순은. (1998a). IMF와 지방정부개혁: 대처수상의 지방정부 개혁을 중심으로. 「지방의회연구」, 8: 5-28.

김순은. (1998b). 지방선거제도의 쟁점과 발전방향. 부산경남 지방자치학회 발표논문.

김순은. (1999a). 지방의회의 집행기관에 대한 견제·감시기능. 「지방의회연구」, 9: 107-126.

김순은. (1999b). 지방의회의 개혁에 관한 연구: 비교론적 시각. 「21세기 정치학회보」, 9(1): 513-534.

김순은. (1999c). 지방의회와 단체장과의 관계분석: 부산광역시의 사례를 중심으로. 「지방정부연구」, 3(2): 69-82.

김순은. (1999d). 제3대 지방의회의 발전방향: 지방의회의 정치경제학. 「동의논집」, 30: 518-533.

김순은. (1999e). 지방의회의 정책결정과 비정부단체 (NGO). 「지방의회연구」, 9: 5-30.

김순은. (2001a). 지역의 민주주의와 지방의회. 「지방의회연구」, 10: 5-34.

김순은. (2001b). 지방정부의 기관구성: 영국과 일본의 지방정부를 중심으로. 「지방정부연구」, 5(1): 9-26.

김순은. (2001c). 지방의회 의정활동 (1991-2001)의 평가와 과제. 「지방정부연구」,

5(2): 31-51.

김순은. (2001d). 영국과 일본의 지방분권 비교분석. 「한국지방자치학회보」, 13(2): 101-122.

김순은. (2001e). 우리나라 지방분권의 특징과 과제. 「한국사회와 행정연구」, 12(2): 57-75.

김순은. (2001f). 지방의회 10년의 평가와 발전방향. 동의대학교 지방자치연구소 제12회 학술세미나 발표논문.

김순은. (2002a). 지방분권과 과세자주권. 「지방의회연구」, 11: 359-372.

김순은. (2002b). 지방의회의 발전현황과 문제점: 부산광역시의 2001년 활동사례를 중심으로. 한국정책학회 기획세미나 발표논문.

김순은. (2003a). 참여정부 지방분권 로드 맵의 평가와 과제. 「지방정부연구」, 7(2): 113-133.

김순은. (2003b). 지방분권과 지방의회의 역할. 한국인문·사회과학아카데미 편, 「한국의 지방분권」. 부산: 도서출판 금정.

김순은. (2003c). 「지방분권과 지방정부의 혁신」. 부산: 도서출판 금정.

김순은. (2003b). 일본 지방분권의 평가와 시사점. 「한국지방자치학회보」, 15(3): 313-336.

김순은. (2003c). 「지방분권과 지방정부의 혁신」. 부산: 도서출판 금정.

김순은. (2003d). 지방분권 정책에 대한 평가: 추진 절차 및 과정을 중심으로. 「지방행정연구」, 17(3): 41-72.

김순은. (2003e). 지방분권의 적정모형. 한국인문·사회과학아카데미 편, 「한국의 지방분권」. 부산: 도서출판 금정.

김순은. (2003f). 지방정부의 성과제고를 위한 영국과 일본의 개혁 사례 비교분석. 「지방정부연구」, 6(4): 103-122.

김순은. (2003g). 「지방분권과 지방정부의 혁신」. 부산: 도서출판 금정.

김순은. (2004a). 정부혁신과 지방분권 개혁: 한·일간 비교분석. 「지방정부연구」, 8(1): 151-176.

김순은. (2004a). 일본 지방분권 정책의 집행에 영향을 미친 요인. 「지방정부연구」, 7(4): 7-30.

김순은. (2004b). 지방분권의 단계별 제도적 이슈. 「한국사회와 행정연구」, 15(1):

125-149.
김순은. (2004d). 제4대 지방의회의 전반기 운영의 평가. 「자치의정」, 37: 8-19.
김순은. (2005a). 영국의 정부간 관계의 혁신적 모형: 거버넌스 모형의 시도. 「지방행정연구」, 19(2): 3-24.
김순은. (2005b). 지방의회 출범 15년의 성과와 과제. 전국시·군·구의회의장단협의회 주최 발표논문.
김순은. (2005c). 민선자치 10년의 지방의회의 평가. 「사회과학연구」, 21(2): 99-137.
김순은. (2005d). 2005년도 지방의회제도 개혁과 활동방향. 「자치행정」, 202: 14-18.
김순은. (2005e). 지방분권 정책의 평가와 과제: 국가균형발전 정책과의 패키지화에 대한 비판적 고찰. 「한국거버넌스학회보」, 12(2): 95-133.
김순은. (2005f). 지방정부의 장의 선거와 정당공천. 「여성정책논집」. 5: 31-50.
김순은. (2006). 월정수당의 당위성과 적정규모. 지방의원의 보수액 책정에 관한 공청회 발표자료. 한국공공자치연구원.
김순은. (2007a). 지방의원의 월정수당 결정수준: 지방분권의 관점에서. 한국의정발전연구원 주최 세미나 발표논문.
김순은. (2007b). 제주특별자치도의회의 1년의 평가와 과제. 제주지방자치학회 발표논문.
김순은. (2008a). 다문화 화합사회를 위한 중앙정부와 지방정부의 협력강화방안. 동의대학교 부산다문화사회통합센터 개소 세미나 발표논문.
김순은. (2008b). 지역균형발전을 위한 광역체제의 대안모색: 외국의 제도를 중심으로. 한국지방자치학회 동계학술대회 발표논문.
김순은. (2009a). 지방자치의 새로운 패러다임 모색: 분권과 지역주의의 모색. 한국정부학회 춘계학술대회 발표논문.
김순은. (2009b). 「우리나라 도시 거버넌스의 실태: 한국의 도시 거버넌스」. 부산: 도서출판 금정.
김순은. (2009c). 지방의회 복수 상임위원회의 설치에 관한 이론과 과제. 제주특별자치도의회 주최 세미나 발표논문.
김순은. (2010a). 이명박 정부의 지역정책 분석·평가 및 과제: 지방분권과 지역균형발전을 중심으로. 한국행정학회 국정포럼 발표원고.
김순은. (2010b). 기초의회 중선구제의 효과분석. 「한국지방자치학회보」, 22(3):

27-55.

김순은. (2010c). 미국 지방정부의 기관구성 다양화 사례. 「자치행정」.

김순은. (2010d). 지방자치단체의 리더십. 「지방행정연구」, 24(1): 3-36.

김순은. (2010e). 민선4기 주민참여의 평가. 「자치발전」, 16(3): 40-46.

김순은. (2010f). 지방의원 의정비 책정의 이슈와 과제. 경남발전연구원 주최 공청회 발표논문.

김순은. (2010g). 영국의 지방의회제도. 「자치의정」, 74.

김순은. (2010h). 참여정부와 이명박정부의 지방분권 비교·분석. 한국지방정부학회 추계학술대회발표논문.

김순은. (2010i). 이명박 정부의 지역정책. 「부산발전포럼」, 121: 33-39.

김순은. (2011a). 일본의 로컬 거버넌스와 주민참여: 주민참여제도를 중심으로. 한국지방자치학회 동계학술대회 발표논문.

김순은. (2011b). 지방의회 관련 제도의 20년의 변천과 과제. 「지방의회연구」, 18: 3-24

김순은. (2011c). 시민과 함께하는 지방의회. 「자치발전」, 17(6): 32-29.

김순은. (2011d). 일본의 로컬거버넌스와 주민참여: 주민투표제도를 중심으로, 「한국지방자치학회보」, 23(2): 187-214.

김순은. (2011e). 제주특별자치도의회 출범 20주년의 성과와 새로운 위상정립을 위한 과제. 제주지방자치학회와 한국지방정책연구소 주관 세미나 발표자료.

김순은. (2011f). 일본 지방정부의 자치기본조례의 내용과 의의. 「자치행정」, 4월호.

김순은. (2012). 주민참여의 특징: 서울특별시 주민참여예산제도를 중심으로. 「지방행정」, 61(710): 18-21.

김순은. (2013a). 지방의회 의정역량 강화. 한국지방자치학회 주최 세미나 발표논문.

김순은. (2014a). 지방자치 20년 평가와 과제. 한국지방자치학회 특별학회 발표원고.

김순은·박영강. (1993). 광역의회의 지위에 관한 연구: 광역의회간 전문성 비교를 중심으로. 「한국행정학보」, 27(3): 863-882.

김순은·박영강. (1993). 지방의회 2주년 평가를 위한 조사연구. 「지방의회연구」, 4: 119-165.

김순은·이재웅·박영강. (1996). 「지방자치법의 개정 방향에 관한 설문조사」. 부산: 동의대학교 지방자치연구소.

김순은·정세욱·안영훈. (2003).「우리나라의 자치권 신장 및 자율적 민주적 통제에 관한 연구」. 서울: 한국공공자치연구원.

김순은·조승현 (2008). 지방의회의원 의정비 책정에 관한 연구. 서울: 전국시도의회의장단 협의회.

김순은·채원호·김선기. (2009). 지방정부간 협력에 관한 연구.「한국지방자치학회보」, 21(1): 97-119.

김순은·박명흠·안성민·최영출·이승종·차동욱·류재성·임승빈·김익식. (2010). 지방의원 후원회제도 도입 및 행정사무감사제도 개선을 위한 연구보고서. 서울: 전국시도의회의장협의회.

김순은·최진혁·박영강. (2014). 지방의회의 집행부 견제 및 감시기능 강화방안. 한국정부학회 주관 세미나 발표논문.

김연기·김대질·송건섭. (1998). 대구광역시의회 활동에 대한 주민의 평가와 의정과제.「사회과학연구」, 5(1): 63-86.

김영수, 편. (2009).「주민소송사용설명서」. 서울: 공익변호사 그룹.

김영조. (2008). 개정 주민감사청구제도의 문제점 검토.「토지공법연구」, 39: 257-287.

김영하. (2011). 지방의회 상임위원회의 전문성이 의정활동에 미친 영향 분석(2) -민선 4기 대구광역 시의회와 경상북도의회를 중심으로-.「대한정치학회보」, 19(1): 91-128.

김웅기. (2001).「미국의 지방자치」. 서울: 대영문화사.

김재왕. 2009. 지방선거 정당공천제에 대한 인식분석. 동의대학교 일반대학원 박사학위논문.

김종순. (1995). 지방의회의 예산심의 실태분석: 서울시의회를 중심으로.「한국행정학보」, 29(3): 641-660.

김찬동. (2011). 지방의회 보좌인력 강화방안. 한국지방정부학회 동계학술대회 발표논문.

김찬동. (2015). 지방의회 정책능력의 제고를 위한 방안(김순은)에 대한 토론문. 서울시특별시의회 주최 지방자치발전과 지방의원 의정역량 강화방안 토론회.

김철수. (1989).「헌법학개론」. 서울: 박영사.

김판석·한상일·조창현·김영제. (2010). 주민참여예산제도 운영내실화 방안 모색. 「강원논총」, 1: 176-196.

김필헌·이상훈·박지현·김소린·김진하. (2013). 「박근혜정부 복지공약의 지방재정 파급효과 및 시사점」. 한국지방세연구원 정책연구보고서, 4.

김해룡. (2004). 주민감사청구. 한국지방자치법학회편, 「지방자치법 주해」. 서울:박영사.

뉴시스. (2014). 경기 지방의회 시작부터 파행. (2014. 7. 6.)

도쿄도의회. (2015). (http://www.gikai.metro.tokyo.jp/english/). (검색일: 2015. 1. 20.)

동아일보. (2014). [6·4지방선거] 檢, 당선인 72명 입건…3명 기소. (2014. 6. 5.)

동의대학교 지방자치연구소. (1992). 「지방의회 1주년 평가보고서」. 부산: 동의대학교 지방자치연구소.

동의대학교 지방자치연구소. (2005). 「민선자치 10년의 평가와 과제」. 부산: 동의대학교 지방자치연구소.

런던광역시의회. (2015). (https://www.london.gov.uk/mayor-assembly). (검색일: 2015. 1. 20.)

로스앤젤레스시의회. (2015). (http://council.lacity.org/). (검색일: 2015. 1. 20.)

류춘호. (2010). 부산광역시의회 20년의 성과와 과제. 한국지방정부학회 동계학술대회발표논문.

문원식. (2010). 지방의회 의정활동의 평가와 활성화방안. 「한국정책연구」, 10(3): 137-156.

민중의 소리사회. (2010). 4기 지방자치단체장들의 비리행태. (2010. 3. 3.)

박광국·황종규. (1994). 지방정부 예산결정과정에서 지방의회 역할에 관한 연구. 「한국행정학보」, 28(1): 241-262.

박광주. (1989). 지방자치와 정당정치. 지방행정연구소 주최 제4회 학술발표회 「지방자치와 지방행정의 발전」 세미나 발표논문.

박기관. (2005). 지방의회 의정활동의 성과평가와 과제: 원주시 각 의회의 비교를 중심으로. 한국지방자치학회 동계학술대회 발표논문.

박영강. (2010). 지방의회의 활성화를 위한 제도적 개선방안: 지방자치 재개 20주년에 즈음하여 한국지방정부학회, 「한국지방정부학회 학술발표논문집」, 2010(4): 1-20.

박영강. (2011). 지방의회 활성화를 위한 제도적 개선방안: 지방자치 재개 20주년에 즈음하여. 한국지방정부학회 동계학술대회발표논문.

박영도. (1997). 주민의 직접참여 통로 확대.「한국지방행정연구원 편, 21세기를 대비한 지바자치발전 10대과제(II): 지방자치시대, 주민참여와 주민평가 어떻게 할 것인가」. 서울: 한국지방행정연구원.

박재욱·강경태. (2002). 지방선거와 정당정치. 부산경남지방자치학회 2002년 동계학술세미나 발표논문.

방승주. (2010). 지방행정체제 개편에 관한 특별법안의 평가. 국민대토론회 발표자료.

부광진. (2007). 선진외국의 지방의회사무 및 인사운영사례.「지방행정」, 56(645): 103-114.

부산광역시의회. (2000).「부산광역시의회 의안처리전집」. 부산: 부산광역시의회사무처.

서정근. (1987).「지방議會 제도에 관한 연구」. 단국대학교 행정대학원 석사학위논문.

손병호. (2010). 서울시장과 서울시의회 예산안 둘러싼 갈등 증폭이 우려된다. 손병호의 행복칼럼. (http://blog.naver.com/sbh5304020118202318)

송광태. (1999). 지방의회의 의정활동분석과 의정활성화 방안: 경상남도의회의 안건처리를 중심으로.「중앙행정논집」, 13(1): 1-25.

송광태. (2001). 기초의회의 기관구성상의 쟁점과 개선방안. 한국지방정부학회 동계학술대회 발표 논문.

송광태. (2003). 지방의회 운용의 경험적 고찰을 통해 본 지방의회의 기능강화 방안: 지방의회의 조직을 중심으로.「한국지방자치학회보」, 15(3): 23-54.

송광태. (2004). 지방의회의 의정활동에 대한 평가모형.「자치의정」, 38.

송광태. (2005). 지방의회 인턴십의 실태와 발전방안. 한국지방자치학회 동계학술대회 발표논문.

송광태. (2007). 지방의회 의원 의정비 심의방향(上),「자치발전」, 13(10): 144-149

송광태. (2008). 지방의원 의정비의 향후 결정방향. 경상남도 공청회 발표자료.

송광태. (2012). 광역지방의회의 입법기능 실태분석.「한국지방자치학회보」, 24(2): 121-145.

송광태·김현태. (2000). 지방의회 의정활동 평가의 분석 틀과 적용. 「도시행정학보」, 13(1): 1-26.

송광태·황아란. (2007). 지방의원 유급제의 실태분석과 향후 개선방안. 정부혁신지방분권위원회 보고서.

송광태·임승빈. (2010). 2010년 6·2 지방선거의 분석과 정당공천제도에 대한 논의. 사회통합위원회 세미나 발표논문.

시카고시의회. (2015). (https://www.cityofchicago.org/city/en/about/council.html). (검색일: 2015. 1. 20.)

신기현. (2012). 한국 지방의회의 성과관리 방향에 관한 연구. 「한국동북아논총」, 65: 339-360.

신원형. (2001). 지방의회 10년의 성과와 발전과제. 「지방자치정보」, 123: 21-25.

샌프란시스코의회. (2015). (http://www.ssf.net/87/City-Council). (검색일: 2015. 1. 20.)

아시아경제. (2014). 의장단 선거에 과한 지방의회 파행. (2014. 7. 18.)

안성민·최윤주. (2010). 제 1 회의: 제 1 분과; 딜레마, 위험책임, 공공서비스: 지속가능한 참여민주주의의 실험-참여예산제도의 검토. 한국정부학회 학술발표논문집, 2010: 73-99.

안성호. (1993). 지방의회 사무기구의 개혁방향. 「지방의회연구」, 4: 37-70.

안성호. (1995). 「한국지방자치론」. 서울: 대영문화사.

안성호. (2001). 주민투표법의 제정의 논거와 개혁과제. 「한국사회와 행정연구」, 12(1): 3-20.

안성호. (2005). 주민투표의 직접민주적 개방성: 스위스의 교훈. 정책토론회 자료.

안영훈. (2013). 지방의회 인사원 발전 방향. 「지방행정」, 720: 24-27.

안영훈·김성호. (2007). 지방의회 사무기구 인사권 독립 및 광역의회의원 보좌관제 도입에 관한 연구. 한국지방자치학회 하계학술대회발표 논문.

안전행정부. (2013a). 주민참여제도 운영현황.

안전행정부. (2013b). 2013년도 지방의회 의원비 현황.

안전행정부. (2013c). 제6기 후반기 지방의회 현황.

양기근. (2008). 지방의회 의정활동 활성화를 위한 의회사무기구의 개선방안: 경상남도의회를 중심으로. 「한국지방자치연구」, 10(2): 69-91.

연합뉴스. (1997). 시민감사청구제 자격제한 시민단체 반발. (1997. 10. 7.)

연합뉴스. (2009). 지자체 절반, 지방세수입으로 인건비 감당 못해. (2009. 9. 25.)

연합뉴스. (2014). 성북구의원 외유비 주민감사청구로 환수. (2014. 2. 5.)

오재일. (2005). 참여정부 지방분권화 정책, 2년의 평가와 과제. 정부혁신지방분권위원회 주최 세미나 발표논문.

오환인. (2001). 기초의회 10년의 회고와 성과: 지방의회의 의정활동을 중심으로. 「지방자치정보」, 123: 5-8.

육동일. (2007). 자치입법권 보장, 의정평가제 도입. 「공공정책 21」, 9: 24-25.

윤영진. (1993). 광역의회의 예산심의 형태에 관한 연구: 대구시와 광주시를 중심으로. 「한국행정학보」, 27(4): 1033-1050.

이기우. (1997). 내무부의 지방자치발전 10대 과제를 보고. 「자치공론」, 28: 28-31.

이기우. (2000). 지방자치제도의 다양성과 통일성. 지방행정연구소 지방자치발전학술세미나 발표 논문.

이기우. (2004). 중앙정부의 지방분권 추진전략. 한국정책분석평가학회 주최, 지방분권 추진전략 워크샵 발표논문.

이기우. (2006). 법률적 의미에서의 제주특별자치도 위상과 과제. 한국정치학회 하계학술발표대회 발표논문.

이기우. (2007a). 참여정부의 지방분권정책: 성과와 과제를 중심으로. 서울행정학회 동계학술대회발표논문.

이기우. (2007b). 참여정부 지방분권정책의 성과와 과제. 한국지방자치법학회 추계학술발표대회 논문.

이기우. (2007c). 헌법상 지방자치규정의 개정. 지방자치관련 17대 대통령 후보자 공약에 관한 공청회 자료.

이기우. (2008a). 분권적 국가권력구조의 개편을 위한 헌법개정의 과제. 미래헌법연구회 토론회발표논문.

이기우. (2008b). 정치권의 지방행정체제 개편론에 대한 대안적 제안. 한국지방정책연구소 주최 세미나 발표논문.

이달곤. (2001). 한국 지방선거의 쟁점과 과제, 제3회 부산광역시의회 의정연구회 학술대회 발표논문.

이동수. (2001). 여성의 정치참여. (http://www.forwoman.or.kr/dataroom/) (2001. 3.

18.)

이명박. (2009). 8·15 경축 축사.

이상호·이영균. (2012). 지방의회의 의정활동에 관한 만족도 분석.「한국지방자치연구」, 14(3): 149-176.

이승종. (2003a). 분권과 균형발전.「지방행정연구」, 17(3): 73-100.

이승종. (2003b). 지방정부의 책임성 강화전략. 한국인문·사회과학아카데미 편,「한국의 지방분권」. 부산: 도서출판 금정.

이승종. (2005). 노무현 정부의 지방분권정책 평가.「행정논총」, 43(2): 351-378.

이승종. (2008). 지방역량강화를 위한 광역자치구역의 개편방안. 한국지방정책연구소 주최 세미나 발표논문.

이승종. (2010). 지방행정체제 개편대안. 행정체제개편 국민대토론회 발표자료.

이재웅·서영조. (1996). 행정사무감사의 실제와 개선전략.「지방의정」, 35: 5-24.

이재은. (2003). 지방재정분권화의 방향 및 기조. 한국지방재정학회 2003년 춘계학술대회 발표논문집.

이종원. (1998).「서울시의회 입법활동의 활성화 방안」. 서울: 서울시정개발연구원.

이지문. (2005). 주민투표법 개정운동에 적극적인 연대의 의사를 밝힌다. 정책토론회 토론자료.

이태종. (1999). 경주시의회의 의정활동 분석과 평가.「논문집」, 12(1): 105-129.

이창균. (2010). 이명박 정부의 지방분권방향과 성과 및 과제. 한국지방자치학회 하계학술대회 발표논문.

이한규. (2009). 파탄에 이른 지방재정, 그 원인과 대책. (http://blog.daum.net).

재정고. (2013). 지방예산현황 중 2013년 세입예산(총계 기준). (http://lofin.mospa.go.kr).

전국시·도의회의장협의회. (2000).「참여민주주의의 확대와 효과적인 주민소송제도」. 서울: 전국시·도의회의장협의회.

전국시·도의회의장협의회. (2009).「지방의회 인사권 독립 및 광역의회의원 보좌관제 도입에 관한 연구」. 서울: 전국시·도의회의장협의회.

전상경. (1993). 지방정부 예산편성 형태와 지방의회 예산심의 행태에 관한 가설적 논의: 부산시를 중심으로.「한국행정학보」, 27(4): 1051-1072.

정기섭. (1997). 깨끗한 선거, 우리 모두가 나설 때. 여성정책연구소 편,「21세기 희망, 여성정치의 전망」. 부산: 한나라출판문화사.

정세욱. (2000).「지방자치학」. 서울: 법문사.

정세욱·김순은·안영훈. (2003).「지방자치단체의 자치권 보장 및 자율적·민주적 통제에 관한 연구보고서」. 서울: 전국시장·군수·구청장협의회.

정연정. (2011). 여성의 정치참여 확대, 어떻게 할 것인가?. 세미나 발제.

정영태·김장권. (1993). 연구논문-지방자치가 정당정치에 미치는 영향-한국과 일본의 비교.「경제와사회」, 19: 309-357.

정준금. (1995). 기초지방의회의 의정활동분석: 울산시의회의 활동실적 평가 및 발전방향.「한국행정논집」, 7(2): 135-157.

정준표. (2006). 경산시 기초의원 선거를 통해 본 중선거구제와 정당공천제의 효과. 한국정치학회 2006년 하계학술대회 발표논문.

조경호·김명수. (1995). 한국 기초지방의회의 주민대표성과 입법전문성 평가.「한국행정학보」, 29(1): 231-259.

조석준. (1981).「조직학개론」, 중판. 서울: 박영사.

조성대. (2010). 6·2 지방선거제도의 정치적 효과: 선거구제를 중심으로, 한국정당학회 발표논문.

조성호·이현우·신종호. (2010).「분권국가 구현을 위한 지방정부의 자치역량 강화방안」. 경기도: 경기개발연구원.

조순제. (2012). 지방의회의 기능발휘 실태와 개선방안.「대한정치학회보」, 19(3): 163-192.

조창현. (1995).「지방자치론」. 서울: 박영사.

중앙선거관리위원회. (2015). 중앙선거관리위원회 선거통계. (http://www.nec.go.kr/ortal/ontents.do?menuNo=200562). (검색일: 2015. 5. 17.)

차재권. (2011). 지방의회 의정활동평가의 쟁점과 과제: 부산광역시의회를 중심으로. 21세기정치학회 주최 기획세미나 발표논문.

차태정. (2005). 방폐장으로 본 주민투표법의 문제. 정책토론회 토론자료.

초의수. (2000). 수도권 집중에 따른 지역격차 문제와 해소방안.「지방정부연구」, 4(1): 185-216.

최병대. (2001). 지방의회와 집행부.「지방자치정보」, 123: 17-20.

최병대. (2003). 지방의회의 전문성 제고방안-지방의원 유급제와 의회직렬 신설을 중심으로. 한국지방자치학회 발표논문.

최병대·송광태. (1995). 지방의회 위원회의 전문성 제고에 관한 연구. 지방자치연구, 7(2): 123-250.

최봉기. (1994). 대구직할시의회의 의정활동분석과 의회기능의 강화방안.「한국행정학보」, 28(2): 629-648.

최봉기. (2005). 지방의회 의원의 전문성 제고방안. 한국지방자치학회 동계학술대회 발표논문.

최봉기. (2011). 한국지방의회 20년의 회고와 의정선진화를 위한 지방의원의 역할과제.「한국 행정논집」, 23(4): 1157-1188.

최봉기·정은영·이석원. (2008). 지방의회 사무기구의 관리실태와 인사권 독립방안에 관한 연구.「한국행정논집」, 20(1): 187-212.

최영출. (2008). 지방행정체제 개편의 쟁점과 과제. 한국지방자치학회 기획세미나 발표논문.

최인기·이봉섭. (1993).「신판지방의회론」. 서울: 법문사.

최준호. (2006). 지방의원 의정비(봉급) 규모.「지방자치」, 213: 113-115.

최창호. (1992).「지방자치제도론」서울: 삼영사.

최호택·정석환. (2012). 지방의회 발전방향에 관한 실증적 연구.「한국콘텐츠학회논문지」, 12(7): 194-202.

충청남도. (2002).「지방분권 촉구선언」. 대전: 충청남도.

프레시안. (2006). 盧 “영남지역주의 타파에 올인…민주당 통합 반대”. (2006. 10. 31.)

프레시안. (2014). 영호남부터 정당공천제 폐지하자. (2014. 3. 24.)

하승수. (2005). 주민투표법의 문제점과 개정방향. 국회 정책토론회 발표논문.

하혜수. (2008) 지방행정체제 개편의 추진전략과 체제. 한국지방자치학회 기획세미나 발표논문.

한국경제. (2014). 끊임없는 단체장 비리…20년간 102명 형사처벌로 하차. (2014. 6. 12.)

한국지방자치국제화재단. (2003).「외국의 지방의회 운영: 미국, 프랑스, 일본, 영국」. 서울: 한국지방자치국제화재단.

한국지방자치학회. (2007).「지방의회 사무기구 인사권 독립 및 광역의회의원 보좌관제 도입에 관한 연구」. 서울: 한국지방자치학회.

한국지방정책연구소. (2009).「예산결산특별위원회 구성·운영규정 (조례·규칙) 제정연구」. 서울: 한국지방행정연구원.

한국지방행정연구원. (2002).「지방의회의 의정활동 성과평가모형개발과 적용방안」. 서울: 한국지방행정연구원.

한국지방행정연구원. (2003).「지방의회 사무기구의 인사권 확립방안」. 서울: 한국지방행정연구원.

한국지방행정연구원. (2009).「법령상 사무 총조사」. 서울: 한국지방행정연구원.

한국지방행정연구원. (2011). 지방소비세 도입. (http://www.krila.re.kr). (검색일: 2011. 1. 21.)

한국지방행정연구원. (2012).「지방의회 의정활동 역량강화 방안」. 서울: 한국지방행정연구원.

한양대학교 지방자치연구소. (1992).「지방자치의 발전을 위한 국민의견조사」. 서울: 한양대학교 지방자치연구소.

한인택 (2006). 단기비이양식 투표제하 정당실책 분석: 서울, 전북, 전남지역의 제4회 지방기초의회 선거를 중심으로,「한국정치학회보」, 40(5): 215-232.

행정자치부. (2007). 보도자료. (2007. 12. 04.)

행정안전부. (2008a).「2008 행정안전백서」. 서울: 행정안전부

행정안전부. (2008b).「희망대한민국 행정자치부 정책백서」. 서울: 행정안전부

행정안전부. (2010a). 주민소환 추진사례.

행정안전부. (2010b). 주민소송 추진사례.

홍정선. (1993). 주민발언권을 허용하는 지방의회회의규칙의 정당여부. 법률신문. 2219호.

홍준현. (2004). 기관위임사무 정비, 어떻게 할 것인가?.「정책&지식」포럼. (2004. 5. 2)

황아란. (2005). 기초의회의원 선거제도 개편: 중선거구제와 비례대표제.「자치행정」, 9월호.

황아란. (2007). 기초 지방의원 선거의 중선거구제 개편과 정치적 효과: 실패한 제도개혁.「지방정부연구」. 11(1): 209-225.

헤럴드경제. (2011). 주민감사청구 43.4% 요건 미비로 각하..제도보완 필요, (2011. 9. 15.)

Audit Commission. (2004). *Proposals for Comprehensive Performance Assessment from 2005.* London: Audit Commission.

Bains, M. (1972). *The New Local Authorities: Management and Structure.* London: HMSO.

Barnett, N. and S. Harrison. (1996). The Citizen's Charter in Local Government. In J. Chanler, ed., *The Citizen's Charter.* Aldershot: Dartmouth.

Barron, A. and C. Scott. (1992). *The Citizen's Charter Programme.* Modern Law Review, 55: 526-546.

Bonton News. (2007). Councillors must be paid a full salary. (http://www.thisisbolton.co.uk). (검색일: 2007. 9. 11)

Bristow, S. (1978). Local Politics after Reorganization: The Homogenization of Local Government in England and Wales. *Public Administration Bulletin,* 28: 17-38.

Byrne, T. (1994). *Local Government in Britain, 6th ed.* London: Penguin Books.

Cabinet Office. (1991). *The Citizen's Charter: Raising the Standard,* Cm 1599. London: HMSO.

Cambridge City Council. (1995). *Living in Cambridge.* Cambridge: Cambridge City Council.

Cambridgeshire. (1992). Cambridgeshire City Charter.

Council of Europe. (1988). *European Charter of Local-self Governments.* Strasboug: Council of Europe, Publishing and Documentation Service.

Crotty, W., ed. (1986). *Political Parties in Local Area.* Knoxville: The University of Tennessee Press.

Dawson, R. and J. Robinson. (1963). Interparty Competition, Economic Variables, and Welfare Policies in the American States. *Journal of Politics,* 25: 265-289.

DeSantis, V. and T. Renner. (1994). Term Limits and Turnover Among Local Officials. In ICMA, ed., *Municipal Year Book.* Washington, DC: ICMA.

Department of Communities and Local Government. (2011). Localism Bill starts a new era of people power. (www://communities.gov.uk). (검색일: 2011. 1. 20)

Department of the Environment, Transport and Regions. (1998a). *Modern Local Government in Touch with People.* London: HMSO.

Department of the Environment, Transport and Regions. (1998b). *A Mayor and Assembly for London.* London: HMSO.

Department of the Environment, Transport and Regions. (1999). *Local Leadership, Local Choice.* London: HMSO.

Department of the Environment, Transport and the Regions. (2000). The Local Government Act 2000. London: HMSO.

Downs, A. (1967). *Inside Bureaucracy*. Boston: Little, Brown and Company.

Elcock, H. (1994). *Local Government: Policy and Management in Local Authorities, 3rd ed.* London: Routledge.

Featherstone, L. (2007). A Liberal Goes A Long Way. (http://oxfordliberal.blogspot.com). (검색일: 2007. 9. 11)

Gilbert, C. (1962). Some Aspects of Nonpartisan Elections in Large Cities. *Midwest Journal of Political Science,* 6: 345-362.

Greater London Authority (2010). Standing Orders of the Greater London Authority.

Grossman, L. (1995). *The Electronic Republic: Reshaping Democracy in the Information Age*. New York: Penguin Books USA Inc.

Gyford, J. and M. James. (1983). *National Parties and Local Politics.* London: George Allen & Unwin.

Hawley, W. (1973). *Nonpartisan Elections and the Case for Party Politics.* New York: John Wiley & Sons.

HM Government. (2008). *Central-Local Concordat*. London: HM Government.

Huckshorn, R. (1980). *Political Parties in America.* North Scituate: Duxbury Press.

Humes, S., IV. (1991). *Local Governance and National Power: A Worldwide Comparison of Traditions and Change in Local Government.* London: Harvester Wheatscheaf.

International City/County Management Association. (2006). *Municipal Form of Government, 2006*. Washington, DC: International City/County Management Association.

International City/County Management Association. (2007). *County Form of Government*. Washington, DC: International City/County Management

Association.

Jennings, W. (1935). The Municipal Revolution. In H. Laski, W. Jennings ad W. Robson, eds., *A Century of Municipal Progress*. London: George Allen & Unwin LTD.

KBS. (2014). 추락하는 단체장들, 흔들리는 지방자치. (2014. 1. 10.)

Keith-Lucas, B., & Richards, P. G. (1978). A history of local government in the twentieth century (No. 17). Taylor & Francis.

Kernell, S. (1986). *Going Public: New Strategies of Presidential Leadership*. Washington, DC: CQ Press.

Kim, S. (1991). Factors Affecting Implementation Effectiveness: A Study of Community Development Block Grant Implementation. Unpublished Ph. D. Dissertation at Kent State University.

Kim. S. (2010). The Roles of Political Party in the Process of Autonomy. A Paper presented at the International Conference sponsored by Institute of Local Autonomy at Hanyang University.

Kim, S. (2011). Citizen Participation and Local Governance. A Paper Presented at the International Conference of Keio University.

Kingdom, J. (1991). *Local Government and Politics in Britain*. London: Philip Allan.

Law weekly. (2011). (http://www.thelawweekly.com). (검색일: 2011. 12. 3)

Lee, J. (2010). An Evaluation of the Local Election on 2 June 2010 and Suggestions for the Next Election. A Paper presented at the Conference supported by the Presidential Advisory Committee for Social Cohesion.

Los Angeles City Council. (2009). Rules of the Los Angeles City Council, 2009.

Maass, A. 1983. *Congress and the Common Good*. New York: Basic Books, Inc., Publishers.

Margolis, M. (1979). *Viable Democracy*. New York: St. Martin's Press.

Martinez, E. (1993). Official Sample Ballot and Voter Information Pamphlet. Los Angeles: The City of Los Angeles.

Muramatsu, M. (2001). Intergovernmental Relations in Japan: Models and Perspective. World Bank Institute.

Office of the Deputy Prime Minister. (2001). *Strong Local Leadership Quality Public Services*. London: HMSO.

Office of the Deputy Prime Minister. (2002). *Your Region, Your Choice: Revitalizing the English Regions*. London: HMSO.

Office of the Deputy Prime Minister. (2004). *Regional Government Bill of 2004*. London: HMSO.

Office of the Deputy Prime Minister. (2005). *Central Local Partnership*. London: HMSO.

Renner, T. 1988. Municipal Election Processes: The Impact on Minority Representation. In International City Management Association, ed., The Municipal Yearbook. Washington, DC: International City Management Association.

Rosenthal, A. (1974). *Legislative Performance in the States: Exploration of Committee Behavior*. New York: The Free Press.

Rosenthal, A. (1989). The Legislative Institution: Transformed and At Risk. In C. Van Horn, ed., *The State of the States*. Washington, DC: CQ Press.

Sancton, A. and P. Woolner. (1990). Full-time Municipal Councillors: A Strategic Challenge for Canadian Urban Government. *Canadian Public Administration,* 33: 482-505.

Sanders, H. 1971. Cities, Politics, and Elections: Partisanship in Nonpartisan Elections. In International City Management Association, ed., The Municipal Yearbook. Washington, DC: International City Management Association.

Schumpeter, J. (1943). *Capitalism, Socialism and Democracy*. London: Allen and Unwin.

Shah, A. (2006). A Comparative Institutional Framework for Responsive, Responsible, and Accountable Local Governance. A Shah, *ed. Local Governance in Industrial Countries*. Washington, DC: World Bank.

Shiba, H. (2008). Comparative Local Governance: Lessons from New Zealand for Japan. A Thesis at School of Government at Victoria University of Wellington.

UK Parliament. (2015). (http://www.parliament.uk/). (검색일: 2015. 04. 24)

UNDP. (2005). Human Development Report. (http://hdr.undp.org/en).

______. (2006). Human Development Report.

______. (2007). Human Development Report.

______. (2008). Human Development Report.

______. (2009). Human Development Report.

Wikipedia. (2010a). 日本の地方議會. (2010. 9. 10.)

Wikipedia. (2011a). 自治基本條例. (2011. 1. 20.)

Williams, W. (1980). *The Implementation Perspective: A Guide for Managing Social Service Delivery Programs.* Berkeley: University of California Press.

Wilson, D. and C. Game. (1998). *Local Government in the United Kingdom, 2nd ed.* London: Allen and Unwin.

YTN 리포트. (2010). 사회통합위원회, 중대선거구제로 지역주의 타파. (2010. 6. 8.)

市川喜崇. (2006). 道州制の論点.「地方自治」, 705: 11-12.

青山貞一, (2004). 美國地方議會の議員數と年俸. (http//:eritokuo.jp) (검색일: 2007. 9. 11.)

伊藤政次. (2003). 自治体統治構造の再編可能性と地方議会制度の改革可能性. 財団法人社会經濟生產性本部, 編,「地方議会と住民參加 住民參加有識者会議報告書」. 東京: 財団法人社会經濟生產性本部.

今井 一. (2000).「住民投票」. 東京: 岩派新書.

上野眞也, 編. (2008).「地方分權と道州制」. 東京: 成文堂.

江藤俊昭. (2008).「圖解地方議會改革」. 東京: 學陽書房.

江藤幸雄. (2007).「新しい地方議會」. 東京: 學陽書房.

大杉覺. (2004). 自治体組織の論点-ガバナンス•マネジメントから見た自治体組織の制度設計試論. 財団法人日本都市センタ-編,「自治体組織の多様化 - 長•議會一補助機關の現狀と課題」. 東京: 財団法人日本都市センタ.

大森彌. (1998).「分權改革と地方議會」. 東京: ぎょうせい.

大森彌. (2002).「地方議会と選挙制度」. 東京: ぎょうせい.

大山禮子, (2002). 首長•議会•行政委員会. 松下圭一 編「岩波講座 自治体の構想 IV 機構」. 東京: 岩波書店.

襲田正德. (1982a). 市支配人について 上.「自治研究」, 58(8): 61-62.

襲田正德. (1982b). 市支配人について 下.「自治研究」, 58(9): 52.

加藤眞吾. (2006). 地方議員の待遇.「レファレンス」, 7: 173-181.
加茂利男. (1990). 轉換器の大都市制度と東京·大阪. 植田政孝, 編,「世界大都市 7 東京·大阪」. 東京: 東京大學出版會.
加藤仁司. (2011). 議会基本条例検討委員会の検討結果について（報告).
加藤幸雄. (2007).「新しい地方議會」. 東京: 學陽書房.
加藤幸雄. (2009).「議會基本條例の考え方」. 東京: 自治體研究社.
貝瀬まつみ. (2002). 住民投票條例の今日的意義.「政治·政策ダイアローグ」, 7.
神原勝. (2006). 最初の議會基本條例を讀む.「栗山町·議會基本條例」.
神原勝. (2008).「自治·議会基本条例論: 自治體運營の先端を托く」. 東京: 公人社.
川松仁弘. (1986).「自治行政講座 1: 地方自治制度」. 東京: 第一法規.
河村和德. (2008).「現代日本の地方選挙と住民意識」. 東京 : 慶應義塾大学出版会.
木下敏之·福嶋浩彦··中尾修·赤川貴大. (2010). 市民参加と情報公開の仕組みをつくれ地方議会改革のための議会基本条例「東京財団モデル」. 東京: 東京財團研究部.
木村 收. (2001).「地方分權改革と地方税」. 東京: ぎょうせい.
駒林良則. (2003). 地方議員の處遇に關する考察.「名城法學」, 52 券.
小林孝輔. (1998).「憲法演習自習セレクタ 50」. 東京: 一粒社.
小林弘和. (1988). 市民自治と政策形成 執行. 田中義政 編,「市民參加と自治體公務」. 東京: 學陽書房.
佐藤 あつしと 八木欣之介. (1998).「地方議會活性化ハンドブック」. 東京: ぎようせい.
佐藤英善. (2002).「新地方自治の思想: 分權改革の法としくみ」. 東京: 敬文堂.
自治体議会改革フォーラム. (2011). 全国議会基本条例制定状況. (http://www.gikai-kaikaku.net). (2011. 9. 21.)
自治體問題研究所, 編. (2007). 地方議會改革. 東京: 自治體問題研究所.
世古一穗. (2000).「市民參加のデザイン」. 東京: ぎょうせい.
總務省. (2008). 地方公共団体の議会議員と及び長の所屬黨派別人員調查等.
總務省自治行政局自治政策課. (2001). 地方制度調査会答申集 (第1次 - 第26次).
総務省. (2009). 議会・議員・長に対する解散・解職請求制度に係る論点について.
総務省. (2010a). 住民監査請求・住民訴訟制度について.

総務省. (2010b). 住民投票條例の制定狀況..

新藤宗幸. (1999).「地方分權」. 東京: 岩波書店.

進藤兵. (1994). 自治體の首長制度. 西尾勝, 村松岐夫, 編,「講座 行政學: 制度と構造」. 東京: 有斐閣.

末井誠史. (2009). 地方議會の係る制度改革.「レフアレンス」、12: 27-51.

全国市議会議長会. (2010). 市議会議員定数に関する調査結果. 東京. 全国市議会議長会.

全國知事會. (1995).「都道府縣制度論: 新時代の地方自治のために」. 東京: 全國知事會.

全国町村議会議長会. (2010). 全国町村議会統計表.

全国都道府県議会議長会. (2009). 全国都道府県議会議員一覧標.

第28次地方制度調査会 (2005). 地方の自主性•自律性擴大及び地方議會のあり方に關する答申. 第28次地方制度調査会.

第29次地方制度調査会 (2009). 今後の基礎自治體及び監査•議會制度のあり方に關する答申. 第29次地方制度調査会

竹下 讓. (2010).「地方議會: その現實と改革の方向」. 東京: イマジン出版.

建林正彦. (2004). 選擧制度改革.「法學教室」, 281: 89.

日經グローカル部, 編. (2009).「地方議會改革マニファスト」. 東京: 日經グローカル部.

町村議会活性化研究会. (2005). 分権時代に対応した新たな町村議会の活性化方策.

地方議会議員年金制度研究會. (2009). 地方議会議員年金制度に關する研究會. 東京: 地方議会議員年金制度研究會.

辻山幸宣. (2002). 2元代表制と知事の不信任.「自治總研」, 9, コラム.

東京都議会. (2010). 東京都議会会議規則, 2010.

東京都議会議員の議員報酬、費用弁償及び期末手当に関する条例.

都道府県議会制度研究会. (2005).「改革·地方議會」. 都道府県議会制度研究会報告書.

都道府県議会制度研究会. (2008). 自治体議会議員の新たな位置付け.

名古屋市議会の議員の議員報酬及び費用弁償等に関する条例.

名古屋市議團議會改革調查檢討會. (2010). 議員報酬に關する 答申.

名取良太. (2004). 地方議会と選挙制度.「世界と議会」, 481: 24-26.

西尾 勝. (1999).「未完の分權改革」. 東京: 岩波書店.

西尾 勝. (2002a).「行政學」. 東京: 有斐閣.

西尾 勝. (2006). 甲府市 講演資料.

人見剛. (2004). ドイツにおける自治体組織の現象と課題. 財団法人日本都市センタ-編,「自治体組織の多様化 - 長•議會一補助機關の現狀と課題」. 東京: 財団法人日本都市センタ.

福田アジオ. (1989). 支配の村と生活のムラ. 朝日新聞社 編,「朝日百科•日本の歴史 8」. 東京: 朝日新聞社.

藤田安日. (2005). 市町村合併と住民投票.「地域學論集」, 1(3): 51-65.

松下啓一. (2004).「協働社會をつくる條例」. 東京: ぎょうせい.

松田眞治. (2006).「住民投票と住民自治」. 調查研究報告書.

三重縣. (2010). 三重縣監査. (http://www.pref.mie.jp).

三重縣議会議会改革推進会議. (2007). 會期等の見直しついて.

南川諦弘. (2002). 自治基本條例の最高法規性について.「月刊地方自治職員研修」.

毛利透. (2008). 選挙制度改革. 大石 외1 編,「憲法の争点」. 東京: 有斐閣.

恒松制治. (1993).「聯邦制のすすめ: 地方分權から地方主權へ」. 東京: 學陽書房.

山口二郎. (2002). 一國多制度. 松下圭一, 編,「岩波講座 自治体の構想 I 課題」. 東京: 岩波書店.

山下ともや. (2007). 議員報酬について. (http//www.tomoadesu.net) (검색일: 2007. 9. 11.)

樺嶋秀吉. (2005).「日本で初めての1% 條例」. Sasakawa Peace Foundation.

渡部記安. (2010).「中央議會·地方議會議員年金制度」. 東京: 株式會社 朝陽會.

찾아보기

(ㅎ)

지방의회의 발전모형

인 쇄 2015년 8월 20일
발 행 2015년 8월 20일

지은이 _ 김 순 은
발행인 _ 이 재 영
발행처 _ 도서출판 조명문화사
/ ㊄04775
/ 서울시 성동구 뚝섬로4길 28 (성수동1가)
/ 전화 02-498-3017
/ 팩스 02-498-3018
등록번호 / 제2-846호(1989.7.13)

ISBN 978-89-7257-447-7 93350
정가 20,000원

이 저작물은 2013년도 서울대학교 행정대학원 한국행정연구소 연구총서로 발간되었음.